KB267055

은행합병의 규제법리

은행합병의 규제법리

신 영 수

한국학술정보[주]

저자서문

자연독점성이나 부의 외부효과와 같은 시장실패의 요인이 존재하는 산업분야에서는 시장기능과 경쟁메커니즘의 작동이 제한을 받게 되며, 그 제한되는 자리를 정부기능과 규제메커니즘이 대신하게 된다는 것은 익히 알려진 바와 같다. 그런데 최근 들어 기술발전과 시장환경 변화가 각 분야에 초래되면서 경쟁과 규제사이의 경계선이 이동하고 있으며 그에 따라 개별규제산업에서 국가의 개입과 시장기능의 보호를 어느 선에서 조정할 것인지의 문제도 이전보다 훨씬 복잡하고 다양한 형태로 나타나고 있다. 그렇다면 이처럼 성격과 유형이 다양해진 규제산업의 영역에서 이를 관통하는 보편적 법리는 유효한지, 새로이 시장으로 편입되는 산업에서 법이 수행·조정해야 할 역할은 무엇인지가 규범을 연구하는 이들에게 맡겨진 과제가 될 것이다.

이 흥미로운 테마는 재능이 부족한 저자에게는 호기심과 의욕만을 가지고는 쉽게 해결할 수 없는 주제이기도 하다. 그럼에도 저자가 연구자의 길로 들어선 이후 상법에서 경제법 그리고 규제산업법과 금융법으로 관심대상이 옮겨오는 과정에서 현재 멈춰 있는 주안점이 또한 이 주제에 관한 것이다. 그리고 은행합병의 규제법리는 저자가 이 문제에 천착하여 집중적인 연구를 수행한 첫 번째 대상이라 할 수 있다.

이 책은 저자의 서울대 박사학위논문을 기초로 단행본의 형식에 맞게 내용을 수정하고 보완하여 재구성한 것이다. 나름대로 최신자료를 반영하고 거친 문장을 다듬기는 했지만 여전히 저서로 자신있게 내놓을 만한 수준은 되지 못한다. 다만, 학위논문의 미진한 마무리와 논리전개방식의 미숙함을 늘 마음에 걸려해 오던 차에 조금이나마 완성도를 높일 수 있는 기회를 갖고자 하는 마음에서 출판 제의를 수용하였다. 덕분에 전보다 심적인 부담은 더 커지게 된 측면도 있지만, 얼마되지 않은 저자의 연구경험을 한 단계 진전시키고자 하는 자리매김의 계기로 받아주셨으면 하는 바램이다. 미흡하나마 은행합병규제에 관해 관심을 가지고 연구하시는 분들에게 자료로서의 활용가치가 있었으면 하는 소망도 가져 본다.

물론 이 책이 후행연구자들에게 도움이 될 수 있다면 그것은 모두 때를 따라 필요한 지혜로 저자의 부족함을 채워 주시고 이날까지 인도하신 하나님의 은혜 때문이다. 무엇보다 저자를 학문의 길로 이끌어 주신 중앙대 법대의 서헌제 교수님과, 저자의 박사과정 지도교수이시면서 늘 학문외적인 가르치심을 주시는 서울대 법대의 권오승 교수님을 만나게 하신 축복에 감사드린다. 두 분 은사님들의 가르침에 보답하는 길은 성실한 자세로 좋은 연구성과를 내는 일일 것인데, 아직도 그 길은 멀기만 하다.

부족한 남편을 위해 두 아이(다희, 희서)를 돌보면서 저자를 내조를 해 온 아내 수아와, 언제나 같은 자리에서 기도하는 맘으로 지켜보고 계신 부모님과 처조부모님, 그 외 가족 친지들께도 그동안 드리지 못했던 마음 속 깊은 감사의 말씀을 전하고 싶다.

상업성 없는 연구물에 관심을 가져주시고 책으로까지 내 주신, 한국학술정보의 채종준 사장님과 이일로 선생님께의 배려도 빠뜨릴 수 없다.

연구자로서의 성장과정에서 한 단계를 정리하는 의미로 발간하는 것인 만큼, 좀더 성숙한 연구성과는 후속 논문과 저서를 통해 보여드리고자 한다.

2005 겨울

신영수

목 차

제5장　우리나라 은행합병규제에 대한 해석론과 개선을 위한 제안

제1장　은행합병의 규제를 왜 논하는가

제1절 은행합병문제에 대한 관심의 소재

I. 은행시장의 환경변화와 합병현상

우리나라의 경제는 발전의 속도 면이나 변화의 양상에 있어서 유사한 사례를 찾아 볼 수 없으리 만큼 빠르고도 다양하게 전개되어 왔다. 불과 반세기 남짓의 기간동안 우리 경제는 단기적인 부침을 겪기는 하였으나 양적 확장과 질적 고도화의 방향으로 진전해 가면서 오늘에 이르게 되었으며, 그 이면에서 사회적 인식과 규범적 대응의 수준보다 현실이 훨씬 앞서가는 일들이 지속되곤 하였다. 금융산업 분야도 예외가 아니다. 아니 변화의 폭과 깊이에 있어서 가장 극단적인 분야가 바로 금융산업, 그 가운데에서도 은행업 분야라고 할 수 있었다. 우리의 은행산업에서는 불과 10년 전에는 상상하지 못했던 변화들이 시장의 구조와 산업의 체질의 측면에서 목격되었던 바 있다. 은행도 망할 수 있다는 단순한 명제를 우리 금융시장이 경험한 것이 얼마전의 일이었으며, 은행의 이름이 바뀐다거나, 국가가 은행의 주인으로 나섰다가 이내 외국인에게 되팔리는 일들은 이제는 새로울 것이 없는 빈번한 현상들로 받아들여지고 있다.

사실 은행이 망한다거나 주인이 바뀌는 등의 현상은 주요 금융선진국의 경험에 비추어 볼 때 낯설어 할 일만도 아니다. 그것이 낯설게 느껴졌던 것은 상황이 이례적이어서가 아니라 우리 은행시장과 그것을 바라보는 시각이 그만큼 시장친화적이지 못하고 관치에 익숙해져 있었기 때문이라고 보아야 할 것이다. 바로 그 때문에 은행시장에서는 상황변화를 예측하지 못함으로 인한 입법적인 미비라든가 집행경험이 없는 상황에서 초래되는 해석상의 논란 속에서 법이 그 본연의 기능을 수행하지 못하는 경우도 적지 않게 발생하였다. 또한 그 과정에서 규범적 원칙 보다는 정책적 필요가 금융시장의 작동메커니즘으로서 더 비중있게 고려되기도 하였었다. 아직도 은행시장을 규율하기 위한 법제적 개선은 완료되지 않은 채 많은 과제들을 남겨두고 있으며, 은행시장의 진입과 소유의 규제라든지, 산업자본과 은행자본의 분리, 은행간의 합병과 영업양수, 은행의 부실에 따른 긴급조치와 구조조정 등 다양한 쟁점들이 여전히 제도의 실효성과 완결성을 위한 지속적인 논의를 필요로 하고 있다.

이 책은 그 가운데 은행시장에서 발생하는 합병의 문제를 다루어 보려고 한다. 우리나라의 은행시장에서 합병현상이 출현한 것이 최근의 일만은 아니지만, 외환위기를 기점으로 급증하였던 은행합병이 우리 금융시장에 미치는 영향이 이전과는 다른 것이라는 점에서 연대기적 의미가 큰데다, 몇 차례의 관련 규제의 정비에도 불구하고 해석상 여전히 짚고 넘어갈 점들도 많다는 생각이다. 사실 규범적으로 분석하자면 은행합병은 은행을 결합의 당사자로 하고, 합병을 결합의 수단으로 하는 기업결합의 한 유형에 다름 아니다. 그럼에도 은행합병에 대한 관심은 보편적인 제조업자의 결합에 대한 그것보다는 달리 접근할 측면이 있다.

개별 은행고객 차원에서 볼 때, 자신이 돈을 맡겨두거나 결제업무를 처리하고 있는 거래은행이 그 주인이 바뀌거나 다른 은행과 합쳐지게 되는 일은 가전제품회사들 끼리 합병하는 경우보다 훨씬 더 신경이 쓰이는 일임에 분명하다. 금전자산을 거래대상으로 한다는 점과 거래관계가 지속적이라는 점에서 은행합병이 개인의 이해관계에 미치는 잠재적 영향과 그에 대한 반응의 민감도는 훨씬 크다. 또한 지불체계와 자금공급원으로서 은행이 수행하는 기능에 비추어 보더라도 은행합병이 초래하는 시장구조의 변화에 규제기관은 주목할 수밖에 없다. 하지만 이런 현실적 차원의 관심에서만이 아니라 법리적 차원에서도 은행합병은 매우 흥미로운 고찰의 대상이라고 할 수 있다. 규제산업에서 정부 대 시장 혹은 규제대 경쟁의 메커니즘이 어떻게 충돌하고 또 조정되는지가 바로 은행합병을 통해 가장 잘 드러나고 있기 때문이다.

Ⅱ. 은행업의 본질에 따른 합병규제의 메커니즘
     : 경쟁인가 규제인가?

은행이 국민경제적 측면에서 수행하는 양대 기능이 자금중개 및 지급결제수단으로서의 기능이라는 점은 앞서 언급한 바와 같다. 바로 점에서 은행업은 일반 제조업이나 서비스업과는 구별되는, 즉 보다 중차대한 역할을 수행하는 것으로 여겨진다. 그런데 은행의 보유한 자산은 고정적인 채권과 불확정적인 채무로 이루어져 있어서 은행들은 언제든 유동성위기에 처할 위험이 상존해 있다. 그 결과 공공성이 강한 은행의 실패는 곧바로 통화금융시스템의 마비라는 외부효과를 초래하게 된다. 이와 같은 은행의 지위 내지 은행업의 성격 때문에 은행시장을 순수한 경쟁상태에만 맡겨둘 수 없다고 보게 되고, 국가는 은행이나 은행거래 혹은 은행산업에서 시장기능과 경쟁원리의 작동을 제한하되 그 제한되는 부분을 정부와 규제로 대체하게 된다.

그런데 정부가 개입하는 산업분야에서는 본질상 시장과 경쟁보호를 위한 기본규범인 독점금지법이 불가피하게 배제 내지 제한될 수밖에 없다. 다만 배제 내지 제한되는 범위나 정도가 상황에 따라 차이를 보이게 되는데, 이 차이는 기본적으로 당해 규제산업의 성질에 따라 좌우된다. 그리하여 일찍이 Kaysen과 Turner가 적절히 지적한 바와 같이, i) 시장의 성격상 경쟁이 사실상 존재할 수 없거나 오래 지속될 수 없는 경우나, ii) 경쟁이 실제로 존재하기는 하지만 시장의 불완전성 때문에 경쟁이 본연의 경쟁적인 결과를 도출해 낼 수 없는 경우, 혹은, iii) 경쟁이 존재할 수 있거나 실제로 경쟁적인 결과를 도출해 냈지만 여타의 정책적인 측면을 고려해 볼 때 경쟁이 꼭 만족스러운 결과를 도출해 내지 못한 경우 중 어디에 속하는지에 따라서 규제와 경쟁 혹은 정부와 시장의 역할과 비중이 달라지게 된다. 그런데 정부규제와 시장경쟁간의 기본관계는 정부규제가 있기 때문에 시장과 경쟁이 제한되는 것이 아니라, 시장과 경쟁이 제기능을 수행하지 못하거나 역기능을 수행하기 때문에 정부와 규제가 그 자리를 대신한다는 표현이 보다 정확할 것이다. 따라서 정부규제산업이라고 해서 경쟁을 배제 내지 제한하는 것이 원칙이 아니며, 경쟁의 유지를 원칙으로 하되 경쟁이 작동할 수 없는 부분에 한하여 소극적으로 정부가 규제를 통해 시장에 개입하는 것으로 이해되어야 한다.

전통적으로 은행산업은 위의 분류유형 가운데 세 번째 영역에 속하는 것으로 이해되어 왔다. 환언하면 다른 규제산업분야와는 달리 은행산업에서는 시장기능이 스스로 작동할 뿐만 아니라 경쟁이 본연의 기능을 수행할 수가 있는 것이다. 그 결과 은행산업에 대해서는 시장과 경쟁의 이념이 원칙적으로 배제되지 않으며, 산업의 특수성이 허용하는 한도 내에서만 부분적으로 제한, 수정될 뿐이라 하겠다. 일반적인 규제산업과도 다르며 그렇다고 통상적인 시장경쟁원칙을 그대로 적용할 수 있는 영역도 아닌 것이다. 이런 점에서 볼 때 은행산업이야 말로 규제산업분야에 있어서 경쟁원칙의 역할과 한계 혹은 규제와 경쟁은 어떠한 관계속에서 공존해 가며, 보호가치간의 상충은 어떻게 해소될 수 있는지를 명확히 목격할 수 있는 좋은 표본이 아닌가 한다.

하지만 이 때 일반적인 시장에 있어서의 경쟁과 은행시장에서의 경쟁은 그 비중이나 위상면에서 차이가 있다는 점에 유의할 필요가 있다. 이를테면, 은행시장에서는 경쟁이 유일하거나 최우선적인 보호가치가 아니며 시스템의 안정 내지는 고객보호를 위해 고려해야 하는 제반요소들 가운데 하나일 뿐인 것이다. 경쟁법리의 이 같은 위상변화는 은행합병과 관련해서도 다르지 않다. 입법례별로 다소간의 차이는 있겠지만, 일반 기업결합사건에서 경쟁제한 여부가 결합의 가부를 결정짓는 가장 중요한 요소인 것과는 달리 은행합병사건에서는 경쟁제한성이 여타 은행고려요소(banking factors)들과 동일한 지위에서 병렬적으로 고려되는 요소에 불과하다. 그리하여 은행합병이 경쟁제한적이지는 않은지, 은행거래자의 불이익을 초래할 위험이나 금융거래의 건전질서를 저해할 우려는 없는지, 혹은 합병은행의 조직이나 인력이 업무수행능력을 갖추고 있는지 등을 종합적으로 고려하여 합병의 인가여부를 결정하게 된다. 그런데 경쟁보호를 위해 고려되는 요소와 금융시스템안정이나 은행고객보호를 위해 고려되는 요소들이 개념상 상호충돌할 여지가 있는바, 이 부분에서 은행합병이 일반 기업결합사건과 근본적으로 구별된다. 가령 경쟁제한의 우려가 있지만 금융시스템의 안정을 위해서는 합병이 인가될 수도 있고, 그 반대의 결정도 내려질 수가 있는 것이다. 이는 결국, 개별 은행시장의 상황이나 정책당국의 입장에 따라 달라질 것인데, 여기서 각 은행시장의 상황에 비추어 경쟁보호라는 가치를 어느 정도로 보호해야 할 것인지가 은행합병규제에서 제기되는 첫 번째 문제이라고 할 수 있다.

한편 비록 합병심사의 여러 요소들 가운데 하나로서나마 시장경쟁에 미치는 영향을 고려한다고 할 때, 단순히 일반 기업결합사건과 동일한 기준을 적용해도 무방한 것인지, 아니면 새로운 기준이 설정되어야 하는지를 검토할 필요가 있다. 이는 일반 기업결합규제가 은행합병규제에서도 유효한지의 문제로서 은행산업이 다른 산업분야와 얼마나 다르며 그 차이는 어떻게 반영할 것인지에 따라 달라지게 될 것이다. 이것이 은행합병의 규제에서 고려되어야 하는 두 번째로 제기되는 쟁점이다.

제2절 논의의 주안점

은행합병을 둘러싼 쟁점의 소재에도 불구하고, 돌이켜 보면 은행합병의 규제 목적 내지 규제논거에 대해서는 특별한 관심이 주어지지 않았던 게 사실이다. 그 주된 이유는 우리나라에서 은행합병의 발생빈도 자체가 적었던 데다, 최근 들어서 활발히 이루어지고 있는 은행합병 사례에서도 아직 시장구조를 집중시키는 원인으로 평가될 만한 경우가 목격되지 않았던 데에서 찾을 수 있을 것이다. 아울러, 업계는 물론이고 정부차원에서도 은행합병을 금융구조조정이나 국제경쟁력강화를 위해 가급적 촉진 내지 지원해야 할 사안으로서 인식하는 데에서 또 다른 원인이 있지 않나 생각된다.

그 이유야 어떻든, 중요한 것은 최근의 은행시장상황이 이 문제에 대한 새로운 접근과 인식의 전환을 우리에게 요구하고 있다는 점이다. 한국의 은행시장은 1990년대 후반의 외환위기를 기점으로 금융기관의 급격한 통폐합과정을 거치면서 현재는 시장의 집중과 그로 인한 경쟁제한까지 우려할 만한 상황에 직면한 것으로 분석되고 있다. 이러한 분석은 이미 여러 실증자료들에 의해 입증되어 오고 있다.

일례로 한때 29개에 달하던 국내의 보통은행 수는 97년 외환위기를 기점으로 급감하여 2003년 이후로는 13개의 은행이 시장에서 영업을 하고 있으며, 그 결과 은행시장의 집중도도 현저히 높아져서 상위 3대 은행의 집중율(Contrantion Ratio)을 지표로 할 때 2001년 이후로 줄곧 52%대를 유지하는 것으로 나타났다. 또한 허핀달-허쉬만 지수(Herfindahl-Hirschman Index; HHI)를 기준으로 할 때, 1997년 이전에 '비집중적' 상태이었던 국내 은행시장은, 2001년 국민은행과 주택은행의 합병을 기점으로 '다소 집중화된' 시장 단계에 진입하였으며, 일부상품과 일부 지역의 집중도는 이미 '고도로 집중화된' 상태인 것으로 나타나고 있다.

따라서 향후 추가적인 대형합병이 발생할 경우에는 국내의 은행합병사건에 대해서도 경쟁제한적이라는 잠정 판단이 도출될 가능성이 크며, 경쟁제한성을 합병심사단계에서 고려되는 여러 심사기준들과의 종합적인 형량과정을 거칠 수밖에 없을 것으로 예상된다. 이러한 시점에서 과연, 은행시장에서의 집중현상과 그로 인한 경쟁제한성은 국내은행시장에 어떠한 결과를 초래하게 될 것인지, 만일 그것이 부정적인 영향을 미치게 될 것으로 예상된다면 현행규제체계는 이를 적절히 규제할만한 제도와 심사기준을 수립하고 있는지, 그렇지 않다면 어떠한 규제체계와 심사기준이 모색되어야 할 것인지에 대해 논의할 단계에 이미 돌입했다.

이 책은, 은행의 건전성과 경쟁력 제고를 위해 은행합병이 급속도로 추진되고 있는 최근의 상황 속에서, 은행합병으로 인한 시장의 집중과 경쟁의 제한문제를 경쟁법적 관점에서 어떻게 효과적으로 해결할 것인지를 모색하는 것을 일차적인 주안점으로 삼고자 한다. 구체적으로는 먼저 은행합병의 경쟁제한성을 심사하는 기관으로서 금융당국의 권한과 경쟁당국의 역할을 비교법적으로 분석하고 이를 토대로 한국의 현행법상 공정거래위원회의 심사권한에 대한 해석론과 입법론을 전개한다. 아울러 은행시장의 경쟁제한을 정확히 측정하여 이를 시정하기 위한 기준과 은행산업의 특수성에 기초한 합병의 불가피성을 감안하여 합병을 예외적으로 허용하기 위한 기준을 제시하고자 한다.

한편 정부규제는 전통적으로 시장의 경쟁기능을 제한하는 방향으로 이루어져 왔다는 점에서 경우에 따라서는 정부규제의 목적과 경쟁법의 이념이 상호충돌할 수 있는 것으로 생각되어 왔으며, 이를 어떻게 조화할 것인지가 오랜동안 논의의 과제가 되고 있다. 그런데 은행시장은 규제와 경쟁이 공존하는 영역이기 때문에, 은행합병행위에 대한 경쟁법의 집행과정은 정부규제와 경쟁법간의 이념적 충돌과 법리적 공존가능성을 살펴

볼 수 있는 좋은 표본이라고 생각된다. 더욱이 종래에는 경쟁법리나 이념이 제한 내지 배제되었던 규제산업들도 오늘날에 와서는 기술발달과 규제완화로 인해 점차 시장경쟁이 중요한 가치로서 보호되고 있기 때문에 은행합병의 표본적 중요성이 크다고 본다. 이러한 시점에서 본 연구는 은행합병문제를 통하여 규제산업분야에서 경쟁법의 이념이 어떠한 모습으로 발현, 제한, 수정되어야 하는지를 규명해 보려는 데에도 간접적인 목적을 두고 있다.

제3절 본서의 방향과 구성

I. 은행합병의 규제법리에 관한 종래 논의

은행합병문제에 관한 경쟁법적 연구의 성과는 각국의 은행시장상황이나 은행합병의 발생빈도에 따라 매우 다양하다. 은행시장에 비교적 자유경쟁을 보장해온 시스템에서는 은행합병에 대한 시장적 관점에서의 분석을 매우 비중있게 다루어 온 반면, 통제중심의 은행시스템 하에서는 은행합병의 경쟁제한성이 문제될 여지가 적었던 만큼 은행합병규제의 복합적 측면에 별다른 관심을 두지 않았다. 또한 접근방식에 따라 금융규제법적인 관점에서 바라보는지 아니면 경쟁법적 시각에서 접근하는지에 따라 그 문제해결이 달라지기도 한다.

이 같은 상황을 모두 고려했을 때, 현 시점에서 은행합병규제를 시장과 경쟁의 관점에서 가장 심도있게 분석한 나라는 미국이라고 할 수 있다. 미국의 연방대법원은 이미 1963년에 은행시장의 경쟁제한을 이유로 은행합병을 금지시킨 선례를 가지고 있으며, 이후에도 8건의 연방대법원 판결과 다수의 하급심 판결을 통해서 은행합병안을 금지시킨 바가 있다. 또한 적극적인 법 집행 못지않게 은행합병규제에 관해 연구 역시 선도적으로 수행하여 그 성과를 축적해 오고 있다.[1] 아울러 최근에는 캐나다와 호주 등에서도 경쟁제한적 은행합병을 금지시킨 사례가 있으며, 특히 캐나다는 은행합병가이드라인을 제정한 바도 있어서 양국의 은행합병규제 체계를 분석한 연구들도 제시되고 있다.

이에 비해, 독일이나 EU, 일본에서는 시장과 경쟁의 관점에서 은행합병문제를 다룬 실제 사례가 드물다고 할 수 있으며, 금융법의 다른 영역에 비해 이 분야에 대한 연구성과가 미진한 것이 사실이다. 다만 독일이나 EU에서도 일찍이 Immenga 등을 비롯한 일부 경쟁법학자들이 은행합병규제의 중요성을 인식하고 향후전망과 과제에 대한 연구물들을 제시한 바가 있다. 은행합병에 대한 독점금지법집행에 다소 소극적이었던 일본에서는 주로 미국의 이론과 사례를 소개한 성과들이 주를 이루고 있다.[2] 은행합병에 대한 경쟁법집행 문제와 관련된 국제적인 동향으로서

---

1) 구체적으로 보면 경쟁법적 측면에서의 은행합병 일반에 관하여 Douglas V. Austin(1981)이나, Margaret E. Guerin-Calvert(1994), Lawrence J. White(1996), Bernard Shull과 Gerald A. Hansweck(1999) 등이 다수의 저작물을 발표하였으며, 은행업의 시장획정문제에 대해서는 Ian Ayres(1985), Tim McCarthy(1997), Michael A. Greenspan(1998), Dean F. Amel & Timothy H. Hannan(2000), Dean F. Amel & Marthar Starr-McCluer(2001) 등이, 합병이 경쟁에 미치는 효과분석에 관해서는 Stephen A. Rhoades(1981, 1997), Joseph F. Brodley(1977), 정당성 항변과 관련해서는 Bruce P. Golden(1979), Berger and Hannan(1998) 등이, 그리고 자산매각조치에 대해서는 Jim Burke(1998), David S. Neill(1995, 2001) 등이 실증적 연구결과를 제시하여 왔다.
2) 가령 根岸 哲(昭和 59年), 高田太久吉(平成 9年) 등이 독점금지법적 시각에서 은행합병문제에 대한 분석을 시도하였고, 三村和之(平成 3年), 後藤新一(平成 3年) 등은 은행합병의 일반적 논의속에 경쟁제한성문제를 다룬 바가 있다.

26

는, 2000년에 OECD 경쟁법/정책위원회가 발표한 금융서비스의 통합현상에 대한 보고서(OECD, DAFFE/CLP(2000)17)를 들 수 있는데, 동 보고서는 은행합병이 경쟁법적 측면에서 제기하는 문제들을 제기하는 한편, 각국의 규제실태를 소개하고 권고안을 제시하였다.

이에 비해서도 국내의 논의는 폭과 깊이에 있어서 미흡하다. 은행합병의 경쟁제한성 문제는 전술한 바와 같이 여러 법역에 걸쳐 제기되는 문제이지만, 대개는 금융규제법적 측면과 경쟁법적 측면의 두 가지 경로에서 접근해 볼 수 있다. 그러나 아직껏 국내에서는 양 측면 어디에서도 적절한 연구성과를 발견하기 쉽지 않다. 합병의 성공요인과 합병의 효율을 극대화하기 위한 은행경영전략 내지는, 법적 연구라 할지라도 금융구조조정, 합병절차의 간소화, 상법상 주주 채권자보호와 은행노동자의 고용승계 등에 연구가 집중되었으나, 규범적 분석은 상대적으로 미진한 것으로 보인다. 특히 1997년 외환위기 이후 대폭 개정된 은행합병 규제체계에 대해 거의 논의되지 않은 상태여서, 은행합병의 경쟁제한성 심사의 기준과 경쟁당국 및 금융당국의 관계와 역할에 대한 해석상 논란의 여지가 많다고 생각된다.

II. 본서의 구성과 분석 방법론

본서는, 은행합병의 전반적인 심사과정과 기준을 비교 분석하는 방법은 가급적 지양하고 그 대신 경쟁제한성심사의 과정과 기준에 농축되어 있는 다양한 법리의 공존과 충돌을 규명함으로써 전체를 조망하는 방식으로 접근해 보고자 한다. 따라서 건전성이나 고객보호 등을 목적으로 하 규제법리는 필요한 부분이외에는 다루지는 않으며 주로 시장기능의 보호를 목적으로 하는 경쟁법리를 중심으로 연구범위를 국한한다. 한편 최근 들어서 금융지주회사에 의한 결합이 은행간의 주요한 결합수단으로 대두되고 있는데, 지주회사를 통한 결합은 은행합병과 방식상의 차이가 있을 뿐 경쟁제한성이 문제되는 과정과 해결방안에 있어서 은행합병의 그것과 근본적으로 다르지 않은 것으로 판단되므로 지주회사방식의 결합행위에 대한 논의도 필요한 범위내로 국한한다. 부실금융기관에 대한 적기시정조치(Prompt Corrective Action)로서 금융규제당국의 주도하에 이루어지는 합병 역시 성격상 당사자간의 합병과는 차이가 있으므로, 논의대상에서 제외하기로 한다.

이러한 시각에서 본서 모두 6개의 부분으로 나누어 논의를 전개하고자 한다. 우선 처음으로는 은행합병이 일반적인 기업결합과 어떠한 차이가 있으며, 그 차이에 따라 일반적인 법원칙이 어떻게 제한되고 수정되는지를 살펴본다. 그리고 현상적 고찰로서 한국에서의 은행합병추이와 현황을 살펴본 후, 우리나라에서는 은행합병을 어떠한 규범체계를 통해 규제하는지를 비판적으로 검토하게 된다. 검토 결과, 현행 규제체계는 첫째 경쟁법과 금융규제법의 상호관계 내지는 경쟁당국과 금융당국간의 역할을 어떻게 설정할 것인지, 둘째 경쟁제한성의 심사기준에 은행업과 은행시장의 특수성을 어떻게 반영할 수 있는지라는 두 가지 측면에서 문제가 제기될 수 있으며 이에 대한 해답을 제시하기 위해서 외국의 은행합병규제관련 입법례의 분석과 실제사례의 소개, 그리고 이론적 논의들을 고찰해 보고자 한다. 특히 우리나라의 현행 규제체계와 가장 닮아 있는 미국의 금융관련 법에서 은행합병을 둘러싼 법리들이 어떻게 조정되고 작동하는지를 상세히 살펴보게 된다. 아울러 주로 미국의 연방법원 판례와 학계에서의 이론을 통해 발전되어 온 세부기준들을 관련시장의 획정, 합병이 경쟁에 미치는 효과분석, 그리고 정당성 항변을 포함한 예외적 허용수단에 대해 면밀히 분석한다.

　이상의 분석을 토대로, 한국의 현행 규제체계를 어떻게 해석하는 것이 타당하며, 해석상의 한계를 극복하기 위해 향후 어떠한 방향으로 규제체계가 개선되어야 할지를 제시하는 한편, 한국의 현실에 비추어 은행합병의 경쟁제한성을 정확히 심사할 수 있는 세부 기준들을 정립해 보려고 한다.

제2장　은행합병의 개념분석과 연혁고찰

제1절   은행합병에 대한 개념적 분석

I. 규범적 측면에서 본 은행합병

일반적으로 기업들간의 결합행위를 칭할 때는 결합의 주체나 방식이 특별히 언급되지 않는다. 이를 테면, 자동차회사가 경쟁사의 주식을 취득하여 지배관계가 형성되거나, 통신회사가 다른 통신회사의 영업의 주요 부분을 양수하는 경우는 모두 일괄하여 기업결합으로 불리워질 뿐이다. 반면 은행들간의 합병행위는 기업결합으로 보다는 은행합병으로 칭해지는 것이 보통이다. 행위주체와 결합방식이 특정된다는 점에서 조금은 이례적이라고도 할 수 있겠다. 통상적인 기업결합과 달리 취급되어야 할 은행합병만의 독립성 내지는 특수성을 여기서도 엿볼 수 있지 않을까 생각된다.

그렇다면 은행합병은 일반적인 기업결합과 어떠한 점에서, 무슨 이유로, 얼마만큼 다르게 취급되고 있으며, 그러한 차이는 규범적 측면에서 또 어떤 의미를 가지게 되는 것인가? 은행합병규제의 근거를 도출하는데 있어 논의의 기초이자 출발점이 곧 이 질문으로부터 시작된다고 할 수 있다.

이하에서는 개념 형성의 전제와 주변적 요소들에 대한 분석을 통하여 은행합병의 본질을 고찰해 보고자 한다. 결합의 주체로서의 은행개념과, 결합의 방식으로서의 합병행위, 그리고 결합의 배경으로서의 은행시장이 각각 일반적인 경우들과 어떻게 구별되는지가 분석의 주안점이다.

1. 결합주체로서의 은행기업

(1) 은행에 대한 개념적 분석

익숙한 관념일수록 그것을 일의적으로 정의하기가 오히려 어려운 경우가 많다. 특히 개념 여하에 따라 당사자들의 이해관계가 좌우되는 규범영역에서는 이를 정의하는 일은 더욱 조심스럽고 신중할 수밖에 없다. 은행(Bank)이라고 하는 이 친숙한 기업형태도 확고부동한 개념이 수렴되어 있다기 보다는 오히려 관점과 상황에 따라 다소는 가변적인 방식으로 그 개념이 정의되고 있는 것으로 보인다. 그리하여 은행은, 때로는 "예금의 수입, 유가증권 기타 채무증서의 발행에 의하여 불특정다수인으로부터 채무를 부담함으로써 조달한 자금을 대출하는 것을 업(은행업)으로 하는 금융기관"으로 규정되기도 하고,[1] "상인적 조직에 의하여 은행업을 영위하는 기업"으로 표현되기도 하며,[2] 혹은 "예금자의 요구에 따라 즉시 회수가능한 권리가 부여된 예금들을 접수하고 상업 대출 사업에 종사하는 기관"[3]으로 불리워지기도 한다. 동일한 대상에 관한 관점의 편차에서 비롯되는 이 같은 다양성은, 결국 잉여자금보유자(일반적으로 가계)로부터 자금을 예치받아서 자금을 필요로 하는 자(기업, 정부 혹은 일부 가계)에게 공급하는 것을 주된 업으로 하는 기업이라 공통의 표지로 요약될 수 있겠다[4].

우리나라에서 은행이란 명칭은 중앙은행, 일반은행, 투자은행, 특수은행 등 여러 형태의 은행기관을 통칭하는 것으로서 사용되어 왔다. 하지

---

1) 은행법 제2조 1항.
2) 독일의 신용업법(Kreditwesengesetz: KWG) 제1조.
3) 12 U.S.C. §184(c)(1982).
4) Mathias Dewatripont & Jean Tirole, The Prudential Regulation of Banks, The MIT Press, p.104 (1999).

만 앞서 요약한 은행개념에 착안하자면 단기적 상업자금을 공급하는 일반은행이 결국 은행 본연의 모습이라고 할 수 있다. 이 점에서 은행합병의 주체로서 문제되는 은행형태는 일반은행에 국한할 필요가 있다. 곧 미국의 상업은행(commercial bank)이나, 영국에서의 예금은행(clearing bank), 독일의 신용은행(Kreditbanken), 그리고 일본의 보통은행(普通銀行)에 해당하는 개념이다.

(2) 은행의 기업성과 사회적 기능

은행은 수익성을 존립기반으로 하고 이윤추구를 사업목적으로 하는 하나의 사적경제주체이며 이 점에서 여느 기업과 다를 게 없다. 다만 그 수익의 주된 기반이, 예금이율과 대출이율의 차액과 각종 수수료에 있다는 점에 특징이 있을 뿐이다. 반면 은행은 국민경제적으로 매우 중요한 기능을 수행하는 기업이기도 하다. 그런데 통상적으로 기업들은 자사의 영리를 추구하는 과정에서 자의든 타의든 소속 사회에 대하여 일정한 사회적 역할을 수행하게 된다. 이를테면 시민편익의 제고라든지, 고용의 창출, 혹은 지역경제의 활성화 등의 부수적 기능이 그러한데, 이 점에서 보자면 은행이 국민경제적 기능을 수행한다고 해서 이를 별스러운 것으로 여길 일은 아니라고 할 수도 있겠다. 하지만 은행의 사회적 기능을 일반 기업이 수행하는 그것과 구분하려는 시도는 다음과 같은 이유에서 독립적인 의미를 가진다. 자금중개와 지급결제라고 하는 두가지의 기능이 그것이다.

먼저 은행이 수행하는 긍정적 기능으로서 자금중개 기능을 꼽을 수 있다. 부연하자면, 은행은 잉여자금을 보유한 자에게는 이른바 자금에 대한 시차선호(time preference)를 만족시켜 주면서 자금결핍의 상황에 처한 자에게는 최적의 투자기회(investment opportunity)를 제공하는 역할을 수행한다. 그런데 자금의 거래는 공급자와 수요자들간의 개별 교섭을 통해서도 충분히 이루어질 수 있으며, 초기 자본거래의 외형이 그러한 모습을 띠기도 했다. 하지만 이 방식은 교섭과정에서 당사자들에게 거래비용이나 정보탐색비용은 물론 상당한 위험을 초래하였다. 실현가능하긴 하나 효과적이지 않았던 이러한 자금거래방식은 현대에 와서 오히려 실현도 어려운 방법으로 여겨지게 되었다. 특히 가계와 같은 소규모 자금공급자들이 기업과 대출계약을 체결하는 것은 신용관계의 수립이나 비용면에서 결코 용이한 방안이 아니다. 자금공급자들로서도 위험의 최소화를 위해서는 분산투자를 채택하는 것이 유리할 텐데 이럴 경우에는 계약체결 및 거래에 소요되는 비용부담도 상당정도 감수해야 한다. 따라서 자금의 공급자나 수요자 모두, 자금거래의 조건을 변환시키고 비용과 위험을 최소화할 수 있는 매개수단 즉 중개기관이 필요하게 된다[5].

한편 실물거래에서는 상품, 서비스에 대한 대가지불을 수반하게 되는데 매거래마다 당사자들이 현금을 통한 직접결제를 한다면 그만큼 거래의 원활성과 안정성은 저해될 수 밖에 없다. 따라서 실물거래를 촉진하고 안정을 도모하기 위해서는 현금이동을 대신하여 결제를 할 수 있는 수단이 요구된다.[6] 이 같은 지급결제의 기능 역시 은행이 수행하는 주된 기능이다.

경제활동의 시스템적 기초로서 이 같은 자금중개 및 지급결제 기능이야 말로 은행을 필수불가결한 수단으로 자리잡도록 하는 요인이 되어 왔다. 결국 영리추구를 목적으로 하는 은행활동은 경제주체들의 경제활동에 필요한 자금을 조달하고 중개하는 역할을 수행하는 한편, 실물거래의

---

5) Bernanke, B., Non-Monetary Effects of the Financial Crisis in the Propagation of the Great Depression, American Economic Review 73, 256-263 (1983).

6) Charles Goodhart, Philipp Hartmann, David Llewellyn, *FINANCIAL REGULATION -Why, how and where, now?-*, Routledge, p.11 (1998).

촉진이라는 거시적인 목표달성에 기여하게 되며, 이 점에서 기업으로서
의 은행에게는 일반 기업에 비해 높은 수준의 공공성을 요구하게 되는
것이다.

(3) 은행의 불안전성

은행이 수행하는 중요 기능의 이면에는 은행의 존립기반을 위협하는
불안정요인이 상존한다. 일반 기업의 상거래행위와는 달리 은행은 유동
성이 있는 예금계약을 제공하고 그 자금으로 불확실한 가치의 비유동적
자산 즉 대출채권을 취득하는 계속적 거래관계에 서게 된다. 그런데 은
행이 지고 있는 채무(예금)는 고객의 요구가 있을 때 언제든 지급토록
되어 있으며(full-money certainty) 비교적 변제의 주기도 단기간인데 반
하여, 은행이 보유하는 채권(대출)은 언제든 회수할 수 있는 성질이 아
닌데다 장기간의 계약으로 체결된다는 특징이 있다. 이 때문에 은행의
채무와 채권사이에는 소위 기간의 불일치(term mismatch)라는 문제가
초래된다.[7]

은행만이 겪게되는 이같은 기간의 불일치는 다음과 같은 두 가지의 부

---

[7] 은행이외의 금융기관들은 거래상품의 조건에 있어서 상충문제가 발생하지
  않는 것으로 얘기된다. 가령 보험회사의 경우, 보유하고 있는 채무는 대체
  로 장기이고 인출사태의 가능성도 적다. 또한 보험회사들은 시장거래와 지
  급결제시스템을 통해 연관되어 있지도 않으며, 자산의 시장성이 높다. 따라
  서 보험회사는 은행과 같은 종류의 자산전환 기능을 행하지 않으며 그로
  인해 발생하는 시스템적 차원의 문제도 발생하지 않는 것으로 알려져 있다.
  증권회사의 경우도, 예금보험과 최종대부자가 존재하지 않는 상태에서도 도
  덕적 해이가 발생하지 않으며 한 증권회사의 위기가 시스템적 위기로 전화
  될 위험이 적다. 또 증권회사의 자산은 쉽게 처분될 수 있으며 기업이 곤경
  이 빠졌을 때 가격하락의 위험이 있기는 하지만 청산이 가능하다는 점에서
  은행과 같은 시스템문제를 야기하지는 않는다. Id. p.13.

수적인 상황을 야기한다.[8] 하나는 이자율 위험(rate risk)이다. 은행의 수
익기반이 예금이자와 대출이자의 차액이라는 점은 앞서 지적한 바와 같
은데, 예금계약은 비교적 단기여서 경기변동에 따라 이율의 폭이 유동적
인 반면, 대출은 장기계약으로 체결되는 경우가 많아서 고정금리가 적용
되는 대출상품의 이자는 계약기간중에 일정하게 유지될 수 밖에 없다.
이와 같은 이율구조 때문에 예금의 단기이율이 상승함으로써 자금예치비
용이 대출에 따른 장기적 수익을 초과하는 때에는 이자율 위험이 유발될
수 있다.[9]

또 다른 문제는 지급불능의 위험성(insolvency risk)이다. 은행들은 통
상적으로 예금자들의 요구에 대비하여 지급준비금을 확보하고 있기 때문
에 유동성의 위기가 문제될 가능성은 크지 않지만, 채권자로서 예금고객
들은 은행의 신용도에 민감하게 반응하게 되므로, 작은 원인에도 예금자
들이 은행의 지급준비금을 초과하여 예금을 회수하는 경우에는 부채와
자산간의 기간 불일치로 인한 지급불능상태가 현실화될 수 있다. 일반
기업들도 단기신용자가 기업에게 공여한 신용을 일시에 회수하면 지급불
능사태에 빠질 수 있지만, 은행이 고객에 대해 가진 이중적인 지위상 지
급불능 위험은 일반 기업에 비해 훨씬 높다고 할 수 있다.

결국 이 같은 이유에서 은행이 수행하는 사회적 기능을 보호하고 극대
화하는 한편, 이 같은 잠재적 위협요인들로부터 은행을 보호하는 일은
어느 나라에서나 국민경제적 측면에서 매우 중요한 정책과제로 인식되어
왔으며, 이러한 정당성을 기초로 은행을 하나의 사적 경제주체 차원을
넘어 그 조직과 활동을 규율하는 일이 법에게 맡겨진 역할이었던 것이다.

---

8) Partricia A. Macoy, Banking Law Manual (Second Edition), Chap. 1,
   §1.03, LexisNexis. p.7. (2002).
9) Randall S. Kroszner, Bank Regulation: Will Regulation Catch Up With
   the Market? 9 (Cato Inst. Briefing Paper No.45 1999)
   (http://www.cato.org/pubs/briefs/bp-045es.html).

2. 결합방법으로서의 합병행위

(1) 합병의 개념적 분석

흔히 합병(合併, merger, amalgation, consolidation, Verschmelzung; Fusion)은 기업들이 결합을 하는 수단의 하나이자 가장 완벽한 결합의 형태이다.[10] 일반적으로 '법정의 절차에 따라 둘 이상의 기업의 전부(新設合併) 또는 하나를 제외한 전부(吸收合併)가 해산하여 그 재산이 포괄적으로 청산절차 없이 신설 또는 존속회사에 승계되고, 동시에 해산회사 사원에게 신설 또는 존속회사의 사원권(持分)을 부여함로써 사원도 원칙적으로 수용하는 회사법상의 제도 또는 행위'로 정의되며[11], 실정법에서 이에 관한 직접적 정의규정을 둔 경우도 적지 않다.[12] 합병은 기존의 법률관계와 조직구조 및 당사자간의 이해관계에 급격한 변화를 초래하는 만큼 일찍이 여러 법 분야에서 관심을 두고 다루어 왔다. 이를테면 합병기업의 주주나 채권자의 보호를 위한 절차가 충족되었는지가 상법의 관심사항이며, 해당 기업에 속했던 노동자들의 지위와 권익의 침해여부에 따라 노동법이 적용될 수도 있고, 기타 세법이나, 증권거래법, 금융관계 법률의 규율대상이기도 하다. 동시에 경쟁법은 합병으로 인해 시장의 경쟁에 어떠한 영향을 미치는지를 중심으로 합병의 허용여부를 판단하게 된다.

---

10) 권기범, 「회사의 합병 및 영업 양수·도」, 한국상장회사협의회, 1992. 9면.
11) 권기범, 전게서.
12) EC 3rd Council Directive 제3조 1항, 제4조 제1항 ; EG Richtlinie vom 23. Juli 1990(Fusionbesteuerungsrichtlinie) 제2조 제(a)항; Revised Model Business Corporation Act 제11.01조 제(b)항, 제11.06조 제(a)항.

(2) 은행간의 결합에 있어서 합병의 의미

기업의 결합수단으로는 합병 방식 이외에도 주식취득이나 영업양수 혹은 임원겸임이나 새로운 회사설립 등 다양한 방법이 활용되고 있다. 하지만 은행간의 결합에서는 어느 나라이든 합병이 가장 주된 수단으로 자리잡고 있다. 그 이유는 주식취득의 경우 나라마다 은행의 주식보유 상한선을 법률로 제한하기 때문에 결합수단으로 고려할 여지가 적고,[13] 금융기관의 임원겸임 역시 법에 따라 금지되는 것이 보통이기 때문에[14] 사실상 기업결합수단으로서는 활용가능성이 없다는 점 때문이다.[15] 새로운 회사설립 방법 역시 은행신설을 위한 최소자본금 기준을 포함한 각종의 신규진입제한규정으로 인해 결합수단으로서의 현실성을 결여하고 있어서 실제 사례를 찾아보기 힘들다.

반면, 합병과 유사한 효과를 가진 영업의 전부양도·양수 방식도 종종 결합수단으로서 활용되기도 하는데,[16] 이점에서 대개는 영업양수에 대하

---

13) 가령, 은행법 제15조는 '주주 1人과 그와 대통령령이 정하는 특수관계에 있는 자는 금융기관의 의결권있는 발행주식총수의 100분의 4를 초과하는 주식을 소유하거나 사실상 지배하지 못한다'고 규정하고 있다.

14) 마찬가지로 은행법 제20조 제1항은 '금융기관의 임원 또는 직원은 한국은행 또는 다른 금융기관의 임원 또는 직원이 될 수 없으며, 금융기관의 상임임원은 다른 영리법인의 상무에 종사할 수 없다'고 규정하고 있다.

15) 금융산업구조개선에관한법률 제24조 1항에서는 금융기관이 다른 회사의 주식을 일정 규모 이상으로 취득하는 경우 금융감독위원회의 인가를 받도록 하는 한편 이러한 주식취득행위가 관련시장내에서의 경쟁을 실질적으로 제한하는지 여부를 공정거래위원회와 협의토록 하고 있다. 그러나 동 규정은 동일계열에 속하는 금융기관 또는 동일계열에 속하는 금융기관과 그 계열기업이 공동으로 다른 회사를 지배하기 위하여 주식을 취득하는 것을 제한하려는데 그 취지가 있으며, 따라서 주식취득을 통한 은행간의 결합을 의미하는 것은 아니다.

16) 예를 들어 1998년에 일본의 호코쿠은행이 호카이도 다쿠쇼쿠은행에 대해

여 합병에 준한 규제가 가해지고 있다.[17] 다만 양자 모두 계약의 산물이라는 점에서는 공통되지만, 계약의 법적 성질 면에서 보면 합병이 단체법상의 계약인데 반하여, 영업양수는 통상의 거래법상의 계약이라는 차이가 있다. 그 결과 합병에 있어서 피합병회사의 전재산이 포괄적으로 합병회사에 인계되고 영업재산의 일부만을 대상으로 하는 것은 허용될 수 없지만, 영업양수에서는 일부의 인계도 가능하다.[18]

이상을 정리하면, 경쟁법의 관심대상으로서 기업결합은 은행시장에서는 사실상 합병과 영업양수의 형식으로만 실현되며, 영업양수 역시 법률상 합병에 준하여 규제된다고 하겠다. 따라서 은행시장에서의 합병은 협의로는 권리의무의 포괄적 승계방식으로서의 합병을 의미하지만 사실상 기업결합의 방식 전체를 대표하는 개념이라고 해도 지나침이 없는 것이다.

(3) 합병의 유형

1) 합병의 효과에 따른 분류

은행합병은 시장에 미치는 효과에 따라, 수평적 합병, 시장확장형 합병, 상품확장형 합병, 수직적 합병, 혼합합병 등 다섯 가지 형태로 분류될 수 있다. 이 가운데 실제로 경쟁제한성이 문제된 유형은 수평적 합병과 시장확장형 합병이다.

영업양수한 사례를 들 수 있다. 동 영업양수건에 대한 설명은 본 논문의 내용 가운데 일본의 규제체계의 부분에서 상세히 소개한다.

17) 금융산업의구조개선에관한법률에서는 영업의 전부양도·양수의 경우에 합병규정을 준용한다고 하고 있으며 (동법 제26조), 일본의 銀行法 제30조에서도 영업의 양도·양수에 관해 합병과 동일한 요건을 부과하고 있다.

18) 한편, 주식취득은 피매수회사의 경영진의 동의가 없어도 그 의사에 반하여 행해 질 수 있다는 점에서 합병이나 영업양수와 근본적인 차이가 있다. 주식취득은 회사와의 거래가 아니라 주주와의 거래이기 때문이다.

40

가. 수평적 합병(Horizontal Mergers)

수평적 은행합병은 동일한 지리적 시장 내에서 일련의 동일상품을 공급함으로써 상호간에 경쟁상태에 있었던 은행들간의 합병을 말한다. 일반적인 수평적 기업결합사건에서와 마찬가지로 수평적 은행합병은 시장 내의 경쟁자가 사라지는 결과를 낳기 때문에 경쟁에 미치는 영향이 직접적이라고 할 수 있으며, 그 만큼 경쟁법 위반으로 문제될 가능성도 높다. 현재까지 있었던 은행합병사례들 가운데는 한일-상업은행간의 합병이나, 국민-주택은행간의 합병 그리고 하나-서울은행간의 합병 등이 여기에 해당한다.

나. 시장확장형 은행합병(Market Extension Merger)

서로 다른 지역에서 동일한 은행상품을 제공하는, 다시 말해서 잠재적인 경쟁관계에 있지만 실질적인 경쟁관계에는 있지 않는 두 기업들 간의 결합을 지리적시장 합병(geographic market merger) 혹은 시장확장형 합병(market extension merger)이라고 한다. 시장확장형 합병에서 주로 문제가 되는 것은, 경쟁 사업자들이 상호간에 지리적으로 인접해 있는 경우에 이를 하나의 시장에 관한 문제로 볼 것인지 아니면 두개의 시장이 관련되는 문제로 볼 것인지에 대한 결정이다.[19] 시장확장형 합병은 은행의 영업활동을 지리적으로 규제하여 왔던 미국에서 주로 문제가 되어 왔

---

19) 이에 해당되는 사례로서는 Southwest Miss. Bank v. FDIC사건을 들 수 있다. 동 판결은 미국 미시시피주의 Pike 카운티 북부지역에서 영업을 하던 한 은행과 동 카운티의 남부지역을 영업대상으로 하던 은행 사이에 시도되었던 은행합병에 관한 것으로서, 당초 FDIC는 카운티 전역을 지리적 관련시장으로 파악하여 동 합병안을 금지시켰으나, 이후 법원에 의해 승인되었다. 법원은 두 은행들이 서로 다른 시장에서 사업을 영위하는 것으로 보았던 것이다. Southwest Miss. Bank v. FDIC, 499 F. Supp. 1(S.D. Miss. 1979), aff'd 625 F.2d 1013 (5th Cir. 1980).

으며 시장확장형 합병에 대한 이론도 미국의 은행시장을 모델로 발전하여 왔다.

한국의 경우, 대다수의 은행들이 전국을 영업기반으로 하고 있어서 시장확장형 은행합병이 문제될 가능성은 상대적으로 적다고도 볼 수 있다. 하지만 지방은행간의 합병이 이루어지는 경우나 시중은행이 지방은행을 인수하는 경우에 시장확장형 합병으로 인한 잠재적 경쟁의 제한이 논의될 여지가 있다. 가령 조흥은행과 충북은행, 강원은행 간의 합병의 경우 조흥은행이 이미 전국을 영업기반으로 하고 있기 때문에 이들 은행간의 합병을 시장확장형 은행합병으로 단정 짓기에는 무리가 있지만, 합병당시까지 두 지방은행이 각각 충북과 강원지역에서 상당한 시장점유율을 보이고 있었기 때문에, 사실상 시장확장형 합병으로서의 성격도 적지 않았던 것으로 생각된다.

다. 상품확장형 합병(Product Extension Merger)

상품확장형 합병은 동일한 지리적 시장 내에서 사업을 영위하지만 취급하는 상품들이 서로 다른 사업자들간의 합병을 말한다. 취급하는 상품이 서로 다르다는 점에서 수평적 합병과 다르지만 취급 상품들간에 전혀 관련성이 없어야 하는 것은 아니다. 그런데 금융산업의 경우는 상품확장형 합병의 실현 가능성이 정부의 금융규제정책에 따라 좌우되기 마련이다. 이를테면 종래 분업주의(specialized banking system)를 고수하여 왔던 미국을 비롯한 한국과 일본에서는 이와 같은 합병유형이 극히 제한적이었다. 은행이나 은행지주회사들이 영위할 수 있는 사업이 은행업으로 제한되어 있었기 때문이다. 하지만 최근 각국이 분업주의를 포기하고 겸업주의(universal banking system)로 전환하는 사례가 늘어나고 있는 점을 감안하면 상품확장형 은행합병의 발생 건수도 증가할 것으로 예상되고 있다. 우리나라의 합병 사례 중에서는 1976년에 있었던 서울은행(소

매금융)과 한국신탁은행(신탁업무)간의 합병이나 1999년의 국민은행(가
계금융)과 장기신용은행(기업금융)간의 합병을 이 범주에 포함시킬 수
있을 것이다.

라. 수직적 합병(Vertical Merger)

수직적 합병은 판매자와 구매자의 관계에 있던 두 기업간의 합병을 의
미한다. 은행산업에서는 이와 같은 수직적 합병이 주로 은행지주회사에
의한 합병에서 많이 목격된다. 일반적으로 대출전문 금융기관들 가령 소
규모대출회사나 저당금융회사 등은 흔히 은행으로부터 자금을 공급받게
된다. 은행지주회사가 이러한 회사들을 인수하는 행위가 수직적 합병의
전형이라고 할 수 있다.

마. 혼합합병(Conglomerate Merger)

위에서 살펴 본 네 가지 유형의 요소들을 조금씩 가지고 있으면서도
특정 유형에 속하지는 않는 경우를 혼합합병이라 할 수 있겠다. 합병하
는 기업간에 유사성이 없다는 점이 특징이라면 특징일텐데, 취득은행이
자본과 건전한 경영진의 통합을 통해 피취득은행의 성과를 개선하기 위
한 차원에서 주로 이루어지는 것으로 알려진다. 우리나라에서는 아직 실
현된 사례가 없다.

2) 합병의 방식에 따른 분류[20]

한편 은행합병의 유형은 당사자들이 취하는 방식 혹은 합병회사들의
합병이후 존립여하를 기준으로 분류해 볼 수도 있다. 이를 테면 2개 이

---

20) Boyd, John H & Stanley L. Graham, Investigating the Banking
    consolidation Trend, Quarterly Review, FRB of Minneapolis, Spring
    1991.

상의 은행이 계약에 의해 새로운 은행을 설립하거나, 한 은행이 다른 은행을 흡수하는 방식, 혹은 은행들이 독립성을 유지하면서 업무상 제휴를 하는 방식으로 구분할 수 있겠다.

가. 대등합병

대등합병은 신설합병이라고도 하며 당사은행 모두가 해산되어 소멸한 후 하나의 새로운 은행을 설립하는 형태를 일컫는다. 통상 소멸된 당사은행들의 자산과 직원은 새로 설립된 은행에 수용되는데, 이 점에서 뒤에 볼 흡수합병과 다르다. 대등합병은 합병의 목적에 따라 다시 질적보완형합병과 동질합병으로 세분되기도 한다. 질적보완형합병은 서로 업무영역이 다른 금융기관들이 합쳐져서 복수의 금융업무를 동일 기관에 의해 취급토록 하는 것으로 비용절감에 의한 효율화 내지는 범위의 경제를 추구하고자 하는 경우에 시도된다. 반면에 동질합병은 주된 업무영역이 동일한 금융기관끼리 업무규모를 확대함으로써 단위비용을 절약하려는, 즉 규모의 경제를 추구하려는 차원에서 모색되고 있다. 국내에서 성사되었던 합병들 중에 서울-한국신탁은행간의 합병이 질적 보완형이라고 할 수 있다면, 한일-상업은행간의 합병과 국민-주택은행간의 합병은 동질합병의 부류속에 포함시킬 수 있다.

나. 흡수합병

흡수합병은 합병 당사은행 중 1개 은행만이 합병 후에 계속 존재하게 되며 인수되는 은행은 청산절차 없이 해산하여 소멸되는 방식을 일컫는다. 이에 따라 피인수은행의 자산과 직원은 인수은행 측에 수용된다. 주로 합병 당사은행간의 규모의 차이가 클 경우에 선택되며 신설합병에 비하여 절차가 간편하다는 점도 장점으로 거론된다. 최근에는 경영상태가 부실한 은행을 정리할 목적에서 우량은행에 합병시키는 방식으로 빈번히 활용되고 있다. 외환위기 직후인 1998년에 이루어졌던 5개 부실은행의 퇴출과 그에 이은 합병들이 여기에 해당하며, 1999년에 있었던 조흥은행과 충북, 강원은행간의 합병, 2003년 말에 있었던 하나은행과 서울은행간의 합병 등이 이 범주에 속한다고 볼 수 있다.

다. 업무제휴

주로 경쟁력 제고를 위한 목적으로 활용되는 방법으로서, 대형은행과 중소규모은행 또는 제2금융기관이 각각 독립성을 유지하면서 업무의 상호제휴를 통해 합병과 유사한 효과를 도모하는 방식을 말한다. 일본에서 많이 나타나고 있으며 금융상품의 공동개발 및 판매, 전산시스템의 공동개발에 효과적인 것인 것으로 알려진다.[21]

3. 결합의 배경으로서의 은행시장

(1) 시장에 내재하는 외부효과

시장은 상품 및 용역의 공급자인 사업자들에게는 경쟁과 심판의 장(場)이면서 수요자인 소비자에게는 선택의 장이라 할 수 있다. 시장을 통해 기업간의 경쟁적 우열이 드러나게 되며 그 결과에 따라 열등사업자를 퇴출시키는 역할도 시장이 수행한다. 이 경우 시장참가자의 실패는 사회전체적으로는 손실일 수 있지만, 그 손실은 실패한 사업자와 관련된 부문에서 크게 벗어나지 않는 것이 일반적이며, 한 사업자가 퇴출되었다고 해서 다른 사업자의 사업활동이나 시장 전체에 근본적인 변화를 초래하는 경우는 흔치 않다. 때문에 어느 한 사업자의 실패는 시장기능의 이면에 존재하는 불가피한 사회적 비용으로 받아들여진다.

---

21) 이창규/안세일/이광주/양동욱, 「우리나라 은행산업의 경쟁력과 M&A」 (연구보고서 1997. No.4), 한국금융연구원, 1997, 55면.

그런데 은행시장에서는 한 은행의 실패로 인한 결과나 그 파급효과가 단순하지 않다. 한 은행의 실패는 이례 금융시장에 대한 불신을 낳게 되어서 자칫 건전한 은행에 돈을 맡긴 소비자들도 거래은행으로부터 예금을 인출하는 상황(bank run)으로 사태가 확산될 가능성이 있다. 그 가능성이 실현된다면 국가경제의 자금수급기능과 지불체계 자체가 붕괴될 수도 있다는데 문제의 심각성이 있다. 소위 금융시장에는 부(負)의 외부효과(externalities)가 존재하는 것이다. 물론 은행거래에 내재하는 기간의 불일치를 방지하기 위해 각 은행마다 일정한 금액의 지급준비금을 보유하는 등의 조치를 강구하게 된다. 하지만 지급준비금은 통상적인 금융거래에 수반되는 예금인출을 상정하는 수준에서 마련되기 때문에 그 한도가 매우 제한적이다. 따라서 한도를 넘어서는 예금이탈이 문제되었을 때 곧바로 유동성위기로 이어질 수가 있는 것이다.[22] 게다가 은행들은 지급결제기관으로서 상호간에 대차관계도 매우 크기 때문에, 한 은행들의 부실은 다른 은행에 즉각적인 손실로 이어진다. 특히 앞서 지적한 것 처럼 고객들은 어느 한 은행의 부실과 실패를 목격하게 되면 의례 자신의 거래은행에 대해서도 부실을 우려하는 경향이 있어서 예치금을 회수하려드는 습성을 보이게 된다.[23]

---

22) 은행의 재무상태에 관한 소문은 우량은행에 대해서도 급속히 퍼지는 경향이 있다. 예금인출사태(bank run)에 대한 자세한 논의는, Diamond D. V. & Dybvig, P., Bank Runs, Deposit Insurance and Liquidity, *Journal of Political Economy* 91, 401-419 (1983); Baltensperger, E. & Dermine, J., The Role of Public Policy in Ensuring Financial Stability: A Cross-Country, Comparative Perspective, in Threats to International Financial Stability, Richard Portes & Alexander Swoboda ed., Cambridge, MA: Cambridge University Press (1987); Chari, V. V. & Jagannathan, R., Banking Panics, Information and Ratinal Expectations Equlibrium, Journal of Finance 43, 749-761. (1988)등 참조.

23) 이러한 점에서 보면 은행의 예금인출사태는 게임이론에서 거론되는 이른

사실 고객의 이런 습성은 비판할 일이 아니다. 은행의 대출채권에 대한 정보는 대출은행만이 알고 있기 때문에 은행의 건전성을 정확히 알 수 없는 제3자들로서는 방어적인 전략을 수립할 수밖에 없는 것이다. 더욱이 이 같은 정보의 비대칭 문제는 우량의 대출채권을 처분할 신뢰성있는 2차 시장을 확보하지 못하도록 하는 결과로 이어진다는데 문제의 심각성이 있다.[24] 지급능력을 갖춘 은행마저도 유동성위기에 처하는 극단적인 시나리오도 이로 인해 현실화될 수 있는 것이다. 물론 어느 시장이나 단기신용자가 기업에 대한 신용을 일시에 회수하는 경우에 연관 기업들의 연쇄부도를 낳는 사태가 벌어질 수 있다.[25] 하지만 은행시장에서는 은행채무의 절대다수가 요구불예금으로 구성되어 있으면서 예금자에 대해 지불할 수 있는 자산은 비유동적인 대출인 경우가 대부분이기 때문에 유동성 위기의 발생가능성이 여느 시장보다 큰 것이다.

바 '죄수의 딜레마'(The prisoners' dilemma)의 전형적인 예라고도 할 수 있다. '죄수의 딜레마' 가설에서, 개인들은 상호간에 협력하면 모두에게 좋은 결과를 가져다 줄 수 있음에도 불구하고 결국은 자신들의 개인적, 공동적 이익을 감소시키는 독립적 행동방식을 선택하게 된다. 마찬가지로 예금자들은 자신이 맡긴 자금을 한꺼번에 인출하게 되면 은행이 지급불능에 빠질 수밖에 없다는 점을 알고 있지만, 요구불예금의 성질상 자신이 거래하는 은행에다 돈을 맡긴 다른 예금자들이 한꺼번에 몰려들어서 자신의 몫까지 인출해갈 수 있다는 위험성을 인식하고 이점에 더 큰 비중을 두게 된다. 따라서 각 예금자들은 다른 예금자들에 앞서서 돈을 인출해 가는 것이 최선의 방안이라는 판단을 내리게 된다.

24) Charles Goodhart, *op. cit.*, p.11.

25) 한편 은행이 예금인출사태에 직면하여 시스템적 위기를 야기하는 경향이 있다는 전제에 대해 비판하는 견해도 있다. 은행부실과 예금인출사태로 인해 발생하는 부정적 효과가 다른 일반기업들의 부실로 인한 영향과 별반 다를 것이 없다는 주장이다. Benston, G. J & Kaufman, G. G., Risk and Solvency Regulations of Depository Institutions: Past Policies and Future Options, Graduate School of Business Administration, Monograph, (1988).

(2) 시장에 대한 정부개입과 경쟁의 지위

이상에서 살펴 본 은행시장의 특수성은 궁극적으로 사적 최적(私的 最適)과 사회적 최적(社會的 最適)간의 불일치를 유발하여 시장기능에 의한 자원의 배분을 왜곡시키는 결과를 낳는다.[26] 그런데 개별 은행들이 스스로 나서서 이러한 외부효과를 방지할 인센티브는 적기 때문에, 은행시장에 부정적 외부효과가 발생하지 않도록 하기 위해서는 불가피하게 국가가 시장에 개입하여 은행이 청산능력을 확보할 필요가 있다.[27] 따라서 은행시장에 대해서는 예외없이 안정성을 위해 시장기능이 일정정도 제한되며, 은행상품의 가격(이자율)과 사업자들의 신규진입 및 업무영역

---

26) 강문수/최범수/나동민, 전게서, 27면.
27) 은행시장에 국가가 개입하는 근거로는 외부효과 이외에도 은행시장에 존재하는 것으로 알려진 자연독점성과 정보비대칭문제가 주장된다. 이 가운데 은행산업에 과연 자연독점성이 존재하는지에 대해서는 논란이 있지만(예를 들어, 은행을 포함한 금융산업에 자연독점성이 없다고 보는 견해로는 윤봉한, 금융학원론, 법문사, 2001, 505면), 시장참가자들간의 정보비대칭 문제가 존재한다는 점에 대해서는 이의가 없는 듯 하다. 이를테면, 은행시장에서 차입자들은 자신의 담보능력이나 정직성, 또는 자신이 가지고 있는 투자안목의 질에 대한 정보를 과장함으로써 잠재적인 대여자를 속이려는 유인을 갖게 된다. 하지만 잠재적인 대여자는 차입자가 가지고 있는 담보능력이나 근면성, 투자안(投資案)의 질을 정확하게 평가할 방법이 없으므로 일단 모든 투자안의 질을 평균적인 것으로 평가할 수밖에 없다. 모든 투자안의 가치가 평균적으로 평가되면 평균이하의 투자안을 가진 차입자는 이익을 볼 수 있는 반면, 평균수준 이상의 투자안을 가진 차입자는 손해를 보게 되므로 시장에는 낮은 수준의 투자안만이 거래를 하게 된다. 만일 이와 같은 일련의 과정이 반복된다면 시장을 통한 거래는 결국 이루어지지 않을 것이고, 은행규제당국은 거래당사자들간의 정보의 불균형 문제를 해결하기 위해서 직접 거래성립을 지시하거나 공시의무를 부과하여 정보의 유통을 강제하는 규제를 행하게 되는 것이다. H. Leland & D. H. Pyle, Information Asymetries, Financial Structures and Financial Intermediation, *Journal of Finance*, pp.136-146 (1977).

등에 대한 각종의 규제가 행해지게 된다.[28]

그런데 정부규제라는 것은 본질상 시장과 경쟁을 대신하는 것이기 때문에 규제산업(regulated industries)분야에서는 시장과 경쟁의 보호규범인 독점금지법이 배제 내지 제한될 수밖에 없다. 다만 배제 내지 제한되는 범위나 정도가 상황에 따라 차이를 보일 뿐이다. 이 차이는 근본적으로 당해 규제산업의 성질에 따라 좌우되는바, 일찍이 Kaysen과 Turner가 적절히 지적한 바와 같이, (a) 시장의 성격상 경쟁이 사실상 존재할 수 없거나 오래 지속될 수 없는 경우; (b) 경쟁이 실제로 존재하기는 하지만 시장의 불완전성 때문에 경쟁이 본연의 경쟁적인 결과를 도출해 낼 수 없는 경우, 혹은; (c) 경쟁이 존재할 수 있거나 실제로 경쟁적인 결과를 도출해 냈지만 여타의 정책적인 측면을 고려해 볼 때 경쟁이 꼭 만족스러운 결과를 도출해 내지 못한 경우 가운데서 어떠한 상황에 속하는

---

28) 은행을 비롯한 금융기관에 대한 규제 전반에 관해서는, 강병호, 금융기관론, 박영사, 2003, 77-87면을 비롯한 여러 자료를 통해 자세히 설명되고 있는데, 본 논문의 논의전개와는 직접관련이 되지 않기 때문에 여기서는 간략히 언급하고 넘어가기로 한다. 다만, 대다수의 문헌에서는 가격규제나 신규진입규제, 업무영역규제를 흔히 은행산업 혹은 금융산업에 대한 규제라고 표현하고 있으나 필자는 이를 은행시장에 대한 규제로 부르는 것이 보다 적절하다고 판단하고 있다. 그것은 은행산업과 은행시장이 구별되는 개념이라고 보기 때문이다. 다시 말해서 은행산업은 은행상품을 공급하는 은행들을 그 구성요소로 하는 개념인데 반해, 은행시장은 공급자와 수요자의 양자의 상호작용을 통해 도출되는 개념이라고 할 수 있다. 그런데 가격규제는 말할 것도 없고 은행시장진입규제나 업무영역규제와 같은 경쟁제한적 규제는 시장의 본연의 기능에 대한 규제로서 직접적인 효과가 은행들의 행태에 미치기는 하지만 궁극적으로 시장기능을 제한하는 것이다. 따라서 은행산업에 대한 규제가 아니라 은행시장에 대한 규제로 보는 것이 타당하다고 생각된다. 반면 자산운용이나 자기자본에 관한 규제, 대차대조표규제(balance sheet restrictions)와 같은 은행의 경영활동에 대한 규제는 은행산업의 건전성을 보장하기 위한 것으로서 은행산업에 대한 규제로 부를 수 있을 것이다.

지에 따라서 규제와 경쟁의 역할과 비중이 달라진다.

전통적으로 은행산업은 이중에서 세 번째 영역에 속하는 것으로 이해되어 왔다. 환언하면, 다른 규제산업분야와는 달리 시장기능이 스스로 작동할 뿐만 아니라 경쟁이 본연의 기능을 수행할 수가 있다고 보게 된다. 따라서 은행산업에 대해서는 시장과 경쟁의 이념이 원칙적으로 배제되지 않으며, 은행산업의 안정을 보호하려는 한도 내에서 부분적으로 제한 또는 수정되는데 그친다.[29] 일반적인 규제산업과는 다르며 그렇다고 통상적인 시장경쟁원칙을 그대로 적용할 수 있는 영역도 아닌 것이다. 결국 경쟁을 통한 효율성(efficiency)과 규제를 통한 안정성(safety)을 적절히 조화하는 일이 은행규제의 관건이라 하겠다. 경쟁을 우선하면 은행의 효율성은 제고되지만 안정성이 저해될 수 있고, 반대로 규제중심의 정책을 선택하여 경쟁을 억제하면 안정성이 기대되는 대신 효율성이 저하될 수 있기 때문이다. 그리고 바로 이점에서 은행합병을 기업결합사건과 다른 각도에서 접근해야 할 필요성이 제기되는 것이다. 은행합병만의 고유한 규제법리가 모색되어야 하는 이유이다. 이 간단치 않은 모색작업을 위해서 아래에서는 먼저 은행합병에서 문제되는 경쟁의 본질과 그것의 왜곡, 그리고 경쟁제한에 대한 규제가 일반 기업결합사건과 동일한 의미를 갖는지를 살펴보기로 한다.

---

29) 실제로 금융규제가 추구하는 목적으로는 '고객의 보호(client protection)', '화폐금융제도의 안정(monetary stability)'과 아울러 '효율적이고 경쟁적인 금융시스템의 유지'를 그 하나로서 꼽고 있다. 이에 관한 자세한 설명은 K.Sping, *Banking Regulation: Its Purpose, Implementation, and Effects*, FRB of Cansas City, p.6 (1983); Charles Goodhart, Philipp Hartmann, David Llewellyn, *Financial Regulation -Why, how and where, now?-*, Routledge, p.4 (1998) 등 참조.

Ⅱ. 시장의 관점에서 본 은행합병

1. 은행합병과 은행시장의 경쟁

(1) 은행시장의 경쟁개념: 유효경쟁, 과당경쟁 혹은 적정경쟁

경쟁법이 추구하는 목적을 논할 때 현재까지 가장 유력한 목적으로 거론되는 것이 경제적 효율성(efficiency) 내지는 소비자 후생(consumer welfare)일 것이다. 즉 경쟁법은 경제적 효율성을 증대시키고 그 가운데서도 배분적 효율성을 제고함으로 통해서 소비자의 후생에 기여할 목적으로 경쟁을 보호 내지는 촉진시키려는데 노력하게 된다.

이 같은 목적과 전제는 은행시장에서도 크게 달라지지 않는다. 은행시장이 경쟁적일 수록 금리도 시장이 요구하는 수준에서, 즉 독점상태에 비해 예금금리는 높게 대출금리는 낮게 책정될 것이어서 소비자인 가계나 기업의 후생을 증대시키는 효과를 가져다 줄 것이다. 같은 맥락에서 반대의 경우는 소비자의 후생감소를 초래하게 될 것이다. 뿐만 아니라 예금금리인하가 시중자금을 부동산 등 실물거래로 유입시켜서 투기자본화하거나 물가인상을 유발한다거나, 대출금리인상은 기업들의 금융비용 부담을 증가시켜서 수익성이 저하되고 리스크가 큰 사업에 대한 대출이 더욱 어렵게 해서 신규사업투자가 위축시킨다거나 하는 일련의 부작용도 예상된다.[30] 따라서 소비자의 후생이나 경제전체의 자금수급을 위해서는 은행시장에서도 유효경쟁(workable competition)의 실현은 매우 중요한 과제임에 틀림없다.

---

30) 이런 이유에서 은행시장내에서의 독점이 비금융시장에서의 독점에 비해 훨씬 해로운 것으로 파악되기도 한다. 강길환, 금융기관론, 대왕사, 1999, 33면.

그런데 경쟁법이 관심을 가지는 유효경쟁상태는 그것을 추구하는 과정에서 불가피하게 제한 내지 박탈되는 사업자의 이해관계에 대하여 소극적이다. 앞에서도 언급했다시피 여러 사업자들이 특정상품을 두고 경쟁을 벌인 결과, 소비자의 선택을 받지 못하거나 비효율적인 사업자가 시장에서 퇴출되는 현상은 불가피하게 감수해야 하는 하나의 비용으로서 인식된다. 반면, 은행산업에는 외부불경제가 존재하기 때문에 이러한 비용에 대해 특별한 관심을 두게 되며,[31] 그 결과 은행산업에 대해서는 시장의 경쟁촉진 외에도 금융통화시스템의 안정(monetary stability, 이하 금융시스템안정)이라는 보호가치가 추가적으로 고려된다. 문제는 금융통화시스템의 안정이라는 것이 유효경쟁만으로는 담보될 수 없거나 오히려 안정성에 반하는 결과를 초래할 수 있다는 점이다. 그렇다면 이 문제는 어떻게 조정되어야 할 것인가? 그 답은 은행시장에서 시장경쟁의 법리를 수정하여, 이른바 '금융시스템 위험'을 초래하지 않는 경쟁은 일반 시장에서와 동일하게 보호하되 경쟁이 시장의 안정에 반할 우려가 있는 상황에서는 시장기능에 일정한 제한을 가하는 방식에서 찾아질 수 있다. 즉 은행시장에서 보호되는 경쟁은 소위 금융시스템위험이라는 경계선을 넘지 않은 상태에서 이루어지는 경쟁이며, 경쟁상황이 그 경계선을 넘어서는 때에는 적극적인 보호를 받지 못하는 것은 물론이고 제한도 불가피하다고 하겠다.

여기서 금융시스템위험의 경계선을 넘어서는 경쟁을 과당경쟁(過當競

---

[31] 가령 예금보험제도나 중앙은행의 최종대부자기능과 같은 공적안전망(official safety net)장치 등이 그 예이다. 한국은 특히 부실금융기관로 인한 충격을 완화하고 원활한 퇴출을 도모하기 위하여 1996년 12월 부터 '금융산업의구조개선에관한법률'을 제정하여 운용해 오고 있다. 동법은 부실금융기관에 대해 영업의 정지, 영업의 양도, 계약의 이전, 주식의 소각 명령 및 정보 또는 예금보험공사에 의한 출자 등 자금지원을 할 수 있는 근거를 제공하고 있다.

爭)이라고 할 수 있겠다. 과당경쟁은 모든 일반 제조업시장이나 서비스업시장에 있어서도 가급적 회피하고 싶은 상황이지만, 그렇다고 해서 시장경제체제하에서 국가가 과당경쟁을 방지할 목적으로 시장에 적극 개입하지는 않는다. 반면 은행시장에서의 과당경쟁은 금융통화시스템 전체에 대한 위험으로 이어질 수 있기 때문에 일반적인 경우에 비해 가급적 허용해서는 안되는 상황으로 인식된다. 이점에 비추어 볼 때 은행시장에서 보호하고자 하는 상태는 곧, 유효경쟁상태이지만 과당경쟁은 아닌 경쟁, 즉 적정경쟁(適正競爭) 혹은 건전경쟁(健全競爭)[32]이라고 부를 수 있다.[33]

---

32) 실제로, 은행관련 법률들 가운데는 단순한 '경쟁'의 개념보다는 그 범위가 더 좁은 적정경쟁 내지 건전경쟁 개념을 사용하는 예를 발견할 수 있다. 예를 들어 1991년의 '금융기관의합병및전환에관한법률' 제1조(목적조항)에는 동법의 직접적인 목적에 대해 "금융기관간의 건전한 경쟁을 촉진"으로 표현하고 있으며, 제4조 제3항 2호에서는 금융기관의 합병 심사기준의 하나로서 "금융기관 상호간의 적정한 경쟁관계형성과 신용질서유지에 이바지할 것"을 열거하고 있다. 또한 동법을 계승하여 제정된 금융산업의구조개선에관한법률에서도 제1조에서 '건전한 경쟁'이라는 표현을 유지하고 있다. 다만 제4조의 합병심사기준 가운데 2호의 경쟁심사기준은 종전의 '적정한 경쟁관계형성에 이바지 할 것'이라는 요건 대신에 '금융기관 상호간의 경쟁의 실질적 제한'이라는 기준으로 변경되었다. 한편 일본의 금융기관 합병인가의 기준이 되는 은행법 제31조는 경쟁기준에서 "합병 등이 금융기관상호간의 적정한 경쟁관계를 저해하는 등 금융질서를 문란케 할 염려가 없을 것"을 요건으로 하고 있으며, 1968년 제정된 일본의 '금융기관의합병및전환에관한법률' 제6조 제2항 3호의 합병심사기준에서도 마찬가지로 "금융기관상호간의 적정한 경쟁관계"라는 표현이 사용되고 있다.
33) 경쟁이 은행시장에서 초래할 수 있는 또 하나의 문제는, 경쟁고조로 인해 자칫 은행들이 리스크가 더 높은 방안을 선택하게 되는 도덕적 해이를 낳을 수 있다는 데 있다. 경쟁증가로 인해 수익성이 저하될 경우에는 은행들이 종전의 이익률을 유지하기 위한 차원에서 리스크가 더 큰 영역에 까지 영업범위를 넓히려는 유인을 가지기 때문이다.

　이를 그림으로 재구성하면 아래와 같이 표시된다. 이 그림에서 일반 산업분야에서 경쟁법이 보호대상으로 하는 영역은 유효경쟁상태인 A와 B이며, 정부는 독과점 혹은 시장집중의 상태인 C의 영역에서 사업자들의 관행에 관심을 갖는다. 반면 은행시장에서 보호되는 경쟁의 영역은 적정 경쟁상태인 B영역이며, 정부는 산업규제정책에 따라 A와 C의 상태에서 시장에 개입하게 된다.

[그림-1] 은행시장에서의 경쟁개념과 규제

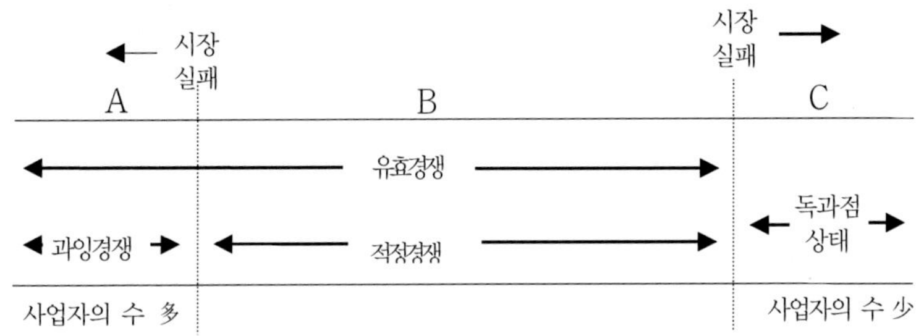

　A상태를 방지하기 위한 규제로는 대개 진입규제와 지점설치규제 혹은 퇴출규제 등이 활용되며, C상태를 방지하기 위한 수단으로는 일반적인 경쟁법에 의존하는 경우나 은행산업차원에서 독자적으로 경쟁정책이 추진되는 경우가 있을 수 있다. 결국 은행시장을 규제하더라도 원칙적으로는 C의 상태를 방치하지 않는데, 다만 이때는 은행시장의 독과점을 단순히 경쟁의 형성 내지 유지차원에서 보호하려는 목적 이외에, 독과점상태에서는 개별 은행들의 실패로 인한 금융시스템위험이 제고되는 또다른 부정적 효과가 있기 때문에 이를 예방하려는 목적이 추가된다. 즉 C의 영역에서 작동하는 규제는 경쟁의 보호뿐만 아니라 금융시스템의 안정을 동시에 도모하며, 따라서 은행규제당국은 C의 영역에서 금융시스템위험

54

을 제거하기 위하여 추진되는 은행합병을 허용할 가능성이 크다고 할 수 있다.

(2) 은행합병과 경쟁보호

은행간의 합병은 위의 시장상태의 모든 영역에서 발생할 수가 있다. 금융산업의 정책 관점에서 보면 A 영역에서는 정부에 의해 권장되거나 주도되는 합병이 발생할 가능성이 크며, B 영역에서 이루어지는 합병에 대해서도 긍정적인 입장에 설 것이다. 반면 합병으로 인해 시장구조가 B 에서 C의 상태로 변화되는 경우, 혹은 C의 상태에서 합병이 이루어지는 경우에는 금융정책당국에서도 문제를 삼을 가능성이 있다.

한편, 경쟁법의 관점에서 보자면 합병이 초래하는 시장경쟁자의 수적 감소에 대한 우려를 가질 수는 있지만, A와 B의 영역에서 이루어지는 은행합병에 개입할 가능성은 크지 않다. 여전히 유효경쟁이 작동한다고 볼 수 있기 때문이다. 문제는 C의 집중상태에서 발생하거나 혹은 시장구조를 B에서 C의 상태로 전환시키는 은행합병인데, 이때는 합병이 은행시장의 집중도를 증가시켜서 경쟁제한적 상태에 이르게 할 가능성이 크므로 은행산업정책과 경쟁정책이 충돌될 수가 있다. 이 때의 정책적 충돌은 산업정책에서 통화시스템안정을 이유로 합병을 허용하는 경우에 문제가 되겠지만 그 외에 금융규제정책적 차원에서 경쟁법리를 적용하는 과정에서도 문제가 발생할 여지가 있다.[34] 은행규제법에서 규정하는 경쟁

---

[34] 이러한 현상은 특히 미국에서 두드러지게 목격되는데, 경쟁당국인 법무부(DOJ) 독점금지국(Antitrust Division) 뿐만 아니라, 은행규제기관인 연방준비제도이사회(FRB)나 재부무 통화감독청(OCC), 연방예금보험공사(FDIC) 등도 독자적인 경쟁규범을 갖추고 은행합병사건에 적용함에 따라 양측의 견해차이가 노정되는 일이 빈번히 발생해 왔다. 이에 대한 자세한 내용은 신영수, "미국의 은행합병 규제체계에 있어서 경쟁규범의 형성과 그 내용", 경쟁법연구 제8권, 한국경쟁법학회, 2002, 491-538면 참조.

규범이 순수 경쟁법과 동일하지 않을 수 있기 때문이다.

종합하면, 은행시장에서 존중되는 경쟁의 개념은 유효경쟁이 아닌 적정경쟁이지만, 은행합병으로 인해 문제가 될 수 있는 경쟁에 있어서는 은행산업이라고 해서 일반적인 산업분야와 다르지 않다는 것이다. 따라서 은행시장에서 발생하는 합병에 대해서도 시장경쟁의 이념은 원칙적으로 존중되어야 하며, 그것은 독과점상태나 시장집중을 유발하는 은행합병의 경우에 있어서 그 중요성이 커진다고 할 수 있다. 다만 은행산업의 특수성을 고려한 추가적인 고려요소가 반영되는 경우에는 경쟁제한적인 합병이라도 이를 허용할 가능성이 확대된다고 할 수 있다.

2. 은행합병과 소비자후생의 문제

(1) 은행시장의 소비자와 은행고객

경쟁법이 궁극적으로 추구하는 목적이 무엇인지는 경쟁법이 출현한 당시부터 줄곧 논란이 되어 오고 있지만, 현재에 와서는 경제적 효율성 가운데 배분적 효율성, 즉 소비자의 후생(consumer welfare)의 극대화가 목적이라는데 어느 정도의 의견이 모아지고 있다. 그런데 이때의 소비자의 개념은 경쟁의 결과가 귀속되는 특정한 집단의 소비자군이라기 보다는 추상적, 관념적, 장래적인 소비자 개념에 가깝다. 즉 구체적인 경우에 소비자를 어떻게 보호할 것인지 보다는 경쟁상태가 종국적으로 소비자들에게 유리한 결과를 가져다 줄 것이라는 기대에 기초하고 있다. 은행시장에 있어서 경쟁이 중요한 지위를 가진다면 역시 이를 통한 소비자후생의 증대도 매우 중대한 보호법익임에 틀림없다. 그런데 은행산업에 대한 규제 목적으로는 흔히 금융시스템의 안정이나 경쟁보호와 함께 고객보호라는 것이 얘기된다. 경우에 따라서는 고객을 보호하기 위해 경쟁을 제한하고 규제를 도입할 수 있다는 의미이다. 여기서 추상적인 소비자의 후생을 위해서는 경쟁이 유지되어야 하지만 은행고객을 보호하기 위해서는 경쟁을 제한할 수 있다는 논리가 성립되며, 이 부분에서 경쟁으로 인해 보호되어야 할 소비자후생과 고객의 보호와의 관계를 어떻게 설정할 것인지가 문제될 수 있다.

일견 은행규제의 보호대상인 고객은 경쟁의 보호대상인 소비자의 범주 내에 포함되는 것으로, 즉 고객보다는 소비자 개념이 좀더 넓은 것으로 생각되기도 한다. 하지만, 은행산업규제에 있어서 보호대상인 고객은 경쟁의 보호대상으로서의 소비자에 비해 좀더 구체적이고 현실적이며 현재적이라는 점에서 양자를 구별할 필요가 있다. 경쟁법은 소비자의 후생을 보호목적으로 하면서도 경쟁의 결과로 인해 부득이하게 희생되는 구체적인 소비자 내지 고객층을 특별히 배려하지는 않는다.[35] 이를테면 시장경쟁으로 어느 한 기업이 도퇴될 수 있고 그로 인해 그 기업의 거래고객들은 손해를 입게 될 수도 있지만 이러한 경우 조차도 경쟁이 가져다 주는 광범위한 소비자후생의 범주 내에서 상쇄(trade-off)될 수 있는 것으로 보게 된다. 하지만 은행산업에서는 경쟁의 결과로 인해 손해를 입게 될 고객층을 적극적으로 보호한다는 점에서 일반적인 시장에서와 차이가 있다. 그것은 은행산업에서의 고객들이 가지는 일반 제조업이나 서비스업의 소비자들에 비해 특별한 지위를 가지기 때문이다.

우선 은행과 고객은 능력과 정보의 면에서 현격한 차이가 있기 때문에 일반적인 제조업에 있어서의 소비자보호의 관점에서 고객을 보호할 필요가 있다. 가령 은행에 있어서 예금의 안전은 은행의 자본이나 은행이 가

---

35) 가령, 어느 전자회사의 제품에 특별한 선호도를 가진 소비자가 당해 기업의 제품을 일관되게 구입해 오던 중 당해 기업이 시장경쟁의 결과로 인해 퇴출되고 파산될 경우에 이 고객은 애프터서비스를 받지 못하는 등 여러 가지 손해를 볼 수가 있다. 하지만 그렇다고 이러한 특수한 상황의 소비자층에 대한 보호까지 경쟁법이 적극적으로 고려하지는 않는다.

지고 있는 자산의 시장가치에 따라 좌우되는데 이러한 것들은 개별 예금자들이 직접 감시 또는 파악하기에 매우 어려울 뿐더러 많은 비용을 유발한다. 비록 예금주가 일정 시점에서 은행의 자산 및 부채의 현재가치를 추정할 수 있다 하더라도 은행이 유동성 자산을 가지고 있으므로 그것이 쉽게 처분될 수 있어서 예금의 안전도가 쉽게 변화될 수 있다. 이러한 특수성으로 인해 금융규제에서는 소비자보호를 위한 규제에서 한 걸음 더 나아가 금융기관이 도산할 가능성을 사전에 예방하고 뜻하지 않게 도산한 경우에 예금자 등이 손해를 입지 않도록 각종의 배려를 가하고 있다.

그런데 한편, 은행고객을 다른 산업분야의 고객들보다 더 보호해야 할 필요성은 무엇인지, 혹은 다른 소비자들과 마찬가지로 이들 은행고객도 스스로 자신의 이익을 보호할 책임을 져야 하는 것이 아닌지에 대한 의문이 제기될 수 있다.[36] 특히 고객이 부실한 금융기관과 거래하는 위험을 스스로 부담한다면 부실은행과의 거래를 회피함으로써 부실은행의 조기퇴출이라는 바람직한 효과를 유발할 수 있다는 점에서 이러한 주장은 설득력을 가진다.

하지만 이 주장은 고객이 은행을 상대로 보유하는 채권자적 지위를 간과하고 있다는 점에서 한계를 지닌다.[37] 즉, 고객이 은행에 예금을 한다는 것은 고객으로서는 거래은행에 대한 채권자의 입장에 서는 것인 반면, 은행으로서는 예금채무를 지게 된다는 의미가 있다. 반면 다른 산업분야에서의 고객은 재화 및 용역에 대한 대가를 지불할 뿐 업체의 채권자가 되지는 않는다. 이러한 점에서 예금자는 은행의 장래와 매우 밀접한 관련을 가지며, 제조업 등 일반 산업분야의 업체와 거래한 고객과는 차이

---

36) 김건식, "금융지주회사의 법적 규제, 「공정거래법강의 Ⅱ」」, 법문사, 2000.11, 258면.
37) 김영진, 「금융산업규제에 관한 연구」, 한국신용평가주식회사, 1989, 16면.

를 보인다.

이와 같은 이유에서 은행산업에서 보호되어야 할 고객은 경쟁을 통해 보호하려는 추상적인 소비자 범주에 포함될 수는 있으나 추상적인 소비자에 비해 우선적으로 고려해야 할 필요가 있다. 경쟁의 보호대상인 소비자의 잠재적인 이익이 제한되더라도 현재의 구체적인 고객보호를 위해 규제가 가해지고 경쟁이 제한될 수 있는 것으로 해석될 수 있는 것이다.

(2) 은행합병과 중소기업의 보호

금융규제의 목적인 은행고객의 보호는 주로 예금고객을 전제로 하고 있다. 그러나 중소기업은 주로 잠재적 대출고객이라는 점에서 고객보호의 대상과는 다르다. 즉 은행시장에서의 구체적인 고객이라기보다는 일반적인 시장의 추상적, 잠재적 소비자에 가깝다고 할 수 있다. 하지만 지역을 기반으로 하고 있는 소규모은행이나 지방은행이 원거리소재의 대규모 은행과 합병하면 종래 지방은행과 거래하던 중소기업은 은행거래에 불리한 위치에 처하여 기업활동이 크게 제한을 받을 수 있다. 이에 따라 은행합병심사과정에서 중소기업은 특별한 중요성을 가지고 보호되어 왔으며, 많은 국가들의 경쟁당국들이, 중소규모 기업에 대한 부정적 효과가 감지된다는 것을 이유로 합병을 거부하거나 내용을 수정토록 해 왔다.[38] 이는 일종의 산업정책적 혹은 정치적인 고려라고 할 수 있지만, 경쟁법적 관점에서도 중소기업보호의 논거가 제시되기도 한다. 그것은 주로 대형은행에 의한 지방은행 인수로 인해 지방은행간의 경쟁이 제한되는지와

---

[38] OECD Committee On Competition Law and Policy, Mergers in Financial Services, DAFFE/CLP(2000)17. pp.20-21. 특히 미국 법무부는 거의 모든 은행합병에 있어서 경쟁문제는 중소규모 기업에 대한 대출과 관련이 된다고 보고 있다.

관련되어 있다.

대체로 지방은행들은 자신이 속한 지역의 경제사정에 대해 지식을 갖추고 있어서 이들로 하여금 신진기업 혹은 신규사업개시와 관련된 위험에 대해 보다 정확한 정보를 보유하고 있다. 특히 지방은행들이 지역소재 중소기업과 인접해 있기 때문에 대출조건의 이행상황의 점검 및 신용위험의 정보수집에 드는 비용이 적게 든다. 이 때문에 지방은행들은, 어떤 중소기업이 리스크가 낮은지, 비교적 좋은 조건으로 금융을 제공해주면 사업을 성공적으로 경쟁시킬 수 있는 중소기업이 어떠한 기업인지를 판단할 능력을 보유하게 된다. 따라서 지방은행들이 비교적 리스크상태가 양호하다고 판단한 기업들에 대한 대출의 경우에는 원거리 은행과 지방은행들이 상호 경쟁관계에 서지 않을 것이다. 따라서 지방은행과의 합병이, 리스크가 낮은 중소기업에 대한 금융서비스에 대한 경쟁에 어떠한 영향을 미치는지가 고려된다.[39] 이러한 점은 우리나라의 지방은행이 지방중소기업대출에서 차지하는 비중을 고려할 때 시사점이 크다고 할 수 있다.

다만 이러한 고려는 은행이 합병하면 중소기업이 대출받기는 더욱 어려워진다는 전제에 기초하고 있다.[40] 문제는 실제로 이러한 전제가 사실인지에 대해서는 여러 실증자료들이 서로 상반된 평가를 내리고 있다는 점이다. 더욱이 은행규모가 커짐에 따라 대출심사의 기법도 발전하여 오히려 중소기업에 대한 대출이 증가할 수도 있다는 주장이 제기되고 있으

---

39) OECD Committee On Competition Law and Policy., *op.cit.*, p.21.

40) Peek, Joe & Etic Rosensgren, Bank Consolidation and Small Business Lending: It's Not Just Bank Size That Matters, *Journal of Banking and Finance*, pp.799-819 (1998); DeYoung, Robert, Lawrence G. Goldberg & Lawrence J. White, Youth, Adolescence and Maturity of Banks: Credit Availability ot Small Business in an Era of Banking Consolidation, *Journal of Banking and Finance*, March 1999.

며 이를 뒷받침하는 실증자료도 나오고 있다.[41] 따라서 중소기업대출상
의 곤란을 초래한다는 이유로 은행합병을 거부하기에는 현실적으로 여러
가지 어려움이 있을 것으로 보인다.

3. SCP가설은 은행시장에서도 유효한가?

(1) 합병규제의 정당성을 위한 전제

독점금지법이 사업자들의 기업결합행위를 규제하는 이유는 결합으로
인해 시장의 구조가 집중되면 사업자들의 시장행태가 경쟁제한적으로 바
뀌고 그 결과 시장성과가 왜곡되어 소비자후생의 희생하에 독과점 사업
자들이 초과이윤을 획득하게 된다는 사고 때문이다[42]. 이른바 구조-행태
-성과(Structure-Conduct-Performance:이하, SCP)패러다임 혹은 담합가
설(collusion hypothesis), 독점력가설(monopoly power hypothesis)로 일
컬어지는 이와 같은 논리는, 종래 기업결합에 대한 규제의 정당성과 이
론적 기초를 제공하여 왔다.

이러한 맥락에서 은행합병 규제의 정당성이 확보되려면 무엇보다, 은
행합병의 결과 시장내의 생산활동이 소수의 은행에 집중됨으로써 은행들
의 독점적 행태가 유발된다거나, 은행간의 담합비용이 감소함에 따라 담

---

41) Berger, Allen N., Anthony Saunders, Joseph. Scalise & Gregory F.
Udell, The Effect of Bank Mergers and Acquisition on Small Business
Lending, *Journal of Finance and Economiecs*, pp.187-229 (1998);
Stranhan Philip E. & James Weston, Small Business Lending and Bank
Consolidation: Is there Cause for Concern?, Federal Reserve of New
York, Current Issues in Economics and Finance (March 1996); 진태홍,
"은행합병이 중소기업대출에 미치는 영향", 금융시스템리뷰, 한국은행
(2002.1).
42) Joe S. Bain, *Industrial Organization* (2nd. ed.), p.504 (1968).

합으로 인한 독점이윤이 발생한다는 소위 SCP패러다임이 은행시장에서도 유효하다는 점이 입증되어야 한다. 그렇지 않고, 은행시장의 구조가 실제로는 은행들의 행태와 성과에 별다른 영향을 미치지 못한다고 보게 되면 은행합병으로 인하여 시장이 집중되더라도 독과점적 이익이 발생하지 않을 것이고 따라서 정부가 더 이상 경쟁제한을 이유로 은행합병문제에 개입할 필요가 없다는 결론에 이르게 된다. 이하에서는, 은행시장의 구조와 은행들의 행태 내지 성과에 어떠한 영향을 미치는지를 살펴보기 위해 우선 SCP 패러다임에 대한 일반적인 논의를 검토한 후, 미국과 유럽의 은행시장을 대상으로 행하여져 왔던 실증적 분석들을 정리해 보기로 한다.

(2) SCP 가설과 그에 대한 반론

1) SCP 가설의 내용

Mason[43]과 Bain[44]으로 대표되는 구조주의자들에 의해 주창된 SCP가설은, 사업자의 행태 및 성과의 측면을 그들이 활동하고 있는 산업이나 시장의 구조적 특성을 통해서 설명한다. 일반적으로 시장의 구조는 사업자들의 수와 사업자들의 규모, 상품의 차별성 정도, 시장에의 진입이나 퇴출의 용이성 등에 따라 결정된다. SCP 가설에 따르면, 시장구조

---

43) E.S. Mason, Price and production policies of large scale enterprise, *American Economic Review*, 29, pp.61-74 (1939); E.S. Mason, The current state of the monopoly problem in the United States, *Harvard Law Review*, 62, pp.1265-85 (1949).

44) Joe S. Bain, Relation of profit rate to industry concentration, Journal of the American manufacturing, 1936-1940, *Quartely Journal of Economics*, 65, pp. 293-324 (1951); Joe S. Bain, *Barriers to New Competition*, Harvard University Press (1956); Joe S. Bain, *Industrial Organization* (2nd. ed.), (1968).

(structure)는 특정 산업내의 사업자들의 가격책정, 담합 혹은 다른 형태의 전략적 행위, 광고비지출, 연구, 개발 및 혁신 등과 같은 행태(conduct)에 영향을 미치게 된다고 본다. 그리고 시장구조의 영향을 받는 행태는 다시 사업자의 성과(performance)로 대표되는 이윤, 성장, 시장점유율, 기술적 진보 및 효율성 등에 영향을 준다는 것이다.

[그림-2] 구조(S)-행태(C)-성과(P) 패러다임

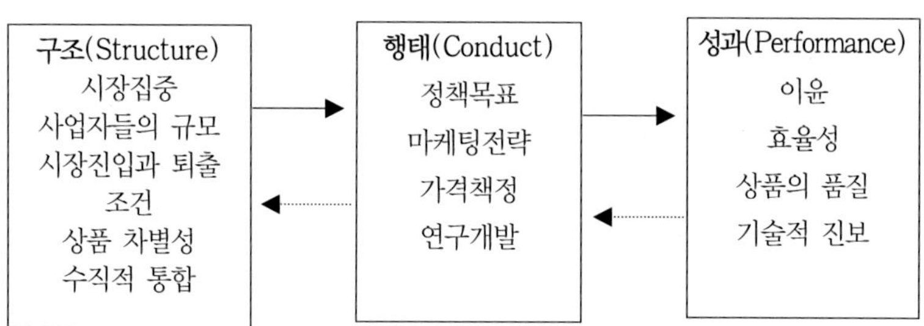

* 화살표실선이 SCP패러다임을, 점선은 그 逆을 나타낸다.

이러한 패러다임 하에서는, 시장 내에 사업자의 수가 적을수록 사업자들이 한계비용 이상으로 가격을 책정하기 위해 시장지배력을 활용하기가 쉬워지며, 따라서 기존의 시장참가자들이 더 많은 이익을 차지하게 된다.[45] 그리하여 시장집중과 이윤간의 정의 상관관계가 나타나면, 이를 곧 사업자들이 수익율을 제고하기 위해 담합적으로 행동했음을 보여주는 증거로 해석하였다. 이점에서 구조주의자들의 SCP패러다임은 담합가설(collusion hypothesis)로 불리우기도 한다. 특히 Bain은, 1936년에서 1940년까지의 미국의 제조업에 대한 통계자료를 분석하여 집중도 가설을 입증하였으며, 상위 8개 기업(CR8)의 집중율이 70%를 넘는 산업분야가 상

---

45) 이점에서 SCP 가설은 신고전주의적 경제이론의 연장선상에 있다고 할 수 있다.

위 8개기업의 집중율이 70%에 미치지 못하는 산업분야에 비해 훨씬 높은 수익을 낸다는 점을 규명해 내었다.[46] 이와 같은 연구결과는 '시장집중이 담합을 조장하고 경쟁자를 제약한다'는 가정을 뒷받침하는 것으로 이해되었다. Bain의 이와 같은 주장은 이후에도 많은 연구결과를 통해 지지되었으며, 그 후 약 20년 이상 별다른 저항 없이 수용되었다. 또한 Bain의 연구결과는 정부가 경쟁을 제고시킬 목적으로 시장에 개입할 수 있다는 논리에 일종의 정당성을 부여하는 역할을 했다. 따라서 SCP패러다임의 옹호론자들은, 대다수의 시장을 자신들의 구조주의적 관점에 비추어 불완전한 상태로 파악하는 한편, 시장지배력의 남용을 견제하기 위해서는 일정한 형태의 정부규제가 필요한 것으로 보았다.

2) 시카고학파에 의한 효율성가설의 대두

SCP 패러다임은 60년대말, 70년대초에 이르러 Stigler[47]와 Demsetz[48]를 위시한 시카고학파의 경제학자들에 의해 중대한 도전을 받게 되었다. 이들은 정부의 간섭이 경쟁을 제고시키기 보다는 오히려 경쟁을 손상시키는 결과가 된다는 주장을 폈다. 시장집중과 이윤과의 정(正)의 상관관계가 반드시 기업쪽에서 담합행위가 존재했음을 의미하는 것은 아니며, 오히려 거대규모의 기업들이 보다 효율적으로 사업활동을 하고 그 결과 더 높은 이윤을 창출하게 된다는 의미일 수도 있다고 보았다. 이에 따라

---

46) Joe S. Bain, Relation of profit rate to industry concentration, Journal of the American manufacturing, 1936-1940, *Quartely Journal of Economics*, 65, pp. 293-324 (1951).

47) G.J. Stigler, *The Organisation of Industry*, Irwin (1968).

48) H. Demsetz, Industry structure, market rivalry and punlic policy, *Journal of Law and Economics*, 16, p.1-9 (1973); H. Demsetz, The systems of brief about monopoly, in HJ Goldschmid, H Mann and JF Weston(eds.) *Industrial Concentration: The New Learning*, Boston: Little Brown (1974).

시장의 행태변수와 성과변수가 산업의 구조에 영향을 미치게 된다는 역
이론이 주장되기도 하였다. 49) 이러한 논리는 시장구조가 경쟁의 과정에
있어서 가장 중요한 변수라는 SCP 패러다임의 전제를 근본적으로 부정
하는 것이었다.50)

특히 Demsetz는 시장구조가 수익성에 영향을 미치는 것은, 시장집중을
통해서가 아니라 시장점유율에 의해서라고 주장하였다.51) 그의 논거는
다음과 같다. 개념적으로 볼 때, 집중된 시장에는 시장점유율이 높은 사
업자들이 존재하기 때문에, 이윤의 평균적 수준 역시 집중이 덜한 시장
에 비해 높다. 따라서 비록 시장집중이 사업자들의 행태에 아무런 효과
를 미치지 못하더라도, 시장점유율과 수익성과의 正의 관계가 곧 시장점
유율과 시장집중과의 관계를 의미하게 된다. 만일 시장점유율이 아닌 시
장집중이 수익성에 영향을 준 것이라면, 집중의 효과가 모든 사업자들에
게 공히 나타나야 한다. 그렇지 않고 집중화된 시장에서 소기업보다 대
기업들이 높은 이윤을 창출한다면, 이윤과 집중도간의 정의 상관관계는
시장집중 때문이 아니라 개별기업의 효율성 때문인 것으로 보아야 한다
는 것이다. 이러한 점에서 Demsetz를 비롯한 시카고 학파의 주장을 효율

---

49) 예를 들어, 과중한 광고비지출은 하나의 행태변수이지만 소비자들에게 구
조변수인 제품차별성을 부각시키는 결과를 낳고, 성공적인 연구개발프로
그램은 해당 사업자에게 독점적 공급자로서의 지위를 부여해 주는 제품의
혁신을 낳거나 비용구조를 변화시키는 공정상의 혁신을 초래할 수도 있다.
즉, 업계의 구조적 성격은 결국 행태변수(연구개발에 투자키로 하는 결
정)과 성과변수(연구가 가져다 줄 기술적 진보)의 양자 모두에 의해서 개
선될 수 있다는 것이다. A. Phillips, A critique of empirical studies of
relations between market structure and profitability, Journal of Industrial
Economics 24, pp.241-249 (1976).
50) 앞의 그림에서 점선으로 된 화살표는 SCP패러다임과는 반대로 행태와 성
과변수가 업계의 구조를 결정한다는 점을 설명하고 있다.
51) Demsetz, H., Industry Structure, Market Rivalry, and Public Policy,
Journal of Law and Economy, pp.1-9 (April 1973).

성 가설(efficient hypothesis)이라고 한다.

효율성 가설은 한걸음 더 나아가서, 특정사업자들이 효율성면에서 우위를 가질때 이들의 시장점유율은 확장되는 성향이 있으므로 산업은 집중되기 마련이고, 사업자들이 동일한 효율성 수준에서 사업활동을 한다면, 이들의 평균적인 수익성은 낮게 유지될 것이라고 주장하였다. 집중완화를 목적으로 하는 정부규제나 시장개입은 결국 가장 규모가 크고 효율성이 높은 사업자를 처벌하는 결과가 되며 바람직한 정책수단이 아니라는 것이다. 결국 정부가 취할 수 있는 최선의 대책은 오히려 시장에서 한발짝 물러나서 시장력이 본래의 과정대로 진행되도록 방치하는 일이라는 것이다.[52]

(3) 은행시장에서의 SCP가설의 유효성에 관한 실증연구[53]

1) SCP패러다임이 상정하는 구조-성과간의 인과관계는 본래 제조업을 대상으로 한 것이었지만, 그 기본적인 전제는 은행시장에 대해서도 그대로 반영될 수 있다. 대개 시장내에 은행의 수가 많은 상황보다는 소수의

---

52) 예를 들어 사업자들간의 담합의 합의가 본질상 유지하기 힘든 경우에는, 그와 같은 합의를 법이 금지할만한 실익이 없다. 합의가 깨어지는 때에는, 정부가 규제나 시장개입이 없어도 자동적으로 경쟁적인 균형상태로 복원될 것이기 때문이다. Richard Posner, The Chicago school of antitrust analysis, *University of Pennsylvania Law Review*, 127, pp.925-948 (1979); M.W. Reder, Chicago economics: permanence and change, *Journal of Economic Literature*, 20, pp.1-38 (1982).

53) 이하 은행시장에서의 SCP가설의 유효성에 관한 학설 논쟁은 주로 高田太久吉, 銀行合倂への反トラスト法適用と産業組織論, 商學論纂(第38卷 第6号), 中央大學, 29-98頁, (1997年 5月)과, John A. Goddard, Philip Molyneux, John O. S. Wilson, *European Banking -Efficiency, Technology and Growth-*, John Wilex & Sons, Ltd. pp.34-39, 68-73, (2001)을 참조하여 정리한 것이다.

은행들이 시장을 지배할 경우에 은행들이 담합(묵시적이든, 명시적이든)을 하기가 용이할 뿐만 아니라 담합비용도 적게 들 것이다. 이러한 상황에서 은행시장에 SCP패러다임이 존재한다면, 소수에 의한 생산량 집중상태의 시장에 위치한 은행의 수익성이, 비집중적인 시장에 위치한 은행의 수익성보다 평균적으로 높다는 사실을 담합에 의한 결과로 보게 된다.

그런데 은행시장에서도 과연 이러한 전제가 유효한지에 대해서, 1960년대 이후 많은 연구들을 통해 검증이 시도되었다. 그 실증적 연구의 대상은 주로 미국과 유럽의 은행들이었는데, 초기의 연구결과 집중과 수익성 사이에 일정한 관련성이 존재한다는 결론을 제시하였다.[54]

2) 우선 은행업에 있어서의 집중과 시장성과와의 관련을 통계적으로 해석한 최초의 연구는 Edwards[55]에 의하여 행해졌는바, Edwards는 연방준비제도이사회의 상업대출조사에 관한 분석자료를 토대로 회귀분석의 방법을 이용하여, 시장구조(예금액에 기초를 둔 집중도)와 대출금리의 수준 및 그 탄력성사이에 일정한 관계가 있다는 결론을 도출하였다. 이후 Kaufman[56], Phillips[57], Weiss, S. J.[58], Bell과 Murphy 등 초기에 행

---

54) R. Gilbert, Bank market structure and competition - a survey, Journal of Money Credit and Banking, 16, pp.61-645 (1984); Molyneux & Altunbas & Gardener, *Efficiency in European Banking*, John Wiley & Sons (1996)

55) Edwards. F. R. Concentration in Banking and Its Effects on Business Loan Rates, *Review of Economic Statistics*, pp.294-300 (August 1964); Edwards. F. R. The Banking Competition Controversy, *National Banking Review*, pp.1-33 (September 1965).

56) Kaufman, G. G., Bank Market Structure and Performance, *Southern Economic Journal*, pp.429-439 (April 1966).

57) Phillips, A., Evidence on Concentration in Banking Markets and Interest Rates, *Federal Reserve Bulletin*,, pp. 916-926, (June 1967).

58) Weiss, S. J. Commercial Bank Price Competition: The Case of "Free"

해진 대다수의 연구에서는 정도의 차이가 있을 뿐 은행업에서도 SCP패러다임이 여전히 유효하다는 점을 보여주는 결과들이 제시되었다.

한편 Short(1979)는 캐나다, 서유럽 및 일본의 60개 표본을 통해 은행의 이윤이 소유형태, 집중수준, 자산의 증가, 자본의 희귀성에 따라 달라지는지 여부를 검증하였다.[59] 그 결과 이윤과 시장집중도 사이에는 정의 상관관계가 있음을 규명하여, 은행들이 담합이나 시장지배력의 행사를 통해 높은 이윤을 창출할 수 있다는 주장을 하였다. 이러한 결과들은 시장이 집중적일수록 은행의 수익률도 높아진다는 SCP가설을 뒷받침하는 것이었다.[60]

3) 그런데 이와 같은 추론 및 분석결과에도 불구하고, S-C-P가설이 절대적이라고 볼 수 없는 두 가지 이유가 존재한다. 첫째는 시장집중과 수익성간에 正의 관계가 있다고 본 실증자료의 표본자체의 수 자체가 절대다수가 아니라는 점이다. 실제로 Gilbert에 따르면, 1980년대 초까지 미국 은행시장을 대상으로 행해진 실증연구들을 분석한 결과 총 45건의 연구물 가운데 27건만이 전통적인 SCP패러다임을 옹호하는 것으로 나타났으며,[61] 유럽에서는 그 수가 더 적은 것으로 밝혀졌다. 두 번째 이유는, 비록 시장집중과 수익성 사이에 약하나마 일정한 관련성이 존재한다고 하더라도, 이를 명백한 담합과 독점력행사의 결과로 해석될 수는 없다는 점이다. 이는 1970년대 강력하게 제기된 효율성가설에 영향받은 바 크다

Checking Accounts, New England Economy Review, FRB of Boston,, pp.3-22 (1969).

59) Short B.K., The relation between commercial bank profit rate and banking concentration in Canada, Western Europe, and Japan, 3 *Journal of Banking and Finance*, pp.209-219 (1979).

60) Short, id, 214.

61) Gilbert, R, Bank market structure and competition - a survey, *Journal of Money Credit and Banking* 16, pp.617-645. (1984)

고 하겠다.

효율성가설에서는, 기존의 논거를 은행시장에까지 연장하여, 소수의 은행에 의해 생산량이 집중되어 있는 시장에 위치한 은행의 수익성이 덜 집중된 시장에 위치한 은행의 수익성보다 평균적으로 높다고 해도 이를 담합에 의한 결과로 보아서는 안 된다고 주장하였다. 즉 시장성과는 오직 효율성의 차이에서 발생되는 것이지 시장집중 등 시장구조와는 무관하다는 것이다. 따라서 동일한 시장에 위치한 다수의 은행들 중에서 생산활동에 비교우위를 가지고 있는 은행이 소재한 시장은 자연히 집중될 것이므로, 시장집중을 완화하기 위해 은행합병을 억제하는 등의 조치는 은행산업의 발전에 부정적인 영향을 끼칠 수도 있다는 주장이다.[62]

4) 은행시장의 시장집중과 수익성간의 상관관계에 관한 담합가설과 효율성가설간의 논쟁은 그후 이 문제를 해결하려는 많은 연구들을 낳게 하였다. 예를 들어 Smirlock[63]은 2,700개에 이르는 미국은행들의 표본을 조사하여 이윤, 시장점유율과 집중도간의 관련성을 규명한 결과, 시장점유율과 수익성간에는 정의 함수관계가, 시장집중과 이윤간에는 미미한 함수관계가, 그리고 시장집중과 시장점유율이 이윤에 대해 가지는 상호작용간에는 부의 함수관계가 성립한다고 주장했다. 한편, 시장성장과 수익성의 관련성에 관해서는, 신규은행의 진입이 엄격히 통제된다고 하면 경

---

62) 그러나 효율성가설에 대해서는, 생산적 효율성이 은행의 시장점유율을 높이는 유일한 요인은 아니며, 설령 생산적 효율성으로 인해 시장점유율이 제고되었다고 하더라도, 그 외에 진입장벽 등이 뒷받침되어야만 시장지배력이 형성 내지 유지된다는 점을 간과했다는 비판을 받게 되었다. 이에 대해서는 양원근, "은행합병의 동기와 은행전략", 「금융연구」 10권 1호 별책, 1996년 8월, 103-104면 참조.

63) Smirlock M, Evidence of the non-relationship between concentration and profitability in banking, *Journal of Money Credit and Banking* 17, pp.69-83 (1985).

쟁자가 없이 성장하는 시장은 자연히 기존 은행에게 새로운 수요를 창출시켜 주게 될 것이지만, 반대로 기존은행들이 고객들의 증가하는 수요를 충족시키기 위해서 사업을 확장하기 어려운 경우에는 시장의 성장과 수익성간에는 정반대의 관계가 설정될 것이라고 보았다. Smirlock의 주장은 결국 은행의 수익성이 시장집중보다는 개별은행의 시장점유율에 의해 결정되며, 성공적인 은행들은 효율성 이점을 통하여 시장점유율을 높인다는 것이었다. 담합가설에 반하는 주장이라고 할 수 있었다.

Rhoades도 1969년에서 1978년까지의 다수의 미국 은행들을 표본으로 조사하여 이와 비슷한 연구결과를 발표하였다.[64] Rhoades는 이윤, 시장집중 그리고 시장점유율간의 관련성을 검증하기 위해 시장집중을 토대로 하여 표본을 몇 단계의 부류로 나누었다. 그리하여 수익성과 시장점유율과의 사이에, 그리고 수익성과 시장집중 사이에 정의 관계가 있음을 밝혀냈다. Rhoades는 특히 동일한 집중상태에서 수익성-시장점유율간의 관련성을 파악하기 위해, 시장점유율을 기준으로 상위 10%와 하위 10%의 은행들의 시장점유율-수익성 상관관계를 살펴보았다. 그 결과 은행이 어떠한 집중상태의 시장에 속하는지에 상관없이, 높은 시장점유율을 가진 은행들은 더 높은 수익을 낳는 경향이 나타났다. Rhoades는 또한 위험과 이윤 사이에, 그리고 시장성장과 이윤 사이에 정의 함수관계가 있음을 발견하였다. 단, 이때 시장점유율과 이윤간의 정의 관계는 은행들간의 효율성의 차이를 반영하는 것이 아니라 제품차별화의 이점, 다시 말해서 일부은행들이 다른 은행들에 비해 높은 가격을 부과할 수 있도록 하는 지위를 반영하는 것이라고 보았다. 그리고 후자 즉 시장점유율과 이윤간의 관계에 있어서는 진입장벽이 주된 원인인 것으로 파악되었다. 즉 은

---

64) Roades, S.A., Market share as a source of market power: implications and some evidence, 37 *Journal of Economics and Business*, pp.343-363 (1985).

행시장에 진입장벽이 존재할 경우 시장의 수요가 증대하면 기존 은행들의 이윤도 커진다는 것이다.

한편 Evanoff와 Fortier는 미국 내의 30개주에 소재한 6,300개 은행들을 표본으로 담합가설과 효율성가설을 상호 비교하였다.[65] 이들은 진입장벽에 의해 강하게 보호받는 시장과 진입장벽의 보호를 덜 받는 시장을 분리하여, 규제가 은행성과에 미치는 영향을 분석하였다. 그 결과 특히 진입장벽이 높은 시장에서 시장점유율은 수익성에 강한 영향을 미치는 것으로 나타났다. 이를 토대로 Evanoff와 Fortier는 효율성 가설이 미국의 은행업에서도 유효하다고 볼 만한 증거가 존재한다는 결론을 내렸다.

또한 Bourke는 1972년에서 1981년까지의 기간동안 12개국에서 활동하는 최대규모 은행들 가운데 90개를 표본으로 하여 은행의 수익성을 결정하는 요인이 무엇인지를 분석하여 시장집중, 자본비율, 유동성비율 및 이자율 등이 모두 이윤과 긍정적인 관계를 가지고 있음을 규명하였으나, 담합가설을 뒷받침할 만한 증거는 제시하지 못했다.[66] Amel과 Froeb은 1982-87년까지의 156개 미국 은행의 표본을 통하여, 은행들간의 수익성은 시장내에서 보다는 시장간에 있어서 그 편차가 더 크다는 점을 발견하였다.[67] 이 또한 담합가설 보다는 효율성가설을 뒷받침하는 결과라고 할 수 있다.

---

65) Evanoff, & Fortier, Re-evaluation of the structure-conduct-performance paradigm in banking, *Journal of Financial Services Research*, 277-294 (1988).

66) Bourke, P, Concentration and other determinants of bank profitability in Europe, North America and Australia, 13 *Journal of Banking and Finance*, pp.65-79 (1989).

67) Amel & Froeb, Do firms differ much?, 39 *Journal of Industrial Economics*, pp.33-29 (1991).

5) 한편, 기존의 분석기재로는 은행시장의 구조-성과 관련성을 규명해 내지 못하자 그 대안으로서 새로운 분석방법과 새로운 표본을 통한 연구 결과들이 제시되기도 하였다. 대표적으로 Berger와 Hannan은 담합가설을 조사하기 위해서, 시장집중과 가격간의 관계에 초점을 맞춘 대안을 제시하였다.[68] 이들은 우선 은행들이 시장지배력을 활용하는 경우에는, 가격은 경쟁상태보다 집중상태에서 더 높아지게 된다고 전제하고, 1983년에서 1985년까지의 기간 동안 매 분기별 표본자료를 활용하여, 시장집중과 예금이율간에 부의 관계가 있음을 발견하였다. 이는 집중된 시장에서 은행들이 예금고객들에게 낮은 예금이자를 지급함으로써 자신의 시장력을 행사하려는 경향이 있다는 의미였다.[69]

한편 Molyneux는 프랑스, 벨기에, 이탈리아, 네덜란드, 스페인을 대상으로 한 연구의 결과 담합가설에 부합되는 결과가 도출된 반면, 노르웨이에 대해서는 효율성가설과 일치되는 결과가 나왔다.[70] 또 다른 연구에서 Molyneux와 Forbes는 시장점유율이 모든 측정 모델에 있어서 수익성을 결정하는 요인으로서 그리 중요하지 않다는 점을 발견하였다.[71] 반면 시장집중과 수익성간에는 증대하면서도 긍정적인 관계성이 있는 것으로

---

68) Berger & Hannan, The Price-Concentration Relationship in Banking, Review of Economics and Statitics, pp.291-299 (1989).

69) 하지만 시장성과의 측정수단으로서 단일 은행상품의 가격을 사용하는 것은 자칫 결과를 왜곡할 우려가 있다는 지적도 제기된다. 은행들은 대개의 경우 다품목생산사업자들(multiproduct firm)이기 때문이다. 이러한 점에서 볼 때 이윤을 지표로 측정하는 방식이 유익하다고 할 수 있지만, 이 또한 관련 회계절차의 복잡성으로 인해 해석이 난해하다는 문제가 있다.

70) Molyneux, P, *Market structure and profitability in European banking, University College of North Wales*, Research Papers in Banking and Finance, RP 93/9 (1993).

71) Molyneux, P and Forbes, W, Market structure and performance in European banking, *Applied Economics*, 27, pp.155-159 (1993).

밝혀졌다. 그 결과, 유럽의 은행시장에서는 시장집중이 은행들간의 담합 비용을 낮추고 모든 시장참가자들이 정상 보다 높은 이윤을 낳는 것으로 나타났다.[72)

6) 이상의 연구결과를 종합해 볼 때, 은행시장에 있어서 구조와 행태, 성과간의 관계나 그 역의 관계에 대해서는 분석대상인 시대와 장소 혹은 분석기재에 따라서 각기 다른 결과가 도출되었으며, 아직껏 이에 대한 명확한 해답을 제시해 주는 증거는 존재하지 않는다고 하겠다. 더욱이 최근 들어 증가하고 있는 비은행금융기관으로 부터의 경쟁과 각종 규제 완화요인들을 고려에 넣었을 때, 구조와 성과의 관계가 어떻게 변화할 지는 또 다른 변수라고 할 수 있다.

다만 위에서 살펴 본 효율성가설의 여러 논거들 중에는 한가지 간과되었다고 생각되는 점이 있다. 효율성가설에서는 수익이라는 시장성과는 효율성에 의해 달성되는 것이며 시장집중으로 인한 담합 때문에 발생하는 것이 아니라고 한다. 그런데 은행시장에 규모의 경제에 기초한 대규모 은행들의 높은 생산성과 합병에 의한 경영효율성 실현이 과연 가능한 지에 대해서는 실증적인 연구결과 많은 의문이 제기되고 있다.[73) 다시 말해서 소수 대규모 은행에 의한 은행시장의 집중이 개별 은행의 효율성을 창출한다는 보장이 없다는 것이 오늘날의 보편화된 시각인 것이다. 따라서 대규모 사업자들로 이루어진 집중적 시장에서 더 많은 이윤이 창출되었을 경우 이를 효율성 때문이라고 해석할 여지도 은행시장에서는 희박하며, 담합에 의한 가격인상의 결과일 가능성이 여전히 높다고 생각된다.

하지만 보다 더 중요한 것은 시장에 SCP 패러다임이 존재하는지 여부

---

72) *Id.* p.158.
73) 이점에 대해서는 효율성항변 부분에서 상세히 언급하기로 한다.

가 확실치 않다는 논쟁만으로는 규제나 정부개입의 반대논거가 될 수 없다는 점이다. 앞에서 살펴 본 바로는, 은행시장에서 행해진 많은 실증적인 연구들은 SCP가설에 대한 효율성가설의 일반적인 반론에 더하여 은행시장에 특별히 존재하는 논거를 제시하지 못하였다. 아마도 은행시장의 구조-성과와 관련하여 특별히 고려해야 할 변수로서는 Gilbert가 지적한 바와 같이 은행규제가 가장 유력할 것인데, Gilbert의 지적이 있던 1980년대초에 비해 현재의 은행규제는 급격히 감소하여 은행시장이 집중화되었더라도 규제가 그 폐단을 조정할 수 있는 역할이 종전보다 축소되었다고 할 수 있다. 보다 근본적으로는 Heggestad(1984)의 지적과 같이 SCP 관련 연구들은 성격상 횡단면적(cross-sectional)인 것으로서 시간에 따른 규제변화는 그리 중요한 문제가 아니라고도 할 수 있다.

요컨대, 적어도 SCP패러다임에 대한 논란에도 불구하고 대다수의 입법례에서 기업결합규제가 여전히 시행되고 있는 한, 은행합병에 대한 경쟁법적 규제도 여전히 유효한 것으로 보아야 할 것이다.

제2절 우리나라에서의 은행합병 역사와 그 평가

I. 전체적인 조망

우리나라에서 은행합병과 그로 인한 시장집중문제가 사회·경제적인 관심대상으로 부각된 것은 매우 최근의 일이라고 할 수 있다. 비록 90년대말에 와서 금융산업의 구조조정을 위한 수단으로 은행합병이 거론되면서 이 문제에 대한 논의가 활발해지기 시작하였으나, 이는 이미 80년대

74

이후 합병을 통한 대형화가 전반적인 흐름으로 자리잡았던 세계 은행시장의 추세에 비추어 보거나, 그 보다 더 앞선 60년대에 은행합병에 대한 심도깊은 경쟁법적 검토가 이루어졌던 일부 국가[74]에 비해서도 매우 늦은 것이라고 할 수 있다. 이처럼 과거에 은행합병문제에 대한 관심과 논의가 적었던 주된 원인으로는, 무엇보다 은행합병현상 자체를 목격하기가 극히 힘들었던 국내의 시장환경을 들 수 있을 것이다. 특히 은행간의 합병은 사적 경제주체들의 자발적인 경영동기에 의해 이루어진다기 보다는 정부정책에 따라 결정되는 사안이라는 것이 국내의 지배적인 인식이었던 탓에 은행합병문제를 경쟁법적으로 검토해야 할 필요성이 제기될 여지가 그만큼 적었던 것으로 보인다.

하지만 은행합병문제에 대한 관심부족과는 달리, 실제 우리나라에서 은행합병은 오랜 기간에 걸쳐 부침을 거듭하며 발전해 온 역사를 가지고 있다. 특히나 시장이 형성된 초기 단계에 매우 활발한 합병기류를 경험하기도 하였다. 우리나라에서 있었던 은행합병의 역사를 대략적으로 정리해 보면, 우선 그 기원은 1910년대 후반에서 찾을 수 있다.[75] 초기의 은행합병은 1920년대에 이르러 정점을 맞기도 하였으나, 30년대 이후로는 합병의 발생빈도가 줄어든데다 성격도 다분히 정치적인 것으로 변질되었다. 이때 까지의 시기를 일제하의 은행합병기라고 부를 수 있겠다. 한편 우리나라의 은행시장은 정부수립이후 비로소 자금중개기관과 지급결제수단으로서의 역할을 어느정도 회복하게 되었지만, 이내 1960년대와 70년대 들어서 정부에 의한 강력한 통제하에 다시 놓이게

---

74) 대표적인 예로 미국을 들 수 있는데, 이에 관한 자세한 내용은 제3장에서 다루기로 한다.

75) 기록상으로는, 1918년에 경남은행이 주일은행을, 원산상업은행이 칠성은행을 합병한 사례가 국내에서 발생한 최초의 은행합병사례로 파악된다 (윤석범/홍성찬/우대형/김동욱, 「한국근대금융사연구」, 세경사, (1996), 223면 참조).

되었다. 이 과정에서 은행간에 자발적인 합병이 이루어질 환경이 조성되지 못하게 되었고 단 한 건의 은행합병이 발생하는 것으로 그쳤다. 서울-신탁은행간의 합병이 그것이었다. 그러나 이후 1990년대 말의 외환위기를 계기로 은행합병이 재개되었으며 당초에는 은행시장의 구조조정을 위한 목적에서 은행합병이 추진되었던 것이 점차 개별은행의 경쟁력 강화를 위한 차원으로 발전하면서 지속적으로 전개되는 양상에 있다. 이상과 같은 합병추이를 토대로 해볼 때, 국내의 은행합병 역사는 i) 일제하에서의 은행합병과 ii) 해방후 정부의 금융규제정책하에서 이루어진 최초의 합병사례인 서울신탁은행합병건, 그리고 iii) 1997년 외환위기 이후에 이루어진 은행합병의 세단계로 분류해 볼 수 있겠다.[76]

다만 일제하에 이루어졌던 대다수의 은행합병사례들이나 서울신탁은행의 합병사례의 경우는 금융산업의 안정을 위한 동기에서 금융당국에 의해 주도된 합병들이었기 때문에, 경쟁법적인 측면에서는 별다른 의미를 갖고 있지 못하다. 따라서 '합병이 은행시장의 경쟁에 미친 영향'이란 측면에서 주목할 만한 사례는 결국 20세기 초반에 있었던 일부의 은행합병과 1990년대 말의 외환위기 이후 집중적으로 발생한 은행합병사례들이라고 할 수 있다. 이하에서는 국내의 은행합병역사와 그 성격을 시대별로 간략히 정리한 뒤, 이를 경쟁법적인 관점에서 재조명하게 된다. 그리고 이 가운데 2000년을 전후로 하여 집중적으로 발생한 은행합병사례들에 주안점을 두고 이것이 은행시장의 집중화에 미친 영향을 분석하고자 한다.

---

76) 경우에 따라서는 합병의 세부적인 성격변화에 착안하여 중일전쟁이나, 제1, 2차 금융구조조정시기를 기점으로 4-5단계로 분류되기도 한다 (박노경, "국내은행합병의 역사적 고찰", 「경영사학」 제17집 제2호(통권 29호), 한국경영사학회 (2002. 6. 30), 117-118면 참조.)

Ⅱ. 시대별 시장상황과 합병의 추이

1. 19세기 말～일제시대의 은행시장과 은행합병

(1) 19세기 말～20세기 초: 근대적 은행시장의 형성기[77]

한국에서 근대적인 의미의 은행이 출현한 것은 19세기 후반이다. 종전까지는 객주나 여각 등의 재래금융기관이 상호신용인 계(契)나, 시변제도(時邊制度) 등의 방식으로 자금의 예수나 대출, 어음할인을 취급해 왔었으나, 그러나 구한말에 이르러 대일무역의 증가와 강화조약의 체결(1876년)을 계기로 1878년 6월(고종 15년) 일본의 제일은행(第一銀行) 부산지점이 설치되면서 국내에 근대적 의미의 은행제도가 처음으로 도입되기에 이르렀다. 이후 1880년에 제십팔은행(第十八銀行), 1892년 제십오은행(第十五銀行) 등 일본계 은행들이 잇따라 국내에 진출하자, 이에 영향을 받아 1894년 갑오경장(고종31년) 이후에는 비로소 민족자본에 의해 조선은행(朝鮮銀行; 1896), 한성은행(漢城銀行; 1897), 대한천일은행(大韓天一銀行; 1899) 등이 설립되었다. 그리고 이후 1909년에는 대한제국 정부에 의해 우리나라 최초의 중앙은행인 구 한국은행이 설립되었다.[78]

이러한 상황에서 은행(一般銀行[79])은 조선내에 본점을 두고 있는 본

---

77) 이석윤, 「한국의 일반은행」(1910～1945), 법문사, 1988, 35-36면.
78) 박노경, "국내은행합병의 역사적 고찰: 1910-2000", 「경영사학」 제17집 제2호(통권 29호), 2002, 122면. 한편 한국은행은 이후 조선은행으로 개칭되었다.
79) 당시에는 단순히 은행이라는 호칭과 구분하여 일반은행이라는 용어가 보편적으로 사용되었다. 즉, 민간자금을 예금으로 받아들여, 단기 상업자금을 대출하거나 유가증권에 투자하여 영리를 추구하는 금융기관을 총칭하는 개념이라고 할 수 있는데, 부분준비제도에 의해 신용을 창조함으로써 예금통화를 공급하는 것을 특징으로 한다. 미국, 프랑스의 상업은행(commercial bank), 영국의 예금은행(deposit bank)이나 주식은행(joint

점은행(本店銀行)과 일본에 본점을 두면서 조선에 지점을 설치하고 있는 지점은행(支店銀行)으로 나뉘어 지고, 본점은행은 다시 서울에 본점을 둔 시중은행(市中銀行)과 서울 이외의 지역에 본점을 설치한 지방은행(地方銀行)으로 분류되었다. 본점은행은 또한 조선인의 자본에 의해 설립된 민족계은행(民族系銀行)과 조선인과 일본인의 합작에 의해 설립된 합작계은행(合作系銀行), 일본인의 자본에 의해 설립된 일본계은행(日本系銀行)으로 나뉘어 졌으며,[80] 이후 은행고객들은 은행설립자본의 출처에 따라 차별화되는 양상을 띄게 되었다. 즉 조선인 고객들은 민족계은행과, 국내거주 일본인들은 일본계 본점은행과 지점은행들과 금융거래를 개설하는 것이 관행이었으며, 은행간의 경쟁도 대체로 이러한 양상에 따라 전개되었다.[81]

(2) 1910년대의 은행시장: 은행시장의 확장기

우리나라의 은행시장은 1910년대에 이르러 은행들 지속적으로 신설되면서 급격히 확장된다.[82] 이 시기에 은행의 수적증가에 큰 영향을 미친

---

stock bank), 독일의 신용은행(Kredit bank)과 같은 개념으로서 일제시대에는 일본의 예에 따라 보통은행으로 불려졌다. 현재 한국에서는 특수은행가운데 일반은행업무를 겸영하는 은행과 일반은행을 합쳐 예금은행이라 부른다. 일제하 한국의 일반은행에 대해서는 고승제, 「한국금융사연구」, 일조각, 1970; 이석윤, 「한국의 일반은행」, 법문사, 1988; 윤석범/홍성찬/우대형/김동욱, 「한국근대금융사연구」, 세경사, 1996 등 참조.

80) 이석윤, 전게서, 95면.

81) 1924년을 기준으로 할 때 일반은행 대출총액의 61.1%는 일본인에게, 37.5%는 한국인에게 대출되었는데 이중, 민족계은행은 대출의 79%를 한국인에게 하였고, 일본자본에 의해 설립되었거나 일본인이 경영권을 장악한 은행은 84.2%를 일본인에게 대출한 것으로 나타났다 (윤석범 외, 상게서, 220면. 통계자료의 원 출처는 조선총독부재무국, 「朝鮮金融經濟調査資料1」, 1927.)

82) 윤석범 외, 상게서, 209-220면 참조.

요인의 하나는 1912년 제정된 은행령(銀行令)[83]이었다. 당시 은행령은 은행의 설립·운영·해산과 관련된 모든 사항을 총독부의 철저한 감독하에 두었는데, 일제는 이러한 은행령을 기초로 일반은행의 설립을 조장하는 정책을 시행하였던 것이다. 더욱이 1차대전의 특수로 일본경제가 호황을 맞았고, 내부적으로는 민족자본이 은행설립을 중심으로 결집했던 점도 원인으로 작용하였다.

이러한 환경속에서 1910년 8월 4개에 불과했던 일반은행의 수는 1920년말 21개로 증가했으며, 그 결과 은행간의 경쟁 특히 본점은행간의 경쟁이 본격화되었다[84]. 한편 이 시기에는 은행들이 비금융회사를 인수하여 규모를 확장하는 한편, 은행간의 합병현상도 나타나기 시작하여, 1918년에 경남은행이 주일은행을, 원산상업은행이 칠성은행을 합병하였으며, 1920년에는 경성은행이 조선실업은행에 합병되었다.

(3) 1920년대: 은행합병의 활성기

1) 금융시장불안의 해소수단으로서의 은행합병

1910년대 호황을 누리던 일본경제는 1920년대에 들어서면서 잇따른 공황으로 인해 급속히 쇠퇴하게 되었다. 그 여파는 국내 은행산업에도 직접적인 영향을 미쳐서 만성적인 불경기로 자금수요는 급속히 위축되었으며, 호경기때 과잉대출한 자금은 회수되지 않는 등 경기침체를 격게 되

---

83) 1912. 10. 24. 제령 제5호 은행령, 1912. 10. 24 은행령 시행규칙. 동 은행령과 시행규칙은 한국에서 활동하는 한·일계 은행 모두에게 적용되었다.

84) 1910년 말 기준으로 본점은행은 일반은행 예금의 22.0%, 대출의 31.1%를 점하였으나, 본점은행의 신설 확장에 힘입어 1920년말에는 이 비율이 각각 55.2%와 67.6%로 증가되었다. 반면 지점은행의 점유율은 점차 하락하였다. (윤석범 외, 전게서, 223면. 통계자료의 원출처는 동아일보, 1923.4.10 은행정리문제)

었다. 이러한 상황에서 이미 그 수가 급속도로 증가되어버린 국내 은행들은 이전 보다 훨씬 치열한 경쟁하에 놓이게 되었다. 또한 경쟁관계도 본점은행들을 중심으로 전개되었던 것이, 본점은행과 지점은행간, 일반은행과 특수은행(朝鮮銀行, 朝鮮殖産銀行, 金融組合)간으로 확대되기에 이르렀다.

이처럼 경기침체를 동반한 은행시장의 경쟁격화는 시장형성의 초기단계에서도 매우 우려할 만한 일로 받아들여졌으며, 은행과 정책당국은 각기 다양한 대응방안을 모색하게 하였다. 우선 은행업계 차원에서는 직원감축, 지점폐쇄, 경영진 전면 교체 등의 수단을 강구하는 한편 동양척식회사에 부동산 담보물을 넘겨 유동자금을 조달받기도 하였다. 그러나 업계의 자구책만으로 금융시장의 안정을 기대할 수 없게 되자, 시장의 합리화와 안정을 도모하기 위한 방편으로서 은행간의 합병이 거론되기 시작하였다. 그 논거는, 소규모 은행들이 합병해서 대규모화하게 되면 자본충실과 경비절감, 경쟁완화, 인재 및 신용확보를 기할 수 있으며, 그로 인해 주주와 거래자의 이익 보호는 물론 은행자금의 활용도를 높여 산업발전에 기여할 수 있다는 것이었다.[85]

2) 은행합병의 증가에 따른 시장집중현상 출현

은행업계의 자구노력만으로는 시장의 불안요인을 해소하기 어렵다는 인식이 확대되자 조선총독부는 시장안정의 방안으로서 논의되었던 은행합병을 정책수단으로서 적극 채택하게 되었다.[86] 조선총독부의 은행합병

---

85) 윤석범 외, 전게서 228면; 동아일보, 1923.4.5. 은행합동의 필요. 이러한 논거는 1990년대 후반 이후 은행합병에서 제기된 주장들과 거의 동일한 논거라는 점에서 실로 주목할 만하다고 하겠다.

86) 이러한 총독부의 합병정책은 사실 일본내에서 이미 추진되었던 합병장려정책과 그 맥을 같이 한다. 일본은 1920년 반동공황, 1922년 은행공황,

의 촉진책 가운데 가장 대표적인 것은 1923년 11월 은행령을 개정하여
합병절차를 간소화한 조치였는바, 이는 국내 일반은행들간의 합병을 활
성화한 결정적인 요인으로 작용하였다. 그 결과 1920년말 21개까지 증가
했던 은행수는, 이후 신규설립이 전무한 가운데 1925년에는 16개로, 1930
년 말에는 13개로 감소하기에 이르렀다.

[표-3] 1920년대의 일반은행 합병사례 (단위: 1,000원)

합병연월	피취득 은행	결합형식	취득은행	존속연수	합병시 자본금
1920. 7	경성	매수	조선실업	6년 10월	1,000
1921. 10	평양	통합신설	대동	1년 6월	1,700
1921. 10	삼화	통합신설	대동	4년 11월	300
1923. 4	신의주	합병	만주상업	5년 5월	500
1923. 6	원산상업	합병	조선상업	4년 2월	500
1924. 8	조선실업	합병	조선상업	4년 1월	5,000
1925. 9	대동	합병	조선상업	3년 11월	2,000
1928. 6	삼남*	합병	조선상업	8년 3월	1,000
1928. 8	대구*	통합신설	경상합동	15년 3월	2,000
1928. 8	경남*	통합신설	경상합동	16년 2월	2,000
1929. 10	경상공립	매수	경일	9년 2월	2,000

자료출처: 堀和生, 朝鮮における普通銀行の成立と展開, 社會經濟史學, 49-1,
1985.

*는 민족자본 은행

1923년 지진공황을 거치면서 소수의 재벌은행을 제외한 대다수의 보통은
행들이 경영악화로 파산, 동요하였다. 이에 따라 일본정부는 1920년대 초
반부터 강력한 은행합병정책을 추진하였으며, 특별한 사정이 없는 한, 은
행신설과 지점남설을 규제하였고, 부동산 대부도 제한하였으며 지방 중소
은행을 합병하여 은행규모를 확장시키려 하였던 것이다. 日本의 은행합병
정책과 그 실태에 관해서는, 加藤俊彦, 「本邦銀行史論」, 東京大學出版會
(1957), 後藤新一, 「本邦銀行合同史」, 金融財政事情研究會 (1968) 참조.

한편 은행수의 감소추세와는 반대로 지점수는 오히려 76개로 늘어나서 1行당 지점수는 1920년말의 2.1개에서 1930년말에는 5.8개로 증가하였으며, 같은 기간 1行당 자본금도 159만원에서 203만원으로 증대되었다. 또한 1行당 예금, 대출금 규모도 같은 기간에 143만원, 217만원에서 각각 490만원, 667만원으로 늘어나게 되었다[87]. 이와같은 일련의 결과들은 은행합병이 단순히 은행의 수적 감소를 낳는데 그치지 않고 자본이 소수의 대형은행으로 집중된다고 하는 자본주의적 현상을 초래할 수 있음을 보여주는 것이었다.

(4) 1931~1937년: 일반은행의 위기와 합병현상의 지속기

1) 대공황의 여파로 인한 은행위기

국내 은행의 경영상태는 1930년대에 들어서면서 대공황의 여파로 더욱 악화되었다[88]. 이에 따라 은행의 수익율은 하락하였으며, 은행고객들의 잇단 파산으로 불량채권은 크게 증가하였으며, 여기에 일제가 종전부터 취해오던 특수금융기관 위주의 금융정책도 일반은행의 수익성을 악화시킨 요인으로 작용하였다. 특히 일제의 금융정책으로 특수금융기관인 금융조합이 일반은행이 보유하고 있던 예금과 대출을 상당부분 잠식함으로써[89] 일반은행들간의 경쟁은 더욱 심화되었다.

---

87) 더욱이 1920년대 후반에 이르러서는 이미 은행합병으로 인한 시장의 집중화현상이 노정되었으며, 시장 내에서의 실질적인 경쟁이 민족계은행간, 일본계 은행간에 구분되어 성립되었다는 점에서 시장의 집중화는 단순한 지표에서 나타나는 수준을 훨씬 넘어섰던 것으로 추정된다.

88) 일반은행의 예금총액은 1929년말 1억 958만원에서 1931년말 1억 690만원으로 감소하였으며, 대출액도 같은 기간에 1억 828만원에서 574만원으로 감소되었다.

89) 일반은행들의 예금 점유율은 1930년 36.6%에서 1938년 26.5%로 하락한 반면, 금융조합의 점유율은 1930년 26.7%에서 1938년 34.5%로 증가하였다.

이와 같은 상황에서 일제는 1927년 일본 은행법을 제정한데 이어, 한국내에서도 금융제도 전반을 재편하기 위하여 '개정은행령', '저축은행령', '개정금융조합령' 등 세가지 주요 법령들을 공포하였는데 이러한 일련의 입법조치가 은행시장의 구조에도 많은 영향을 미치게 되었다. 특히 개정은행령[90]은, 은행설립 요건을 자본금 200만원 이상의 주식회사로 강화하였으며, 기존은행에 대해서는 최저자본금을 100만원으로 인하하고 5년의 유예기간을 줌으로써 은행의 설립요건을 훨씬 엄격히 하였다.[91] 그 결과 일반은행의 신설이 매우 어려워졌으며, 기존은행들 가운데 자본금이 100만원 미만인 일부은행들(東萊銀行, 鮮南銀行, 密陽銀行)은 5년 내에 증자하거나 타은행과 합병하여 증자하지 않는 한 퇴출될 수밖에 없었다.

2) 은행합병의 지속으로 인한 시장집중의 심화

이처럼 은행들의 경영여건이 악화되고 은행설립 내지 사업유지요건의 강화된 상황에서 은행들이 생존을 위해 모색할 수 있는 방안은 여전히 銀行合倂이었다. 30년대에도 은행합병은 지속적으로 진행되어 1930년에 13개 이던 은행수는 1937년 7개로 감소하였다.

---

90) 1928.12. 制令 제6호 銀行令, 1928.12 總督府令 제80호 銀行法施行規則, 朝鮮總督府, 「朝鮮法令輯覽」, 下卷1, 제17집, 1938, 87-89, 89-103면.

91) 동법은 이외에도, 매기 이익금의 1/10을 법정준비금으로, 예금총액의 1/10을 예금에 대한 법정 지불준비금으로 준비하게 하고, 지불준비금은 현금, 외국통화, 우편대체저금, 국채, 기타 조선총독이 인가한 유가증권으로 준비하게 하였고, 지불준비금이 예금의 1/10에 미달하면 이를 채울 때 까지 신규대부, 어음할인, 이익배당금 지불을 금지시켰다. 또한, 은행업과 타업의 겸영과 은행임원의 겸직을 총독부 인가사항으로 하여 엄격히 규제하였다.

[표-4] 1930년 중반까지의 일반은행 합병사건 (단위: 1,000원)

합병연월	피취득은행	결합형식	취득은행	존속연수	합병시 자본금
1931. 1	한일*	통합신설	동일	24년 5월	2,000
1931. 1	호서*	통합신설	동일	17년 6월	2,700
1933.	밀양	조직변경	-	25년	50
1933. 6	북선상업*	합병	조선상업	14년 7월	1,500
1933. 7	동래*	합병	호남	14년10월	500
1933. 12	경일	통합신설	대구상공	13년 7월	1,400
1933. 12	선남	통합신설	대구상공	21년 3월	300
1935. 6	부산상업	매수	조선상업	22년 2월	1,500

자료출처: 堀和生, 전게논문.
*는 민족자본 은행

다만 1920년대의 은행합병이 정책지원에 따른 성격이 강하였다면 1930년대에 이르러서는 은행들의 자발적인 경영판단에 따른 합병이 많았다는 점에 차이가 있었다.

한편 합병의 결과로 인해 시장의 집중화는 더욱 심화되어서, 은행지점 내지 출장소의 수는 1930년 76개에서 1937년 102개로 증가하였으며, 1행당 지점수는 5.8개에서 14.6개로 크게 늘어났다. 1행당 자본금도 약 203만원에서 345만원으로, 1행당 예금은 490만원에서 1,613만원으로, 1행당 대출금은 667만원에서 2,090만원으로 급증하였다. 이처럼 일반은행들이 소수의 대규모 은행들으로 집결하면서 은행시장의 집중도는 더욱 고조되는 양상을 보였다.

(5) 1937년 이후~해방: 전시금융 체제하의 강제합병기

국내 은행시장은 1937년 7월 중·일전쟁과 함께 금융에 대한 강력한 통제와 금융기관의 통폐합이라는 두가지 정책기조하에 놓이게 되었다. 일제는 먼저, 전쟁자금을 조달할 목적으로 대대적인 소비절약과 저축증 진정책을 추진하는 한편, 전쟁수행에 필수적인 분야에 이외에는 대출[92] 을 강력히 통제[93]하였다. 그리고 이와 아울러 은행기관을 합병을 통해 강제적으로 통폐합하는 정책을 추진하였다[94]. 은행의 전쟁자금조달 책무 를 감독하기 위해서는 다수의 일반은행들을 일일이 통제하는 것 보다는 은행수를 가급적 소수로 유지하여 통제하는 것이 전시 금융체제의 구축 에 효과적이라고 판단한 것이다. 이를 위해서 일제는 1937년 10월 '임시 자금조정법'을 시행하여 금융업을 병종산업으로 분류한 후, 1941년 7월 '재정금융기본방책요강'을 발표하여 금융기관 정리·통합방침을 천명하였 다. 그리고 1942년 5월에는 '금융사업정비령'을 발표하여 은행들을 강제 합병시킬 법적 기초를 완성하였다.

그런데 이 시기에 일제가 은행의 통합을 강요했던 데에는 은행합병을 통하여 소위 금융의 내선일체(內鮮一體)를 실현하려는 또다른 이유도 있

---

92) 일반은행의 자금운용의 통제, 불요불급 산업에 대출통제는 1937년 10월의 臨時資金調整法 시행과 부동산 금융의 중단, 1940년 11월의 銀行等資金運用令 공포로 나타났다.

93) 그 결과 일반은행의 예금액은 1937년말 1억 7,279만원에서 1941년 6월 4억 9,370만원, 1943년말 9억 4,852만원, 1945년 3월말 15억 627만원으로 급증하였으며, 대출도 광공업을 중심으로 1937년말의 1억 9,566만원에서 1941년 6월 3억 9,354만원, 1943년말 6억 7,765만원, 1945년 3월말 9억 4,089만원으로 크게 증가하였다. 특히 산업별 대출액 구성면에서 상업과 농업자금의 비중이 줄고 광공업의 비중이 증가되었다는 점은 일반은행이 특수금융기관들처럼 전시자금을 조달하는 주요창구역을 담당했었음을 보여주는 것이었다. 윤석범 외, 전게서 258-259면 참조.

94) 윤석범 외, 전게서, 259-261면.

었다. 일제하의 은행시장은 은행고객의 민족적 분리현상이라는 특성을 가지고 있어서, 내국인들은 민족계 은행을, 일본인들은 일본계 은행을 이용하는 상황이 1930년대 말까지 지속되었다[95]. 한국인을 중심으로 은행이 설립되고 한국인으로 직원이 구성되며, 고객의 대다수가 한국인으로 이루어진 은행상황이 존재하는 한 일제가 추구하던 내선일체는 기대할 수 없었다. 따라서 1938년 이후 한국인 은행이 집중적으로 매수합병되었던 데에는 은행부문의 내선일체 실현이라는 정치적 의도가 개입되었던 것으로 분석된다.[96]

[표-5] 1937년부터 해방전까지의 합병사례 (단위: 1,000원)

합병연월	피취득은행	결합형식	취득은행	존속연수	합병시 자본금
1938. 1	해동*	매수	한성	17년 7월	2,000
1941. 9	경상합동	합병	한성	13년 1월	2,250
1941. 10	대구상공	매수	조선상업	7년 10월	1,000
1942. 5	호남*	매수	동일	21년 8월	2,000
1943. 10	동일*	통합신설	조흥	12년 9월	4,000
1943. 10	한성*	통합신설	조흥	46년 9월	5,250

자료출처: 堀和生, 전게논문.
*는 민족자본 은행

---

95) 1935년, 1936년의 시점을 기준으로 호남은행이 전체 일반대출금의 80-90%를 한국인들에게 대출했던 사례나, 대구의 경상합동은행이 대출액의 65.4%를 한국인에게 대출한 것이 대표적인 예이다. 호남은행과 경상합동은행의 경우 중역과 직원이 모두 한국인이었고, 주주도 대부분 한국인으로 구성되었다 (윤석범 외, 전게서, 262-263면. 자료의 원출처는, 湖銀庶第146號, 1937.3.20, 朝鮮金融事情參考書資料에 관한 件; 大邱府, 大邱府史, 1943, 222-223면).
96) 윤석범 외, 전게서, 262면.

이처럼 정치적 이유에서 은행합병을 강제적으로 추진한 결과, 1937년
말에 7개였던 일반은행의 수는 1940년 6개로 감소하였으며, 이후 1943년
부터 해방직전까지는 조흥은행과 조선상업은행의 단 2개 은행만이 시장
에 남게 되었다.[97) 반면 지점과 출장소는 1937년 102개에서 1940년 121
개, 1945년 6월 136개로 증가하여 1개 은행당 지점수와 자본금도 급증하
여 시장집중현상도 더욱 심화되었다.

2. 1945~1997년의 은행시장과 서울-신탁은행간의 합병

(1) 해방후~1970년대: 과점적 시장구조의 유지

국내 은행시장은 해방과 함께 자금중개와 지급결제라는 본연의 역할을
회복하게 되었다. 그러나 취약한 경제적 기반하에서 은행시장 역시 일제
시대부터 명맥을 유지해 오던 소수의 시중은행들에 의한 과점적 구조가
지속되었다. 각 은행들의 해방직후의 시장점유율은 예금시장을 기준으로,
조흥은행과 상업은행이 각각 42.5%와 35%의 예금시장점유율을 점하였
으며, 제일은행의 전신인 조선저축은행은 20.9%를 점하였다. 대출을 기
준으로 해서도 조흥은행이 40.9%, 상업은행이 31.8%, 조선저축은행이
18.2%를 차지하였다. 이처럼 소수의 경쟁자들로 구성된 시장상황하에서
은행들은 예금과 대출시장의 점유율을 높이기 위해 나름대로 경쟁을 벌
였지만, 1960년대에 들어서면서 은행시장의 점유율 구성이 오히려 비슷
한 수준으로 재편되었다. 그리하여 예금고를 기준으로 할 때 조흥, 상업,
제일은행이 23%대, 한일은행도 21.9%대를 점하였으며 1959년 신설된 서
울은행만이 5.4%에 그쳤다. 대출시장 역시 서울은행을 제외하고는

---

97) 이석윤, 전게서, 226면. 반면, 지점은행의 수와 지점 또는 출장소의 수에
　　있어서는 이 기간을 통해서 아무런 변화없이, 은행수가 3, 지점과 출장소
　　의 수가 6개로 남아 있었다.

21-25%대로 거의 유사한 양상을 보였다. 이후 정부에 의한 금융통제가 본격화되면서, 이와 같은 현상은 더욱 고착되어서 서울신탁은행의 점유율확대만 두드러질 뿐 기존 4개은행간에는 큰 격차가 발생하지 않았다. 이처럼 각 시중은행들이 예금과 대출액의 구성에 있어서 거의 비슷한 수준을 유지하게 된 원인은 과점상태의 은행구조에서도 찾을 수 있겠지만, 보다 근본적으로는 정부가 금융규제정책을 통하여 은행을 산업정책의 자금조달창구로서 활용하는 한편, 각 은행들에게는 적절한 점유율을 유지토록 해 줌으로써 은행시장에서 사실상 경쟁이 기능하지 못하도록 영향을 미친 것에 주된 원인이 있는 것으로 생각된다.[98]

(2) 서울은행-한국신탁은행간의 은행합병

이와 같은 은행시장의 상황 하에서 해방후 약 40여년간 은행합병은 단 한건만이 이루어 졌다. 1976년에 있었던 서울은행과 한국신탁은행간의 합병은 그러한 점에서 볼 때는 해방이후 이루어진 최초의 사례라는 의미를 갖고 있었지만, 합병의 성격이 자발적인 것이 아니라 금융규제당국인 재무부에 의해 주도된 합병이었기 때문에 그 역사적 의미가 반감된 합병이기도 했다. 동 합병의 계기는, 이른바 8·3조치 이후 산업합리화와 금융구조의 재편을 위해 은행합병을 추진할 필요가 있다고 본 재무부의 판단에 따른 것이었는데, 시중은행 가운데 역사가 가장 짧았던 서울은행과, 설립 이후 다소의 취약성을 보이고 있던 한국신탁은행이 합병당사자로 선정되었다.[99] 합병당시 서울은행은 소매금융업무를, 한국신탁은행은 신탁업무를 위주로 하였기 때문에 두 은행간의 합병은 상호업무보완적인

---

98) 대다수의 금융선진국들에서 선두권 은행들의 점유율이 후위권 은행들의 그것에 비해 상당한 격차를 보이는 반면, 정부에 의한 은행통제가 이루어져 왔던 일본의 경우는 60-70년대 한국과 마찬가지로 1위와 2, 3위 은행간의 시장점유율 격차가 2-3%내외에 그치는 것으로 나타나고 있다.

99) 서울신탁은행, 「서울신탁은행30년사」, (1989. 12), 146-154면 참조.

성격이 강했다. 또한 합병비율이 동일하다는 점에서 대등합병이라고 할수 있었다. 정부주도의 합병이었던 만큼 합병절차도 매우 신속히 진행되어서 1976년 4월 9일 합병발표가 있은 후, 은행법 제9조에 따라 은행감독원의 추천과 금융통화운영위원회의 인가를 받아 동년 8월 5일 합병등기를 함으로써 모든 절차가 완료되었다. 합병의 주된 취지는 금융업무의 국제화에 따른 은행의 대형화를 도모하고 규모의 이익에 의한 간접비를 절감하려는데에 있었다. 하지만 동시에 은행간의 과당경쟁 소지를 완화한다는 것도 금융당국이 염두에 둔 목적이었다.[100]

(3) 1980년대～외환위기 이전: 규제완화로 인한 경쟁제고

정부에 의한 강력한 시장통제는 1980년대에 들어서면서 상당부분 완화되기 시작했다. 하지만 규제완화에도 불구하고 은행합병은 이루어지지 않았다. 반면에 신규진입과 업종전환이 활발하게 이루어져서 종래 5개 시중은행을 중심으로 한 과점상태의 시장구조가 경쟁구조로 바뀌게 되었다. 이 시기에 설립된 신설되거나 업종전환한 은행들은 총 8개인데 이들 은행의 성격은 크게 두 그룹으로 분류된다. 하나는 금융자율화추진과 은행시장의 경쟁강화 차원에서 해외자본이나 비은행권자본을 은행산업으로 유입시킨 경우이고[101], 다른 하나는, 1960-70년대의 정책금융과는 차이가 있으나, 중소기업지원이나 소외계층지원과 같은 정치, 사회적 환경의 변화에 대응한 은행설립이다[102].

---

100) 상게서, 146면.
101) 재일동포자본으로 설립된 신한은행과 국내기업과 미국의 Bank of America의 합작투자에 의해 설립된 한미은행, 그리고 한국투자금융이 전환한 하나은행과 한양투자금융과 금성투자금융이 합병하여 설립전환한 보람은행이 이에 해당한다.
102) 중소기업전문은행으로서 부산과 대구에 각각 본점을 두되 전국을 영업구역으로 하는 동남, 대동은행과 이북5도민의 출자로 설립된 동화은행, 그리고 노동자의 생활안정과 복지증진을 도모하기 위해 근로자를 주된 고

은행합병으로 인한 은행의 수적 감소가 이루어지지 않은 상태에서 신규진입이 계속 진행되자 국내 보통은행 수는 1980년대 말 17개이었던 것이 1990년대 초반을 정점으로 29개까지 확대되었으며, 이에 따라 은행시장은 공급과잉상태로 까지 일컬어지는 경쟁체제하에 놓이게 되었다. 이 과정에서 각 은행별로 성과면에서의 차이가 두드러지게 나타나게 되었다. 여기서 주목할 것은, 80년대 이후 신설된 은행들 가운데 시장의 경쟁제고를 위해 신설되었던 첫 번째 부류의 은행들은 설립이후 줄곧 우량은행으로 자리잡아서 97년 외환위기 이후에도 지속적인 발전과 확장을 해 온 반면, 사회정책적 목적으로 설립되었던 두 번째 부류의 은행들은 이후 극도로 부실화되어서 결국 시장에서 퇴출되거나 지주회사로 편입되었다는 점이다. 이는 은행시장에서 규제가 완화되고 경쟁의 기능이 강화된 상황에서는 은행으로 하여금 효율성추구를 통한 이윤창출 이외의 사회정책적인 목표를 담당토록 하는 것이 결국은 은행성과에 부정적인 영향을 미치게 된다는 점을 잘 보여주는 사례라고 생각된다.

3. 1997년 이후의 은행구조조정과 은행합병

(1) 경제위기와 금융제도의 개혁

우리나라의 경제는 1990년대 말에 이르러 대기업의 잇따른 부도사태 및 그 처리지연으로 인한 금융기관의 부실누증, 그 외 동남아시아의 외환위기 등 복합적인 요인으로 인해 중대한 위기를 맞게 되었다. 그런데 이러한 경제위기는 다른 한편으로, 금융산업전반에 대한 강도높은 구조조정의 계기를 제공했다.

정부는 금융산업의 구조조정을 위해, 한국은행법을 전면 개정하여 중앙은행의 중립성과 자율성을 제고하고, 금융감독기구의설치등에관한법률

객으로 하여 설립된 평화은행이 이에 해당된다.

을 제정하여 금융권별로 분산되어 있던 금융감독기능을 금융감독위원회 및 금융감독원으로 통합하는 한편, 금융산업 구조조정 및 촉진을 위해 은행에만 적용하던 적기시정조치제도(Prompt Corrective Action)[103]를 종합금융회사, 증권회사, 보험회사 등 여타 금융기관으로 확대·적용하기 위해 관계법률을 개정하였다. 아울러 금융기관의 부실채권을 정리하기 위해 1997년 11월 부실채권정리기금을 성업공사(현재의 자산관리공사) 내에 설치하여 이 기금으로 하여금 금융기관의 부실채권을 인수토록 하는 한편, 부실 금융기관의 정리과정에서 예금자를 보호하고 인수기관의 부실화를 방지하기 위해 예금보험공사를 통해 예금대지급 및 인수금융기관에 대한 손실보전용출연 등 공적자금을 지원하였다. 이 과정에서 1976년 서울-신탁은행간의 합병 이래 전혀 이루어지지 않고 있던 은행합병이 대거 발생하게 되었다.

이 시기의 은행합병은 정부에 의한 두 단계의 은행구조조정을 통해 나타났다. 먼저 정부는 금융시장의 부실을 제거하기 위해 금융기관의 건전성 여부를 기준으로 회생이 불가능할 것으로 판단되는 은행을 퇴출시키는 한편, 회생가능하다고 판단되는 은행에 대해서는 강력한 자구노력을 전제로 출자지원 등을 통해 경영의 조기 정상화를 도모하였다(1차 은행구조조정). 그리고 소규모, 다수의 금융기관들에 의한 과당경쟁상태를 개편하여 금융기관의 대형우량화를 달성하기 위한 목적에서 강제퇴출 내지는 자발적인 권고를 통해 합병을 유도했던 것이다(2차 은행구조조정).

---

103) 금융기관의 건전성을 자기자본비율 등 경영상태를 기준으로 몇 단계의 등급으로 나눈 뒤 일정등급 이하로 경영상태가 악화된 부실금융기관에 대하여 금융감독원이 시정조치를 단계적으로 시행해 가는 일종의 경영관리제도라고 할 수 있다. 현행 기준상으로 연체율이 10%(6월말 기준)를 넘고 적자(2002.7~2003.6)인 금융사는 적기시정조치 대상이 되며, 부실정도에 따라 경영개선권고, 요구, 명령 등으로 나뉘며 각각, 신규업무 진출제한(권고), 신규영업 제한(요구), 영업정지(명령) 등의 제재를 받게 된다.

(2) 1차 은행구조조정기: 부실의 해소를 위해 추진된 은행합병

정부는 부실은행에 대한 퇴출, 합병, 매각 혹은 공적자금의 투입 등을 내용으로 하는 1차 은행구조조정을 1998년 12월까지 시행하였다. 그리하여 1997년말을 기준으로 BIS 자기자본비율이 8%미만인 14개 은행에 대해서는 퇴출, 합병, 해외매각 등의 조치를 취한 반면, BIS 자기자본비율이 8%이상인 13개 은행에 대해서는 합병, 외자유치, 자체증자 등을 유도하였다.

그 결과, 경영평가위원회의 평가결과에 따라 부실은행으로 판명된 대동, 동남, 동화, 경기, 충청은행 등 5개 은행들은 전격 퇴출되어 각각 국민, 주택, 신한, 한미, 하나은행에 흡수되었다(1998. 6).[104] 한편 부실정도가 상대적으로 덜한 은행들은 퇴출되지는 않았으나 다른 은행과 합병하는 방식으로 경영건전성을 높이도록 하였다. 구체적으로 상업은행과 한일은행이 통합된 것을 시작으로 해서, 하나-보람은행 간의 합병, 국민-장기신용은행간 합병(이상, 1999. 1), 조흥-충북-강원은행간의 합병(1999. 5) 등 4건의 합병이 수개월 내에 완료되었다. 5개 부실은행에 대한 흡수구제합병이 정부에 의해 강제적으로 이행되었던 것에 반해, 이후에 있었던 4건의 합병은 정부의 주도와 자체적인 경영판단이 복합적인 원인으로 작용하였다. 하지만, 한일-상업은행 합병을 제외하고 나머지 3건의 합병은 흡수합병의 성격을 띠고 있었으며, 사실상 4건 모두 은행부실을 정리하는 수단으로 활용된 측면이 강하였다.

---

104) 한편 비은행금융기관의 경우에도 각 금융기관의 경영상태를 평가한 후 회생가능성이 없는 것으로 평가된 17개 종합금융회사, 6개 증권회사, 7개 투자신탁회사, 4개 보험회사 등이 1999년 상반기까지 정리되었으며 2개 종합금융회사는 강원은행 및 외환은행에 합병되었다.

[표-6] 1차 은행구조조정기(1998년~1999년)의 은행합병

연 도	내 용	특 징
1998년 6월	5개 부실은행의 퇴출 차원에서 동화은행은 신한은행에 동남은행은 주택은행에 대동은행은 국민은행에 경기은행은 한미은행에 충청은행은 하나은행에 흡수됨	1. 우량은행이 부실은행을 인수하는 구제합병식 결합 2. 자산부채이전방식(P&A)의 결합 3. 정부주도형 결합 4. 독점규제법 58조 적용제외규정에 따라 경쟁제한성 심사받지 않음
1999년 1월	국민은행과 장기신용은행간의 합병 (국민은행)	1. 이질적인 은행간의 합병 2. 대형은행과 중형은행간의 합병 3. 정부의 증자지원이 없는 합병
1999년 1월	상업은행과 한일은행간의 합병 (한빛은행)	1. 동질적인 은행간의 합병 2. 대형은행간의 합병 3. 정부의 증자지원에 의한 합병
1999년 1월	하나은행과 보람은행간의 합병 (하나은행)	1. 동질적인 은행간의 합병 2. 중형 우량은행간의 합병 3. 정부의 증자지원에 의한 합병
1999년 5월	조흥, 충북, 강원은행간의 합병 (조흥은행)	1. 동질적 은행간의 합병 2. 시중은행과 지방은행간의 합병 3. 정부주도형 합병

(3) 2차 은행구조조정기: 대형화, 우량화를 위해 추진된 은행합병

1차 구조조정 조치가 비교적 성공적인 것으로 평가되는 가운데 대우사태와 기업들의 연이은 워크아웃으로 은행부실이 다시 문제되자, 정부는 2000년부터 2차 은행구조조정105)을 추진하였다. 2차 구조조정에서는 독자생존이 어려운 은행도 일단은 공적자금을 투입하여 부실요인을 제거하여 BIS비율이 10%가 넘도록 한다는 방침이 세워졌다. 이에 따라 부실은행들은 독자생존이나 정부주도 금융지주회사 편입 또는 제3자에 의한 매

---

105) 2000년 2월 금융시장 및 인프라 개혁, 금융산업 경쟁력 제고, 금융구조조정완결 등을 주내용으로 하는 '2단계 금융 및 기업개혁 추진방향'이 발표되었으며, 동년 7월에는 정부와 금융노련간의 2차 은행구조조정 방안이 합의되었다.

각 가운데 하나를 선택받게 되었다. 그 결과, 조흥, 외환은행에 대해서는 은행경영평가위원회가 독자생존방안을 허용한 반면, 한빛, 평화, 광주, 제주은행은 부실금융기관으로 지정하여 공적자금을 지원받은 후 이듬해인 2001년 정부주도하에 각각 우리금융지주회사(한빛, 평화, 광주, 경남은행)와 신한금융지주회사(신한, 제주은행)에 편입토록 하였다. 또한 2003년 6월에는 당초 독자생존이 허용되었던 조흥은행이 정부에 의해 다시 신한금융지주회사에 매각되었다.

그리고 이 보다 앞서서는, 각각 우량은행으로서 소매금융을 담당해오던 국민은행과 주택은행이 합병하게 되어 국내에서는 독보적인 규모의 대형은행이 탄생하게 되었으며(2001. 11), 정부가 공적자금을 투입했던 서울은행도 하나은행에 매각하여 합병됨으로써(2002. 12) 역시 대형은행으로 재편되었다. 이에 따라 은행의 수적 감소와 대형화로 인한 시장의 집중현상이 두드러지게 나타나기 시작했다.

[표-7] 2차 은행구조조정기 이후(2000~)의 은행합병

연 도	내 용	특 징
2001년 4월	한빛, 평화, 광주, 경남은행과 한국, 중앙, 한스, 영남 등 4대 부실종금사를 묶어 우리금융지주회사로 출범	1. 금융지주회사 방식의 최초의 결합 2. 은행-비은행, 대형-지방은행간 결합 3. 우량-부실 금융기관간의 결합
2001년 9월	신한금융지주회사 설립. 제주은행 자회사 편입(2002년 5월)	1. 대형-지방은행간 결합 2. 우량-부실은행간의 결합
2001년 11월	국민은행과 주택은행간의 합병 (국민은행)	1. 동질적 은행간의 합병 2. 대형우량은행간의 합병 3. 자발적 성격의 합병
2002년 12월	하나은행과 서울은행간의 합병 (하나은행)	1. 우량은행과 부실은행간의 합병 2. 대형은행간의 합병 3. 정부의 투자자금 회수과정에서 발생
2006년 1월	신한은행과 조흥은행간의 합병 (조흥은행)	1. 우량은행과 부실은행간의 합병 2. 대형은행간의 합병

Ⅲ. 분석 및 평가

1. 시대별 분석 및 평가

(1) 우리나라의 은행시장은 급격한 정치적 변혁과 외세의 통제라는 환경속에서 형성되어, 은행시장의 본연의 기능을 제한받았던 태생적 한계속에서 성장하여 왔다. 특히 은행합병이 지속적이거나 일관된 성향속에 이루어지지 않고 여러 시대에 걸쳐서 합병의 성격에 심한 편차를 보여 왔다.

먼저 일제초기에서는 경제가 침체됨과 아울러 은행수가 지나치게 많아지자, 은행들의 수익성이 악화되었고 경제전반에 걸쳐 지불결제시스템의 안정이 위협받게 되자, 은행 경쟁을 완화하여 은행산업을 안정시킬 목적으로 합병이 활용되었다. 즉 은행들로서는 생존전략의 하나로서 정책당국으로서는 금융시장의 안정수단으로 은행합병이 추진되었으며, 자율적 성격과 금융당국의 주도에 의한 산업정책적 성격이 혼재하였다고 할 수 있다. 그러나 이러한 성격은 중일 전쟁이 발발하자 금융당국주도적(정치적) 성격으로 변질되었다. 특히 전쟁자금의 효율적인 조달을 위해 시장을 소수의 은행구조로 유지하려는 차원에서 강제로 은행합병을 추진되었다.

이러한 상황에서 은행합병과 시장집중의 문제에 대한 경험이나 시사점을 도출하기는 쉽지 않다. 다만 비록 일시적인 현상이기는 했지만 초창기에 어느 정도의 경쟁과 통화시스템적 위험을 경험했던 시기가 있었으며, 특히 1920년대는 은행의 경영효율성추구나 시장의 과당경쟁문제를 해결하기 위한 목적으로 은행합병이 활용되었던 점에서 주목할만 하다. 제한적이나마 은행시장에서의 경쟁이 가지는 의미와 폐단을 목격할 수 있었을 뿐만 아니라 금융시장의 안정 차원에서 자발적인 성격의 합병이 상당수 발생했다는 점에서 의미있는 시기라고 할 수 있다.

(2) 다음으로 해방이후 최초의 합병사례였던 서울-신탁은행간의 합병의 경우는 은행산업의 합리화와 금융구조재편을 위해 정부가 합병당사자를 직접 선정하고 절차를 주도했던 정부주도의 산업정책적 합병이었다. 특히 금융당국은 과당경쟁의 방지를 위해 합병이 필요하다는 인식을 가지고 있어는데 합병직전에 시중은행수가 6개에 불과했고 지방은행들을 포함하더라도 사실상 전국적으로는 7개 내외의 경쟁자들이 경합을 벌이고 있었음을 고려할 때 금융당국의 이와 같은 시각은 은행시장의 안정에 대해 지나치게 경직된 입장을 견지했던 당시의 상황을 반영하는 것이라고 할 수 있다. 이후 90년대 중반까지는 금융규제가 점차 완화되었으나, 은행합병은 더 이상 발생하지 않고 대신 투자금융회사가 은행으로 전환한 경우만 있었다. 과점상태에서 발생한 초과이윤을 획득해 신규진입이 활발히 일어났던 시기라고 할 수 있다.

(3) 한편 1997년 이후에는 은행합병이 매우 활발하게 진행되고 있는데, 먼저 1차 은행구조조정을 통해 이루어진 은행합병은 무엇보다 외환위기라고 하는 시대적 상황에 따라 정부주도로 추진되었다는 점이 가장 큰 특징이라고 할 수 있다. 특히 합병대상 은행의 선별을 단순히 BIS기준과 정책당국의 일방적인 판단에 의거하여 결정하고 은행합병을 집행되었다는 점에서 볼 때 경쟁법에서 상정하는 보편적인 은행합병의 형태와는 다소 거리가 있다. 더욱이 1998년에 있었던 5개 은행들의 퇴출 및 흡수합병은 엄밀한 의미에서는 합병(merger)이 아니라 일종의 자산부채인수(Purchase and Acquisition: P&A) 방식의 결합으로서 이라고 할 수 있으며.[106] 따라서 독점규제법 제58조의 법령에 따른 정당한 행위로서

---

106) 금융산업의구조개선에관한법률 상의 적기시정조치에 따라 계약이전명령을 통하여 이루어진 것으로서 부채 및 우량자산, 점포를 인수은행이 인수하고, 불량자산은 성업공사(현, 자산관리공사)가 매입하는 방식으로 은

독점규제법의 적용제외에 해당되었다. 이후에 있었던 4건의 은행합병 역시 직전에 있었던 퇴출 및 흡수합병의 경우와는 본질적으로 다르기는 하지만, 정부의 산업정책적인 고려가 많이 반영되어서 이들 역시 구제합병107)의 형태에서 벗어나지 못하였다.108)

한편 2000년 이후에 시행된 2차 은행구조조정 핵심은 금융지주회사 방식을 통한 부실은행 정리와 대형, 우량은행간 합병으로 세계적 경쟁력을 갖춘 국내은행이 출현할 수 있도록 지원하는 것으로 압축할 수 있다.

정부가 간접지원하기는 하였지만 자율적인 경영판단에 의한 합병의 성격도 강하게 나타나기 시작하였다. 즉 부실은행과 우량은행을 구분하여 별도로 합병이 추진되었다. 그리하여 부실은행으로 판명이 된 은행들을 정부가 금융지주회사로 편입시키거나, 제3자에게 매각하는 방안으로 합병시켰으며, 우량은행은 자구적 합병으로 유도하였다. 전자의 결과가 우리금융지주회사, 신한금융지주회사의 설립, 하나-서울은행간의 합병이었으며, 후자의 결과가 국민-주택은행간의 합병이었다. 특히 후자의 경우는 자율적 성격이 강한 합병형태라고 할 수 있다.

결국 우리나라의 은행시장에서 경쟁법적 측면에서 시장의 집중과 합병

행의 청산, 소멸절차가 이루어졌다. 한편 퇴출은행들은 은행업인가가 취소되어 해산하였다. (은행법 제56조 2항)
107) 부실은행이 발생하거나 발생할 우려가 있는 경우 정책당국의 권유나 상호합의에 의해 부실 은행의 구제차원에서 이루어지는 합병을 말한다. 정책적인 고려에 의해서 금융질서 유지차원에서 이루어진다고 할 수 있다.
108) 반면, 합병의 성격은 다양하였다. 먼저 업무분야 면에서 보면 한일-상업은행간 합병, 하나-보람은행간 합병은 동질적 성격의 수평적 합병이었던데 비해 국민-장기신용은행간 합병은 이질적인 성질로서 일종의 상품확장형 은행합병의 성격도 가지고 있었다. 그 연장선상에서 보면, 대형 시중은행과 중소형 지방은행간의 합병이었던 조흥-충북-강원은행의 합병은 지리적인 시장확장형의 합병으로서 분류할 수도 있을 것이다.

의 경쟁제한성이 의미를 가지기 시작한 것은 적어도 90년대 말에 와서의 일이라고 할 수 있다. 이러한 점에서 90년대 후반이후 은행합병을 중심으로 우리 은행시장의 구조와 그 변화를 살펴 볼 필요가 있다.

2. 시장구조의 변화와 현황

1) 시장의 집중도 심화

1997년말 29개에 달했던 우리나라의 은행수는 외환위기 이후 부실은행 퇴출 및 은행간 합병 등 금융구조조정 과정을 거치면서 2003. 5월말 현재 13개로 감소하였다. 부실은행의 정리 및 우량은행간 합병 등 구조조정 노력의 결과 은행산업의 건전성이 크게 향상되고 국내은행들의 국제경쟁력도 강화되는 등의 긍정적인 효과를 유발한 것으로 평가되었지만, 구조정과정에서의 은행수의 급속한 감소와 은행간 합병 및 금융지주회사의 설립 등에 따른 소수 대형은행의 탄생은 금융시장에서의 독점도 및 집중도가 급격히 높아지는 결과도 낳았다. 특히, 국민·주택은행의 합병, 금융지주회사의 설립 등으로 시장집중도가 급격히 심화되어 허핀달-허쉬만지수(HHI)상으로 우리나라의 은행시장은 비집중적 상태에서 다소 집중된 시장상태에 진입한 것으로 나타났다.

2) 예금시장의 집중도

2001년중에는 금융지주회사 설립*과 국민·주택은행의 합병 등으로 예금시장 집중도가 급격히 상승(2000말:901→2001말:1289)하였다. 이후 2002년 들어서는 국민은행의 예금시장 점유율이 소폭 감소(25.4%→24.9%)한 반면, 여타 시중은행들의 점유율이 상승하면서 예금시장 집중도가 다소 완화되었으며, 이후 2002년 말에 하나-서울은행간 합병 이후 일시적으로 재상승하였다가, 2003년 3월을 기준으로 한 조사에서는 다시 완화된 것으로 나타나서 HHI와 CR3기준으로 각각 1,279.5 및 51.1%에 이르렀다.

이 같은 집중도는 미국 법무부 가이드라인을 준용할 경우 "다소 집중된 시장"에 진입한 것으로 판단되나, 공정거래위원회의 기준상으로는 아직 시장지배적 은행이 출현하지는 않은 상태라 할 수 있다.

2) 대출시장의 집중도

2003년 3월말을 기준으로 은행대출시장의 집중도는 HHI와 CR3기준으로 각각 1,382 및 53.6%를 나타내고 있으며, 국민-주택은행 합병으로 집중도가 급상승한 이래 조금씩 감소하는 추세에 있다. 그 원인은 예금시장의 경우처럼, 가계자금대출 등 소매금융을 중심으로 은행간 대출경쟁이 심화됨에 따라 집중도가 다소 완화되었기 때문으로 분석된다. 하지만 국내 대출시장은 여전히 HHI 기준상으로는 "다소 집중된 시장"으로 분류되며, 추가적인 대형합병이 있을 경우에는 집중도가 심화될 가능성이 매우 높다.

한편, 대출시장의 집중도를 유형별로 살펴보면 원화대출금 중 가계자금대출시장의 경우 2002. 6말 HHI가 2001년말의 1,426에 비해 138포인트 하락한 1,288을 기록하여 집중도가 다소 완화되었는데, 소매금융중시의 영업전략을 표방한 국민은행에 대응하여 여타 국내은행들도 소매금융시장에서의 시장점유율 확보를 위해 신용대출 취급확대 등 적극적인 소매금융 강화전략을 펼침에 따라 가계자금대출시장에서의 경쟁이 심해지면서 집중도가 완화된 것으로 분석된다. 주택자금대출의 경우도 2002. 6말 HHI는 2001년 말의 6,897에 비해 683포인트 하락한 6,214로 집중도가 크게 완화되었는데, 이는 국내은행들이 2002년 들어 부동산 및 건설경기 호전을 바탕으로 주택담보대출을 적극적으로 취급해온데 주된 원인이 있는 것으로 지적된다. 반면, 기업자금의 경우에는 2002.6말 HHI가 1,208,

외화대출의 경우 2002.6말에 이르러 HHI는 1,540으로 여전히 '다소 집중된' 상태인 것으로 나타났다. 특히 외화대출은 외환업무의 특성상 외화예수금의 경우와 마찬가지로 일부은행에 집중되는 현상이 계속되고 있어 원화대출금에 비해서는 집중도의 변화폭이 작다.

이처럼 국내에서 최근 활발하게 진행되고 있는 은행합병으로 인해 국내 은행시장의 집중도가 급속도로 증가하여 시장경쟁을 왜곡할 수도 있는 수준에 이미 이른 것으로 평가할 수 있다. 따라서 은행합병이 시장경쟁에 미치는 효과를 정확히 판단하고 은행합병이 경쟁을 제한하는 것으로 판단될 경우 은행산업의 특성을 고려한 적절한 규율을 가할 필요가 있다고 보여진다. 그렇다면 이러한 상황에서 우리나라에서 은행합병의 경쟁제한성에 대한 규제는 어떠한 법적근거에서 어떻게 집행되고 있는가? 다음 장에서는 그 물음에 대한 답을 구하기 위해 우리의 은행합병규제체계에 관한 연혁 및 현황을 살펴 본 후, 주요국의 은행합병규제법제와 비교분석하여 보기로 한다.

제3장 은행합병의 규제체계에 관한 분석

제1절 총 설

과거에 은행합병을 심사할 때는 앞서 본 우리나라의 구법체계처럼 경쟁제한성을 고려하지 않고 건전성만을 심사대상으로 한 경우도 많았지만 최근에 들어서는 대다수의 국가에서 은행합병으로 인해 당해은행의 건전성에 어떠한 영향을 미치는지와 함께 합병이 시장의 경쟁을 제한하는지를 심사하고 있다. 그런데 은행합병문제가 은행규제규범과 경쟁법에 모두 걸쳐 있는 사안이기 때문에 그 규제체계는 적용규범과 심사기관이라는 두 가지 측면에서 다양하게 나타날 수 있다. 즉 은행합병문제에 적용되는 규범이 은행규제법인지 아니면 일반적인 경쟁법인지, 혹은 어느 법역에 속하는 지와는 관계없이 경쟁제한성의 심사를 은행규제당국이 수행하는지 경쟁당국이 수행하지에 따라 그 유형이 다양하게 분류된다. 이를 기초로 하여 규제체계를 분류하면 은행당국 중심주의(프랑스, 이탈리아, 한국의 구법체계)와 경쟁당국 중심주의(독일, EU) 그리고 양 기관이 모두 관여하는 이원주의(미국, 일본, 한국의 신법체계) 등의 구분이 가능하다.

그런데 실정법체계는 이처럼 다양한 조합으로 나타나지만 실제 운용은 규범체계와 다른 양상으로 전개되는 것이 현실이어서 가령 규정상으로는 경쟁당국 중심주의나 이원주의를 채택하고 있어도 실질적으로 은행당국 중심주의에 가깝게 운영되는 경우가 많이 목격된다. 따라서 이하에서는 먼저 우리나라의 은행합병 규제체계를 연혁 및 현황을 중심으로 고찰한 후, 유형분류를 통한 규제체계의 분석 대신에 비교법 차원에서 중요한 의미를 가지는 EU와 독일, 일본, 그리고 미국에서 실제 은행합병규제가 어떻게 이루어지고 있는지를 중심으로 고찰해 보기로 한다.[109]

---

[109] 이들 법역 이외에도 은행합병에 대한 규제체계에 있어서 주목할 만한 국가들로는 캐나다와 프랑스, 이탈리아, 스위스 등을 꼽을 수 있으나 여기서는 이들 국가의 규체계에 대한 간략한 특징만을 소개하는 것으로 대신한다.

제2절 우리나라 은행합병규제의 변천과정과 현황

I. 규제연혁의 개관

우리나라의 은행규제체계 내에서 합병규제가 차지하는 비중은 그다지 높지 않았다. 더욱이 은행합병 규제체계 속에서 경쟁제한성 심사규정이 도입된 역사도 비교적 짧다고 할 수 있다. 은행합병의 규제에 관한 규범적 기원은 은행법[110]에서 찾아진다. 하지만 규정의 도입당시에는 금융기

국가	합병심사와 관련한 특징
캐나다	재정부장관이 "캐나다의 금융제도의 최선의 이익에 부합함"을 보증하는 반경쟁적 은행합병에 대해서, 재정부장관은 경쟁법원이 이를 반경쟁적이라는 이유로 거부하지 못하도록 할 선택권을 가진다.
프랑스	은행합병은 프랑스의 경쟁법의 적용과 경쟁당국의 심사로부터 면제를 받고 있다.
이탈리아	The Bank of Italy는 이탈리아의 경쟁법을 은행합병에 적용하고 있음. 그런데 이를 적용함에 있어서, 필수적인 것은 아니지만, 이탈리아 경쟁당국의 선택권을 고려할 것이 요구된다.
스위스	스위스의 경쟁법은 일반적인 경쟁당국에 의해 적용되지만, 여기에는 한가지 잠재적으로 중요한 예외가 존재함. 즉 스위스의 연방은행위원회(FBC; Federal Bank Commission)가 신용자(creditors; 가령 예금자가 이에 포함될 것임)를 보호하기 위한 조치를 취할 필요가 있다고 판단하는 경우에는, 그와 같은 조치와 관련해서는 사실상 FBC가 경쟁위원회를 대체함. 따라서 파산은행과 관련한 은행합병에 있어서 신용자보호와 경쟁적 고려에 균형을 맞추는 일은 FBC가 담당하게 된다.

(OECD, MERGERS IN FINANCIAL SERVICES, DAFFE/CLP(2000)17. pp.34-35 참조)

110) 銀行法의 효시는 1906년 3월 21일 제정된 銀行條例(勅令 제12호)라고 할 수 있는데, 한일합방후인 1912년에 銀行令(朝鮮總督府制令 제5호)으로 변경되어 해방이후까지 상당기간 은행업의 기본규범으로 기능해 오다가, 1950년 제정된 銀行法(법률 제139호)으로 대체되었다.

관들이 합병을 하기 위해서는 상법상의 합병 절차에 더하여 인가라는 추가적인 성립요건을 갖추어야 한다는 점, 그리고 인가권은 어느 기관이 갖게 되는가 하는 점 등이 관련규정의 전부였다. 은행합병이 활성화될 수 없었던 시장여건에서 보면 합병에 관한 규범적 대비가 미흡했다든지 그점에 대해 별다른 문제의식이 없었던 것을 문제로 볼 일은 아니었다. 하지만 시장환경이 변화하고 정부규제가 완화되면서 종전의 미흡한 규범체계로는 합병규제에 많은 한계를 보일 수 밖에 없었다. 그리하여 종전의 은행법 중심에서 탈피하여 합병문제에 주안점을 둔 별도의 법률을 제정하여 운용하는 방식으로 근본적인 전환이 이루어 지게 되었다. 1991년 제정된 금융기관의전환및합병에관한법률(법률 제4341호)이 그것이다. 동법은 1997년에 다시 금융산업의구조개선에관한법률(법률 제5257호)로 전면개정되어 현재까지 은행을 비롯한 금융기관간의 합병에 대한 규제의 근거규범으로서 합병의 심사와 인가의 기준을 제시해 오고 있다.

이러한 규범체계의 변천은 합병의 심사의 실효성과 기준의 구체성이라는 측면에서 발전적이었던 것으로 평가될 수 있다. 종래에는 단순히 인가의무와 인가권자에 대한 규정만 두었을 뿐 어떠한 경우에 합병을 인가할 것인지에 대한 기준을 마련하지 않았었으나, 1991년 이후의 법 제·개정을 계기로 하여 합병의 심사기준이 제시되었음은 물론이고, 경쟁제한성에 대한 고려를 하도록 하는 한편 심사과정에서 경쟁당국인 공정거래위원회의 역할을 강화하는 방향으로 개정이 이루어져 왔기 때문이다.

이하에서는 이러한 발전과정이 구체적으로 어떻게 진행되어 왔는지를 은행법 시대와 금융기관의전환및합병에관한법률 시대, 금융산업의구조개선에관한법률 시대로 삼분하여 상세히 살펴보기로 한다. 그리고 이러한 발전과정을 거쳐서 현재에는 은행합병에 대한 규제의 내용과 인가의 기준이 어떻게 규정되어 있으며, 해석상 어떠한 문제점들이 제기되는지를 분석해 보고자 한다.

II. 은행법에 의한 합병규제

1. 합병안의 인가주체 및 심사기준

해방이후 1991년까지 은행합병은 은행법(해방이후 1950년까지는 은행령)에 따라 규제되어 왔다. 은행법은 1950년에 제정되면서 금융기관간의 합병에 대해 간략한 규정을 두었는데, 구체적으로 동법 제9조에서는, 금융기관의 신설이나 지점개설, 자본금이나 정관의 변경, 금융기관의 해산 등과 함께 금융기관간의 합병을 한국은행 은행감독원장의 추천에 의해 금융통화운영위원회(이하, 금융통위)의 인가를 받아야 하는 사항으로 정하여 놓았다.[111] 이에 따라 은행들 사이에서 행해지는 합병도 은행법에 따라, 금융통위에 의해 인가를 받아야 하였다. 그런데 이 시기의 합병규제에서는 현행의 규제방식과 비교하여 한 가지 다른 점이 발견되는데, 금융통위의 인가를 받고자 하는 금융기관은 인가에 앞서 은행감독원장의 추천을 받아야 된다는 규정이 그것이다. 이 요건은 합병을 추진중에 있는 은행의 입장에서 볼 때 사실상 두개의 행정기관으로부터 추천과 인가라는 서로 다른 절차를 밟아야 한다는 것을 의미했다. 이 같은 이중의 절차를 요구한 취지는, 금융통위가 합의제적 기관이라는 점을 고려하여 금융통위에는 합병의 인가여부에 대한 최종판단만을 내리도록 하고, 합병안의 적합성에 대한 실무적인 심사를 당시 금융기관의 업무수행에 대해 감독권을 가지고 있던 은행감독원장이 담당토록 한다는 데 있다고 해석되었다.[112] 따라서 은행감독원장으로부터 추천을 받아야 한다는 요건은, 사실상 은행법 하에서 합병안의 심사와 인가를 이원화하여, 전자는 은행감독원장이 후자는 금융통위가 맡도록 한 것으로 볼 수 있다.

---

111) 銀行法(1950.5.5 제정, 법률 제139호) 제9조.
112) 한국은행 은행감독원, 「은행법 해설」, 한국은행, 1993, 62면.

하지만, 은행법에는 인가기준에 대해서만 규정을 두고 있었고, 합병의 적법성을 심사 내지 판단하기 위한 기준은 제시되어 있지 않았다. 특히 합병심사과정에서 경쟁법적인 고려를 한 흔적은 전혀 발견되지 않았으며, 이러한 미비점은 1981년에 독점규제법이 제정된 이후에도 마찬가지였다. 다만 법해석상으로는 은행합병을 인가받도록 한 취지 중에는 금융독점을 방지하기 위한 목적도 있다고 설명되었다.113) 동법이 적용된 유일한 합병사례는 1976년 서울은행과 한국신탁은행간의 합병이었다.

2. 합병안의 심사 절차

은행법에 따라 합병절차을 밟던 시기에는, 은행들간에 합병계약(또는 합병예약)을 체결하고, 주주총회에서 합병결의를 한 후에 금융통위로 부터 인가를 받도록 되었다. 그런데 이와 아울러서 합병의 인가를 받고자 하는 자는 인가권자의 편의상 인가이전에 내인가를 받아야 했다.114) 내인가제도115)는 인가사항의 확실한 실행을 위하여 감독주체의 의사확정이전에 사전적, 예비적 단계로서 의사의 결정과정을 거친다는 취지를 가지고 있었다.116)

---

113) 서형석, 이선용, 「逐條 銀行法」, 한학사, 1976, 101면; 한국은행, 전제서 82면.
114) 인가업무취급규정 제3조 1항.
115) 내인가제도에 대해 서울고등법원은, 비록 인가권자의 편의상 운용되는 절차로서 은행법상의 제도는 아니지만, 내인가의 내용에 구속되어 인가하여야 할 법적 의무가 발생하며, 따라서 내부의 심사판단결과 또는 그 결과의 통지에 불과한 것으로만 볼 수는 없다고 판시하였다. 서울고판 89구 1737 1990.3.28 참조.
116) 한국은행 은행감독원, 전게서, 63면. 실제로 인가대상행위에 관한 제반심사는 사실상 내인가 단계에서 이루어지는 데다, 절차상으로도 내인가는 대개 금융통화위원회의 의결을 받았던 점에서 볼 때 내인가의 중요성은

한편, 은행이 합병내인가를 받고자 하는 경우에는 합병후에 존속 또는 신설될 은행의 정관에 법정기재사항을 기재한 뒤 업무의 종목에 관한 서류를 첨부하고, 이사 전원이 날인한 내인가신청서를 제출하여야 했다. 아울러 ①금융통화운영위원회에 대한 내인가추천의뢰서, ②합병이유서, ③합병에 관한 계약서 또는 예약서 사본, ④합병되는 금융기관의 주주총회 의사록, ⑤ 합병후 존속 또는 설립할 금융기관의 정관, ⑥은행의 본점, 지점, 대리점 기타 영업소의 명칭 및 주소를 기재한 서류와 영업소의 위치를 표시하는 약도, ⑦ 최근의 재산목록, 대차대조표 및 결산보고서 등의 서류를 은행감독원장에게 제출할 것이 요구되었다.117)

내인가를 받은 은행은 합병계약 및 동 내인가 내용에 따른 제반절차를 실행한 후 본인가의 신청을 할 수 있었다. 본인가 신청시에는 신청서와 더불어 ①금융통화운영위원회에 대한 본인가추천의뢰서, ②정관, ③법원의 인가서 사본, ④합병보고총회 또는 창립총회 의사록, ⑤채권자의 보호절차의 이행을 증명하는 서류를 은행감독원장에게 제출하도록 되었다.118)

3. 조건부 인가

은행법은 1982년 12월에 제6차 개정을 하면서 동법 제9조 2항을 신설하여, 금융통위로 하여금 각종의 인가에 조건을 붙일 수 있도록 하는 규정을 마련하였다. 이 신설규정은 금융기관의 공공성을 감안하여 인가제도의 획일적인 운용을 피하는 한편 구체적 사정에 따라 융통성있게 운용하려는 데 그 취지가 있었다. 조건부 인가에 관한 규정은 이후에도 관련 규범의 제·개정과정에서 존속되어 현재에 이르고 있다.119)

매우 컸던 것으로 보인다.
117) 금융기관감독규정 제6조 1항.
118) 동 규정, 제6조 2항.

Ⅲ. 금융기관합병전환법에 의한 합병규제

1. 법 제정의 취지

경제규모의 확대와 금융의 국제화에 따라 금융환경과 금융구조가 크게 변화되면서 정부는 금융산업의 체질을 강화하려는 목적으로 1991년 3월 금융기관의합병및전환에관한법률(이하, 금융기관합병전환법)을 제정하였다.[120] 이처럼 금융기관의 합병에 대해 은행법과는 별도의 특별법을 제정한 이유는 두가지로 설명되었다.[121] 우선 금융기관의 합병·전환과 같은 행위는 상법에 따라 자유의사에 맡길 수 있는 성질이 아니어서 종래에는 은행법, 단기금융업법, 증권거래법, 종합금융회사에관한법률 등 해당 금융관계법에 따라 인가를 받도록 되어 있었다. 그런데 종전의 법률들에서는 금융업을 영위할 수 있는 능력에 엄격한 제한을 두었기 때문에 정부의 정책변경이 없는 한 금융기관이 자기의 의사에 따라 업종을 변경하거나 상호간에 합병을 하는 것이 사실상 불가능하였다. 이러한 규제중심의 합병정책으로는 금융환경의 변화를 따라 갈 수 없었으므로, 동법의 제정을 통해 과거의 규제중심의 합병정책에서 벗어나서 금융기관의 합병을 허용함은 물론 이를 지원하겠다는 정책의지를 법의 제정을 통해 표출하려는데 첫 번째의 이유가 있었다. 두번째는, 같은 맥락에서, 과거의 개별금융관계법하에서 요구되었던 복잡하고 까다로운 절차를 간소화함으로써 동법하에서는 금융기관의 합병·전환이 용이하게 이루어지도록 지원하려는데 있었다.[122]

---

119) 그런데 동 조항에서 조건이라고 규정되어 있기는 하지만 진정한 의미에서의 조건이 아니라 부담을 포함한 부관(Nebenbestimmung) 전체를 의미하는 것에 가깝다고 해석된다(한국은행 은행감독원, 전게서, 64면).

120) 1991년 3월 8일 제정, 법률 제4341호.

121) 방기호, 금융기관의합병및전환에관한법율 해설, 법제, 1991, 30면.

한편, 동법은 금융기관 상호간의 합병 또는 전환을 지원하여 금융기관 간의 건전한 경쟁을 촉진하고 금융업무의 효율성을 높임으로써 금융산업의 균형있는 발전에 이바지함을 목적으로 하였다.[123] 이로써 경쟁의 촉진이 합병관련 법제에 있어서 직접적인 목적 가운데 하나로서 자리잡게 되었는데, 이는 금융업 규제관련법 전체에 있어서도 최초라는 점에서도 의미도 깊었다.

2. 합병안의 인가주체 및 심사기준

동법에서는 금융기관 합병의 인가주체를 재무부장관으로 하되, 은행간의 합병에 대해서는 예외적으로 금융통화운영위원회의 인가를 받도록 하였다.[124] 이처럼 인가주체를 재무부장관과 금융통화운영위원회로 이원화한 것은 당시 은행법을 비롯한 개별 금융관계법에 의할 때 은행설립의 인가권은 금융통위가 가지고 있었던데 반해 그 외 금융기관의 설립에 대한 언가권은 재무부장관에게 있던 점을 고려해서, 기존의 업무감독권한과의 일관성을 유지하기 위함이었다.

한편 금융통위는 은행합병안의 적법성에 대한 심사기준으로서는 i) 합병 또는 전환이 금융의 효율화에 이바지할 것, ii) 합병 또는 전환이 금융기관 상호간의 적정한 경쟁관계형성과 신용질서유지에 이바지할 것, iii) 합병 또는 전환후에 행하고자 하는 업무를 수행할 능력이 있을 것 등의 세가지 기준이 제시되었다.[125] 이 가운데 i)과 iii)의 요건은 은행 등 금융기관의 건전성과 관련된 금융고려요소(banking factors)라고 할

---

122) 따라서 합병과정에서 거쳐야 할 내부절차 등은 원칙적으로 상법이나 기타 관련 법령에 따라 이루어져야 했다.

123) 同法 제1조.

124) 동법 제4조 1항.

125) 동법 제4조 3항.

수 있다. 그리고 목적조항과 함께 ii) '금융기관 상호간의 적정한 경쟁관계형성'이라는 경쟁고려요소(competition factors)가 심사기준도로 도입되었다. 따라서 은행합병안의 건전성 기준은 물론, 금융기관간의 경쟁관계형성에 대해서도 금융통위가 단독으로 심사를 수행할 수 있었다. 또한 당시에는 금융업의 기업결합은 독점규제법의 적용을 받지 않았기 때문에 공정거래위원회에 의한 기업결합심사도 받지 않았다.[126]

3. 은행법상 인·허가의 의제

금융기관합병전환법이 제정된 이후에도 은행법상 금융기관간의 합병인가규정은 상당기간 그대로 유지되었다. 그런데 전술한 바와 같이 은행법은 은행의 신설이나 영업개시, 영업폐지, 해산, 합병에 관하여 인가, 허가, 지정 등과 같은 인·허가를 받도록 규정하고 있었다. 따라서 합병주체는 은행법상의 합병인가규정과 동법에 의한 합병인가규정의 적용을 동시에 받게 됨으로 인해서 이중규제의 문제가 제기될 수 있었다. 이 문제는 입법적으로 해결되었다. 즉 동법 제5조 1항에서는 합병, 전환을 하는 경우에는 이들 개별법에 의한 별도의 절차를 밟을 필요없이 금융감독위원회의 인가만으로 은행의 영업, 영업의 폐지 또는 합병에 대한 인가, 허가 또는 지정을 받은 것으로 규정하였다.

4. 심사기준에 관한 해석상 문제점

동법은 목적조항에서 뿐만 아니라 합병의 심사기준에서도 경쟁법적 고려가 반영되었는 점에서 의미가 컸다. 그런데 동법의 경쟁관련심사기준에서는 합병이 '금융기관 상호간의 경쟁을 제한하지 않아야 한다'는 소극

---

126) 구 독점규제및공정거래에관한법률 제61조.

적 요구가 아니라 '적정한 경쟁관계를 형성하는데 이바지해야 한다'는 적극적인 요건을 부과한 점이 특색이라고 할 수 있다. 이것은 독점규제법상 기업결합의 위법성판단기준과도 상당한 차이가 있었다. 일견 합병을 통해 적정한 경쟁관계가 형성되는 경우라면, 공급과잉상태가 합병을 통해 완화되어 적정한 경쟁이 형성되는 경우나 독과점상태에서 금융기관이 은행으로 전환함으로써 경쟁자의 수가 적정수준에 이르는 경우 등을 상정할 수 있을 것이다. 그러나 이는 금융기관의 합병 및 전환을 지원한다는 동법의 제정취지에는 물론 경쟁법리의 기본적인 이념에도 부합되지 않는 것으로, 시장의 경쟁을 촉진해야 한다는 기본적인 문제의식은 형성되었으나 아직은 그에 대한 심도깊은 고려가 이루어지지 못했음을 반영하는 것이라고 생각된다. 동법의 제정이후 동 규정의 적용을 받은 은행합병은 발생하지 않았으나, 1991년 3월 투자금융회사들이 합병 후 시중은행인 하나은행, 보람은행으로 전환하였던 경우가 동법의 적용을 받았다.127)

한편 동법은 금융기관의 합병 및 전환을 원활히 하기 위해, 동법 제4조 3항 각호의 심사 기준에 비추어 금융산업의 건전한 발전을 위하여 필요하다고 인정되는 때에는 재무부장관 또는 금융통화운영위원회가 인가에 조건을 붙일 수 있도록 하였다. 합병의 인가에 조건을 붙일 수 있다는 규정은 1986년 개정 은행법에서부터 도입된 것인데, 금융기관합병전환법에서 경쟁관련 심사기준을 새롭게 도입한 이후에도 존속되었다.

---

127) 당시 투자금융회사의 은행으로의 전환 방식에 의해 시장에 신규진입한 하나, 보람은행은 각기 한국의 은행시장에서 25, 26번째 탄생한 일반은행이었는데, 이들 은행의 신규진입이 이후 시장의 공급과잉상태 유발에 주요원인으로 지적된다는 점에서 볼 때도, 동 기준이 실제로 적용되었던 당해 전환 건에 있어서 '적정한 경쟁관계 형성에 이바지'할 요건이 심사기준으로서 적절하였으며, 제 기능을 수행했던 것인지에 대한 의문이 거듭 제기된다.

Ⅳ. 금융산업구조개선법에 의한 합병규제

1. 법의 전면개정과 그 취지

금융기관합병전환법은 1997년 1월, 법의 제명을 '금융산업의구조개선에 관한법률(이하, '금융산업구조개선법')'로 바뀌면서 전면개정되어 현재에 이르고 있다.[128] 이에 따라 은행합병을 비롯한 금융기관합병의 규제근거가 재차 변경되었는데, 그 취지는 금융산업의 개방을 맞아서 금융기관의 합병·인수 등을 통한 경쟁력 강화를 보다 구체적으로 지원한다는 점에 있었다. 특히나, 합병절차를 더욱 간소화하는 한편 금융기관의 부실화를 사전에 예방하고 부실금융기관이 발생할 때에 이를 원활히 수습할 수 있는 제도적 장치(적기시정조치제도)를 마련하였다는 점이 개정 이전과 가장 다른 점이었다. 구체적으로 보면, 부실금융기관에 대하여는 재무부장관이 경영개선조치를 명하거나 합병·영업양도·제3자 인수 등을 권고할 수 있도록 하였으며,[129] 부실금융기관의 청산 및 파산절차를 간소화하기 위하여 청산인 또는 파산관재인의 선임, 파산신청등에 대한 특례를 정하고, 예금보험공사 등이 예금자를 위하여 파산절차에 참가할 수 있도록 하였다.[130] 한편, 동일계열에 속하는 금융기관 또는 동일계열에 속하는 금융기관과 그 계열기업이 공동으로 다른 회사를 지배하기 위하여 주식을 취득하는 것을 제한하는 규정도 신설한 점도 특징으로 들 수 있다.[131]

---

128) 1997년 1월 13일 금융기관의합병및전환에관한법률 전문개정, 법률 제
    5257호.
129) 동법 제10조 내지 14조.
130) 동법 제15조 내지 23조.
131) 동법 제24조.

2. 합병의 인가주체 및 심사기준

1997년의 금융산업구조개선법에서는 합병 및 전환의 인가주체를 종전과 동일하게 유지하여, 일반 금융기관에 관해서는 재정경제원 장관, 은행간의 합병 및 전환에 관해서는 한국은행 산하 금융통화운영위원회로 규정하였다. 그러나 합병안 심사기준 가운데 경쟁고려요소를 변경하여, 합병안이 금융기관 상호간의 경쟁을 실질적으로 제한하지 아니할 것을 요건으로 부과하였다.[132] 이것은 합병주체로 하여금 은행 상호간의 적정한 경쟁관계 형성에 이바지할 것을 요구했던 종전의 적극적 기준을 소극적인 요건 부과방식으로 변경하였다는 의미가 있었다. 특히 독점규제법상 기업결합의 위법성판단기준과 동일하게 "경쟁의 실질적 제한"이라는 기준을 채용한 것은 경쟁정책 집행의 일관성이라는 측면에서 진전된 조치로 평가될 수 있다. 동법에서는 은행합병문제에 대하여 일반 경쟁정책적 관점의 개입 여지를 더욱 확대한 또 한가지 변화가 있었는데, 그것은 금융통화운영위원회로 하여금 합병안을 심사하는 과정에서 경쟁제한여부와 관련해서는 반드시 공정거래위원회와 사전협의토록 했다는 점이다. 이점은, 독점규제법이 동법의 전면개정 직전인 1996년 12월에, 금융·보험업에 대해 기업결합규제에 관한 독점규제법 제7조를 적용하지 않기로 한 구법의 규정을 폐지한 것과 맥을 같이 한다. 이에 따라서 이전에는 은행합병의 경쟁제한성심사에 경쟁당국이 개입할 여지가 없었으나, 규제관련 법인 금융산업구조개선법에서도 그 근거가 도입된 것이다. 하지만 사전협의 조항과 관련해서 금융감독위원회가 공정거래위원회의 의견에 구속을 받게 되는지, 만일 공정거래위원회가 경쟁제한적이라는 의견을 개진했음에도 불구하고 합병을 인가해 준 경우에 공정거래위원회가 어떠한 조치를 취할 수 있는지에 대해 아무런 언급을 하지 않음으로 해서 은행

---

132) 동법 제4조 3항 2호.

합병사건에 대한 공정거래위원회의 심사권한과 역할이 논의과제로 남게
되었다.

3. 법 개정을 통한 인가주체 및 심사기준의 변화

(1) 인가주체의 변경

금융산업구조개선법은 1997년 이후에도 수차례 개정되었는데, 그 과정
에서 합병의 심사 및 인가주체도 두차례 변경되었다. 우선 동법은 1998
년 1월 8일 1차 개정되어서,[133] 과거에는 금융기관의 합병인가주체를 비
은행금융기관과 은행으로 이원화하였던 것을, 통합하여 재정경제부장관
으로 일원화했다. 이에 따라 은행합병에 대한 심사관할권과 인가권은 금
융통화운영위원회에서 재무부장관으로 변경되었으며,[134] 합병이 경쟁제
한적인지를 사전에 공정거래위원회와 협의해야 하는 의무도 재정경제부
장관에게 부과되었다. 그리고 1999년 5월에 정부조직개편으로 금융감독
위원회가 신설되면서, 금융기관합병의 인가주체와 공정거래위원회와의
사전협의권자가 다시 재정경제부장관에서 금융감독위원회로 변경되었다.

(2) 심사기준의 재정립

금융산업구조개선법은 2000.1.21에 재차 개정되었는데, 이때 합병안 심
사기준이 변경되고 일부 기준이 새롭게 추가되었다. 그러나 변경 내지
추가된 기준들은 모두 건전성과 관련된 은행관련심사기준들이었으며 종
전의 경쟁관련심사기준에는 아무런 변화가 없었다. 이를 구체적으로 살
펴보면, 2000년 1월 개정법에서는 은행관련심사기준으로서 i) 합병 또는
전환이 그 목적이 타당하고, 금융거래의 위축이나 기존 거래자에 대한

---

133) 법률 제5496호.
134) 동법 제4조 2항은 삭제되었다.

불이익을 초래할 우려가 없는 등 금융의 효율화와 건전한 신용질서를 저해하지 아니할 것, ii) 합병 또는 전환 후에 행하고자 하는 업무의 범위가 적정하고, 조직 및 인력이 업무를 수행할 체제와 능력을 갖추고 있을 것, iii) 상법·증권거래법 기타 관계법령에 따른 절차의 이행에 하자가 없을 것, iv) 기타 1호 내지 제4호의 기준에 준하는 것으로서 금융감독위원회가 정하는 기준을 충족할 것 등이 규정되었다.[135]

V. 소결: 현행 규제체계의 문제점

(1) 문제의 소재

우리나라에서도 향후 예상되는 추가적인 대형은행합병과 그로 인한 시장집중이 현실화될 경우에는 은행시장의 경쟁왜곡으로 인한 자금의 불균형적인 공급과 소비자후생의 감소가 충분히 문제될 수 있음은 앞서 살펴본 바와 같다. 그 때문에 1991년 이후에는 은행을 비롯한 금융기관의 합병에 대한 심사에 있어서 경쟁법적인 고려를 하고 있다. 현행 규제체계는 합병의 경쟁제한성 심사를 일차적으로 금융규제당국인 금융감독위원회가 맡되 인가에 앞서서 경쟁당국인 공정거래위원회의 의견을 거치도록 하는 방식을 취하는 것으로 요약할 수 있다. 그러나 현행 규제체계와 관련조문들에는 여러 가지 불명확한 부분들이 많이 발견되데다가 아직까지 경쟁제한성이 현실화된 사례가 없어서 규제당국이나 법원에 의한 유권해석도 내려져 있지 않아 해석상 논란이 제기될 여지가 적지 않다.

(2) 규제체계와 관련하여

우선 은행합병을 금융당국이 심사하는 것이 바람직한가 아니면 일반기업결합사건과 마찬가지로 경쟁당국이 심사토록 하는 것이 바람직할 것

---

135) 동법 제4조 1항.

인가 하는 점이 지적된다. 특히 한국의 현실에서 금융감독위원회가 제반 심사기준가운데 경쟁관련기준을 적절히 심사할 만한 역량과 노하우를 갖추고 있는가 하는 점에 의문이 있다. 이 때문에 현행법에서는 공정거래위원회로 하여금 금감위의 합병심사단계에서 사전협의라는 채널을 통하여 합병으로 인한 경쟁제한성의 존재 여부에 대한 의견을 개진할 기회를 갖도록 하고 있으나, 이 사전협의 규정 자체를 어떻게 해석할 것인지가 조문상으로는 명확치 않다. 다시 말해서 공정거래위원회가 단순히 사전협의라는 채널을 통해서만 간접적으로 경쟁제한성을 심사할 수 있으며 그것으로 공정위의 역할은 은행합병사건에 대해 더 이상 개입될 수 없는 것인지, 아니면 공정거래위원회가 사전협의 단계에서 일차적으로 의견을 개진할 수 있고 그것과 관계없이 독자적으로 독점규제법에 따른 심사절차를 개시할 수 있는 것인지가 불명확하다. 물론 후자로 해석한다면 은행합병을 비롯한 금융기관합병의 경쟁제한성이 일반 기업결합사건 보다 오히려 두 단계에 걸쳐서 검증받게 된다는 의미이므로 경쟁법적인 고려가 충실히 이루어진다고 해석할 수 있겠으나, 이러한 해석이나 법운용이 반드시 바람직한 것으로 볼 수도 없다. 따라서 은행산업의 특성을 제대로 반영할 수 있도록 심사기구들 간의 역할과 한계를 정비할 필요가 있다.

(3) 심사기준과 관련하여

또 한가지 중요한 문제는 비록 현행법이 은행을 포함한 금융기관들간의 합병에 대하여 인가에 앞서 경쟁제한성을 심사하도록 하고는 있지만 은행시장과 산업적 특성을 고려한 구체적인 기준을 전혀 마련하고 있지 않다는 점이다. 그렇다면 현행 심사기준하에서는 은행합병에 대하여 일반 제조업 등과 동일하게 관련시장을 획정하고 시장의 경쟁에 미치는 영향을 평가하며 동일한 항변사유를 인정하게 된다고 할 수 있다. 그런데 은행합병으로 인한 시장경쟁의 제한여부가 일반 기업결합사건과 동일한 심사기준을 통하여 포착되고 측정될 수 있는 것인지는 쉽게 속단할 수 있는 사안이 아니라고 본다. 보다 구체적이고 심도있는 분석이 뒤따라야 할 문제인 것이다. 이는 비단 경쟁제한적 은행합병을 제대로 규제할 수 없는 문제뿐만 아니라 경쟁제한성 이외에 다른 요인들을 종합하여 판단해야 할 은행시장의 특수성을 정확하게 포착해 낼 수 없는 문제점도 동시에 안고 있다.

(4) 결국 우리나라의 은행합병에 관한 경쟁법은 규제체계와 심사기준이라는 두 가지 측면에서 일부 중대한 문제를 내포하고 있다고 보여진다. 그럼에도 불구하고 우리나라에서는 아직까지 이에 대한 충분한 논의가 없었을 뿐만 아니라 실제사례도 축적되어 있지 않다. 따라서 문제해결을 모색하기 위해서는 이러한 상황을 먼저 경험하고 해결방안을 강구한 외국의 경험과 논의를 참고할 수밖에 없을 것이다. 따라서 이하에서는 첫 번째 문제와 관련하여 은행합병에 관한 경쟁법을 앞서서 규제하고 집행해 온 주요국들의 법제를 검토해 보고 우리와 유사한 시스템을 가진 법제의 운용과정과 방법을 분석해 보고자 한다. 이를 기초로 제4장에서는 은행합병의 경쟁제한성 심사의 세부기준을 어떻게 마련할 것인지와 관련하여 역시 외국에서의 논의를 참고하게 된다. 그런데 이 문제에 대해 현재까지 가장 많은 이론적 발전이 이루어졌던 나라는 미국이라고 할 수 있다. 따라서 은행업에 고유한 심사기준에 대해서는 주로 미국에서의 논의와 운용을 검토하되, 미국의 은행시장의 구조와 성격이 한국의 그것과 본질을 달리하는 부분이 있는 만큼 이를 염두에 두고 한국에의 시사점을 도출해 보기로 한다.

제3절 주요국의 은행합병 규제체계 분석

Ⅰ. 독일의 은행합병규제

1. 관련법제 개관

독일법상 은행은 상인적 조직에 의하여 은행업[136]을 영위하는 기업을 의미한다. 기업과 국가는 은행을 지불수단이나 자금조달, 현금유동성의 투자, 자본시장을 위한 발행, 기업의 매입이나 합병, 분할(spin-off) 등에 대한 상담자로서 활용하고 있으며, 개인은 현금지불, 외화매입이나 자금투자 등의 용도로 은행을 이용한다.[137] 은행거래행위에 대한 독일이 채택하는 규율방식은 통일적이고 독립된 법률체계 대신 여러 법원에서 각기 규율하는 방식이라고 할 수 있다. 구체적으로 보면 독일 민법(BGB)에서는 은행계약의 체결과 의사표시 및 소비자신용 등에 관해 규정하고 있고, 독일 상법(HGB)에서는 당좌계정이나 이자, 위탁수수료 등을 규정하고 있으며, 그 외 개별 법률들로서 저당은행법(Hypothekenbankgesetz), 건설신용금고법(Gesetz über Bauspaarkassen), 신용업법(Kreditwesengesetz: KWG) 등이 은행거래와 관련한 규정들을 포함하고 있다. 독일법체계에 있어서 은행법이란 곧 이러한 규율을 총칭한 개념이라고 할 수 있다.

2. 신용업법(KWG)상의 은행감독과 은행합병

앞서 살펴 본 법률들 가운데 독일에서의 은행감독은 1962년부터 시행

---

136) KWG 제1조에 의하면 은행업은 예금, 여신, 할인, 유가증권매매, 증권보관, 투자, 만기전 인수, 보증, 지로업무 등을 의미한다.
137) Burghof, Hans-Peter, Bankenaufsicht, 1966 S. 1.

된 신용업법(Kreditwesengesetz: KWG)을 통해 이루어 지고 있다.[138] 동법은 은행규제에 관한 일반조항을 비롯하여, 기관관련규정, 감독규정, 특별규정, 처벌규정, 경과규정 등을 수록하고 있으며, 감독과 관련해서는 영업의 허가(제32조 이하), 신용업무(제13조 이하), 광고와 설명의무(제23조 이하), 은행, 신용금고(Sparkasse) 등 표시보호(39조 이하) 등 갖가지 규정을 두고 있다. 하지만 은행간의 합병에 대해서 만큼은 별다른 규정을 두고 있지 않다. 다만 동법 제24조 제1항에서 지분의 취득과 상실에 관해 공시(Anzeigen)의무[139]를 규정하고 있으며, 제2항에서는 금융기관이 다른 금융기관과 결합(vereinigen)하고자 할 경우 그 사실을 적절한 시점에 연방감독청(Bundesaufsichtsamt für das Kreditwesen)과 독일연방은행(Deutsche Bundesbank)에 신고하도록 하고 있다. 따라서 은행합병에 대해 인가와 같은 요건이 요구되지 않으며, 은행합병의 경쟁제한성 심사도 경쟁제한방지법(GWB)에 의한 기업결합 규제로 일원화되어 있다고 할 수 있다.

3. 경쟁제한방지법(GWB)에 의한 은행합병 규제

(1) GWB 제36조의 적용

독일에서도 은행산업은 정부의 규제를 받는 분야이지만 은행거래와 합

---

138) 자세한 내용은 Burghof, Hans-Peter, Bankenaufsicht, 1966 S. 110 f.
139) 제24조 1항에서는 "금융기관은 연방감독기관과 연방은행에 대해 다음 각호의 사항을 지체없이 신고하여야 한다"고 규정하면서 동항 제11호에 "신고기관에 대한 거액자본참여의 취득 또는 처분, 의결권 또는 자본금의 100분의 20, 100분의 33, 100분의 50에 도달, 초과 및 하회사실과 이러한 자본참여관계의 변동을 아는 경우 동 금융기관이 다른 기업의 자회사가 되었거나 더 이상 되지 않게 된 사실"을 열거하고 있다.

병에 대해서 경쟁제한방지법(이하, GWB)상의 규정들이 동일하게 적용된다. GWB 제29조가 은행이나 보험회사에 대하여 동법의 적용예외를 규정하고 있기는 하지만, 이 규정은 수직적 구속이나 카르텔 금지에 관한 내용으로서 기업결합과 직접적인 관련은 없다. 또한 제37조 제3항은 소위 "은행조항(Bankenklauseln)"이라고 하여, 은행이 매각목적으로 다른 기업의 지분을 취득하는 경우 만약 그 지분에 따른 의결권을 행사하지 않고, 그 매각이 1년 이내에 이루어지는 때에는 기업결합으로 인정하지 않고 있는데, 이는 조문의 취지상 은행합병에 대한 내용으로 볼 수 없다.

따라서 은행합병 행위는 GWB상의 기업결합규제에 관한 제35조 이하의 규정들에 의한 적용을 받게 된다. 이 가운데 제37조에서는 1호에서 "다른 기업 재산의 전부 또는 중요부분의 취득"행위를, 2호에서 4호까지 "지배의 취득, 지분의 취득 및 기타의 결합"을 기업결합의 유형으로서 정의하고 있는바, 이 가운데, "다른 기업 재산의 전부 또는 중요부분의 취득"행위가 은행합병의 개념에 해당한다고 볼 수 있을 것이다.

한편 GWB상의 합병통제는 합병으로 인해 시장지배력의 형성 또는 강화가 발생하는지 여부에 초점이 맞추어져 있어서, 기업결합을 통해 시장지배적 지위가 형성 또는 강화될 것이 예상되는 경우에는 법 제36조에 따라 당해 기업결합은 카르텔청에 의해 금지된다. 따라서 은행합병으로 인해서 은행시장의 지배적 지위를 형성 또는 강화하게 되는 경우에 연방 카르텔청은 합병안을 금지시킬 수 있다.

(2) 경쟁제한적인 은행합병의 예외적 허용

시장지배적 지위의 형성 내지 강화를 야기하는 은행합병안이라고 해서 모두 금지의 대상이 되는 것은 아니다. 이러한 예외적인 허용은 비단 독일의 법제에서만 발견되는 것은 아니고 여타 법역의 은행합병 규제체계에서 목격할 수 있는 바이기도 하다[140]. 다만 독일의 규제체계에서 발견되는 특성은, GWB 자체내에서 경쟁제한적 행위를 예외적으로 허용할 수 있는 가능성을 열어두고 있다는 점이다. 즉 시장지배적 지위의 형성 또는 강화를 야기하는 은행합병을 다른 정책적인 이유에서 허용할 것인지 여부도 GWB의 규정에 따라 판단된다.

현행 GWB의 내용 중에서 시장지배적 지위의 형성, 강화가 문제되는 기업결합이라도 예외적으로 허용될 수 있는 경로는 두가지로 나타난다. 첫 번째는 제36조 1항의 예외규정에 따른 허용이다. GWB 제36조 1항은 결합당사자가 당해 기업결합에 의하여 경쟁조건이 개선되고, 이러한 개선이 시장지배의 폐해를 능가한다는 것을 입증하는 경우에는 시장지배적 지위의 형성 내지 강화를 초래하는 기업결합이라도 허용할 수 있다고 규정하고 있다. 두 번째는 제42조 소정의 연방경제부장관의 승인에 따른 허용이다. GWB 제42조 1항은, 기업결합을 통해 예상되는 경쟁제한이 '그 기업결합이 전체경제에 미치는 이익에 의해 상쇄되는 경우' 또는 그 기업결합이 '공공의 우월적인 이익에 의하여 정당화될 수 있는 경우' 연방경제부장관이 승인할 수 있도록 규정하고 있다.

이중 제36조 1항의 예외규정은, 단일한 기업결합으로 인해서 경쟁제한효과와 경쟁촉진효과가 동시에 발생할 경우에 이 둘을 비교형량하여 경쟁촉진효과가 보다 크면 기업결합을 허용할 수도 있다는 취지로서, 결국은 경쟁의 보호 내지 촉진이라고 하는 카르텔법 본연의 보호법익을 희생하는 것은 아니라고 할 수 있다. 이에 반해 두 번째의 연방경제부장관 승인에 따른 허용은 시장경쟁이 금융시스템안정이나 예금자보호와 같은 경쟁외적인 보호법익과 충돌하는 경우와 관련되어 있다. 그렇다고 할 때

---

140) 앞서 살펴 본 우리나라의 규제체계에서는 물론이고 앞으로 다루게 될 미국이나 일본의 규범속에서도 예외적 허용규정을 쉽게 발견할 수 있다.

경쟁제한적 은행합병을 승인해야 할 것인지의 여부는 결국 제42조에 따라 결정될 가능성이 크다. 제42조 소정의 기업결합은 국가경제 전체적인 측면에서 중요성이 크거나, 혹은 구체적으로 입증된 경제정책적이나 사회정책적인 근거에 의하여 정당화되는 기업결합의 경우라고 할 수 있다. 여기서 국가경제적 측면에서의 중요성이라든지 정책적 근거에 의한 정당화사유가 어떤 것인지를 판단하는 기준은 연방정부 스스로에 의해 확립된 경제정책의 원칙이 척도가 된다.[141] 이 경우에는 본법의 적용범위 외의 시장에서의 당해 기업의 경쟁력도 고려하여야 한다.[142] 이러한 원칙에 의해 연방경제부장관은 기업결합의 경쟁제한효과와 친경쟁효과간의 비교가 아니라 기업결합의 장·단점들을 상호간에 비교형량하여야 하여, 장점이 우세한 경우에는 당해 기업결합을 승인할 수 있게 된다. 필요할 때에는 승인에 조건을 부과할 수도 있다.

그러나 장관승인에 대해서도 몇가지 제한은 존재한다. 우선 동 조항은 장관승인이 부여되는 경우를 경쟁제한에 의하여 시장경제질서가 근본적으로 위협받지 않는 경우로 제한하고 있다. 또한 연방경제부장관은 승인여부를 결정하기 이전에 독점위원회(Monopolkommission)의 의견제시를 받아야 하고, 당해 기업이 주소를 두고 있는 지역의 주 최고관청에 의견제시의 기회를 제공하여야 한다.

---

141) Volker Emmerich, Fälle zum Wettbewerbsrecht(4.Auflage), S 123.
142) Volker Emmerich, a.a.O, S. 124.

II. 유럽공동체(EU)의 은행합병규제

1. 관련법제 개관

유럽공동체(이하, EU)는, 은행합병을 일반 경쟁법에 따라 규제하는 법역에 속한다. 유럽공동체의 경쟁법에서는 은행합병에 대해 특별한 규정을 두고 있지 않으며,[143] 은행업 전반에 대해서 유럽공동체조약(EGV) 제81조-86조의 일반규정이 동일하게 적용된다.[144] 은행합병과 관련해서도 마찬가지로, 기업결합에 관한 일반규범인 기업결합규칙(EC Merger Regulation, 합병통제규칙(FKVO)으로 불리기도 함)이 적용된다. 따라서 적어도 규범체계상으로는 은행합병을 경쟁법에 따라서만 심사하고 승인 여부를 결정하게 되며, 경쟁제한적인 합병은 언제나 허용될 수 없다고 할 수 있다.

EU에서 은행합병은 기업결합규칙 제3조 (1)항 (a)과 (b)호에서 두가지 형태로 나누어 규정하고 있다.[145] 즉 (a)호에서 먼저 "둘 또는 다수 독립기업의 합병"을 규정하고 (b)호에서는 "이미 적어도 하나 이상의 기업을 지배하고 있는 하나 또는 그 이상의 개인이나 기업이 주식이나 자산의 매수 또는 계약의 체결이나 그 밖의 수단을 통하여 하나 또는 그

---

143) 한편, 합병통제규칙((FKVO)) 혹은 기업결합규칙(ECMR) 제3조 (5)항 (a)에서는, "그 통상의 활동이 자기의 계산이나 타인의 계산으로 하는 증권의 매매와 거래를 포함하는 여신기관(credit institution) 또는 그 밖의 금융기관(혹은, 보험회사)가 전매의 목적으로 하나의 기업에서 취득한 주식을 일시적으로 보유하는 경우"에는 기업결합으로 보지 않는다고 하여 은행에 관련된 규정을 두고 있으나 동조는 그 취지상 은행합병의 경쟁제한성 판단과 무관한 조문이다.
144) Hellner, Thorwald/Schröter, Jürgen-Steuer Stephan-Weber, Ahrend, Bankrecht und Bankpraxis, 14-363.
145) Case No Comp/M.1764-Skandinaviska Enskilda Banken/BFG Bank.

이상의 다른 기업의 전부나 일부에 대하여 직접적 또는 간접적인 지배를 취득하는 경우"도 은행합병으로 간주하고 있다. 한편 은행합병을 포함한 모든 기업결합은 기업결합규칙[146] 제4조에 따라 유럽위원회(European Commission)에 신고되며, 신고된 합병에 따라 유럽위원회가 단계별로 심사하여 승인여부를 결정하게 된다.[147]

그런데 EU의 경쟁법은 기본적으로 공동체 차원에서 의미있는 행위만을 적용대상으로 하기 때문에 EU내에서 발생하는 은행합병이라고 해서 모두 기업결합규칙의 적용을 받는 것은 아니다. 공동체 경쟁법이 적용되는지 여부는 동 규칙 제2조에 따라 공동체시장에서의 유효경쟁의 제한을 통해 시장지배적 지위가 형성 또는 강화되는지에 따라 결정된다. 만일 동일한 사안에 대해 유럽공동체조약과 개별회원국의 법률이 상충하는 경우에는 원칙적으로 공동체법이 우선 적용된다. 기업결합의 경우도 역시 합병통제규칙 전문 제29항에 의거 동 규칙이 우선 적용되고, 규칙이 정하는 기준치를 미달하여 동 규칙의 적용을 받지 않는 경우에는 기본적으로 개별회원국의 관할에 속하게 된다.

2. EU에서의 은행합병 추이와 유럽위원회의 규제태도

EU에서도 최근, 기술발달과 각종 규제완화의 결과로 인해 은행을 비롯한 금융기관들의 합병이 급증하고 있다. 특히 유럽의 통화가 EURO로 단일화되면서 전 EU에 걸친 자산의 통합 및 재분배가 가능해 진 것이 합병을 자극한 또 다른 요인이 되고 있다.[148] 그런데, 전술한 바와

---

146) Council Regulation 4069/89 (OJ 395, 30.12.1989). 1997년에 Council Regulation 1310/97(OJ 180,9.7.1997)에 의해 개정됨.
147) EU경쟁법상의 기업결합규제에 관한 자세한 내용은, 권오승, 「EC경쟁법」, 법문사, 1992 참조.
148) 1993년부터 2002년 3월까지의 기간동안 유럽위원회가 기업결합의 시장집

같이, EU에서 은행합병이 오로지 경쟁법에 따라서만 규제를 받기 때문에 경쟁제한성이 밝혀지면 은행합병은 금지될 수 밖에 없음에도 불구하고, 현행법 체계하에서 은행합병이 금지된 사례는 발견되지 않는다. 실제로 공동체적 차원에서 의미있는 은행합병은 기업결합규칙 제4조에 따라 유럽위원회(European Commission)에 신고되지만,[149] 위원회에 신고된 은행합병이 모두 경쟁법적 문제를 야기하는 것은 아니며,[150] 유럽공동체에서 은행합병의 경쟁제한성이 문제된 사례도 극히 드물다. 이에 따라 위원회에 접수된 대다수의 은행합병건들은 거의 신고후 4주내 즉 최초의 심사단계(first phase)에서 처리되어 왔다.

그 대표적인 예로, 1998년 Schweizer Bank Verein(SBV)와 Schwezerische Bankgesellschaft(SBG)간의 합병을 들 수 있다. 이 합병의 결과 1998년를 기준으로 유럽최대의 은행으로 부상할 수 있는 규모의 BUS라는 은행이 탄생하게 되었으나 유럽위원회는 이 합병안에 대해 승인결정을 내렸다.[151] 은행의 영업범위가 겹쳐지는 부분이 크지 않았기

중문제에 대하여 내린 결정들 가운데 은행 및 금융분야과 관련된 사건들은 약 8%내외인 121건인 것으로 파악되었으며, 이 가운데 상당수가 1997년 이후에 집중되어 있다. (Jean-Francois PONS, Competition in the Financial Services in Europe today, 3rd annual conference on Retail Banking in Europe 자료집, p.5 (March 2002) 참조).

149) 그럼에도 현 단계로서는 회원국 은행들이 국경을 넘어선 확장 보다는 회원국 내에서의 확장을 여전히 선호하고 있다. 이러한 현상에는 몇가지 이유가 있는데, 우선은 해외로 사업범위를 확장하려면 우선 국내에서 확고한 기반과 규모를 갖추어야 한다는 인식과 아울러, 집중을 통한 시너지효과나 효율성은 해외에서 보다는 자국시장에서 훨씬 신속하게 획득될 수 있다는 점이 주된 원인이다 (OECD, MERGERS IN FINANCIAL SERVICES, DAFFE/CLP(2000)17. p.250).

150) 1993-2002년 3월까지의 121건의 은행합병신고건 가운데 경쟁법적으로 문제된 사건은 단 두건에 불과했다. (Jean-Francois PONS. *op.cit.*, p.5)

151) Case Comp/M.1108-SBG/SBV;OJ C 149/4; 15.5. 1998.

때문에 합병이 이루어진다고 해도 UBS가 시장지배적 지위를 누리게 되지는 않는다는 것이 유럽위원회의 판단이었다. 또한 합병 때문에 시장점유율이 증가된다고 하더라도 Merill Lynch, Dresdner Kleinwort Benson 등과 같은 경쟁 금융기관들이 존재했기 때문에 경쟁법적으로 우려할 상황이 초래되지는 않는다고 보았다. 이와 마찬가지로 1999년에 Deutsche Bank가 미국내 제8위의 은행이었던 Bankers Trust를 인수한 사건152)에 대해서도, 유럽위원회는 당해 합병으로 인해 세계 최대의 금융기관이 탄생하게 됨에도 불구하고, 시장경쟁의 제한 문제는 발생하지 않는다고 보았다.

이상과 같은 사례에서 볼 수 있듯이, 유럽위원회는 기본적으로 EU내에서 이루어지는 은행합병이 경쟁을 실질적으로 제한할 가능성은 그리 크지 않다는 입장을 견지하고 있다. 그 이유로서는 유럽의 은행시장 자체가 아직은 집중적인 상태가 아니며 시장점유율도 상당히 분산된 분포도를 보이고 있는데다가, 도매은행업과 같은 일부 은행상품들에 대해서는 국제적으로 상당히 많은 공급자들이 존재한다는 점을 들고 있다.153) 또한 합병전에 두 은행이 취급하던 사업분야가 서로 보완관계에 있으며 상호 중복되는 부분이 아주 작다는 점도 그 이유 중의 하나이다.154) 위원회가 집중적이라고 평가한 일부 은행업의 경우는 사실상 유럽경제지역(European Economic Area;EEA) 내에서 거의 활동을 하지 않거나 아주 미미한 수준의 활동만을 하는 사업자들과 관련된 것들이었다.155)

---

152) Case Comp/M.1384-Deutsche Bank/Bankers Trust: OJ C 143/7; 21.5. 1999.
153) OECD, *op.cit.*, p.251.
154) Deutsch Bank/Bankers Trust간의 합병사건이 그 예이다.
155) 예를 들어 Kyowa/Saitama 사건(Case Comp/M. 69-Kyowa/Saitama)이나, Bank Americana /Nationsbank 사건(Case Comp/M. 1244-Bank Americana/Nationsbank)을 들 수 있다.

이와 같은 유럽위원회의 성향에도 불구하고 그간 경쟁제한여부가 문제된 사건이 전혀 없었던 것은 아닌데, Bank Austria와 Creditanstalt간의 합병건156)이 그것이다.

3. 사례(Bank Austria/Creditanstalt 합병건)의 분석

(1) 사실관계

Bank Austria Aktiengesellschaft, vienna(이하, Bank Austria)는 1997년 2월 Creditanstalt-Bankverein, vienna(이하, Creditanstalt)의 지배권을 취득할 것임을 유럽위원회에 신고하였다. 합병은 오스트리아 정부가 Creditanstalt를 민영화하려는 계획의 일환으로 추진된 것이었다. Bank Austria는 오스트리아를 주요 영업기반으로 하며, 모든 은행업무를 직접 혹은 자회사를 통해 수행하고 있었다. 한편 Creditanstalt도 마찬가지로 오스트리아를 주된 활동영역으로 하고 있었다. 이 두 은행이 합병하여 만들어진 새로운 은행은 대차대조표를 기준으로 하였을 때, 오스트리아 내에서 선도은행의 위치를 점하였으며 2위 은행에 비해 5배 가량 큰 규모였다. 뿐만 아니라 모든 상품시장영역에 있어서 상당한 시장점유율을 가진 유일한 은행이었다. 특히 개인고객과 기업고객들에 대한 은행서비스 분야에 있어서, 두 은행의 GiroCredit 통합으로 2위 경쟁은행과 수배 높은 시장점유율을 확보하게 되었으며, 여타 서비스 통합의 효과도 이와 유사한 수준의 시장점유율 제고가 예상되었다. 시장점유율이 높다는 점 이외에도, 오스트리아 은행시장은 광범위한 점포망을 통해서 각 지역에 골고루 분포해야 하는 특성상 시장진입장벽도 존재하였다. 은행거래의 경우 개인고객들은 은행거래선을 이곳 저곳으로 전환할 경우 정보비용과 거래비용이 발생한다는 점을 알고 있기 때문에 주로 한 은행과 거래관계

---

156) Case Comp/M.873-Bank Austria/CA: OJ C 160/4:27.5. 1997.

를 지속적으로 유지하려는 성향을 가지고 있는데 이 점을 유럽위원회도 잘 인식하고 있었다. 더욱이 오스트리아내 외국은행들의 점유율은 극히 미미해서 경쟁에 영향을 미칠 수 있는 수준에 이르지 못하였다.

(2) 위원회의 결정

위원회는 일단 당해 합병으로 인해 시장지배적 지위의 형성 내지 강화의 위험이 존재한다고 보았다. 이에 따라 합병은행측은 위원회에 의해 표명된 경쟁제한적 우려사항들을 해결하기 위하여, 위원회에 일정한 이행사항들을 제시하였다. 우선 Bank Austria측은 GiroCredit과 관련된 사업을 매각하기로 위원회에 약속하였다. 또한 Bank Austria가 종래 지분참여 형식으로 관계를 맺어오던 Österreichische Kontrollbank(수출보험, 금융 분야의 특수은행)와 Investtkredit은행에 대하여 각각 참여폭을 줄이기로 하는 한편, 영향력을 확대하지 않기로 하였다. 끝으로 Bank Austria가 Universale과 Stuag라는 두 개의 대형 건설업체에 지분참여함으로 인해 발생하였던 경쟁제한적 우려를 해소하기 위해서 두 건설회사에 대한 지분을 매각할 것을 약속하였다. 이러한 이행사항들은 위원회에 의해 제기된 심각한 경쟁제한문제를 완전히 해결할 수 있는 적절한 조치로서 인정되었으며, 따라서 합병은행측이 제시한 수정안에 따라 위원회는 당해 합병안을 승인하게 되었다.

Ⅲ. 미국의 은행합병규제

1. 관련법제 개관

미국에서도 은행합병의 문제는, 그것이 시장에 미치게 될 영향을 방치할 수도 없고 그렇다고 하여 순수하게 경쟁정책적 관점에서만 접근할 수도 없는 복합적인 성격을 띠어 왔다. 그 결과 은행합병에서는 경쟁 (competition)과 안정(stability)을 어떻게 적절히 조화시킬 것인지가 정책 결정에 있어서 핵심문제로 자리잡아 왔다. 결국, 오랜 논란과 번복의 과정을 거친 끝에 미국이 채택한 방안은 이 둘을 분리하지 않고 통합한다는 것이었다. 미국이 연방차원에서 은행합병을 규제하기 위해 수립한 규범체계는, 독점금지법과 동일한 기준을 채용한 특별법들을 제정하여 금융규제당국으로 하여금 경쟁제한성을 심사토록 하되, 은행산업의 특수성을 고려하여 예외적으로 합병을 허용할 수 있도록 하는 방식으로 요약될 수 있다.

이에 해당하는 연방 특별법으로는 1960년 제정된 은행합병법(the Bank Merger Act)과[157], 이보다 앞선 1956년 제정된 은행지주회사법 (the Bank Holding Company Act)[158], 그리고 1978년 제정된 은행지배변화에 관한 법률(the Change in Bank Control Act)[159] 등 세가지를 들 수 있다. 이 가운데 은행지배변화에 관한 법률은 개인이 은행을 인수하는 경우에 관한 것으로서 통상적인 은행합병과는 거리가 있다. 또한 은행지주회사법은 은행기관의 통합에 대하여 경쟁법적 기준을 도입한 최초의 규범이라는 점에서 큰 의미가 있으나 지주회사방식의 통합행위에 대해서만 적용되므로 합병방식의 통합과는 직접적인 관련이 없다.[160] 따라서 미국에서 은행합병을 규제하는 근거규범으로 기능하는 것은 사실상 은행합병법이라고 할 수 있다.

---

157) 12 U.S.C. §1828(c).
158) 12 U.S.C. §1842(c)
159) 12 U.S.C. §1817(j)
160) 더욱이 은행지주회사법상 경쟁관련조문의 내용이 은행합병법의 그것과 거의 동일하기 때문에 이를 별도로 다룰 필요성이 적다.

[표-8] 경쟁제한적 기업결합과 은행합병의 규제 근거규범 비교

일반 기업결합규제 관련규범	은행합병규제 관련규범
셔면법 제1조 및 제2조 클레이톤법 제7조 및 제7조a (Hatt-Scott-Rodino법) 연방거래위원회법 제5조	셔면법 제1조 및 제2조 클레이톤법 제7조 은행합병법 은행지주회사법 은행지배의 변화에 관한 법률

하지만 은행합병법이 일차적으로 적용된다고 해서 독점금지법의 역할이 완전히 배제되는 것은 아니며, 금융규제당국에 의한 은행합병 인가가 경쟁법적으로 문제가 있다고 판단될 때는 경쟁당국인 법무부 독점금지국에 의해 독점금지법에 따른 절차를 개시할 수 있는 길을 열어두고 있다.

한편 미국의 은행업 규제는 연방 차원 이외에 주 차원에서도 행하여져서, 대다수의 주에서는 은행합병에 관한 특별법을 제정하여 은행합병의 결과로 탄생할 은행이 주법에 따라 인가를 받아야 할 경우, 이들 특별법에 따라 은행합병을 규제하고 있다.161) 반면에 은행합병에 관하여 별도의 법률을 제정하지 않은 일부 주들은 일반법상의 회사통합과 관련된 규정들을 은행합병에 적용시키고 있다. 본고에서는, 그러나 주(州) 차원 행해지는 합병규제는 다루지 않으며, 연방차원의 규제 가운데 주로 은행합병법의 규정을 중심으로 분석범위를 국한하기로 한다.

---

161) 각 州에서 제정 운용하고 있는 은행합병관련법은 대체로, 은행합병안에 대해 주주의 승인을 받기 위한 절차를 규정하고 있으며, 합병에 반대하는 주주, 예금자, 채권자 및 일반대중의 권리를 보장하기 위해 주 은행감독기관에 의한 합병의 최종적인 승인을 받을 것을 요구하고 있다. Howell E. Jackson & Edward L. Symons, Jr., *Regulation of Financial Institutions*, West Group, 1999. p.88.

2. 은행합병법상의 합병규제

(1) 은행합병의 심사 및 인가주체

은행합병법 제(2)조는, 여하한 자산의 합병, 통합, 취득이나 예금보험 가입은행의 채무인수행위에 대해 반드시 미 연방 재무부 산하 통화감독청(Comptroller of the Currency: 이하 OCC)이나 연방준비제도이사회(Federal Reserve Board: 이하 FRB) 혹은 연방예금보험공사(Federal Deposit Insurance Corporation: 이하 FDIC) 가운데 한 기관으로부터 사전에 서면인가를 받도록 규정하고 있다. 그런데 은행합병건이 접수될 경우, 이 가운데 어느 규제기관이 심사 및 인가권을 갖게 되는지는 합병으로 탄생하게 되는 은행의 형태에 따라 좌우된다.

즉, 합병으로 인해 탄생하는 은행이 국법은행(National Bank)[162]인 경우에는 OCC가 합병의 인가권을 가지며, 주법은행(State Bank)으로서 연방준비제도에 가입키로 한 주법가맹은행(state member banks)[163]인 경

---

162) 연방법(12 U.S.C. §21)에 따라 설립되는 은행을 국법은행(national banks)이라 하는데, OCC가 이들 은행들에 대한 설립인가(chartered)를 부여한다. 아울러 이들 은행은 모두 연방준비제도(Federal Reserve System)에 가입할 것이 요구된다. 따라서 이들 은행의 일반 업무는 OCC와 FRB 양자의 규제를 받게 된다. 한편 국법은행들은 자신이 보유한 예금의 예금자들을 위하여 FDIC를 통해 예금보험을 제공한다. 하지만 그렇다고 국법은행이 FDIC의 직접적인 규제를 받는 것은 아니다.
163) 국법은행들을 제외한 나머지 은행들은 모두 주법에 따라 설립되고 인가가 부여되는 주법은행(state banks)들이다. 이들 은행은 반드시 연방준비제도(Federal Reserve System)에 가입해야 하는 것은 아니어서 가입을 선택할 수도 있고 하지 않을 수도 있다. 이 가운데, 연방준비제도에 가입할 것을 선택한 은행들을 주법가맹은행이라 한다. 주법가맹은행은 OCC에 의한 규제는 받지 않지만, 그 대신 FRB와 해당 주의 은행규제당국에 의한 규제를 받게 된다. 한편 국법은행의 경우와 마찬가지로 주법가맹은행들도 자신과 거래하는 예금자들을 위하여 FDIC를 통해 예금보험을 제

우에는 FRB가, 주법은행으로서 연방준비제도에 가입하지는 않았지만 연방예금보험에 가입한 주법비가맹보험은행(state nonmember insured banks)[164]의 경우에는 FDIC가 인가권한을 가진다. 주법비가맹비보험은행(state nonmember uninsured banks)[165]은 연방차원에서의 합병인가는 요구되지 아니하며, 대신 각 州의 은행규제당국에 의한 합병심사 및 인가를 받게 된다.

한편, 합병주체가 저축금융기관(Thrift Institution)인 경우에는 저축금융기관감독청(OTS)이 심사 및 인가권한을 가진다. 따라서 합병예정은행의 성격에 따라 이를 심사하도록 되어 있는 은행규제기관이 판명되면 합병은행측은 합병신청서를 담당 은행규제기관에 접수하게 된다.

공한다. 하지만 이 경우에도 FDIC는 주법가맹은행에 대하여 직접적인 규제권한을 갖지는 않는다.

164) 주법은행들 중 연방준비제도에 가입하지 않기로 한 은행들은 "주법비가맹은행(state nonmember banks)"들이라 한다. 이들 은행들이 취급하는 예금은 FDIC를 통한 예금보험에 가입될 수도 있고 그렇지 않을 수도 있는데, 이 가운데, FDIC를 통해 예금자들에게 예금보험을 제공하는 은행들을 "주법비가맹보험은행(state nonmember insured banks)"이라 한다. 이들 은행의 일반업무에 대해서는 FDIC와 州의 은행규제당국이 규제를 하게 된다.

165) 주법비가맹은행들 가운데, 고객들에게 예금보험을 제공하지 않는 은행들을 "주법비가맹비보험은행(state nonmember uninsured banks)"이라 하며, 이들 은행의 일반업무에 대해서는 주차원의 규제만 행해진다. 하지만 대개의 경우 이들 은행도 州의 보험기관 등을 통해 사실상 예금보험을 제공하고 있다.

[표-9] 은행의 종류와 규제기관

은행의 종류	규제기관	OCC	FRB	FDIC	각 주의 규제당국	법무부
연방	국법은행	O				O
주	주법가맹은행		O			O
	주법비가맹보험은행			O		O
	주법비가맹비보험은행				O	

☐는 각 은행의 일반업무에 관한 규제기관
O는 은행합병의 경쟁제한성 심사기관

중요한 것은 이들 기관에 의해 심사되는 기준에는 경쟁제한성도 포함
되어 있다는 점이다. 따라서 은행관련심사기준과 아울러서, 은행합병의
경쟁제한성 여부를 비경쟁당국인 은행규제기관들이 독자적으로 심사하게
된다.

다만, 인가권을 가진 기관은 합병안에 대한 최종인가 여부를 결정하기
이전에 다른 은행규제기관들과 법무부 독점금지국에 대해 경쟁관련심사
기준에 관한 검토를 하고 그 결과를 보고해 줄 것을 요청하여야 한
다.[166] 따라서 경쟁제한성 부분에 대해서는 법무부도 간접적인 심사권한
을 가진다. 한편 은행합병법은 경쟁제한성에 관한 자문과 제소기관을 법
무부 독점금지국으로 제한하고 있다. 따라서 일반 기업결합사건과는 달
리 연방거래위원회(FTC)는 은행합병사건에 개입하지 못한다.

---

166) 12 U.S.C. §1828(c)(4). 한편 은행지주회사와 관련된 합병은 연방준비제
　　도이사회가 전담하여 합병안의 승인여부를 결정하게 된다. 은행지주회사
　　법에는 연방준비제도이사회가 합병을 승인하기에 앞서 법무부로부터 자
　　문을 얻도록 하는 의무규정을 두지 않고 있다. 하지만 관례적으로 법무
　　부가 연방준비제도이사회에 합병안의 경쟁적 영향에 대한 자문을 해 주
　　고 있다고 한다.

[표-10] 기업결합사건과 은행합병사건의 심사기관 비교

구분	일반 기업결합 사건	은행합병 사건
심사기관	법무부 독점금지국 (DOJ Antitrust Division) 연방거래위원회(FTC)	재무부 통화감독청(OCC) 연방준비제도이사회(FRB) 연방예금보험공사(FDIC) 법무부 독점금지국

(2) 경쟁제한성의 심사기준

은행합병법은 은행합병에 인가가 주어지기 위해 심사되어야 할 기준과 관련하여 먼저 제5조 (A)항에서, "독점화를 낳게 되거나, 미국내 특정영역에서의 은행업을 독점화하거나 혹은 독점화하기 위한 결합이나 공모를 조장하게 될 은행합병안"을 금지시키고 있으며,[167] 동조 (B)항에서 "합병의 효과가 국가의 어느 지역에서 실질적으로 경쟁을 감소시키거나 독점을 낳는 경향이 있는 합병거래안이나, 기타 여하한 방법으로 거래를 제한하게 될 합병거래안"[168]을 금지시키고 있다.

이렇게 볼 때 은행합병법이 상정하는 경쟁왜곡의 상태는, 합병으로 인한 은행시장의 독점화와 경쟁의 실질적 제한의 두가지 형태라고 할 수

---

167) 은행합병법 제5조(A)항, 12 U.S.C. §1828 (5) (A) (1994); 은행지주회사법 제3조(1)항(A), 12 U.S.C. §1842 (c)(1)(A). 원문의 규정은 다음과 같다; "any proposed merger transaction which would result in a monopoly, or which would be in furtherance of any combination or conspiracy to monopolize or to attempt to monopolize the business of banking in any part of the United States"

168) 12 U.S.C. §1828(c)(5)(B); 12 U.S.C. §1842(c)(1)(B). 원문의 규정은 다음과 같다; "any other proposed merger transaction whose effect in any section of the country may be substantially to lessen competition, or to tend to create a monopoly, or which in any other manner would be in restraint of trade"

있다. 그런데 이들 규정은 독점금지법의 규정과 매우 유사해서, 독점화 관련기준은 셔먼법 제2조의 위법성 판단기준과 거의 같으며, 경쟁의 실질적 제한성 관련기준의 경우는 "경쟁을 실질적으로 감소시키거나 독점을 낳는 경향(may be substantially to lessen competition, or to tend to create a monopoly)"이라는 기준은 클레이톤법 제7조의 기준[169]과 동일하며, "거래를 제한하는(in restraint of trade)"이라는 문구는 셔먼법 제1조에 부과된 기준[170]과 동일하다.

이처럼 기존의 독점금지법 규정의 문구를 은행합병법규에 그대로 채용한 것에 대해, 미 의회는 "이것은 우연의 일치가 아니며, 1966년 개정법 이전에 이미 75년간 발전해 온 독점금지법의 기준을 은행합병법에서도 통합하여 적용시키려는 의도"라는 점을 명백히 밝히고 있다.[171] 따라서 일반적인 독점금지법상의 위법성 심사기준과 기본이념은 은행합병법에 그대로 반영되어 있다고 할 수 있다.[172]

(3) 은행합병에 고유한 예외의 인정

은행합병법상의 경쟁제한성 심사기준이 독점금지법의 그것을 채용해오기는 했지만 은행합병법에는 독점금지법에서 인정되지 않는 한가지 중대한 예외규정이 발견된다. 즉 은행합병법 제5조 (B)항에서는 단서규정을 통해서, 심사기관이 "합병안의 반경쟁적 효과보다도 영업대상 지역사회의 편의 및 필요를 충족시키게 되는 거래의 예상효과가 공공의 이익측면에서 명백하게 압도적[173]"이라고 판단하는 경우 은행합병안이 승인될

---

169) 15 U.S.C. §18.
170) 15 U.S.C. §1.
171) 112 Cong. Rec. 2337 (daily ed. Feb. 8, 1966).
172) Practising Law Institute, Bank Acquisitions and Takeovers, *Corporate Law and Practice Course Handbook Series* (PLI Order No. B4-6766), Sep. 1986, p 121-122. 참조.
173) 12 U.S.C. § 1828(c)(5)(B). 원문의 규정은 다음과 같다: "unless it finds

수 있도록 하고 있다.174) 이때 편의 및 필요를 입증할 책임은 합병추진 당사자들이 지게 된다175).

이러한 예외규정은 경쟁법상의 기준으로 위법이 될 수 있는 은행합병이라도 일정한 조건이 충족되면 허용될 수 있다는 것으로서, 지역사회의 편의 및 필요라고 하는 은행산업의 특수성을 고려하여 특별한 "공익항변(public interest defence)"을 인정한 것이라고 하겠다.

(4) 합병신청안의 접수 및 심사절차

일반적인 기업결합사건에서 일정규모 이상의 결합을 추진하는 당사자들은 Hart-Scott-Rodino 반트러스트개선법(이하, HSR 법)에 따라 당해 기업결합안을 법무부 독점금지국과 연방거래위원회에 사전신고하도록 되어 있다. 그러나 은행합병에 있어서는 HSR 법에 따른 사전신고절차 의무규정이 적용되지 않고,176) 대신에 은행합병법에 따라, 합병신청인은 합병의 경쟁적 결과를 포함하여 당해 거래에 관한 모든 정보177)를 해당 합

---

that the anticompetitive effects of the proposed transaction are clearly outweighed in the public interest by the probable effect of the transaction in meeting the convenience and needs of the community to be served"

174) 연방준비제도이사회가 이러한 "편의 및 필요" 항변을 고려하여 합병을 승인한 대표적인 경우로는 First National Bankshares, 70 Fed. Res. Bull. 832; First American Bank Corp., 70 Fed. Res. Bull. 516 (1984) 등이 있으며, 이러한 항변이 법원에서 검토되었던 경우로는, United States v. Phillipsburg National Bank & Trust Co., 399 U.S. 350 (1970); United States v. Third National Bank, 390 U.S. 171(1968); United States v. First National Bank, 310 F. Supp. 1 157 (D. Md. 1970); United States v. Provident National Bank, 280 F. Supp 1 (E.D. Pa 1968) 판결 등을 들 수 있다.

175) United States v. First City National Bank, 386 U.S. 361 (1967).

176) 15 U.S.C. §18a(c)(7) (1994).

177) 여기에는 합병허가 적격성 기준 충족을 위한 증명서류, 합병거래 상세내

병심사기관에 제출하게 된다. 합병심사기관은 7일 이내에 제출서류의 적합성을 판단하여 신청접수 여부를 결정한다. 그리고 합병신청서를 접수하기로 결정되면, 접수한 기관은 은행합병안에 대한 은행관련요소와 경쟁관련요소들을 검토하게 된다. 이 단계에서 합병안에 대한 승인 여부를 결정하기 이전에 다른 은행규제기관들과 법무부에 대해 경쟁관련요소들에 관한 검토를 하여 보고해 줄 것을 요청하여야 한다.[178] 단, 심사기관이, "합병은행 중 한 은행에게서 예상되는 은행실패를 방지하기 위하여" 즉각적인 조치를 취해야만 한다고 판단한 때에는 할 경우에는, 보고를 요청하지 않을 수 있다.[179]

그러한 경우에 해당되지 않아서 보고요청이 이루어지면, 검토보고를 요청받은 기관들은 자문요청일로부터 30일 이내에 보고서를 제출하여야 한다. 그러나 이 경우에도 심사기관이 자문기관들에게 신속한 조치를 취해야 할 긴급사항이 존재함을 통지하는 경우에는 보고기간이 10일 이내로 단축될 수 있다. 자문요청을 받은 은행규제기관이 판단하기에 은행합병의 결과로 인해 은행합병법 제5조 소정의 효과가 시장에 발생할 가능성이 적어서, 특별한 보고를 할 필요가 없음을 심사기관에 통지한 때에는 은행규제기관은 별도의 보고서를 제출하지 않을 수도 있다.[180] 반면 법무부는 그러한 경우에도 합병의 경쟁적 영향에 대한 보고서를 제출하여야 한다.

법무부 등 자문기관들로부터의 보고가 접수되면 심사기관은 이를 참고

역, 합병은행의 미래추정재무제표 및 건전성지표 등이 포함된다.

178) 12 U.S.C. §1828(c)(4). 은행지주회사법에는 연방준비제도이사회가 합병을 승인하기에 앞서 법무부로부터 자문을 얻도록 하는 의무규정을 두지 않고 있다. 하지만 관례적으로 법무부가 연방준비제도이사회에 합병안의 경쟁적 영향에 대한 자문을 해 주고 있다고 한다.

179) 12 U.S.C. §1828(c)(3).

180) 12 U.S.C. §1828(c)(4).

하여 승인여부를 최종 결정하게 된다. 그러나 심사기관이 이러한 보고내용에 구속을 받는 것은 아니다. 즉 법무부나 여타 두 은행규제기관들로부터 합병안의 경쟁적 영향 평가에 대해 부정적인 의견이 제출되더라도, 심사기관은 이에 상관없이 해당 합병안을 승인할 수 있다. 다만 은행합병법 제6조에서는 심사담당기관은 합병승인결정이 있은 직후, 법무부에 곧바로 합병안의 승인사실을 통지해야 하도록 규정하고 있다.[181] 그리고 승인된 날로부터 30일 이후에 비로소 합병이 완료되도록 일종의 보류기간을 두었다.

이는 법무부로 하여금 독점금지법 위반 소송을 제기할 기회를 부여함과 아울러 기한적인 제한을 두려는 데에 그 취지가 있다. 다만 심사기관이 법무부에 긴급한 상황의 존재를 통지하고 10일 이내의 보고를 요청한 경우에는 보류기간이 단축되어서, 합병승인을 받은 날로부터 15일 이후에 합병이 완료된다.

또한, "합병은행 중 한 은행에게서 예상되는 은행실패를 방지하기 위하여" 즉각적인 조치를 취해야만 한다고 판단하여 법무부 등에 대한 검토보고 요청이 면제된 경우에는 심사기관의 승인과 동시에 은행합병이 완료된다. 합병의 경쟁적 영향에 대해 법무부로부터 부정적인 평가를 받지 않은 경우에는 법무부와의 동의하에 보류기간을 단축시킬 수 있으나, 이러한 경우에도 승인일로부터 15일 이내로 단축시킬 수는 없다.

---

181) 12 U.S.C. §1828(c)(6).

[그림-3] 미국의 은행합병 인가절차

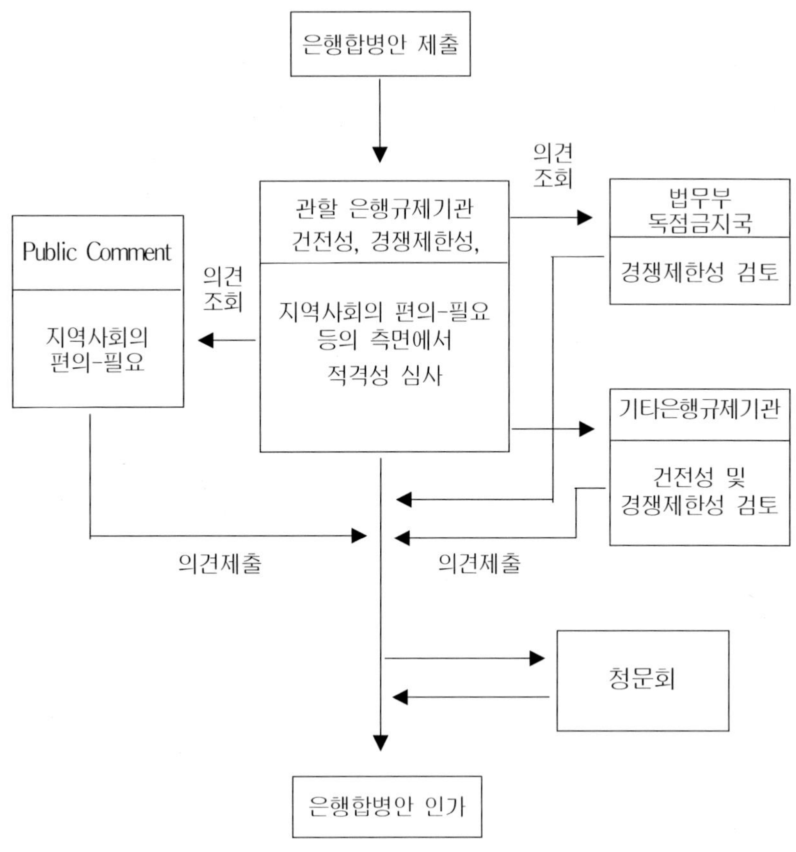

3. 은행합병에 대한 독점금지법 위반소송

(1) 제소절차

은행합병에 대하여 일차적으로 적용되는 규범은 은행합병법이며, 일차적인 심사관할권 역시 은행규제당국이 갖게 되지만, 그렇다고 경쟁당국인 법무부의 역할이나 독점금지법의 적용이 완전히 배제되는 것은 아니다. 즉 법무부가 경쟁제한적이라고 판단한 합병안을 은행규제기관이 인가하게 되면, 인가통고받은 법무부는 은행합병법이 아닌 독점금지법 위반사건으로서 당해 은행합병의 금지를 법원에 청구할 수 있다.

하지만 법무부가 합병승인 이후 언제든지 제소를 할 수 있다고 한다면, 합병인가를 받은 은행의 지위는 물론 은행고객들의 법적 안정성까지도 해칠 수 있기 때문에 법무부의 제소기한을 무제한으로 인정하는 것은 곤란하다. 이 때문에 은행합병법은 합병의 승인과 합병의 완료를 구분하여 합병안이 최종적으로 완료되기 이전에 법무부가 제소하도록 규정하고 있다.[182] 일반적인 경우 법무부의 제소는 은행합병법 제6조 소정의 완료기간, 즉 합병승인이 있은 후 30日 이내, 긴급한 경우에는 15日 이전에 개시되어야 하며, 이 기간이 도과하면 법무부는 은행합병안에 대해 더 이상 독점금지법 위반을 문제삼을 수 없게 된다.[183] 단 이때도 독점화와 독점화기도를 금지하는 셔먼법 제2조의 위반은 이러한 기한적 제한을 적용받지 않는다.[184] 즉 셔먼법 제2조 위반에 대해서는 법무부가 동 기간 이후에도 문제를 삼을 수 있는데, 이는 은행산업의 독점을 야기하는 합병은 단순히 경쟁제한적인 경우와 달리 어떠한 경우에도 허용될 수 없음을 명확히 한 것이라고 할 수 있다.

(2) 제소의 효력

법무부가 합병안에 대해 독점금지법 위반으로 제소를 하게 되면 다음과 같은 두가지 효력이 발생한다. 첫째, 법원은 제소를 통해 제기된 쟁점사안들에 대해 새로이(*de novo*) 심사를 하게 된다.[185] 법원으로 하여금

---

182) 12 U.S.C. §1828(c)(7)(A).
183) 12 U.S.C. §1828(c)(7)(C).
184) *Ibid.*
185) 12 U.S.C. §1828(c)(7)(A).

새로운 심사를 하도록 한 것은 은행규제기관이 내린 결정에 비중을 둘 필요없이 독립적인 판결을 내리도록 하려는 취지에서라고 하겠다.[186] 단 이 때 심사과정에서 법원이 적용하는 기준은 은행합병법 제5조에 따라 은행규제기관이 적용한 기준과 동일하여야 한다.[187]

두 번째, 당해 합병안은 완료되지 못하고 자동적으로 중지되는 효력이 발생한다. 단 법원은 합병안이 자동중지되지 않도록 달리 명령을 부과할 수 있다.[188] 여기서 법원으로 하여금 법무부 제소의 효력을 견제할 수 있도록 한 것은, 법무부가 대다수의 합병안에 대해 절대적인 거부권을 행사하지 못하도록 하려는 목적에서 이다. 다만 법무부의 제소로 합병안을 자동중지시키기 위해서는 제소의 사유가 지나치게 사소한(frivolous) 것이어서는 안 된다.[189] 또한 법무부가 아닌 사인에 의해 독점금지소송이 제기된 경우에도 자동중지효력이 발생하지 않는다고 해석된다.[190]

4. 미국의 은행합병 규제태도

미국은 은행합병사례의 발생빈도는 물론이고 은행합병에 대한 경쟁법 집행이 가장 활발한 나라라고 할 수 있다. 그리하여 1963년 이래 주로 70년대 까지 상당수의 은행합병을 경쟁제한적이라는 이유로 금지시켰던 역사를 가지고 있다. 당시 금지되었던 사례들은 경쟁당국인 법무부에 의해서는 물론이고 연방 은행규제기관들에 의한 경우도 많았다. 이 가운데 일차적으로 은행규제기관 차원에서 경쟁제한적이라고 판단하여 금지시킨

---

186) 112 Cong. Rec. 2335 (daily ed. Feb. 8, 1966).
187) 12 U.S.C. §1828(c)(7)(B).
188) 12 U.S.C. §1828(c)(7)(A).
189) United States v. First City National Bank, 386 U.S. 361, 366 (1967).
190) Vial v. First Commerce Corp., 564 F. Supp. 650, 666-667 (E.D. La. 1983).

사안들은 법원에서 다투어지지 않았으나, 은행규제기관들이 허용한 합병을 법무부가 경쟁제한성을 이유로 독점금지소송을 제기한 판례들이 연방대법원을 위시하여 항소법원에서 다수 나오게 되었다.

그 가운데 효시가 된 판결은 1963년의 Philadelphia National Bank 판결로서[191] 연방대법원은 동 판결을 통하여, 은행합병에도 경쟁법이 적용될 수 있으며 경쟁제한적인 은행합병은 금지되어야 한다는 점을 명확히 한 바가 있다. 그리고 동 판결을 계기로 하여 이후에 8건의 은행합병이 연방대법원에 의해 경쟁제한적이라는 이유로 금지판결을 받았으며, 연방항소법원이나 지방법원에서도 다수의 은행합병에 대해 금지판결이 내려진 바 있다.[192]

그러나 이러한 경쟁법의 집행은 70년대 중반이후 급격히 위축되어, 연방대법원 차원에서는 1975년 이후로는 경쟁제한을 이유로 은행합병을 금지시킨 사례가 없었으며, 하급심법원에서도 1985년 이래로는 한 건의 은행합병 금지판결도 내려지지 않고 있다. 하지만 그 이유를, 은행합병이 시장의 경쟁을 제한하지 않았다거나 반대로 은행시장의 경쟁이 합병으로 인해 제한되더라도 이를 묵인했기 때문이라고 해석하기는 곤란하다. 그보다는, 근래 들어 경쟁제한성에도 불구하고 예외적으로 은행합병을 허용할 수 있는 법리가 발전되어 오고 이를 뒷받침할 수 있는 법적 수단들이 개발하여 왔기 때문이라고 보는 것이 정확할 것이다.

따라서 은행합병이 금지된 사례가 최근에 발생하지 않았음에도 불구하고, 은행합병에 대한 경쟁제한성 심사는 여전히 활발히 이루어지고 있으며, 합병의 완료를 결정하는 중요한 위치를 차지하고 있다고 하겠다.

---

191) U.S. v. Philadelphia National Bank, 374 U.S. 321 (1963).
192) 은행합병에 관한 미국의 주요 판결들은 제3장에서 상세히 살펴보기로 한다.

144

[표-11] 경쟁제한성을 이유로 은행합병을 금지시킨 미국의 판례목록

◆ 연방대법원

　　U.S. v. Philadelphia National Bank, et al., 374 U.S. 321 (1963)

　　U.S. v. First Nat'l Bank & Trust Company of Lexington, 376 U.S. 665 (1964)

　　U.S. v. First City National Bank of Houston, et al., 386 U.S. 361 (1967)

　　U.S. v. Third National Bank in Nashville et al., 390 U.S. 171 (1968)

　　U.S. v. Phillipsburg National Bank & Trust Company, 399 U.S. 350 (1970)

　　U.S. v. Marine Bancorporation, et al., 418 U.S. 602 (1974)

　　U.S. v. Connecticut National Bank. et al., 418 U.S. 656 (1974)

　　U.S. v. Michigan National Corp. et al., 419 U.S. 1 (1974)

　　U.S. v. Citizens & Southern National Bank et al., 422 U.S. 86 (1975)

◆ 연방항소법원

　　Washington Mutual Savings Bank v. FDIC, 482 F.2d 459 (9th Cir. 1973)

　　County Nat'l Bancorporation v. Board of Governors, 654 F.2d 1253 (8th Cir. 1981)

　　Mercantile Texas Corporation v. Board of Governors, 638 F.2d 1255 (5th Cir. 1981)

　　Republic of Texas Corporation v. Board of Governors, 649 F.2d (5th Cir. 1981)

　　U.S. v. Central State Bank, 817 F.2d 22 (6th Cir. 1987)

◆ 1980년 이후 연방지방법원판결

　　U.S. v. Frist National State Bancorporation 479 F.Supp. 793 (D.N.J. 1980)

　　U.S. v. Virginia Nat'l Bankshares, 1982-2 Trade Ca. (CCH) 64.871 (W.D. Va. 1982)

　　U.S. v. Central State Bank, 621 F. Supp. 1276 (W.D. Mich. 1985)

Ⅳ. 일본의 규제체계

1. 관련법제 개관

일본에서 은행합병은 상법, 증권거래법(証券取人法), 은행법, 독점금지법(私的独占의 禁止 및 公正取人의 確保에 関한 法律) 등에 의해서 규율되고 있다. 이 가운데 상법, 증권거래법, 독점금지법은 일반적인 기업결합에 보편적으로 적용되는 규범들이며, 그중에서 상법, 증권거래법은 합병에 따른 주주나 채권자의 권리관계의 보호와 합병기일이나 등기 등 절차에 초점을 둔 것들로서 은행시장의 경쟁제한성 판단과는 직접적인 관련이 없다. 은행합병의 경쟁제한성과 직접 관련이 되는 규범은 은행법과 독점금지법이라고 할 수 있다. 한편 1968년 6월 제정된 '금융기관의 합병 및 전환에 관한 법률' 역시, 금융기관간의 합병을 통해 경영기반을 강화하며 금융기관이 상호 적정한 경쟁을 할 수 있도록 하는 것을 목적으로 하고 있기는 하지만, 동법은 주로 상호신용금고, 신용조합 등의 중소금융기관들에 의한 이종 금융기관간의 합병에만 적용되므로193) 은행간의 합병은 적용대상이 되지 않는다194). 이외에 금융제도개혁법195), 1998년 제

---

193) 동법에서는, 합병의 경우에, ①은행법에 의한 보통은행과 상호은행이 합병하여 보통은행이 되거나 상호은행이 되는 것, ②은행과 신용금고가 합병하여 그 중 하나가 되는 것, ③신용금고와 신용협동조합이 합병하여 신용금고가 되거나 신용협동조합이 되는 것, ④은행과 신용협동조합이 합병하여 은행이 되는 것을 허용하고 있다. 한편, 전환의 경우는 ①보통은행이 상호은행으로 되거나 상호은행이 보통은행으로 되는 것, ②은행이 조직을 변경하여 신용금고로 되는 것, ③신용금고가 조직을 변경하여 은행 또는 신용협동조합으로 되는 것, ④신용협동조합이 조직을 변경하여 은행 또는 신용금고로 되는 것이 가능하다.

194) 일본 銀行法은 제30조는, 금융기관의 합병 및 전환에 관한 법률(昭和43년 법률 제86호) 제3조(합병)의 규정은 은행합병에 대하여 적용되지 않는다는 점을 명시하고 있다.

정된 금융기관조기건전화긴급조치법[196], 금융재생법[197] 등이 부분적으로 은행합병에 관한 규정을 두고 있다.

이상을 종합해 보면, 일본의 경쟁제한적 은행합병의 규제체계는 은행의 합병 또는 영업의 양도·양수에 관한 은행법 제30조와 31조, 및 기업결합규제 일반에 관한 독점금지법 제15조로 이원화되어 있다고 할 수 있으며, 대장성과 공정거래위원회가 각각의 심사기준에 따라 합병허용여부를 가리기 위한 심사를 수행하게 된다.

2. 은행법상의 은행합병 규제

(1) 은행합병의 인가와 그 요건

일본에서도 은행은 하나의 주식회사[198]이므로 상법의 일반규정들이

---

195) 동법은 i) 장기신용은행, 외국환전문은행의 보통은행의 전환, 합병인정과 상호은행법의 폐지 등 일본의 전통적인 전문금융기관제도의 제정, ii) 은행을 비롯한 금융기관과 증권회사의 자회사형태를 통한 상호 타업무분야 진입인정, iii) 유가증권의 정의를 개정하여, CP, CAPDs, 주택대출채권 채권신탁 등을 증권거래법상의 유가증권으로 인정하고, 이러한 증권관련 상품에 대해서는 증권회사, 은행 모두 취급을 허용하며, iv) 협동금융기관의 업무규제완화, v) 금융기관의 건전성 확보, vi) 공모, 사모의 개념을 명확히 하고 사모취급을 증권업무로 취급함과 동시에 은행 및 금융기관도 사모의 취급이 가능하게 하는 등을 주요 내용으로 한다.

196) 금융기관의 재건을 위해 제정되었으며, 부실금융기관의 신청이 있으면 구조조정을 조건으로 자본주입(자금대부)을 할 수 있도록 규정하고 있으며 그 외에 25조엔의 금융기능조기건전화 회계를 신설하는 것 등을 주요 내용으로 하고 있다.

197) 金融再生法은 금융기관의 경영파산시 건전한 대출자를 보호하면서 파산처리를 하고, 금융기관의 파산은 채무초과로 전락, 예금 등의 지불정지, 지불정지의 우려가 있을 시점에 파산으로 인정하는 한편, 금융기관의 파산후에는 금융재생위원회가 3가지 관리처분방식을 결정토록 하는 것을 주요 내용으로 하고 있다.

그대로 적용된다. 일본 상법이 회사의 합병에 대하여 취해 온 기본입장은, 합병이 원칙적으로 당사자의 자유에 속하는 사항이라는 것이었다.[199] 그러나 은행이 국가경제에서 차지하는 비중과 역할이 지대하다는 이 점을 고려하여 은행법에서는 은행을 면허사업으로 규정하는 한편, 은행합병에 대해서도 상법에는 없는 특별한 인가요건을 수립해 놓았다.

즉, 은행법 제30조는 은행간에 합병을 하기 위해서는 대장대신의 인가를 받도록 함으로써 대장대신의 인가를 합병의 효력요건으로 규정하고 있다.[200] 대장대신이 은행합병을 인가하기에 앞서 합병안의 적법성을 심사하기 위한 기준은 법정되어 있다. 심사기준은 크게 세 가지로 구분된다. 이를 구체적으로 보면 i) 합병의 당사자인 은행이 업무를 행하는 지역에 있어서 자금의 원활한 수급 및 예금자 등의 이용자 편리에 비추어 적당한 것일 것, ii) 금융기관상호간의 적정한 경쟁관계[201]를 저해하는

---

198) 일본 銀行法 제5조 1항.
199) 일본 商法 제56조 1항.
200) 일본 銀行法 제30조 1항.
201) 여기서 독점금지법상의 이른바 '일정한 거래분야'로서 지칭되는 시장 개념이나 '경쟁의 실질적 제한'이라는 기준 대신에 '금융기관상호간의 관계'나 '적정한 경쟁관계의 저해'라는 기준을 채용한 점에 주목할 필요가 있다. 이러한 표현상의 차이에 비추어 볼 때, 과연 은행법상의 기준이 독점금지법상이 기준과 유사한 것으로 볼 수 있는지, 다르다면 구체적으로 어떤 해석상의 차이가 있는지가 문제된다. 그런데 현재 日本에서 이 부분에 대한 분석과 해석을 시도한 연구결과는 발견되지 않는다. 다만, 사견으로는 시장에서의 경쟁이 결국 경쟁사업자들간의 경쟁을 의미한다고 보았을 때, 일견 금융기관상호간의 관계라는 부분을 은행시장이라는 일정한 거래분야로 보아도 무리는 없을 것으로 보인다. 하지만 '적정한 경쟁관계의 저해'가 곧 '경쟁의 실질적 제한'과 동일하거나 유사한 의미로 해석될 수 있을지는 의문이다. 동 조문은 '경쟁'이 아닌 '적정한 경쟁'을 보호법익으로 하고 있기 때문이다. 환언하면 독점금지법은 비록 적정한 수준을 넘어서는 과잉의 경쟁상태이더라도 이를 적극적으로 규제하지는 않고 경쟁상태의 축소에만 관심을 가진다. 반면 적정한 경쟁이라는 표현

등 금융질서를 교란시킬 우려가 없을 것, iii) 인가의 신청을 한 은행 또는 합병에 의해 설립된 은행이 합병 등을 한 후 그 업무를 정확, 공정하고 효율적으로 수행할 것이 확실할 것 등이 규정되어 있다[202]. 이 가운데 두 번째 기준 즉 금융기관상호간의 적정한 경쟁관계를 저해하는지가 은행법상 은행합병의 경쟁제한성을 판단하는 기준이 된다고 하겠다.

한편 은행법 제30조상 합병의 효력요건으로서 인가의 법적성질은, 은행법 제4조의 면허나 제5조 등의 인가와는 달라서, 합병이라는 사법상의 행위의 효력 발생요건으로 보고 있다. 따라서 이 인가가 존재하지 않을 경우에는 사법상의 효력을 발생하지 않으며, 당해 인가를 받지 않은 합병결의에 기초한 행위는 당연무효가 된다.[203]

(2) 합병인가제도의 취지

일본 은행법이 은행합병을 인가사항으로 하고 있는 이유는 합병을 순

은 개념적으로, 단순히 양적으로 축소된 상태의 경쟁 뿐만 아니라 과잉 상태의 경쟁도 적정하지 않은 것으로 보겠다는 의미가 가미된 것으로 해석될 여지가 있다. 은행규제의 주된 목적의 하나가 금융시스템의 안정이기 때문이다. 더욱이 적정한 경쟁관계의 저해를 금융질서의 문란의 구체적인 유형으로 열거하는 방식의 조문표현은, 일반적인 기업결합과는 달리 은행산업에서 발생하는 합병이라는 점을 동 기준에서 반영한 것이 아닌가 생각된다. 다만 합병은 사실상 시장의 사업자 수를 줄이는 결과를 낳기 때문에 경쟁의 과잉보다는 경쟁의 위축을 유발하게 될 것이므로 결과적으로는 단순한 경쟁의 제한과 차이가 없을 것이다. 따라서 은행법상의 경쟁제한성 판단기준은 개념적으로 독점금지법상의 판단기준과 동일하지 않지만, 실제의 적용에 있어서는 같은 결과를 낳는다고 할 수 있을 것이다.

202) 일본 銀行法 제31조.
203) 동조 제2항 또는 3항의 소정의 認可의 법적성질도 동일하게 해석된다. 氏兼裕之, 仲浩史, 銀行法の解説, 金融財政事情研究會, 137頁, 平成 6年 (1994).

수하게 당사자간의 자유에 맡길 경우, 은행법의 목적인 신용질서의 유지, 예금자등의 보호, 금융의 원활, 기타에 비추어 중대한 결과를 초래할 수가 있기 때문이다. 그러한 상황으로는 대체로 i) 우량은행이 불량은행을 합병하여, 불량은행으로부터 불량자산을 승계하는 것에 의해 이 자산내용의 악화를 초래하여 은행의 경영기초를 위태롭게 하는 경우, ii) 지역 등의 영업기반을 달리 하는 은행끼리 합병하여, 일방의 지역등으로부터 자금을 끌어들이는 것에 의해 그 지역 등의 산업과 가계에 필요한 자금이 부족하게 되는 결과를 초래하는 등 금융의 원활에 지장을 초래하는 경우, iii) 은행간의 과당경쟁을 격과시켜, 그에 의해 여러 가지 폐해가 발생하는 경우 등이 거론된다.[204]

(3) 인가를 요하는 합병의 범위

인가의 대상이 되는 합병의 범위는 은행끼리의 합병(동종합병)이지만, 그 밖에 은행과 일반사업법인(주식회사, 합명회사, 합자회사, 유한회사)과의 합병에 있어서는 존속회사 또는 신설회사가 은행인 경우의 합병에 한정되고 있다. 따라서 합병하는 당사자가 모두 은행인 경우에도 존속회사 또는 신설회사가 은행이 아닌 경우에는 본항에서 말하는 합병에는 해당하지 않는다. 그러한 경우에는, 은행법 제37조(폐업 또는 해산 등의 인가) 제1항 2호에 해당하게 된다.

은행법 제30조 제1항의 규정에 의한 합병과 금융기관합병전환법 제3조의 규정에 기한 합병의 경우는, 존속회사 또는 신설회사가 은행 기타 금융기관이고, 수행하는 업무도 대장성에 의한 영업감독을 받는 것인데 반해, 은행법 제37조 1항 2호의 규정에 의한 합병은, 은행업과는 다른 종류의 업무를 영위하는 주식회사(타업회사)가 되어 은행의 폐업과는 달리

---

204) 氏兼裕之, 仲浩史, 전게서, 138頁 : 川口恭洪, 「現代の金融法」, 中央經濟社, 27頁, 平成 6年(1994) 참조.

취급되어 진다.

(4) 은행의 영업 양도·양수에 대한 규제

한편 은행법은 합병 이외에 은행의 영업양도 또는 양도에 관한 규정을 두고 있다. 당초 일본의 소화 2년(1927년) 은행법에서는, 은행의 영업양도에 관한 규정은 없을 두지 않고, 대신 대장성령에서 신고사항으로 은행의 영업양도·양수를 규정하고 있었을 뿐이었다. 그러나 은행의 영업양도는 이 방법에 여하에 따라서는 합병과 유사한 효과를 가진 측면이 있고, 영업소의 설치 등을 인가사항으로 한 것[205]을 고려하여, 현행 은행법에는 합병과 같은 형태의 규제를 영업·양수에 대해 적용하고 있다.[206] 그리하여 은행을 당사자로 하는 영업의 전부 또는 일부의 양도 또는 양수는 政令에 정할 것을 제외하고, 대장대신(大藏大臣)의 인가를 받지 않으면, 그 효력이 발생하지 않는다.[207] 그런데 상법상 영업양도라는 것은 객관적 의의의 영업[208]의 전부(일부에 있어서도 유기적인 일체성이 인정되는 한도 내에서는 대상이 될 수 있음)를 일체적으로 계약에 의하여 이전하는 것으로서 본법에 있어서 '영업의 양도'도 같은 형태로 해석되어야 할 것이다[209].

영업 등의 양도 또는 양수의 인가의 경우에 있어서의 심사기준에 관하

---

205) 일본 銀行法 제8조.
206) 영업의 양수라는 것은 '영업의 양도'의 상대방이 되는 측으로 부터의 개념이다. 이러한 영업의 영도(특히 전부양도)는 실질적인 합병과 같은 효과를 가진 것이지만, 주주관계를 인계하지 않는다는 점에서 합병과 기본적으로 차이가 있다. (氏兼裕之, 仲浩史, 전게서, 139頁)
207) 일본 銀行法 제30조 2항 및 3항.
208) 객관적 의미의 영업라 함은 일정한 영업목적에 따라 조직된 유기적 일체로서 기능하는 재산(영업재산)을 말한다. 구체적으로는 동산, 부동산, 채권, 채무, 무체재산권 등을 포함한다.(氏兼裕之, 仲浩史, 전게서, 139頁)
209) 氏兼裕之, 仲浩史, 139頁.

여는, 합병의 인가의 경우와 대체로 같은 형태로서, 1) 자금의 원활한 수급 및 예금자 등 이용자의 편익에 비추어 적당한가, 2) 금융질서를 교란시킬 우려가 없는가, 3) 업무를 적확, 공정한 한편으로 효율적으로 수행할 것이라는 전망이 확실히 있는가 등에 관하여 심사하게 된다(법 31조). 인가의 대상이 되는 영업 등의 양도 또는 양수가 영업의 일부인 경우에는, 특히 당해 영업 등이 이루어지는 지역에 있어서 자금의 원활한 수급 및 이용자의 편익에 비추어 적당한가 여부가 심사된다.

3. 독점금지법상의 은행합병 규제

(1) 은행합병에의 독점금지법 적용

일본의 '사적독점의 금지 및 공정거래의 확보에 관한 법률'은 은행합병에 관해 특별히 언급하고 있지만 은행합병도 기업결합의 유형이므로 동법의 적용에서 벗어날 수 없다. 따라서 독점금지법의 기업결합규제 조항을 그대로 적용받게 되며, 일반적인 기업결합사건과 같은 절차와 기준을 따르게 된다. 특히 일본 독점금지법은 금융기관이 한 기업의 총발행주식의 5%를 초과하여 보유할 수 없도록 하고 있어서, 합병하고자 하는 은행들은 이러한 규제에 저촉되는 경우 사전에 주식매각(자회사흡수가능)을 통해 주식보유비율을 낮추어야 한다[210].

(2) 합병안의 사전신고

은행들이 합병하려고 하는 경우, 독점금지법 제15조에 따라 합병계획을 공정거래위원회에 신고하여야 한다. 그 경우 신고수리일로부터 30일을 경과할 때 까지는, 합병이 인가되어 질 수 없다(15조 3항). 이 기간은

___

210) 실제로 동경·미쓰비시은행의 합병(1996년 4월)과 같은 대규모 은행합병에 대해서도 이러한 주식보유제한규정이 적용되어 합병은행은 이 기준을 맞추기 위해 일정한 조정과정을 거쳐야 했다.

단축할 수 있으며 혹은 60일을 초과하지 않는 기간 내에 연장이 가능하다(15조 3항). 이에 더하여 신고를 하지 않은 합병을 하는 경우에는, 공정거래위원회는 합병무효의 소를 법원에 제기할 수 있다(18조).

(3) 합병안에 대한 경쟁제한성 심사

일본 독점금지법은 i) 합병에 의해 일정한 거래분야에 있어서 경쟁을 실질적으로 제한하는 경우(15조 1항), ii) 합병이 불공정한 거래방법에 의한 것인 경우에는 합병을 금지하고 있다. 따라서 공정거래위원회는 독점금지법에 따라 은행합병안이 일정한 거래분야에서 경쟁을 실질적으로 제한할 우려가 있는 지를 판단하기 위한 심사를 하게 된다. 독점금지법상의 기준을 위반하는 합병이 행해지는 경우에는, 공정거래위원회는 이를 배제하기 위한 조치를 취할 수 있다(17조의2 1항). 은행합병에 대해 흔히 공정거래위원회가 취하는 시정명령은, 은행들로 하여금 사업의 특정부분을 처분하도록 하는 명령이다.[211]

4. 일본의 은행합병 추이[212]와 규제태도

(1) 일본의 은행합병의 추이

일본의 경우 1930-40년대에 강력한 정부주도하에 대량합병이 이루어져서 현재와 같은 은행산업구조가 유지되었으며, 1968년에는 '금융기관의 합병 및 전환에 관한 법률'이 제정되어 몇몇 시중은행간에 대형 합병이 이루어졌다. 이후 일본경제의 안정으로 한 동안 더 이상의 은행합병이

---

211) 川口恭洪, 전게서, 29頁.
212) 이하의 두 건은 OECD Committee On Competition Law and Policy가 2000년 발간한 "금융서비스의 합병"에 관한 보고서(Mergers in Financial Services, DAFFE/CLP(2000)17) 가운데 일본 정부가 제출한 자료를 토대로 정리한 사례들이다.

발생하지 않다가 1990년대 들어서 금융자율화와 국제화가 진전되면서 삼릉은행과 동경은행의 합병으로 세계적 규모의 은행이 출현하는 등 은행들의 대형화 경쟁이 본격화되고 있다. 또한 각 금융업간 분리주의가 1993년 금융개혁법의 시행으로 철폐되어서 은행의 증권업 진출이 허용되는 등 겸업화가 본격화되고 있는 추세이다. 일본의 은행합병의 특성은 비교우위에 있는 부문을 상호보완(삼릉은행과 동경은행)하거나, 부실채권 등 은행경영환경의 악화로 인한 구제형태(대화은행과 주우은행)가 두드러지다는 점이다.213) 이하에서는 일본의 대표적인 대형합병사례였던 1995년의 미쓰비시(三菱)은행과 도쿄(東京)은행간의 합병사례와 영업양수방식의 결합이 문제되었던 1998년의 호코구(豊國)은행의 호카이도다쿠쇼쿠(北海道拓植)은행에 대한 영업양수사례를 살펴보기로 한다.

(2) 미쓰비시은행과 도쿄은행간의 합병(1995년)

미쓰비시은행과 도쿄은행은 일본과 해외의 네트워크확장을 통하여 국제경쟁력을 제고시키려는 목적으로 1995년 합병하였다. 두 합병당사자는 광범위한 점포망을 보유하고 있는 이른바 시중은행들이었다. 따라서 공정거래위원회는 당해 합병이 전국을 영업범위로 하는 도시은행들간의 경쟁에 어떠한 영향을 미칠 것인지를 주로 심사하였다. 당해 합병으로 인해 일본 전역을 사업범위로 하는 은행들 가운데 三菱-도쿄은행이 차지하는 점유율은 합병당시시점에서 예금고 기준으로는 14.2%, 대출기준으로는 14.7%이었으며 예금고와 대출면에서 모두 일본내 업계 2위에 해당하는 수준이었다. 특히 주요기업들에 대한 시중은행들의 대출 면에 있어서는 합병은행이 19.1%로서 최대의 시장점유율을 보였다. 하지만 일본 공정거래위원회는 당해 합병안이 일정한 거래분야에서 경쟁을 실질적으로 제한하지는 않는다는 결정을 내렸다. 그 이유는 합병은행의 시장점유율

---

213) Kazuo Takewaki, *Banking and Finance in Japan*, p.8 (1991).

이 15%를 넘지 않는데다, 3위권 은행과의 점유율 격차도 2%에 불과하다고 보았기 때문이다. 또한 주요기업들에 대한 대출을 놓고 시중은행들간에 벌어지는 경쟁에 대해서도 이들 주요기업들은 대개 신용상태가 양호한 고객들로서 신용리스크가 작기 때문에 도시은행들간의 경쟁이 매우 치열하다고 판단하였다. 따라서 은행대출상품과 주요기업들이 금융시장에서 직접 조달할 수 있는 자금간의 경쟁도 치열하다는 것이다.

또한 공정거래위원회는 기업이 공급받는 전체 자금 중에서 은행대출이 차지하는 비율이 점차 낮아짐에 따라 일반 예금과 대출을 놓고 은행들간에 벌이는 경쟁도 격화될 것으로 예상하였다. 이자율이나 영업활동에 대한 규제와 같은 반경쟁적 규제들이 상당부분 철폐되거나 완화되었다는 점도 반영되었다.

(3) 호코구은행의 호카이도다쿠쇼은행에 대한 영업양수(1998년)

호카이도다쿠쇼쿠은행은 일본 전체에서 11위를 차지하는 시중은행이었다. 그런데 동 은행이 단기금융시장에서 자금을 조달하는 것이 거의 불가능해지자, 재건을 포기하고 그 대신에 호카이도 지역의 영업을 호코구은행에 양도하기로 결정하였다. 호코구은행은 주로 북해도 지역을 영업기반으로 하고 있었다. 당해 영업양도로 인해 호코구은행의 예금 및 대출의 점유율은 각각 20%와 30%로 인상될 것으로 예상되었다. 그러나 공정거래위원회는 호카이도다쿠쇼은행이 자금조달의 어려움으로 인해 재건을 포기하였고 더욱이 시장에 강력한 경쟁자들이 존재하고 있다는 것을 이유로 당해 양수행위가 일정한 거래분야에서의 경쟁을 제한하지 않을 것으로 판단하여 이를 승인하였다.

(4) 은행합병에 대한 규제태도 평가

일본에서 은행합병을 경쟁제한적이라고 하여 금지되었던 사례를 찾아

보기는 매우 힘들다. 이는 일본의 경제정책 전반에 있어서 경쟁정책의 지위가 상대적으로 적은 현실과도 무관치 않아 보이며, 경쟁정책을 경제정책의 근간이 아닌 여러 가지 산업정책의 하나로서 파악하고 있는 전통과도 관련된 듯하다. 실제로 일본에서 은행합병문제에 대해 공정취인위원회가 지나치게 관대한 입장을 견지해 옴에 따라 경쟁정책 집행기관으로서의 역할 보다는 금융정책 집행기관인 대장성의 정책에 좌우되는 한계를 보인다는 지적이 제기되고 있다.[214]

이러한 단면은 공정거래위원회가 1991년의 동방총합(東邦總合)은행과 이여(伊予)은행간의 합병을 처리하는 과정에서 잘 들어난다. 당시 동방총합은행은 파산직전의 상태에 있었는데 대장성은 동방총합은행의 파산사태를 모면하기 위해 은행합병수단을 강구하고 있었다. 이에 공정거래위원회는 대장성의 견해를 고려하여 당해 합병안에 대하여 경쟁을 실질적으로 제한하지 않는다는 판단을 내렸던 것이다.[215]

하지만 일본 공정거래위원회가 은행합병에 대해 언제나 긍정적인 입장을 견지했던 것만은 아니며 1990년에는 다이이치강교(第一觀業)은행과 산와(三和)은행간의 합병을 금지시킨 사례도 있었다. 그런데 여기서 주목해야 할 것은 당시 대장성 역시 동 합병에 대해 부정적인 태도를 보이고 있었다는 점이다. 반면에 앞서 살펴 본 1995년 미쓰비시-도쿄은행간의 합병에서는 대장성이 은행합병의 성사를 위해 적극적인 역할을 하여 공정거래위원회의 합병승인을 이끌어 내었다.[216] 이에 비춰보자면 일본 공정거래위원회의 결정은 대장성의 결정에서 벗어나지 않는 방향으로 이루어져 왔으며, 그만큼 은행합병 문제에 대하여 경쟁법 본연의 기능을

---

214) Kenji Suzuki, Competition Policy in the Japanese Banking Sector: Support Big Bang?, The European Institute of Japanese Studies, Working Paper No.113, p.8 (Feb. 2001).
215) *Id.* p.9.
216) *Ibid.*

스스로 제약시켜 왔던 것으로 볼 수 있다.

V. 비교법적 분석의 소결

1. 주요국의 규제체계에 대한 평가

주요국의 은행합병의 규제체계를 비추어 볼 때, 경쟁법리를 어느 정도로 반영하는지, 다시 말해서 일반 기업결합사건에서 인정되는 수준과 동일한지 아니면 수정되는지에 차이가 발견된다. 먼저 EU나 독일이 경우 모두 일반 기업결합사건과 동일하게 취급, 경쟁법에 따라 경쟁당국이 심사하게 된다는 점에서 공통되며, 다만 EU에서는 경쟁제한성만이 합병의 승인기준이 되는데 반해, 독일에서는 경쟁제한방지법내에 산업정책적 이유에서의 예외적 허용가능성을 열어두고 있다는 점에 특징이 있다. 일면 은행합병을 기업결합사건과 달리 보지 않고 동일한 경쟁법적 기준을 적용한다는 점에서 EU와 독일의 규범체계는 경쟁법의 정신에 가장 충실한 것으로 보인다. 그럼에도 불구하고 경쟁제한성을 이유로 한 합병규제의 실적은 극히 미미하다. 은행시장의 현실을 제대로 반영하지 못한 규범체계의 운용이 도리어 은행합병의 경쟁제한성과 특수성을 모두 포섭하지 못하는 한계를 노출하고 있다. 다시 말해서 가급적 은행합병을 허용해야 하는 현실을 고려하다 보니까 은행합병에 대해서 기존의 경쟁법적 잣대를 일관되게 적용하지 못하고 무리한 법해석이 이루어지고 있으며 규제의 실적이 극히 미미한 것이 아닌가 생각된다.

이에 비해 미국에서는 은행합병을 일반 기업결합사건과 달리 취급하여, 특별법을 통해, 경쟁제한성 이외에 은행산업의 특수성을 고려한 기준들을 은행규제기관들이 종합적으로 고려하도록 하고 있다. 그리고 경쟁당국은 규제당국의 심사기간중에는 간접적으로 개입하지만, 심사 및 인가 후에는 합병은행을 상대로 독점금지법위반 소송을 직접 제기할 수 있다. 은행시장의 특수성과 시장경쟁보호를 함께 고려한 다양한 제도적 발전이 이루어져 왔으나, 규제당국과 경쟁당국의 입장과 견해 불일치라는 잠재적인 문제를 내포하고 있다.

한편 일본의 규제체계는 적어도 외형상으로는 미국의 경우와 같이 은행법과 독점금지법의 양자를 통해 은행합병의 경쟁제한성이 심사되는 구조를 취하고 있다. 더욱이 독점금지법에 따른 심사절차가 합병안 신고와 더불어 처음부터 개시된다는 점에서는, 은행규제기관의 합병승인이 있은 이후에야 DOJ가 독점금지법에 따른 소송을 제기할 수 있도록 한 미국의 방식에 비해 독점금지법 중심주의를 보다 철저히 취한 것으로 보이기도 한다. 그러나 법의 현실적 운용에 있어서는 산업정책적 필요에 의해 독점금지법의 해석과 집행이 충실히 이루어지지 못하고 있다.

2. 우리나라 규제체계와의 비교 및 시사점

우리나라의 규제체계는 독일이나 EU의 방식이 아닌, 금융당국이 경쟁제한성을 판단하도록 되어 있다는 점에서 미국과 일본의 방식과 가깝다. 그런데 경쟁당국의 역할에 관해서 경쟁당국이 독자적인 심사를 처음부터 개시할 수 있도록 한 일본의 방식과, 금융당국의 일차적인 판단이 있은 후 경쟁당국이 이의를 제기할 수 있도록 한 미국의 방식 중 어느 쪽에 더 가까운지는 명확치 않다. 일본의 경우에도 한국의 규제체계와 같이 경쟁당국인 공정거래위원회의 심사관할권에 대해 특별한 언급이 없음에도 불구하고, 공정거래위원회가 은행합병에 대해 대장성과 마찬가지로 심사를 개시한다는 점에 이견이 없으며, 실제로도 공정거래위원회는 은행합병사건이나 은행지주회사에 의한 결합에 대해 심결을 해 오고 있다. 따라서 이점에 비추어 한국의 공정거래위원회도 은행합병사건에 대해 기업결합사건에 대한 동일한 심사권한을 가진다는 해석을 전개해 볼 수 있다. 하지만 여기서 일본의 심사체계와 한가지 중요한 차이에 유의할 필요가 있다. 그것은 일본의 심사체계상에 대장성과 공취위간에 아무런 사전협의제도가 존재하지 않는다는 점이다. 대장성은 독자적으로 경쟁제한성을 판단하도록 되어 있으며, 이 과정에 경쟁정책 전문기관인 공정거래위원회의 의견이 반영될 여지가 없다. 따라서 경쟁제한성의 정확한 심사와 판단을 위해서는 공취위가 독자심사를 할 수 있어야 한다는 점이 당연스럽게 받아들여지는 듯 하다.

반면 사전협의에 관한 한, 우리 심사체계는 미국의 그것에 더 닮아 있다. 미국에서 사전협의제도는, 일차적으로 금융당국의 심사단계에서 경쟁당국의 자체적인 절차개시가 제한되고 오직 경쟁당국은 사전협의라는 간접적인 채널을 통해서만 의견을 개진할 수 있다는 점을 내용으로 한다. 한국의 은행합병심사 역시 이 단계까지는 미국의 절차와 거의 동일하게 진행된다. 그런데 다음 단계에서 근본적인 차이를 보인다. 미국의 경우 경쟁당국의 의사가 금융당국의 최종판단에 반영되지 않은 경우에는 법무부가 독자적으로 독점금지법에 기한 소송을 법원에 제기할 수 있도록 하고 있는데 반해, 한국의 규제체계에서는 그 이상의 단계에 대하여 아무런 언급을 하지 않고 있다. 금융당국에 의한 합병안 심사절차에만 관심을 두고, 그 최종결정에 대한 경쟁당국의 후속조치에 대해 규정하지 않음으로써, 결국 공정거래위원회가 은행합병으로 인한 경쟁제한을 교정하기 위하여 어떠한 조치를 강구할 수 있는지, 혹은 보다 근본적으로 은행합병문제에 독점규제법이 개입될 수 있는지가 해석의 문제로 남게 되었다. 따라서 경쟁법의 적용과 경쟁당국의 역할에 관한 우리법 해석의 시사점을 찾아내기 위해서는 미국의 은행규제체계 속에서 경쟁법규범이 형성되어 온 과정을 좀더 면밀히 분석해 볼 필요가 있다.

제4절   은행합병규제에 있어서 경쟁규범의 형성과정과 지위
- 미국의 경우-

I. 은행업에 대한 미국의 초기 경쟁정책

미국에서도 은행산업은 고도의 규제를 받는 영역에 속하지만, 그 규제는 오랜 기간동안의 시장경쟁의 경험을 통해 성립되었다는 점에서 다른 나라의 규제 성립과정과는 구별된다고 할 수 있다. 미국은 독점금지법을 탄생시키기 이전부터 은행산업에 대하여 일종의 경쟁정책을 적용한 경험을 가지고 있으며, 그 역사는 이미 200년을 넘는 것으로 알려진다. 물론 은행산업에 대한 경쟁정책의 비중이나 내용은 시대에 따라 다양한 양상으로 나타나서, 그 변화의 흐름은 '신중함과 극적 전환의 역사'로 표현되기도 하였다.[217]

1. 독점은행시대 (18세기 말~19세기 초)

미국에서 상업은행업(commercial banking)이 하나의 실질적인 사업형태로 자리잡기 시작했던 것은 독립전쟁(Revolutionary War)시기를 전후해서 인데, 이 시기에는 은행은 하나로도 충분하다는 인식이 일반적이었다.[218] 미국의 정부와 의회의 입장도 은행산업에서 만큼은 독점이 오히려 바람직하다는 것이었다. 그리하여 1781년 미 의회는 the Bank of North America에 일종의 '독점적' 사업면허권을 부여하였으며, 전쟁기간 동안은 다른 은행에게 사업허가가 주어지지 않을 것임을 천명하기도 하

---

217) Bernard Shull, The origins of antitrust in banking: an historical perspective, *The Antitrust Bulletin* (Vol. XLI, No. 2), p.258 (1996).
218) Fritz Redlich, *The Molding of American Banking*, p.21 (1968).

였다. 하지만 연방제도가 탄생하면서 부터 전국적인 독점은 더 이상 가능하지 않게 되었다. 그 결과 독점은행이 유지된지 10년 만인 1971년에 또 다른 연방은행인 the First Bank of the United States가 개업을 하였으며, 주 차원에서는 이미 그 이전에 주법을 통해 네 개의 은행들에게 사업허가가 주어지기도 했다.

하지만 지역적인 차원에서는, 은행업에 있어서 경쟁보다는 독점이 더 바람직할 것이라는 생각이 여전했다.[219] 그에 따라 각 주는 비록 표면적으로 독점정책을 채택하지 않았지만, 입법을 통하여 은행사업면허(bank chartering)절차와 여러 가지 제한적 규정을 통과시킴으로써 은행산업에 대한 중대한 진입장벽을 두게 되었다. 19세기 초반까지 유지되었던 이러한 진입제한적 법률들은, 다른 사업자들이 은행산업에 진입할 기회를 박탈해 버림으로써 일종의 '특권층'과 은행산업의 과도한 '집중'이라는 문제를 야기하게 되었다.

2. 자유은행(free banking)시대 (19세기 중엽~20세기 초)

이른바 자유은행시대가 시작된 1830년대 중반에 들어서면서 은행에 대한 사업면허는 주의 권한으로만 남게 되었다.[220] 각 주에서는 의회보다는 주로 행정기관을 통하여 면허가 부여되었는데, 주마다 앞 다투어 설립기준을 낮추는 등 진입요건을 크게 완화하는 한편, 은행 수에 대해서도 제한을 두지 않게 되었다. 그 결과 자유은행시대의 법률들은, 비록 은행면허의 특별한 성격을 여전히 가지고 있었기는 했지만 진입에 대한 법적 장벽을 상당히 낮추는 역할을 했다.[221] 그러나 이는 다른 한편으로,

---

219) *Ibid.*

220) William A. Lovett, *Banking and Financial Institutions Law*, West, p.10 (1997).

221) 그럼에도 불구하고 다른 요소들 가운데 자본요건은, 19세기에 전국은행

은행산업에의 진입과 퇴출이 사실상 시장기능에 맡겨진다는 의미이기도
했다. 이로 인해 은행의 숫자는 대폭 늘어나고 은행간의 경쟁 또한 크게
증대되기는 했으나 경쟁에서 뒤쳐진 수많은 은행들이 파산하는 결과가
빚어졌다.

3. 엄격한 은행규제시대 (1930년대)

미국의 금융산업은 대규모 은행실패와 연쇄도산을 거듭하면서 1930년
대에 들어서면서 금융위기를 겪게 되었다. 미 의회는 이에 따라 금융시
스템 전반을 재조사하여, 은행시장의 과도한 경쟁이 대량의 은행 실패에
주요원인이며, 더 이상 은행산업을 자유방임상태에 놓아둘 수 없다는 결
론을 내렸다. 의회는 새로운 법률들을 제정하여 은행업에 대해 전례없는
경쟁제한적 조치들을 부과하였다. 무엇보다도, 은행이 신규 사업면허를
받기 위해서는 반드시 "필요성 심사(needs test)"를 받도록 함으로써 그
때까지 유지되어 오던 자유은행시대가 마감되었다는 데에 가장 큰 의미
가 있었다. 우선 1927년의 McFadden Act와 1933년 은행업법(Banking
Act)은 주간 지점설치행위에 대해 여러 가지의 제한을 두고 있었으며 실
제로 대다수의 주들이 이러한 주간 지점설치를 제한하는 규정들을 부과
하였다. 한편 1933년 은행업법은 이른바 Glass-Steagall Act로 알려진 제
16조, 20조, 21조, 및 32조를 통해서 은행의 업무영역을 엄격히 제한하였

에 대한 새로운 면허를 만들면서 진입에 대한 중대한 장벽이 되었다. 그
러다가 1900년에 의회가 소규모 지역의 은행에 대한 자본요건을 낮춘 후
에는 신규면허를 받은 전국은행의 숫자가 크게 증가하였다. Robert Sylla,
Federal Policy, Banking Market Structure and Capital Mobilization in
the United States, 29 *Journal of Economy History* pp.657-659 (1969);
Ross Robertson, *The Comptroller and Bank Supervision*, Office of the
Comptroller of the Currency, pp.66-69 (1968).

다.[222] 또한 1933년 은행업법은 연방준비제도이사회로 하여금 은행이 당좌예금계좌(checking account)에 대해 이자를 지불하지 못하도록 하는 한편, 다른 형태의 저축상품에 대해서도 연방준비제도이사회가 이자율상한을 설정하도록 함으로써[223] 은행 저축상품간의 가격경쟁을 금지시켰다. 이와 같은 가격규제조치는 금융공황으로 인하여 은행의 도산이 급증함에 따라 은행경영의 건전성 확보와 예금자 보호를 목적으로 하는 것들이었다. 입법자들과 은행규제기관의 공통적인 시각은 은행간에 '경쟁'보다 '협조'가 더 바람직하다는 것이었으며, 그 만큼 독점금지법의 은행업에 대한 역할은 매우 제한적일 수밖에 없었다.[224]

4. 독점금지법 집행의 개시 노력

그러나 은행업에 대한 각종의 규제조치에도 불구하고 은행실패의 문제는 1940년대 초까지 호전되지 않은 채 진행되었다. 이로 인해 은행산업에서의 경쟁이 은행실패의 주된 원인이 아니며, 단순히 은행규제만으로는 은행실패문제를 해결하기에 충분하지 않다는 인식이 대두되었다. 경쟁정책에 대한 재고도 이와 함께 이루어지게 되었다. 연방의 은행담당기관들은 은행업 분야에서 경쟁정책을 다시 수립하려는 노력을 개시하였다. 그러한 노력은 합병규제를 중심으로 이루어 졌다.

---

222) 동법에서는 상업은행과 투자은행들간의 업무영역을 명확히 구분해 놓았으며, 상업은행업과 투자은행업을 모두 취급하고 있는 기존의 은행들로 하여금 두 기능을 분리할 것을 요구하였다. 또한 각 유형에 속하는 은행들이 상대 유형은행의 고유업무영역에 진입하는 것을 규제하여, 투자은행이 예금 및 상업대출서비스를 제공하거나 상업은행이 증권인수서비스나 중개서비스 전 영역에 진출하는 것이 금지되었다.

223) 이러한 규제는 이후 Regulation Q에 성문으로 규정되었다가 80년대 중반에 삭제되었다.

224) Gerald C. Fischer, *American Banking Structure* 251 (1968); Bernard Shull, *op.cit.*, p.262.

Ⅱ. 1960년대 이전까지의 은행합병에 대한 연방규제

1960년에 은행합병법이 제정되기 이전에 은행합병사건에 적용시킬 수 있는 연방법으로는 독점금지법인 셔먼법, 클레이톤법과 여타 연방예금보험공사법 등 연방은행규제관련법들이 있었다. 그러나 이들 제반 규범으로는 은행합병이 시장의 경쟁에 미치는 영향을 제대로 통제하기에 역부족이었다. 이하에서는 초기 독점금지법이 은행합병에 적용될 수 없었던 해석상의 한계와 은행합병법이 제정될 수밖에 없었던 제반 상황들을 살펴보기로 한다.

1. 초기 은행합병규제에 있어서 독점금지법의 한계

(1) 셔먼법의 해석과 적용상의 한계

은행합병법이 제정되기 이전까지 은행합병이 셔먼법의 적용대상이 되는지 여부가 직접적으로 문제된 사례는 거의 없었다. 그럼에도 불구하고 은행합병에는 셔먼법이 적용되지 않는다는 것이 일반적인 인식이었다.

그 이유는 셔먼법의 해석방식에서 찾을 수 있다. 주지하는 바와 같이, 셔먼법은 제1조에서, 주간 혹은 외국과의 교역(trade)이나 거래(commerce)를 제한하는 모든 계약(contract), 트러스트나 기타 형태에 의한 결합(combination) 또는 공모(conspiracy)를 위법으로 규정하고 있으며[225], 제2조에서는 교역 또는 거래의 여하한 부분이라도 독점화하거나, 독점화를 기도하거나 혹은 독점화하기 위해 타인과 결합이나 공모행위를 중죄로 간주하고 있다.[226] 그런데 바로 "commerce" 즉, 거래나 통

---

225) 15 U.S.C. §1.
226) 15 U.S.C. §2.

164

상의 개념속에 은행업이 포함되지 않는다고 보았던 것이었다. 이러한 해석은 연방대법원의 초기 판례의 영향 때문이라고 할 수 있는데, 당시까지 연방대법원은, 보험업이 거래(commerce)의 범주에 들지 않으며,[227] 수표를 사고 팖에 있어서 자신의 돈이나 신용을 이용하는 개인들은 상거래에 관계되어 있는 것이 아니라 거래수단의 공급과 관련이 되어 있을 뿐이라고 보았던 것이다.[228] 은행업 역시 보험업과 유사한 하나의 금융업일 뿐만 아니라, 직접적인 거래라기 보다는 거래의 수단의 공급원에 더 가깝기 때문에 셔먼법의 직접적인 적용대상이 되지 않는다는 것이 보편적인 생각이었다.[229]

은행업에 대해서도 셔먼법의 적용이 가능하다고 보게 된 것은 1940년대에 이르러서였다. 연방대법원은 1944년 South-Eastern Underwriters Association사건에서 종전의 입장을 번복하여, 보험업이 셔먼법 소정의 "commerce" 개념에 속하며, 따라서 셔먼법의 적용대상이 된다는 판결을 내리게 되었다.[230] 이는 유추해석상 "거래의 수단"을 제공하는 은행과 같은 여타 금융기관들도 마찬가지로 동법에 적용이 될 여지가 있음을 의미하는 것이었다. 이에 따라 동 판결 이후에는 적어도 해석상, 은행업도 셔먼법의 적용대상이 될 가능성이 열리게 되었다.

하지만 대법원의 입장변화에도 불구하고 셔먼법을 은행합병에 적용시키기 어려운 점은 여전히 존재하였다. 그 이유는 종래와 같은 해석으로

---

227) Paul v. Virginia, 8 Wall, 168 (U.S. 1868); Hooper v. California, 155 U.S. 648 (1895).
228) Nathan v. Louisiana, 49 U.S. 73, 81 (1850).
229) 미 의회 역시 당시에는, 셔먼법을 기초한 John Sherman의원이나 당시 51대 의회가, 은행업을 주간통상을 규제하는 법률의 적용을 받도록 할 것을 기대하거나 의도하지 않았다는 입장을 고수했다. Fulbright, 106 Cong. Rec. 9711 (1960).
230) U.S. v. South-Eastern Underwriters Association, 322 U.S. 533 (1944).

는, 현재 추진중에 있는 은행합병안을 중단시켜야 할 정도의 경쟁제한성을 입증하기가 매우 어렵기 때문이었다.[231] 게다가 1948년 연방대법원이 Columbia Steel 판결[232]을 통해 내린 셔먼법의 해석 역시 셔먼법을 은행합병에 적용시키기 어렵다는 인식을 굳히는데 큰 영향을 미쳤다. 이 사건에서 법원은 서부지역 최대의 철조물 조립업자에 의한 미국내 최대 rolled steel 제품 생산업자의 인수를 승인하는 한편, 셔먼법 위반을 성립시키기 위해서는 규제사업의 비율, 잔존경쟁의 강도, 거래의 목적, 산업발전의 가능성, 소비자수요 및 기타 시장특성 등과 같은 요소들을 고려해야한다는 일종의 합리의 원칙을 수립하였다. 이 판결의 영향으로, 50년대까지 은행합병사건에 대해 셔먼법 제1조 위반으로 제소된 사건은 한 건에 그쳤으며[233], 법무부 역시 이 판결의 영향으로 셔먼법은 은행합병에 적용될 가능성이 있더라도 실질적인 제한으로 작용하지 않는다는 입장을 표명하였다. 즉, 1944년의 대법원 판결을 통해 셔먼법의 적용가능성이 열리게 되었으나, 1948년의 또 다른 판결의 영향로 인해 셔먼법은 사실상 정부규제영역인 은행합병에 대해 무력한 것으로 이해되었다.

---

231) 일반적으로 기업결합안이 셔먼법 위반으로 판명되기 위해서는 실제로 경쟁을 제한하거나 독점을 낳는 효과를 가지고 있거나, 그런 효과를 가지고 있을 것을 입증해야만 한다. 즉 경쟁제한의 개연성의 입증으로 충분한 클레이톤법 제7조나 연방거래위원회법 제5조 보다는 셔먼법 위반을 입증하기 위한 요건이 훨씬 더 까다롭다고 할 수 있다. 이러한 이유에서 일반적인 기업결합사건에 있어서 경쟁당국은 대개의 경우 셔먼법보다는 클레이톤법 제7조나 연방거래위원회법 제5조를 적용해 위법을 판단하여 왔다.

232) U.S. v. Columbia Steel, 344 U.S. 495, 527-28 (1948)

233) United States v. Firstamerica Corp, Civil No. 38139, N.D. Cal., filed March 30, 1959. 그러나 이 사건은 법원의 최종판결에 이르기 전에 동의명령(consent decree)에 의해 해결이 되었다. 한편 이 동의 명령에서는 합병을 승인하기는 하였으나 피고에게 새로운 은행을 창설하도록 의무를 부과하였다.

(2) 클레이톤법 제7조의 해석과 적용상의 한계

1914년 클레이톤법 제정이후 경쟁제한적인 기업결합에 대한 실질적인 규제는 클레이톤법 제7조가 담당하여 왔다고 할 수 있다. 그러나 클레이톤법 제7조 역시 초기에는 은행합병에 대해 직접 적용되기에는 곤란한 것으로 생각되었다. 그 이유는 클레이톤법 제7조 상의 여러 제한규정 때문이었다.[234] 클레이톤법 제7조는 당초 株式이나 기타 지분의 취득을 통한 기업결합만을 규제하여 오다가 1950년 Celler-Kefauver 개정법을 통해서 자산취득을 통한 결합으로까지 규제의 범위를 확장시킨 바 있다. 그럼에도 불구하고 이 두 가지 규제유형 중 어느 하나도 은행합병을 포섭하지 못한다는 것이 1960년대 초까지의 일반적인 해석이었다.[235]

먼저 당시 클레이톤법 제7조 전단을 살펴보면, "한 회사가 주식의 구입에 의해 다른 회사의 통제권을 취득하는 행위를 규제대상으로 하여, 주식의 취득을 통해 경쟁사업자를 통제하려는 행위"를 위법으로 규정하고 있다. 이러한 규정을 둔 것은 클레이톤법 제정당시에 대다수의 기업결합들이 주식취득의 형태를 띠고 있었기 때문이었다.[236] 그런데 은행업의 경우, 국법은행이나 주법은행을 불문하고 시장의 안정과 은행의 건전성을 도모하기 위해서 주식보유를 엄격히 통제하고 있었다. 그 결과 은행들이 합병을 하기 위해서는 주식취득을 통한 방식보다는 자산취득에

---

234) 한편 제7조 이외에도, 가격차별에 관한 제2조 및 끼워팔기와 배타적 거래협정에 관한 제3조 역시 "상품(commodities)"에 대해서만 적용된다는 규정의 해석으로 인해 금융서비스에는 적용되지 않았다. 클레이톤법 조항 가운데에서 명백하게 관련이 있는 조항이라고 하면, 임원겸임에 대해 제한을 둔 제8조가 유일하였다.

235) Bernard Shull, *Id.*, p.265 참조.

236) 특히나 여러 기업의 주식 중에서 지배가능한 주수(株數)를 매수함으로써 지배권을 집중화하는 지주회사 방식이 당시 결합형태의 주를 이루고 있었다. Report No. 1191 To Accompany House Report 2734, 81st Congress, 1st Session 4 (1949).

의한 방식이 사실상 유일한 수단이 되었다. 은행들의 입장에서도 굳이, 취득요건도 엄격히 제한되어 있는데다, 클레이톤법 제7조 위반에 연루될 수 있는 주식취득 방식을 선택할 이유가 없었다. 이 때문에 자산취득형식의 은행합병에 대해서 클레이톤법 제7조는 무용한 규정으로 존재할 수밖에 없었다.

또 다른 문제는, 일반적인 기업결합규제의 경우 법무부가 클레이톤법 제7조를 집행하도록 되어 있었던 반면에, 은행산업에 대해서는 클레이톤법 제11조에서 연방준비제도이사회에 기업결합의 집행권한을 위임하였다는 점이다.[237] 그런데 연방준비제도이사회가 은행합병사건에 대해 클레이톤법 제7조의 집행권한을 적극적으로 행사하지는 않았던 것이다.[238] 연방준비제도이사회 내부에서도, 연방준비제도이사회가 클레이톤법의 기능을 극도로 약화시켰음을 시인하면서, 그럴 수밖에 없는 것이 법조문 자체가 지나치게 막연하고 느슨하기 때문이라는 점을 지적한 바가 있다.[239]

---

237) 15 U.S.C. §21. 은행분야는 연방거래위원회법 제5조와 제6조의 적용에서 도 명시적으로 배제되었다. (15 U.S.C.§45, 46)

238) The 1966 Amendment to Bank Merger Act, 83 The *Banking Law Journal*, p.756 (1966).

239) Henry Parker Willis, *The Federal Reserve System*, pp.1192-93 (1923); Bernard Shull, The origins of antitrust in banking: an historical perspective, *The Antitrust Bulletin*(Vol. XLI, No. 2), p.263 (1996). 다만 연방준비제도이사회가 일련의 은행합병을 무효화하기 위해 클레이톤법을 발동하였던 사례도 있었다. 이는 1953년의 Transamerica Corp. 사건인데 이 사건에서 연방준비제도이사회는 5개 주 지역의 은행점포의 41%, 예금고의 39%, 대출의 50%를 점하고 있던 지주회사인 Transamerica가 연속적으로 은행을 취득하는 행위가 클레이톤법 제7조를 위반한다고 결정하였다. 그러나 이 사건을 담당한 연방 제3항소법원은 동 이사회의 시장획정을 뒷받침할 만한 근거가 없으며 유효경쟁지역에서 경쟁이 감소되거나 독점이 조장되었다는 근거도 없음을 이유로 결국 이

그러한 가운데 미 의회는 1945년에 이르러 종래 적용범위에 한계를 노출시켰던 클레이톤법 제7조의 개정을 추진하여, 제7조의 적용기준을 보다 엄격히 하는 한편 적용범위를 자산취득방식에 까지 확대하는 방안을 추진하였다[240]. 이 과정에서 연방준비제도이사회는 자신들의 심사권한이 자산취득에까지 확장시켜야 한다는 입장을 관철시키기 위해 지속적인 노력을 폈다[241]. 그러나 당초, 기업결합규제의 적용범위를 모든 자산취득행위로 까지 확장시키려던 초안과는 달리, Celler-Kefauver 개정법은 결국 연방거래위원회(FTC)의 관할권에 속하는 기업에 의한 자산취득으로 적용범위를 국한하는 선에서 마무리되었다. 반면 규제산업에서의 기

사회의 결정을 기각시켰다. Transamerica Corp. v. Board of Governors, 206 F.2d 163 (3d Cir.) cert. denied, 346 U.S. 901 (1953).

240) A legislative history can be found in Amend the Bank Merger Act of 1960: Hearings on S. 1698 Before a Subcommittee of the Senate Committee on Banking and Currency, 89th Cong., 1st Session, 324-54 (1965))

241) 연방준비제도이사회는 개정안통과가 임박한 1950년 10월 12일, 개정법의 입안자인 Celler의원에게 한 통의 편지를 써서 보냈는데, 그 내용은 "클레이톤법 제7조는 은행에 관한 한 여전히 주식취득을 통한 합병에 한정될 수 밖에 없을 것임"을 지적하는 것이었다. 이 편지에서는 또 연방준비제도이사회의 입장을 관철시키기 위해 다음과 같은 구체적인 지적도 덧붙이고 있었다. 즉 클레이톤법 제7조에 따른 집행의무를 지고 있는 모든 규제기관들, 가령 민간항공국, 연방통신위원회, 연방전력위원회, 해양위원회, SEC, 그리고 농무성 등은 주식취득뿐만 아니라 자산취득에 대해서도 이미 승인권한을 가지고 있으며, 더군다나 개정법이 통과될 때는 FTC 역시 그렇게 될 것이라는 것이므로, 결국 은행규제기관만이 유일한 예외로 남게 된다는 것이다(Letter to Congressman Celler from Board of Governors of the Federal Reserve System, Oct . 12, 1950: Amend the Bank Merger Act of 1960: Hearings on Senate. 1698 Before a Subcommittee of the Senate Committee on Banking and Currency, 89th Cong., 1st Sess.,(1965) at 27-28 참조; Id Bernard Shull, p. 264 참조).

업결합행위에 대한 규제관할권에 대해 규정한 제11조는 그대로 존치되었다. 이것은, 비록 자산취득 방식의 기업결합 형태를 제7조의 적용대상에 포함시키기는 했지만, 연방거래위원회의 관할권에 속하지 않는 은행합병을 여전히 경쟁법적 심사의 사각지대로 남겨두었음을 의미하는 것이었다.

2. 은행법을 통한 합병규제

경쟁제한적인 은행합병과 그로 인한 은행집중화를 방지하는데 있어서 연방은행관련 규범 역시도 독점금지법의 취약점들을 보완해 줄 만한 규정들을 가지고 있지 못하였다. 은행관련법규에 따라서는 제한적이나마 규제권한이 부여되었으나 사전승인을 요하는 경우가 제한되어 있어서 실질적으로 은행합병에 대한 규제수단으로서는 미흡하였다. 은행지주회사법이나 은행합병법의 제정 이전의 연방규제를 개괄하여 살펴볼 때, 우선 은행법에서는 국법은행 간에 이루어지는 합병은 사전에 OCC에 의한 승인을 받도록 하는 한편[242], 주법은행이 국법은행으로 합병되는 경우에 마찬가지로 OCC가 사전에 승인하도록 규정하였다.[243] 또한 연방예금보험법 제18조(c)에서는 보험가입은행과 비보험은행간의 합병이나, 혹은 보험가입은행이 보험가입주법은행으로 합병되는 경우로서 합병후의 존속 또는 신설은행의 자본이나 잉여금이 합병참가은행들의 자본의 합계나 잉여금의 합계보다 작은 경우에는 FDIC가 합병을 사전에 승인하도록 규정하였다.[244]

그런데 합병은행의 자본 및 잉여금은 참가은행들의 자본 및 잉여금의 합과 같거나 이를 상회하는 경우가 대부분이어서, 사실상 FDIC의 승인을

---

242) 12 U.S.C. §32.
243) 12 U.S.C. §34a, 34b.
244) 12 U.S.C. §1828(c).

170

요하는 경우는 거의 없었다. 더욱이 이들 제반 관련규범들 가운데서 어느 하나도 경쟁제한 또는 독점화의 우려가 있는 합병을 승인받기 위한 요건으로서 경쟁요소들을 규정하고 있지 않았다. 이러한 상황하에 은행집중화는 급속히 진행되어, 1950년과 59년 사이에는 총 은행수의 10%를 넘는 1,503개의 은행이 합병 또는 흡수되었으며, 1959년에는 16군데의 주요 금융중심지에 상위 4개 은행이 총은행자산의 60% 이상을 점하기에 이르렀다.

미 의회에는 이와 같은 은행집중화에 대처하기 위하여, 마침내 1955년 이래 1960년까지의 기간동안 여러 건의 법안이 제출되기에 이르렀다.[245] 그 가운데 유력한 것들로는, 미 법무부가 지지한 법안으로서 은행의 자산취득에 대하여 클레이톤법 제7조를 적용할 수 있도록 개정하는 방안과, 3대 연방은행규제기관들이 지지한 법안으로서 경쟁을 실질적으로 감소시키는 은행합병에도 공공의 이익에 합치함으로써 용인되는 경우[246]를 인

---

245) Funk, Antitrust Legislation Affecting Bank Mergers, 75 *Banking Law Journal*, p.369, p.380 (1958); Wemple and Culter, The Federal Bank Merger Law and the Antitrust Laws, 79 *Banking Law Journal*, pp.462-465 (1962); Fisher, *American Banking Structure*, pp.149, 158, 290 (1968) 등 참조.

246) 당시 이러한 경우로서는 다음의 6가지 경우가 거론되었다. i〉 피합병은행이 결국에 가서 파산(the ultimate failure)하게 될 합리적 개연성이 있는 경우; ii〉 부적절한 경영(자)으로 인해 피합병은행의 장래 전망이 좋지 않은 경우; iii〉 피합병은행이 불충분한 자본금 혹은 불건전한 자산을 보유한 문제은행이며, 다른 은행에 의한 합병이 문제해결을 위한 가장 현실적인 방법인 경우; iv〉 피합병은행에 경영승계에 대하여 충분한 준비가 없거나 혹은 경영진이 무능한 경우; v〉 피합병은행이 비경제적인 단위이거나 혹은, 지역사회의 필요를 충족시킬 수 있을 정도의 자금을 대출을 하거나 필요한 은행시설을 제공하기에 그 규모가 너무 작은 경우; vi〉 소규모 지역에서의 은행과잉상태로 인해 은행들이 결국 그와 같은 은행들의 조건에 부정적 영향을 주게 되는 불건전

정하되, 그 최종적인 판단권을 연방은행감독기관에 부여하는 법안의 두 가지 유형이 있었다. 결국 미 의회가 채택한 결론은 두가지 유형의 절충한다는 것이었는데, 1956년 은행지주회사법과 1960년 은행합병법이 그 결실이었다.[247]

Ⅲ. 은행합병규제체계의 통합

1. 1956년 은행지주회사법의 제정

은행합병에 관한 규제를 현실화하려는 노력의 결실은 먼저 1956년 은행지주회사법 제정을 통해 이루어 졌다. 은행지주회사법이 먼저 제정된 이유는, 당시 미 의회가 은행들 간의 합병을 통한 방식보다 오히려 은행지주회사를 통한 권한남용의 위험이 더욱 크다고 보았기 때문이다.

제정 은행지주회사법은, 은행의 의결권 주식의 25% 이상을 보유하는 회사나, 은행임원진의 대다수의 선출을 통제하는 회사, 혹은 연방준비제도이사회가 판단하기에 은행에 대해 "지배적인 영향력"을 행사하는 모든 회사들에 대해 적용이 되었다.[248] 이들 지주회사들은, 은행지주회사들이 연방준비제도에 가입할 것과, 은행지주회사들이 가진 비은행활동에 대한 권리의 대부분을 포기할 것, 그리고 본사가 소재하고 있는 주 이외에 있

한 경쟁관행에 호소할 수 밖에 없으며, 따라서 둘 혹은 그 이상의 은행들간의 합병이 공공의 이익에 부합하는 경우. Funk, *op.cit.*, p.382.

247) 그러나 두 법은 기본적으로는 후자에 속하는 것으로 생각되었다. Eliss, Antitrust Bank Mergers and the P.N.B. Decision, 81 *Banking Law. Journal*, pp. 303-306 (1964).

248) 12 U.S.C. §1841 (a).

는 은행에 대한 합병을 삼가할 것 등이 요구되었다. 그리고 아울러, FRB에 대해서는 동법에 따른 일반적인 감독권한과 지주회사의 은행합병에 대한 사전승인권한이 부여되었다.

이에 따라 연방준비제도이사회는 은행지주회사에 의한 합병을 승인하기에 앞서 (1) 지주회사와 소속은행의 재정적 추이와 상황; (2) 그들의 향후 전망; (3) 경영의 특성; (4) 관련 지역들의 편의, 필요 및 후생 등을 심사하는 한편, (5) 당해 인수, 합병 혹은 결합행위가 "적정 및 건전 은행, 공공의 이익, 은행업분야에서의 경쟁의 보호에 부합하는 정도를 넘어서 은행지주회사의 규모와 범위를 확장"시키는지 여부를 고려하도록 되어 있었다.

이 가운데 처음 네 가지 항목들은 '금융고려요소(banking factors)'로 불리는 것들이며, '경쟁의 보호'가 포함된 다섯 번째 항목이 은행지주회사법을 통해 비로소 도입된 '경쟁고려요소(competitive factor)'라고 할 수 있었다. 그러나 규정상에는 단순히 경쟁의 보호를 위해 적합한지를 고려하도록 되어 있을 뿐 이를 평가하기 위한 기준은 구체화되어 있지 않았다. 다만 동법 제11조는 은행지주회사법의 어떠한 규정도 반트러스트 관련소송에서의 항변을 구성하는 것으로 해석되어서는 안 된다는 규정을 두어서, 간접적으로 은행지주회사법이 반트러스트기준에 부합되어야 한다는 것으로 유추해석되었다. 하지만 은행지주회사에 의한 은행합병방식만이 규제의 대상이었기 때문에 은행들간의 합병은 입법적 불비상태로 남아 있었다.

2. 1960년 은행합병법의 제정과 그 한계

(1) 규제의 내용과 미비점

지주회사법의 통과 이후 의회의 주된 관심은 은행들간의 합병쪽으로 돌려졌다. 의회는 은행합병에 대해 좀더 통제권을 강화하기 위해 연방예금보험법(Federal Deposit Insurance Act) 제18조 (c)[249]를 개정하여, "여하한 자산의 합병, 통합, 취득이나 예금보험가입은행의 채무 인수에 대해 반드시 통화감독청(OCC)나 연방준비제도이사회(FRB) 혹은 연방예금보험공사(FDIC) 가운데 한 기관으로부터 사전 서면승인을 받도록 하였다.[250] 한편 합병을 추진하는 주체들은 합병안의 예고를 영업대상지역에 문건화하여 게시하도록 의무를 부과하였다. 이러한 규정을 둔 것은, 합병의 영향을 받게 되는 지역의 주민들이 합병에 대해 의견을 개진할 수 있는 기회를 제공하기 위한 것으로서, 은행합병법에서 처음으로 도입된 제도는 아니었으며, 합병후 존속하는 은행이 국법은행이 되는 경우에 시행되어 오던 것을 모든 은행합병사건으로 확대적용시킨 것이다.

1960년 은행합병법 하에서 은행합병을 승인할 것인지 거부할 것인지를 결정하기 위한 기준은 다음의 7가지로 집약되었다.

(i) 합병 당사은행 각각의 재정상태의 추이와 상황(the financial history and condition)

(ii) 각 은행의 자본구성의 적절성(the adequacy of its capital structure)

(iii) 합병후의 수익 전망(its future earnings)

(iv) 합병은행 경영진의 일반적 성격 (the general character of its

---

249) 76 Stat. 953 (1962), 12 U.S.C. §1828(c) (1964).

250) 구체적으로 이들 3대 은행규제기관들 가운데 어느 기관으로부터 심사를 받게되는 지는 합병안에 따른 은행기관의 법적 지위에 따라 달라지는데, 합병으로 인해 탄생하는 은행이 국법은행(National Bank)인 경우에는 통화감독청, 주법은행으로서 연방준비제도에 가입키로 한 은행인 경우에는 연방준비제도이사회, 그리고 주법은행으로서 연방준비제도에 가입하지는 않지만 연방예금보험에 가입한 은행의 경우에는 연방예금보험회사 (FDIC)의 반트러스트 심사를 각각 받도록 규정하고 있었다.

174

management)

(v) 영업대상 지역사회의 편의 및 필요 (the convenience and needs of the community to be served)

(vi) 합병은행의 역량(the merged bank's corporate power)이 본법의 목적에 부합하는지 여부

(vii) 당해 합병의 독점화 경향을 포함하여, 합병거래가 경쟁에 미치는 영향(the effect of the transaction on competition, including any tendency toward monopoly)[251]

이 가운데 (i) - (vi)까지의 항목들은 금융고려요소로서 종전의 은행규제규범과 특히 1956년에 제정된 은행지주회사법에 이미 존재하던 기준[252]에서부터 도출된 것들이었다. 이에 비해 (vi)의 기준은 은행지주회사법과 함께 은행합병에 대한 규제체계에 도입되었던 경쟁고려요소였다[253].

그러나 이러한 경쟁고려요소에 대한 표현은 상당히 약식화되어 있었고, 의미와 기준에 대해서도 상세한 규정을 두지 않았다. 이를테면 "당해 합병거래가 경쟁에 미치는 효과(독점화 경향을 포함하여)를 고려(taking into consideration the effect of the transaction on competition)"한다는 문구에는 가령, "경쟁을 실질적으로 감소(lessen competition substantially)"시킨다거나 "부당하게(unduly)"와 같은 구체적인 판단기준들을 포함하고 있지 않았다. 특히, 동법이 단순하게, 규제기관들은 "그러한 요소들을 고려한 이후에 당해 합병거래가 공공이익에 부합한다는 것을 발견하지 못하는 한 당해 거래를 승인하여서는 안 된다"고 규정하였다는

---

251) 76 Stat. 953(1962), 12 U.S.C. §1828(c) (1964).
252) Federal Deposit Act §6, 66 Stat. 663 (1952), 12 U.S.C. §322(1964).
253) The 1966 Amendment to the Bank Merger Act, *op.cit.*, p.760.

점이다. 또한 이를 심사하기 위한 구체적인 기준이나 제도 또한 제시되지 않았으며, 이로 인해 규제기관들은 자신들이 적절하다고 판단한 기준이나 심사제도는 그것이 무엇이든 임의대로 채용할 수 있었던 것이다.

또 한가지 거론된 문제는, 동법이 구분한 금융고려요소와 경쟁고려요소간의 관계였다. 은행합병법의 기본적인 착상은 금융고려요소와 경쟁고려요소를 구분해서 검토하자는 것이었지만, 이 두가지 기준은 실제에 있어서는 완전히 구분될 수 없는 것이었고, 이 두 심사기준 사이에 상호 중첩되는 영역도 존재했다. 이러한 부분은 특히 경쟁고려요소와 "지역사회의 편의 및 필요"(상기, v의 기준)라는 은행업 특성상의 고려요소와의 관계에서 두드러지게 나타났다.

(2) 합병의 인가절차와 미비점

각 연방은행규제기관은 이러한 제 요소들을 검토한 후, 당해 합병이 공공의 이익에 합치하는 것으로 판단할 수 있는 경우에는 합병을 인가할 수 있다. 하지만 이러한 판단을 하기에 앞서 나머지 두개의 연방은행규제기관들과 법무부로부터 자문(an advisory opinion)을 요청해야 했으며, 이들 기관들로부터 접수된 서면 보고서를 고려하도록 되어 있었다. 단 자문의 범위는 합병안이 경쟁에 미칠 영향, 즉 상술한 (vi)의 기준 적합성 여부에만 국한되었다. 이때 자문을 요청받은 기관들은 자문요청일로부터 30일 내에 서면보고서를 제출하는 것이 원칙이었으나 이에 대해서는 몇몇의 예외규정도 두고 있었다. 즉 심사기관이 자문기관들에게 신속한 조치를 취할 긴급사항이 존재한다는 권고를 하는 경우에는 보고기간이 단축될 수도 있었으며, "합병은행 중 한 은행에게서 예상되는 은행실패를 방지하기 위하여" 긴급한 조치가 필요한 경우에는, 서면보고 요건이 면제될 수도 있었다.[254]

---

254) 76 Stat. 953(1962), 12 U.S.C. §1828(c) (1964).

이처럼 여타 은행규제기관들과 법무부로부터의 경쟁고려요소에 대한 자문을 요청하도록 한 취지는 다소 양면적이었다. 즉 일면 은행규제기관들로 부터 자문을 거치는 형식을 통해서 이들 기관상호간의 의견 통일성을 제고하려는 의도가 있었던 반면, 경쟁정책을 집행해 오면서 축적된 법무부의 경험을 심사과정에서 활용해 보려는 취지도 아울러 가지고 있었다.[255]

그런데 문제는, 합병심사를 담당한 규제기관에게 자문요청과 아울러, 접수된 자문을 고려할 의무만 부과되어 있었을 뿐, 이를 합병승인여부의 결정과정에 반영해야 할 의무는 없었다는 점이었다. 특히 경쟁당국인 법부무의 의견은 합병승인여부의 결정과정에 어떠한 구속력도 가지고 있지 못했다. 가령 법무부가 합병안에 대해 시장경쟁의 측면에서 부정적이므로 승인을 하지 않는 것이 바람직하다는 의견을 개진하였더라도, 심사를 담당한 기관은 이를 접수하여 참고로 할 뿐, 실제 결정과정에서는 이와 무관하게 합병을 인가해 줄 수 있었다.

더욱이 은행합병법을 제정을 도출해 낸 규범적 합의와 은행합병규제의 통일적인 집행을 위해서는, 일단 연방은행감독기관이 승인한 합병은 이후 독점금지법에 의해 다시 문제를 삼지 않는 것이 바람직하다는게 당시의 보편적인 인식이었다.[256] 은행규제기관들도 이러한 분위기에 편승하여, 자신들이 일단 은행합병법에 따라 승인한 은행합병은 향후 독점금지법의 적용으로부터 면제받게 될 것이라는 기대를 가지고 있었다.[257] 이

---

255) S. Rep. No. 196, 86th Cong., 1st Sess. 23 (1959); H.R. Rep. No. 1416, 86th Cong., 2d Sess. 13 (1960).

256) The 1966 Amendment to Bank Merger Act, *op.cit.*, 759.

257) *Ibid.* 다만 은행합병법 규정에 법무부의 독점금지법 위반소송 제기권한을 명시적으로 배제시킨다는 규정이 있었던 것은 아니었으며, 은행합병법이 제정된 이후에도 해석상, 클레이톤법 제7조는 아니더라도 셔먼법 규정은 은행합병에 적용될 수도 있을 것이라고 보았기 때문에, 법무부가 셔먼법

와 같은 입법상의 미비점과 규제기관의 인식으로 인한 문제점은 법의 운용과정에서 그대로 표출되었다.

(3) 은행규제기관과 법무부간의 시각차이

1960년 은행합병법이 당초 은행규제기관으로 하여금 반경쟁적인 은행합병을 엄격히 심사토록 하려는 취지였음에도 불구하고, 상술한 바와 같은 몇 가지의 취약점으로 인해 실제의 규제에 있어서는 별다른 성과를 거두지 못하였다. 법이 제정된 1960년 5월 이후 약 5년간, 연방준비제도이사회가 합병안을 승인한 건수는 142건인데 비해 거부한 건수는 17건에 그쳤고, 통화감독청은 450건의 합병안을 승인, 12건을 거부하였으며, 연방예금보험공사의 경우 193건을 접수, 승인하고 단 2건의 합병안을 거부하는 것으로 그쳤다.[258] 반면 법무부는 동 기간 중의 합병건 가운데 470건에 대하여 부정적 경쟁효과를 가지고 있다는 평가를 내렸다.

이것은 결과적으로 법무부가 합병안들에 대해 내린 판단 중 90% 이상이 제대로 반영되지 않았음을 의미하는 것이었다. 문제는 은행합병의 반경쟁성을 심사해야 할 양대 기관이 이처럼 확연한 시각차이를 보이는 이유가, 합병의 반경쟁적 효과에도 불구하고 이를 상쇄할 만한 공공의 이익이 있음을 경쟁당국이 중시한 결과라기 보다는, 근본적으로 경쟁적 해악(competitive harm)에 대해 은행규제기관들과 법무부가 가지고 있는 시각 자체가 다르게 유지되어 왔기 때문이라는 데에 있었다.[259] 물론 법

을 가지고 규제당국의 합병승인을 무효화시킨다는 것이 전혀 불가능한 것은 아니었다. 그러나 당시까지 셔먼법의 기준을 은행합병에 적용시킨 경우가 거의 없었기 때문에, 셔먼법을 가지고 은행합병법을 금지시킬 수 있는 가능성은 사실상 기대할 수 없었을 것으로 생각된다.

258) *Id.*, p.762.
259) Hearings on S. 1698 Before the Subcommittee on Domestic Finance of the House Committee on Banking and Currency, 89th Cong., 1st Sess. 187 (1965).

무부가 특정 은행합병안이 시장의 경쟁에 부정적인 효과를 가질 수 있다는 판단을 내렸다고 해서 그것이 언제나 독점금지법 위반을 형성하는 것은 아니다. 또한 은행규제기관들이 법무부가 반경쟁적이라고 본 합병안을 승인했다고 해서 반드시 독점금지법 위반을 묵인했다고 말할 수도 없다. 그럼에도 불구하고 한가지 분명한 것은, 은행규제기관에 따라서는 반경쟁성을 이유로 합병승인을 거부한 빈도가 많은 기관들이 있기는 했지만, 전체적으로 은행규제기관들은 법무부에 비해서 은행합병이 반경쟁적 효과를 가지고 있다고 보는 경우가 훨씬 적다는 점이라고 하겠다.

3. Philadelphia 판결과 그 영향

법무부가 합병안에 대해 내린 부정적 판단이 은행규제기관의 합병심사 과정에 별다른 영향을 미치지 못하자, 법무부는, 은행합병에 대한 독점금지법의 적용가능성이 희박하다는 일반적 인식에도 불구하고, 이미 승인된 은행합병건을 상대로 셔먼법 제1조와 클레이톤법 제7조 위반소송을 제기하게 되었다. 이 가운데 1963년 Philadelphia National Bank 사건 판결(이하, Philadelphia 판결)[260]과 1964년 Lexington사건[261]은 연방대법원까지 가서 다투어졌는데, 이들 판결은 향후 은행합병에 대한 독점금지법의 적용과 경쟁제한성의 심사에 있어서 획기적인 전환점을 제시한 선도적 판결로 자리잡게 된다.

(1) Philadelphia National Bank 판결: 클레이톤법 제7조의 적용

1) 사실관계

---

260) U.S. v. Philadelphia National Bank, et al., 374 U.S. 321 (1963).
261) U.S. v. First National Bank & Trust Company of Lexington, 376 U.S. 665 (1964).

본 사건은 미국 연방대법원이 은행합병사건으로서는 물론 전체 규제산업의 영역에 있어서 독점금지법이 적용될 수 있음을 밝힌 최초의 사례이었으며, 이후 은행합병에 관한 독점금지소송에 있어 매우 중요한 기준들을 제시한 판결이었다. 이 사건은, 예금고 기준으로 필라델피아 지역 2위(미국 전역에서 21위)의 Philadelphia National Bank와 3위를 점하던 Girard Trust Corn Exchange Bank가 상호간의 합병을 추진하면서 제기되었다. 당시 두 은행간에 추진되었던 합병의 규모는 자산면에서 해당 지역의 1/3을 차지하는 최대은행으로 부상할 수 있었던 수준이었다. 합병안의 심사는 OCC가 담당하게 되었으며, OCC는 1960년 은행합병법에 따라 나머지 은행규제기관 즉 FRB와 FDIC 그리고 경쟁당국인 법무부에 대해 경쟁제한성에 관한 자문을 요청하였다. 이에 대해 두 은행규제기관과 법무부 모두 당해 합병이 경쟁의 실질적인 감소효과를 야기한다는 의견을 개진하였다. 그러나 최종적인 인가권한을 보유한 OCC는 당해 합병의 반경쟁적 효과보다도 다른 기대효과가 더 크다는 이유로 합병합병안의 인가를 결정하였다. 그러자 법무부는 당해 합병안이 셔먼법 제1조와 클레이톤법 제7조를 위반을 이유로 Pennsylvania 연방 동부지방법원에 합병안의 금지를 청구하는 소송을 제기하였다.

이에 대해 연방지방법원은 클레이톤법 제7조는 은행합병에 적용될 수 없을 뿐더러, 설령 적용이 된다고 하더라도 당해 합병안이 경쟁을 감소시킬 개연성이 충분히 입증되지 않았기 때문에, 당해 합병안은 클레이톤법과 셔먼법 어느 하나에도 위반되지 않는다고 판결하였다. 그러나 연방대법원은, 은행합병사건에 대해서도 클레이톤법 제7조가 실제로 적용될 수 있으며, 본 사건에 있어서는 은행합병이 경쟁을 실질적으로 감소시킴으로써 클레이톤법을 위반한다는 충분한 증거가 존재하므로 위법이라는 판결을 내리게 되었다. 다만 연방대법원은 당해 합병은 이미 클레이톤법을 위반하였으므로 셔먼법에도 저촉되는지는 고려할 필요는 없다고 보았다[262].

이 판결은 대법원 내에서도 의견이 첨예하게 대립되어 있었을 뿐만 아니라 판결 직후 수많은 논란을 불러일으켰다. 그것은 동 판결의 내용이 기존의 법해석의 근본적인 기조를 부인하고 재정립하였기 때문이었다. 그 가운데에서도 가장 혁신적인 부분이라고 할 수 있는 것은, 클레이톤법 제7조가 어떻게 은행합병에 대해 적용될 수 있는지에 대한 분석이었다.[263]

2) 클레이톤법 제7조의 해석과 은행합병에 대한 적용가능성

당시의 법해석에 비추어 볼 때, 은행합병은 대개 자산의 취득의 방식으로 이루어지는 데다, FTC의 관할권내에도 속하지 않았기 때문에 클레이톤법의 적용을 받지 않았던 것으로 보았다. 그러나 법무부는 은행합병은 "일반적인 자산의 매입"과는 다르다고 주장하였다. 일반적인 자산의 매입에서는 "당해 회사들 가운데 하나가 완전히 소멸"되지는 않으며, "단순히 매각하는 회사의 재산의 일부에 대해 현금으로 대체하는 경우"일 수도 있다.[264] 반면에 은행합병은 자산의 매입을 통해 이루어지기는 하지만 합병하는 은행들 가운데 하나 이상은 꼭 소멸해 버리기 때문에 일반적인 자산매입과는 다르다는 것이다. 이에 대해, 합병은행측에서는, 은행합병은 분명 주식의 취득이 아니며, 더욱이 "당해 합병안이 취하게 될 유일한 결합방식은, 법에 따라 Girard의 자산을 신생 합병은행으로 이

---

262) *Id.* 374 U.S. 321 (1963).

263) 동 판결에서는 이외에도, 합병심사에 있어서 새로운 시장획정기준이 제시된 점, 독점여부의 판단에 있어서 시장점유율이 일차적인 기준이 됨을 명시한 점, 경쟁제한성 판단함에 있어서 이른바 '일응 추정의 원칙(*prima facie* rule)'을 수립한 점 등, 이후 은행합병사건은 물론 수평적 결합에 대한 심사에 있어서 매우 중요한 의의를 가지는 새로운 기준들을 제시하였으나 이 점에 대해서는 뒤에서 별도로 다루기로 한다.

264) Brief for the United States at 74-75, U.S. v. Philadelphia National Bank, 374 U.S. 321 (1963).

전하는 것"265)이라고 주장하였다. 결국 양측이 주장하는 내용의 핵심은 은행합병이 클레이톤법 제7조 소정의 자산취득에 해당하는지 여부에 있었다.

이에 대해 연방대법원은 "은행합병이 두가지 범주 중 어느 하나에도 포섭되지 않는다"는 판단을 내렸다. 제7조의 문구해석만으로는 동 사건을 해결할 수 없으며, 더 나아가서 단순히 주식취득과 자산취득에만 적용되는 것으로 되어 있는 법규정의 표현을 가지고는 合倂의 진정한 의미를 도출할 수 없다는 것이다. 이에 따라 대법원은, 의회가 당초에 은행합병까지도 7조의 포섭대상에 포함시키려 했었는지를 알아보기 위해 1950년 개정법에 관한 의회 심의록을 참조하게 되었다. 그리고, "클레이톤법 제7조는 순수 주식취득으로부터 순수 자산취득에 이르기까지의 결합행위(amalgamation) 전 영역을 적용범위로 하려는 것"이 당초의 취지였다는 결론에 도달했다. 다수견해를 대표한 Brennan 대법관은 그 구체적인 근거를 다음과 같이 밝혔다. 클레이톤법 제7조 조문상의 "주식취득(stock acquisitions)"이라는 문구의 의미는 "최소한, 합병이나 통합에 의한 취득"을 포함한다는 의미이며, 자산취득의 경우 "기업결합에 달성되는 것이 아닌" 즉, 참가기업들 중 하나가 제거되는 결과가 초래되지 않는 자산의 취득만이 제7조의 적용대상에서 제외되는 것으로 해석해야 한다는 것이다.266) 그런데 은행합병은 하나의 결합행위이므로 여기서 제외될 수 없다는 것이다. 이에 더하여 대법원은, 은행합병법이 은행합병을 클레이톤법 제7조의 적용에서 완전히 면제시킨 것은 아니었으며, 만일 그럴 의도였다고 한다면 그 의도가 은행합병법에 명백히 표명되었을 것이라고 하였다.267) 은행합병법에 클레이톤법 제7조의 적용을 배제한다는 명시적

---

265) Brief for Appellees at 29-31, U.S. at 74-75, U.S. v. Philadelphia National Bank, 374 U.S. 321 (1963).

266) 374 U.S. at 342.

267) *Id.* at 349-51.

인 규정이 없는 만큼, 은행합병 사건에 대해서도 클레이톤법 제7조 위반이 충분히 문제될 수 있다는 것이다.[268]

(2) Lexington 판결: 셔먼법 제1조의 적용

Philadelphia 판결이 있었던 이듬해에 연방대법원에서는 또 다른 은행합병 판결(Lexington 판결)이 도출되었다. Lexington 판결은 Kentucky주 Fayette 카운티의 6개 은행들 가운데 예금고기준 제1위 은행(전체의 30%)과 4위 은행(전체의 12%)간의 합병이 배경이 되었다. 합병으로 인해 지역시장의 저축의 50%이상과 신탁자산의 약 95%가량을 점유하는 은행이 탄생할 것으로 예상되었다. 이에 대해 FRB와 FDIC 및 법무부는 자문보고서를 통해 당해 합병이 경쟁을 실질적으로 감소시킨다는 의견을 제시하였으나, 합병안의 심사를 담당한 OCC는 결국 합병안을 인가해 주었다. 이에 대해 법무부는 셔먼법 제1조 및 제2조 위반을 이유로 금지소송을 제기하였다. 그런데 법무부가, 앞선 Philadelphia 사건에서 클레이톤법 제7조의 적용가능성을 이끌어내었음에도 불구하고, 이 판결의 선례를 편승하지 않고 클레이톤법 제7조 위반이 아닌 셔먼법 위반으로 소를 제기하였다는 점은 매우 의외였다고 할 수 있다.

이에 대하여 연방대법원은 당해 합병이 관련시장내에 주요한 시장지배

---

268) 이에 대하여, 클레이톤법 제7조의 개정법안을 제출했던 당사자인 Celler 의원은, 클레이톤법 제7조에 대한 1950년 개정법이 은행에는 적용되지 않는다는 근거를 들어 1959년 은행합병 법령을 지지하는 증언을 했었다. 그는 Philadelphia판결이 나온 뒤, 자신이나 Kefauver상원의원 모두 자신들의 개정법이 은행합병을 포섭하게 될 것이라는 점을 인식하지 못했다고 밝혔다. (Amend the Bank Merger Act of 1960: Hearings on Senate 1698 Before a Subcommittee of the Senate Committee on Banking and Currency, 89th Cong., 1st Sess., at 327-328 (1965))

력을 가진 경쟁자들 사이에 존재하는 중대한 경쟁을 없애버리게 될 것이므로 이는 불합리한 거래의 제한에 해당하여 셔먼법 제1조에 위반한다고 판결하였다. 당시 셔먼법 위반청구는, 종전에 있었던 Columbia Steel 사건 판결269)에서 대법원이 여러 가지 합리의 원칙에 가까운 기준을 수립한 이래 법원에서 받아들여지기가 매우 어려웠었다. 그러나 대법원은 Columbia Steel 판결을 동 사건과 차별화시켜서, 종전의 Columbia Steel 사건의 판결내용은 "그 사건 특유의 사실들에만 국한되어야 한다"고 판시하였다270). 이 판결로 인해 은행합병사건에 대해서는 클레이톤법 제7조 뿐만 아니라 셔먼법 제1조도 적용될 수 있다는 점이 명확해 졌다.

4. 1966년의 은행합병법 개정

(1) 법 개정의 취지

Philadelphia 판결과 Lexington 판결은 기존의 은행합병 규제체계에 일대 혼란을 초래하였다. 은행합병법에 따라 승인된 은행합병안이라도 법무부가 독점금지법 위반을 이유로 언제든지 문제를 삼을 수 있게 되었기 때문이다. 이에 따라 은행합병을 추진하는 당사자들은 은행규제기관의 승인을 받더라도 법무부의 제소를 받을 수 있는 처지에 놓이게 되었으며, 이러한 법적 불안정성은 동 판결이전에 이미 승인을 받은 은행합병들에까지 확대되었다. 실제로 법무부는 Philadelphia판결 이전에 완결된 몇 건의 주요 은행합병사안에 대해 소를 제기하였는데, 앞서 살펴본 Lexington 합병 건을 비롯하여 Manufacturers Trust와 Hanover Bank in New York City간의 합병271) 및 Continental Illinois와 City National

---

269) U.S. v. Columbia Steel, 344 U.S. 495, 527-28 (1948).
270) U.S. v. First National Bank & Trust Company of Lexington, 376 U.S. 665 (1964) at 672.
271) United States v. Manufacturers Hanover Trust co., 240 F.Supp. 867

184

Bank in Chicago간의 합병[272] 등이 그러했다. 기존의 은행합병관련 법률체계는 이미 현실에 적합하지 않은 상태였으며 이러한 법적 혼란을 해결할 능력을 상실하고 있었다. 결국 이와 같은 법적 혼란은 입법을 통해 해결될 수 밖에 없었다. 그리하여 미 의회는 1966년에 은행합병법을 Philadelphia 판결의 정신에 부합하도록 개정하고 그 심사기준을 더욱 구체화하는 한편, 규제체계의 일관성을 위해 같은 해에 은행지주회사법도 동일하게 개정하였다.[273]

(2) 개정 은행합병법의 내용

1966년 개정 은행합병법은 1960년 은행합병법의 규정 가운데 기본적인 사항들은 그대로 수용하고 있다. 즉 개정법에서도 은행합병이 여전히 적정한 은행규제기관의 승인을 받아야 하도록 규정하고 있으며[274], 세 연방은행규제기관들간의 승인권한의 분산도 유지하고 있다. 합병신청서에 대한 검토절차도 법 개정의 영향을 받지 않았다. 즉 합병을 희망하는 은행들은 은행합병신청서를 작성하여 적정 심사기관에 접수시켜야 하며,

---

(S.D.N.Y. 1965). 이 사건은 1965년 뉴욕지방법원에 의해 위법으로 판결되었다.

272) 이 사건은 1966년 법개정이 있을 당시 계류중이었다.

273) 12 U.S.C. §1842 (c). 1956년 제정된 은행지주회사법은 처음으로 경쟁고려요소를 법에 도입한 부분에 있어서는 선도적인 측면이 있었지만, 단순히 "경쟁의 보호"라는 문구만을 삽입함으로써 그 기준이 지나치게 추상적이었던 데다 이후 4년 뒤에 개정된 은행합병법의 경쟁심사기준과도 일치하지 않는 것으로 평가되었다. 이에 따라 미 의회는 은행합병법을 개정한 직후 은행지주회사법 역시 이에 맞도록 개정하였다. 특히 1966년 은행합병법에 규정된 것과 동일한 경쟁기준을 채용하여 연방준비제도이사회로 하여금 은행지주회사와 관련된 합병의 심사에 적용시키도록 하였다. 이에 관한 자세한 내용은 신영수, "미국의 은행합병 규제체계상 경쟁규범의 형성과 그 내용", 「경쟁법연구」(제8권), 491-538면 (2002.2). 참고

274) 12 U.S.C. §1828 (c) (2).

이 신청서에는 합병하는 은행들의 재정현황과 경영상태, 합병의 이유, 새로 제공하게 될 서비스 및 경쟁관련 고려요소 등을 수록하도록 하였다.

또한 합병안에 대한 통지를 문서로 공표하고, 심사를 담당하지 않은 두 은행규제기관들과 법무부로부터의 경쟁관련 요소에 관한 보고, 승인한 은행합병에 관하여 의회에 대해 심사기관이 행하는 연례보고 등의 규정도 그대로 유지되었다.

(3) 승인기준의 구체화

1966년 개정법은 은행합병의 경쟁제한성 판단기준을 수립함에 있어서, 클레이톤법 제7조와 셔먼법 제1조 및 제2조의 기준을 부분적으로 채용하여 규정하는 방식을 취하였다. 이를 개략적으로 살펴보면, 합병심사를 맡게되는 기관은 독점을 낳게 될 은행합병 혹은, 상업은행업을 독점화하거나 독점화하기 위한 결합이나 공모를 조장하게 될 은행합병[275]이나, 경쟁을 실질적으로 감소시킬 수 있거나 독점을 낳는 경향이 있는 은행합병 혹은 또 다른 방식으로 거래를 제한하게 될 은행합병을 승인해서는 안되도록 하였다.[276] 다만 이 경우 독점금지법에서 인정되지 않는 한가지 예외를 두어서, 반경쟁적 효과보다 공공의 이익 측면에서 '영업대상 지역사회의 편의와 필요'를 충족하는 합병의 긍정적 효과가 더 큰 경우에는 합병이 승인될 수 있도록 하였다.[277] 또한 합병이 승인되더라도 법무부가 합병안을 독점금지법 위반으로 법원에서 다툴 수 있음을 명시적으로 인정하는 한편, 합병이 일정기간이 지난 뒤에는, 셔먼법 제2조를 제외한 독점금지법 규정을 위반했다는 이유만으로 제소할 수 없도록 제한규정을 두었다.

---

275) 12 U.S.C. §1828 (c) (5) (A).
276) 12 U.S.C. §1828 (c) (5) (B).
277) 12 U.S.C. §1828 (c) (5) (B) 전단 단서.

(4) 주식취득 방식의 합병에 대한 심사 관할권

1966년 법의 해석상 제기되는 한가지의 문제는 주식취득을 통한 합병이 은행규제기관의 승인을 받아야 하는지 여부였다. 동법에서는, "합병(merger)"이란 용어가 총칭적으로 사용되고 있다. 즉, 동법 제2조에서는, 승인이 없이는 어떠한 예금보험가입은행도 "직접적이든 간접적이든 다른 은행과의 합병이나 통합, 혹은 다른 은행의 자산취득, 혹은 다른 은행의 예금채무의 인수"를 하여서는 아니 된다고 규정하고 있다. 여기서 "직접적이든 간접적이든"이란 표현은 Philadelphia 판결의 대법원의 선고이유에서 도출된 것인바, 취득의 기술적 형태 여하를 불문하겠다는 취지를 밝힌 것이라고 할 수 있다. 하지만, 동 판결에서는, 1960년 은행합병법은 "합병, 통합, 자산의 취득 및 채무의 인수에만 적용되며 순수한 주식취득에 대해서는 적용되지 않는다"고 판시하였다.[278] 더욱이 법을 제정한 의회도 주식취득과 다른 형태의 합병간의 차이에 대해 충분히 인식을 한 상태에서 법조문상에 이러한 용어를 선택했던 것으로 추측된다. 1956년 은행지주회사법 또한 오직 한 은행의 주식만을 보유하는 은행은 적용대상에서 배제시키고 있기 때문에[279], 결국 일부 주식취득은 은행규제기관의 심사를 받지 않고 진행될 수 있는 것으로 보인다.

(5) 법 개정 이전에 이루어진 은행합병의 처리

이미 승인된 은행합병건이 법무부에 의해 다시 제소됨에 따른 규제체계의 불안정성을 해소하기 위해서 1966년 은행합병법은 제2조 (a)와 (b)에 일종의 경과규정을 두었다. 이에 따라 다음의 조건 즉, i) 법이 개정되기 이전에 이미 완료되었고 ii) 아직 법원에 기소되지 않은 상태라는 두 가지 경우를 충족하는 기존 은행합병건에 대해서는, 셔먼법 제2조를

---

278) U.S. v. Philadelphia National Bank, 374 U.S. 321, 345 n.22 (1963).
279) 70 Stat. 133 (1956), 12 U.S.C. §1841(a)(1)(1964).

제외한 모든 독점금지법 위반소송으로부터 면제를 받는 것으로 하였다. 동 경과규정은 이후 법의 재개정시에 삭제되었다.

여기서 한가지 주목할 것은 셔먼법 제1조나 클레이톤법 제7조와는 달리 셔먼법 제2조를 면제대상 범위에서 제외시킨 점인데, 이는 은행산업의 독점화만큼은 어떠한 경우에도 허용될 수 없으며, '공공의 이익'과도 양립될 수 없는 것임을 천명한 것이라고 할 수 있다.280)

IV. 은행합병법상의 경쟁관련기준 분석

1. 은행시장의 독점화에 대한 심사기준

은행합병법 제5조 (A)항은 은행합병심사기관으로 하여금 "독점을 낳게 될 은행합병안이나, 미국내 특정영역에서의 은행업을 독점화하거나 혹은 독점화하기 위한 결합이나 공모를 조장하게 될 은행합병안"281)을 인가할 수 없도록 규정하고 있다. 이처럼 독점을 낳게 되거나 독점화의 일환으로 행해지는 합병을 금지시킴으로써, 현행 은행합병법은 독점을 야기할 수 있는 은행합병에 대해 이전 보다 훨씬 더 엄격한 기준을 적용하고 있다. 종전의 1960년 법에서는, "독점화 경향(any tendency toward monopoly)"이라는 기준이 경쟁고려요소의 일부분으로 포함되어 있었을

---

280) The 1966 Amendment to Bank Merger Act, *op.cit.*, p.767.
281) 12 U.S.C. §1828 (5) (A) (1994). 원문의 규정은 다음과 같다; "any proposed merger transaction which would result in a monopoly, or which would be in furtherance of any combination or conspiracy to monopolize or to attempt to monopolize the business of banking in any part of the United States." 은행지주회사법 제3조 (1)항 (A)호(12 U.S.C. §1842 (c)(1)(A))의 규정도 이와 거의 동일하다.

뿐이었고, 경쟁요소 자체가 다른 고려요소들과 함께 고려하여 반영비중을 결정하게 되는 한계가 있었던 것이다.

이 새로운 심사기준은, 조문상의 표현에 비추어 볼 때 셔먼법 제2조의 위법성 판단기준을 채용한 것임을 쉽게 알 수 있다. 그런데 한가지 이들 독점관련기준에 있어서 특이한 점은, 결합이나 공모의 일환으로 합병이 이루어지는 경우에 한해서만 독점화기도를 구성하는 것으로 규정했다는 점이다. 즉 조문의 해석상, 합병당사자 일방의 독점화 의도만으로는 제5조 (A)항의 기준을 충족하지 못하고, 시장을 독점화하려는 합병당사 은행들 간의 공동행위가 전제되어야 하는 것으로 해석된다. 이에 따라 만일 피취득은행은 특정지역의 은행업을 독점하려는 의도가 없었던 경우에는, 독점화기도를 조장하는 합병이라고 하더라도 제5조 (A)항이 적용되지 못하고, 그 대신 보다 적용기준의 폭이 넓은 제5조 (B)항을 적용할 수밖에 없게 된다. 미 의회가 당초부터 셔먼법 제2조 위반행위에 대해서는 반트러스트소송의 면제대상에서 제외시키는 등, 독점적 지위에 대해 엄격한 입장을 견지했던 것에 비추어 볼 때, 이처럼 셔먼법 제2조의 기준보다 제한적으로 독점관련기준을 규정한 것은 입법과정상의 착오 때문인 것으로 분석된다.[282] 다만, 은행합병이 셔먼법 제2조 위반으로 판명된 사례가 종래 없었던 것에 비추어 보면, 동 규정을 통해 은행합병에 대해 새롭고 엄격한 독점 심사기준을 도입한 취지는 실제에 있어서 그다지 활용될 가능성이 없다고 할 수 있다. 은행합병의 경쟁제한성 심사에 있어서 실질적인 효용을 가지는 기준은 다음의 경쟁제한적 합병에 대한 심사기준이라고 할 수 있다.

2. 은행합병의 경쟁제한성에 대한 심사기준

---

[282] The 1966 Amendment to Bank Merger Act, *op.cit.*, p.774.

(1) 경쟁제한적인 은행합병의 금지

은행합병법 제5조 (B)항은 "합병의 효과가 국가의 어느 지역에서 실질적으로 경쟁을 감소시키게 되거나 독점을 낳는 경향이 있는 합병거래안이나, 기타 여하한 방법으로 거래를 제한하게 될 합병거래안"[283]을 금지하고 있다. 단, 예외적으로 "심사담당기관이 합병안의 반경쟁적 효과보다도 공공의 이익측면에서 지역사회의 편의 및 필요를 충족시키게 되는 거래의 예상효과가 명백하게 크다는 것을 밝혀 낸 때"에는 합병이 승인될 수 있도록 하였다. 여기서, "경쟁을 실질적으로 감소시키게 되거나 독점을 낳는 경향(may be substantially to lessen competition, or to tend to create a monopoly)"이라는 기준은 클레이톤법 제7조의 기준[284]과 동일하며, "거래를 제한하게 될(in restraint of trade)"이라는 문구는 셔면법 제1조에 부과된 기준[285]과 동일하다. 그럼에도 불구하고 은행합병법과 은행지주회사법은 두 가지 점에서 일반적인 독점금지법과 중대한 차이를 보이고 있다. 하나는 예외허용에 대한 규정이고 다른 하나는 시장획정에 대한 규정이다.

(2) 편의-필요(convenience and needs) 항변의 인정

경쟁기준을 규정하고 있는 은행합병법 제5조 (B)항과 은행지주회사법

---

283) 12 U.S.C. §1828(c)(5)(B). 원문의 규정은 다음과 같다: "any other proposed merger transaction whose effect in any section of the country may be substantially to lessen competition, or to tend to create a monopoly, or which in any other manner would be in restraint of trade." 은행지주회사법 제3조 (1)항 (B)호(12 U.S.C. §1842(c)(1)(B))의 규정도 이와 거의 동일하다.

284) 15 U.S.C. §18.

285) 15 U.S.C. §1.

제3조 (1)항 (B)호는 단서규정을 통해서, 심사기관이 "합병안의 반경쟁적 효과보다도 영업대상 지역사회의 편의 및 필요를 충족시키게 되는 거래의 예상효과가 공공의 이익측면에서 명백하게 압도적[286]"이라고 판단하는 경우 은행합병안이 승인될 수 있도록 하고 있다[287]. 이러한 규정은 독점금지법상의 기준으로는 위법이 될 수 있는 은행합병이라도 일정한 조건이 충족되면 허용될 수 있다는 점음을 인정한 것으로서, 지역사회의 편의 및 필요라고 하는 특별한 은행산업의 특수성을 고려한 "공익항변 (public interest defence)"이라고 할 수 있다.

은행합병법 개정 당시 의회의 기록에 비추어 볼 때, 은행합병에 대하여 이처럼 특별한 예외규정을 둔 것은 다음과 같은 두 가지 이유에서 였다.

우선, 은행산업의 특성상, 합병이 시장의 집중도를 증가시켜서 독점금지법 기준 하에서 위법이 될 수 있는 정도에 이르지만 실제로는 경쟁의 감소를 낳지는 않는 경우가 있을 수 있다. 예를 들어서, 어느 소도시에 소재한 지역은행이 취약한 기반으로 인해 시장내의 경쟁자로서 역할을

---

286) 12 U.S.C. § 1828(c)(5)(B). 원문의 규정은 다음과 같다: "unless it finds that the anticompetitive effects of the proposed transaction are clearly outweighed in the public interest by the probable effect of the transaction in meeting the convenience and needs of the community to be served"

287) 연방준비제도이사회가 이러한 "편의 및 필요" 항변을 고려하여 합병을 승인한 대표적인 경우로는 First National Bankshares, 70 Fed. Res. Bull. 832; First American Bank Corp., 70 Fed. Res. Bull. 516 (1984) 등이 있으며, 이러한 항변이 법원에서 검토되었던 경우로는, United States v. Phillipsburg National Bank & Trust Co., 399 U.S. 350 (1970); United States v. Third National Bank, 390 U.S. 171(1968); United States v. First National Bank, 310 F. Supp. 1 157 (D. Md. 1970); United States v. Provident National Bank, 280 F. Supp 1 (E.D. Pa 1968) 판결 등을 들 수 있다.

거의 수행하고 있지 못하고 있던 중, 인근의 다른 은행과 합병이 되었다고 한다면, 시장내의 집중도는 그 은행이 차지하고 있던 부분만큼 증가되겠지만 시장의 경쟁에는 실질적인 손실이 발생하지 않는다는 것이다[288].

또 하나는, 합병으로 탄생하는 은행이 반경쟁적 해악을 충분히 만회하고도 남을 만큼 개선된 서비스를 지역사회에 제공할 수 있다는 점이다[289]. 가령 합병을 통해서 더 많은 자금을 확보하게 된 은행들은 대출한도를 증가시키게 되어 지역사회내의 성장기업들에 대한 서비스를 확대할 수 있으며, 특정분야에서 고유서비스를 제공하던 은행들간에 합병이 이루어지면 새로운 영역 가령 신탁업무와 같은 분야로 서비스를 확장할 수도 있다. 또한 합병은 보수적인 경영진의 교체도 유도할 수 있는 이점도 가지고 있다.

그럼에도 불구하고 경쟁제한적 은행합병에 대한 중대한 예외규정을 허용한 것에 대해서는 적지 않은 반론도 제기된다. 먼저 첫 번째 이유에 대해서는, 과연 입법을 통해 반트러스트 원칙에 대한 중대한 예외를 인정할 만큼 당해 상황의 빈도가 높거나 중대성이 큰 것인가 하는 의문이 제기된다. 법원이 소규모 합병에 대해서까지 집중도만을 토대로 위법성을 판단해야 할 의무를 지는 것은 아니다. 또한 이미 상품시장이 "일정한 거래분야"로 한정되지 않도록 조문을 생략함으로써 시장 전체적인 측면에서의 경쟁적 영향을 판단하도록 되어 있기 때문에 경쟁에 영향을 미치지 않는 소규모 은행합병은 경쟁제한성 판단 단계에서 합법적인 것으로 판단될 가능성이 크다고 할 수 있다. 따라서 (B)항에 단서규정을 두지 않더라도 법원이 이러한 상황을 고려하여 충분히 판단을 내릴 수 있음에도 불구하고 조문상 반트러스트 원칙에 중대한 예외를 인정한 것은

---

288) H.R. Rep. No. 1221, 89th Cong., 2d Sess. 3.
289) *Id.* at 3-4.

192

적절치 않다는 주장이다.

두 번째의 이유에 대해서는, 합병으로 인한 은행의 수익개선과 경영진 교체의 효과는 지역사회의 편의와 필요 차원이라기 보다는 은행내부의 이익에 관한 문제라는 지적이 제기된다. 또한 합병으로 인한 잡다한 서비스의 신설보다는 이자율의 인하와 대출이용가능성의 확대가 지역사회가 진정으로 원하는 '편의와 필요'이며, 따라서 비록 합병을 통해 여러 가지 서비스가 확대되는 효과가 있더라도, 합병으로 인한 경쟁감소가 이자율 인상을 초래하면 이는 지역사회의 편의와 필요에 오히려 반할 수도 있다는 것이다[290]. 이처럼 은행합병법 등에 규정된 이러한 공익항변에 대해서 1966년 법개정 직후에 특히 많은 논란이 있었으나, 현재는 이에 대해 크게 문제를 삼지 않는 것으로 보인다. 현실적으로 이러한 항변이 받아들여지기가 그리 쉽지 않은데다, 은행규제기관의 합병안 심사가 최종적인 구속력을 가지는 것도 아닌 만큼, 은행업 규제 전문기관으로 하여금 합병의 복합적인 영향을 고려할 기회를 부여하는 것이 경쟁원칙을 원천적으로 훼손하는 아니라고 생각이 그 이유이다.

한편 법원은, 단순히 클레이톤법 제7조 위반만이 아니라 셔먼법 위반으로 제소된 은행합병사건에 대해서도 필요-편의 항변이 적용될 수 있다고 함으로써 항변의 적용범위를 확대하였다.[291] 그러나 이러한 항변의 행사는 사실상 이를 주장하는 측에서 볼 때 많은 제약이 있다. 만일 합병당사자가 당해 합병보다 반경쟁성이 적은 대안을 채택할 수 있었던 경우에는 지역사회의 편의와 필요가 아무리 크다고 해도 이러한 항변의 주장이 받아들여지지 않는다[292]. 또 법원은 클레이톤법보다 더 엄격한 기

---

290) 112 Cong. Rec. 2350 (daily ed. Feb. 8, 1966)

291) United States v. Central State Bank, 564 F. Supp. 1478 (W.D. Mich. 1983).

292) United States v. Third National Bank of Nashville, 390 U.S. 171, 189 (1968).

준을 도입하기 위한 목적으로 "편의 및 필요"를 고려해서는 안 된다고 판시한 바가 있다[293]. 더욱이 은행합병법 제5조 (B)항이나 이에 상응하는 은행지주회사법 제3조 (1)항 (B)호의 규정은, 반경쟁적인 효과가 합병의 유익한 결과에 의해 "명백하게 압도적인(clearly outweighed)" 정도에 이를 것을 요하고 있다. 이는 단순히 합병으로 인한 공공의 이익이 존재한다는 사실이나 그 정도가 반경쟁적 효과에 비등한 수준에 그치게 될 때에는 합병이 승인될 수 없음을 명확히 한 것으로서, 반경쟁적인 합병이 허용이 될 수 있는 상황을 극히 제한하는 한편, 공공의 이익에 대한 입증책임을 은행측에 무겁게 부과하려는 데 목적이 있다고 하겠다[294].

(3) 은행업에 대한 시장의 획정

1966년 제정된 은행합병법과 은행지주회사법은 경쟁제한성 판단기준에 있어서는 경쟁제한성판단에 있어서는 기존의 독점금지법상 기준에 전적으로 의존했던 반면, 관련시장의 획정 문제에 대해서는 일반적인 기업결합과 다소 차이를 보이고 있다.

주지하는 바와 같이 이와 같은 관련시장은 상품시장과 지리적 시장으로 이루어지는데, 이 가운데 클레이톤법 제7조에서 규정하고 있는 "일정한 거래분야(any line of commerce)"가 상품시장을 의미하며, 또한 "국가의 어느 영역(any section of country)"이 지리적 시장을 의미하는 것으로 해석된다[295].

---

293) Mercantile Tex. Corp. v. Board of Governors, 638 F.2d 1255, 1260-63(5th Cir. 1981).
294) House Report Rep. No. 1221, 89th Cong., 2d Sess. 3-4 (1966) 참조.
295) 지리적 시장에 대해서는, 이를 클레이톤법 제7조에서 요구하는 관련시장의 한 요소로 파악하지 않는 판결(United States v. Pabst Brewing Co.,

반면, 은행합병법과 은행지주회사법은 "국가의 일정 영역에서 합병의 효과가(whose effect in any section of the country)" 실질적으로 반경쟁적일 수 있는 은행합병을 금지한다는 규정을 둘 뿐, 조문상 상품시장에 관해 특별한 언급을 하고 있지 않다. 조문상 "일정한 거래분야"와 같은 상품시장의 획정 필요성을 언급하지 않는 이유는 명확하지 않지만, 이에 대해 은행합병이 경쟁에 미치는 전체적인 효과를 측정하기 위해서 상품시장획정 부분을 제5조 (B)항에서 생략한 것이라는 해석이 제기되었다.296) 즉 은행시장에서는 한 상품시장에서의 유익한 효과를 가지면 이것이 다른 시장에서의 해로운 효과를 상쇄시키게 되는지를 판단할 필요가 있는데, 이를 위해서는 상품시장 전체를 두고 합병이 경쟁에 미치는 효과를 평가해야 하며, 이 때문에 의도적으로 관련 상품시장을 획정해야 할 근거를 생략한 것이라는 분석이다. 가령 Manufactures Hanover 판결에서 제기된 상품시장의 분류법에 따를 때, 소매금융업전문 은행들이 합병을 하면 소매금융분야에서 경쟁을 실질적으로 제한하는 효과를 가질 수도 있지만, 합병으로 인해 규모가 커짐으로 인해서 대기업에 대출할 만한 자금을 확보하게 되어 도매금융분야에서의 경쟁을 증대시키는 효과가 발생할 수도 있다. 따라서 소매금융부문만을 보고 경쟁제한적이라고 단정하기에 곤란하기 때문에 도매금융부문까지를 종합적으로 파악하여 경쟁제한성을 판단해야 하며, 따라서 상품시장을 획정하도록 별도로 규정을 둘 필요가 없었다는 것이다.297)

---

384 U.S. 546 (1966))도 있었으나, 1974년의 Marine Bancorporation, 418 U.S. 602 (1974)판결을 통해서, 클레이톤법 제7조의 "국가의 어느 지역 (any section of country)"라는 문구가 곧 지리적 관련시장을 의미하는 것임이 재천명되었다.

296) The 1966 Amendment to Bank Merger Act, *op.cit.*, p.776 참조.

297) 이러한 주장은 당시 미 의회에서의 입법과정에서도 제기된 된 바가 있었다. 즉, 상원의 Robertson 의원은, 경쟁의 총체적인 효과를 평가하도록 하려는 의도에서 상품시장에 관한 언급을 생략한 것이라고 밝혔다. 112

그런데 서로 다른 상품시장간에 상쇄적 효과가 존재할 수 있기 때문에 "일정한 거래분야"와 같은 상품시장을 의미하는 문구를 삽입하지 않았다고 한다면, 지리적 시장을 의미하는 "국가의 일정 영역"이라는 문구를 존치시킨 것 역시 그다지 설득력이 부족하다. 왜냐 하면 "상쇄적 효과"가 발생하는 시장들은 서로 다른 지리적 영역에 위치하고 있을 가능성이 크기 때문이다. 가령 위의 사례에서 은행합병이 당해 지역사회의 소매금융의 집중도를 높이는 반면 도매금융의 경쟁을 증가시킨다고 하더라도 경쟁이 증가되는 것은 당해 지역사회가 아닌 전국시장인 것이다. 따라서 서로 지리적 시장을 달리하는 상품시장간에 경쟁의 증감이 있다고 해서 이를 상쇄할 수 있는 것인지에 대한 또 다른 논란의 여지가 남게 된다.

그런데 이러한 경쟁의 상쇄효과 주장은 이미 Philadelphia판결에서 거부된 바 있었다. 동 판결에서 연방대법원은 "만일 한 시장에서의 반경쟁적인 효과가 다른 시장에서의 친경쟁적인 결과에 의해 정당화될 수 있다면, 결국에는 당해 산업내의 모든 사업자들이 클레이톤법 제7조를 위반하지 않고도 계속해서 합병을 성사시킬 수 있을 것이고 이를 통해 마침내는 시장을 지배하는 지위에 이르게 될 것"이라고 하여 피고의 주장을 받아들이지 않았다.[298] 이러한 대법원의 명확한 입장에 비추어 볼 때, Philadelphia 판결이 직접적인 계기가 되어 개정된 은행합병법이 이를 정면으로 대치하여 입법되었다고 보기는 힘들다. 따라서 개정법 제5조 (B)항은 친경쟁적 효과가 반경쟁적 효과를 정당화시킨다는 선언이 아니라, 한 시장에서의 반경쟁적 효과에도 불구하고 합병의 경쟁에 대한 종합적인 효과는 해롭지 않을 수도 있음을 선언한 것으로 볼 수 있겠다.[299]

Cong. Rec. 2541 (Feb. 9, 1966).
298) United States v. Philadelphia National Bank, 374 U.S. 321, 370 (1963).
299) The 1966 Amendment to Bank Merger Act, *op.cit.*, p.777 참조.

196

(4) 법무부의 제소권한

은행합병법에 따라 은행규제기관이 인가한 합병안에 대해 법무부가 독점금지법 위반으로 제소를 하게 되면 다음과 같은 두가지 효력이 발생한다. 첫째, 법원은 제소를 통해 제기된 쟁점사안들에 대해 새로이(de novo) 심사를 하게 된다.[300] 법원으로 하여금 새로운 심사를 하도록 한 것은 은행규제기관이 내린 결정에 비중을 둘 필요없이 독립적인 판결을 내리도록 하려는 취지에서라고 하겠다.[301] 단 이 때 심사과정에서 법원이 적용하는 기준은 은행합병법 제5조에 따라 은행규제기관이 적용한 기준과 동일하여야 한다.[302]

두 번째, 당해 합병은 완료되지 못하고 자동적으로 중지되는 효력이 발생하되, 법원이 자동중지되지 않도록 달리 명령을 부과할 수 있도록 하고 있다.[303] 법원으로 하여금 법무부 제소의 효력을 견제할 수 있도록 한 것은, 법무부가 대다수의 합병안에 대해 절대적인 거부권을 행사하지 못하도록 하려는 데에 그 목적이 있다. 법무부의 제소로 합병안이 자동중지되려면 제소의 사유가 지나치게 사소한 것(frivolous)이어서는 안 되며[304], 법무부가 아닌 사인에 의해 독점금지소송이 제기된 경우에도 자동중지효력이 발생하지 않는다고 해석된다.[305]

한편, 은행실패의 위험을 방지하기 위해 승인이 즉각적으로 취해진 경우에는, 그 승인과 동시에 합병이 완료되기 때문에 이런 경우에는 셔먼

---

300) 12 U.S.C. §1828(c)(7)(A).
301) 112 Cong. Rec. 2335 (daily ed. Feb. 8, 1966).
302) 12 U.S.C. §1828(c)(7)(B).
303) 12 U.S.C. §1828(c)(7)(A).
304) United States v. First City National Bank, 386 U.S. 361, 366 (1967).
305) Vial v. First Commerce Corp., 564 F. Supp. 650, 666-667 (E.D. La. 1983).

법 제2조 위반을 제외하고 법무부가 제소할 기회가 없다. 따라서 은행파산이나 금융위기를 방지하기 위한 이유로 이루어지는 합병은 셔먼법 제2조 위반을 제외한 반트러스트심사의 적용대상에서 원천적으로 제외된다고 할 수 있다. 이것은 일반적인 독점금지법에서 도산기업(failing company)을 처음부터 독점금지법 심사의 적용대상에서 제외시키는 것이 아니라 경쟁제한성 여부를 판단한 이후에 고려하는 하나의 정당성 항변 사유 인정하고 있는 점과는 근본적으로 다른 접근 방식이라고 할 수 있다. 물론 독점금지법 소송에서 도산기업항변이 인정되기 때문에 합병의 이유가 은행실패를 방지하기 위한 것임이 입증되는 경우에는 합병이 정당한 것으로 인정될 가능성이 높기 때문에 이와 같은 적용제외규정이 독점금지법의 실효성을 실질적으로 약화시키는 것은 아니라고 할 수도 있다. 하지만 이와 같이 법무부의 제소권한을 원천적으로 배제시킨 것은, 경쟁원칙의 적용을 배제시키는 사유로서의 은행실패의 위험성을 기업도산의 경우보다 훨씬 무겁게 보고 있음을 반영하는 것이라고 생각된다.

3. 평가

이상에 비추어 볼 때, 미국의 현행 은행합병 규제체계의 특징은 다음과 같이 요약될 수 있다. 먼저 심사기준과 집행당국에 있어서 i) 일반적인 산업분야에서의 기업결합사건에서와 같이 독점금지법과 경쟁당국이 일차적으로 개입하는 것은 아니지만, 독점금지법상의 기준을 그대로 채용한 은행합병관련 규범에 의해 은행규제기관이 사실상 동일한 기준을 가지고 경쟁제한성 판단을 하고 있으며, ii) 다만 은행업의 특성상 소정의 예외가 인정되는 경우에는 규제기관으로 하여금 합병을 승인할 수 있도록 했다는 점이다. 다음으로 절차면에 있어서는 iii) 은행규제기관이 심사한 은행합병안이라고 할지라도 일정기간 내에 법무부가 다시 독점금지

법 위반으로 제소될 수 있도록 명문으로 인정하는 한편, iv) 법원에서는
이를 다시 은행합병법에서와 동일한 기준으로 판단하도록 하고 있다.

[표-12] 은행합병에 적용되는 경쟁기준 요약

합병의 반경쟁적 효과	은행합병법의 관련 규정*	독점금지법의 관련 규정	"편의- 필요" 항변 인정여부	법무부의 제소기한
거래의 제한	제5조 (B)	셔먼법 제1조	있음	있음
독점화	제5조 (A)	셔먼법 제2조	없음	없음
경쟁의 실질적 감소	제5조 (B)	클레이톤법 제7조	있음	있음

* 은행합병법상의 규정만 언급하였으나 은행지주회사법상의 관련 규
  정도 이와 동일함.

결국 은행산업의 안정과 경쟁의 보호라는 양자 모두에 대한 배려와 균
형이 실체적인 기준과 절차적인 과정에 있어서 여러 단계로 고려되고 있
다. 하지만 두 가지 점에서 경쟁법리가 우선한다고도 볼 여지도 있다.

첫째는, 셔먼법 제1조 위반과 클레이톤법 제2조에 해당하는 기준을 위
반하는 은행합병에 대해서는 편의와 필요라는 공익항변을 인정하는 한편
법무부의 제소에도 기한적인 제한을 두었지만, 독점을 야기하는 경우 즉
셔먼법 제2조 위반에 해당하는 은행합병에 대해서는 어떠한 산업정책적
고려도 인정하지 않고 오로지 독점금지의 법리에 따라서만 판단하도록
되어 있다는 점이다. 둘째는, 편의와 필요라는 공익항변 자체만을 보더라
도, 일면 경쟁원칙이 은행산업의 특수성으로 인해 배제되는 측면으로 있
기는 하지만, 이 경우에도 은행합병법과 은행지주회사법에서는 공공의
이익이 월등히 큰 경우에만 합병을 승인할 수 있도록 규정을 하고 있다.

따라서, 경쟁의 훼손과 지역사회의 공익이 대등한 수준으로 충돌되는 경우에는 경쟁의 보호를 우선하겠다는 뜻으로 해석된다. 이러한 점에서 볼 때 미국의 은행합병규제에 있어서 경쟁원칙은 여전히 포기할 수 없는 최상의 가치 가운데 하나로서 다루어진다고 할 수 있겠다.

제4장 경쟁제한적 은행합병에 대한 규제의 기준과 법리

제1절 규제법리 개관

I. 규제의 기본구조

1. 기업결합 심사구조의 채용

은행합병은 은행이라는 기업들 사이에서 합병이라는 행위 통해 이루어지는 결합행위이기 때문에, 경쟁제한성의 심사도 기본적으로 독점금지법상 기업결합에 대한 심사와 유사한 구조를 취한다. 따라서 일반 기업결합 심사에서 요구되는 심사절차 내지 기준이 은행합병심사에서도 상당부분 유효하게 적용된다. 실제로, EU나 독일처럼 은행합병사건을 일반적인 기업결합사건의 하나로 파악하는 법역에서는 물론이고, 은행합병안에 대하여 독점금지법 외에 별도의 규범체계를 수립한 법역에서도 심사의 기본적인 구조는 독점금지법상의 그것과 매우 유사한 외양을 띄고 있다.

은행합병문제에 대해 가장 일찍부터 입법적 대비를 하여 왔던 미국의 경우 역시도, 앞서 살펴 본 바와 같이, 비록 은행규제기관과 법무부가 보유한 권한의 법적 근거는 상이하지만 연방은행관련 규범들이 셔먼법이나 클레이톤법 제7조에서 수립된 기준과 동일한 규정을 두고 있다. 또한 미 법무부가 제정한 수평적 기업결합 가이드라인(Horizontal Merger Guidelines)[1]은 법무부 외에도 연방준비제도이사회 및 여타 세 개의 연방은행규제기관들에 의해 은행합병의 심사에서도 활용되고 있다.[2] 따라서, 은행합병의 경쟁제한성에 대한 심사는 기업결합의 경우와 마찬가지로 크게 4단계의 분석기법에 따라 진행되어진다.

2. 구체적인 심사 절차

은행합병의 심사절차를 세부적으로 정리해 보면, i) 우선 은행합병의 경쟁제한성 심사는 관할기관에 의한 관련시장의 획정으로부터 시작된다. ii) 시장이 획정되면 이를 기초로, 합병안으로 인한 상품시장 및 지리적 시장의 점유율 증가가 시장집중과 경쟁의 실질적 제한을 유발하는지를 평가하게 된다. 만일 이 단계에서 시장집중도가 높지 않은 것으로 판명된다면 은행합병의 경쟁제한성 심사는 더 이상 진행되지 않는다. 하지만 시장집중도가 일정수준 이상인 것으로 나타나면, iii) 다음의 심사단계로 넘어가서 시장의 진입장벽의 존재 및 수준, 합병의 친경쟁적 기대효과 등을 검토하여 반경쟁적 효과와 비교형량을 하게 된다. 그 결과 반경쟁적 효과가 친경쟁적 효과보다 큰 것으로 나타나면, iv) 경쟁제한적임에도 불구하고 합병이 성사되어야만 하는 정당성을 주장할 수 있는 항변기회를 부여하고 경쟁당국은 그 항변이 타당한지를 분석하여 합병의 허용여부를 결정하게 된다. 다만 이상과 같은 심사절차는 수평적 은행합병의 경우를 전제로 한 것인바, 만일 결합의 유형이 시장확장형 합병에 해당하는 경우에는 두 번째 단계에서 시장집중도 대신에 합병으로 잠재적 경쟁의 침해되는지 여부를 분석하게 된다.

---

1) 1992년 미 법무부 수평적 기업결합 가이드라인 (Horizontal Merger Guidelines: 이하 '법무부 가이드라인')§1, 57 Fed. Reg. 41,554 (1992) 참조.
2) Keith R. Fisher, Merger and Acquisitions of Banks and Savings Institutions §3.12, at 3:90-98 (1993) 참조.

한편 합병의 경쟁제한성을 용인할 수 있을 만큼의 정당성이 존재하지 않는 경우에는 합병의 인가거부를 비롯한 시정조치(remedies)를 내리게 되는데, 최근에 와서는 그와 같은 시정조치가 합병안을 무산시키기 위한 수단으로 활용되기보다는 오히려 경쟁제한적 요인을 제거해서 가급적 합병이 성사되도록 하는 방안으로서 활용되고 있다. 이러한 시정조치로서 대표적인 것이 곧 자산매각(divestiture) 조치라고 할 수 있다. 그 결과 오늘날은 경쟁제한적으로 판명된 데다 별다른 정당성 항변도 내세우지 못한 합병안이라도, 합병은행측이 경쟁제한성을 시정하기 위해 경쟁당국과의 사전협의를 거쳐 자산매각조치를 강구하는 경우에는 조건부로 합병을 인가받을 수 있는 가능성이 열려 있다고 할 수 있다. 이러한 점에서 정당성 항변에 대한 분석단계 이후에, 합병은행측이 제시한 점포매각안을 경쟁당국이 검토하는 과정이 사실상 제5의 절차로 자리잡고 있다.

Ⅱ. 독자적인 심사기준

은행합병의 심사절차가 일반 기업결합사건의 그것을 수용하기는 했지만, 세부적인 심사기준에 있어서도 기업결합의 심사기준이 동일하게 적용되는 것만은 아니다. 물론 독일이나 EU, 일본과 같이 은행합병에 대하여 별도의 심사기준을 수립하지 않는 경우도 있기는 하지만, 은행합병의 경쟁제한성 심사부분에 상당한 사례와 경험이 축적된 미국의 경우는 은행업이나 은행시장의 특수성을 감안하여 이를 반영한 특유의 심사기준을 개발하여 적용시키고 있다. 경쟁제한성 심사의 일관성이라는 측면에서 보면 동일기준을 적용하는 것이 바람직할 수도 있겠지만, 은행시장에서 경쟁이 제한되는 현상과 의미가 일반 기업결합사건과는 다를 수 있기 때문에 통상적인 기업결합심사기준으로는 경쟁제한성을 정확히 평가하기에 한계가 있을 수 있다. 더욱이 현재까지 들어난 결과에 비추어 보면 동일 기준을 적용하는 방식은 결과적으로 은행합병을 엄격하게 규제한다기 보다는 오히려 경쟁제한성을 인정하지 않거나 예외를 폭넓게 인정하여 합병을 허용하는 결과를 보이고 있는데, 이는 규범적 판단과정으로서 합병 심사에 구체적 타당성이 결여되어 있음을 반영하는 결과가 아닌가 생각된다. 따라서 은행합병의 경쟁제한성 판단의 정확성을 기하고 규범의 구체적 타당성을 제고하기 위해서는 은행합병사건에 대해서까지 일률적인 기준을 적용하기 보다는 고유기준을 모색할 필요성이 있다. 이러한 차원에서 미국에서 은행규제기관과 법무부, 그리고 법원이 개발하여 온 심사기법은 그 의미가 매우 크다고 할 수 있다. 다만 최근 미국에서도 법무부가 은행합병 고유의 심사기법으로부터 탈피하여 점차 본래의 기업결합 심사기준으로 회귀하는 성향을 보이고 있다. 이것은 근래들어 은행시장을 둘러싼 법적, 경제적, 기술적 환경이 변화하면서 은행합병에 대해 특별히 다른 기준을 적용할 필요성이 줄어들었다는 판단에 따른 것으로 보인다. 그 결과 법무부의 심사기준과 은행규제당국의 심사기준이 상충되는 새로운 문제가 노정되고 있다.[3]

　이러한 문제의식을 기초로, 이하에서는 미국에서 개발되어 온 심사기법을 법무부와 은행규제당국의 양자의 관점에서 분석하여 우리의 은행시장상황에 적합한 기준을 모색해 보고자 한다. 먼저 은행합병의 경쟁제한성심사를 기업결합심사 5단계에 따라 서술하되, 관련시장은 상품시장과 지리적 시장을 나누어 별도의 장에서 분석하고 경쟁제한성의 교정조치로서 점포매각을 실체적인 심사의 마지막 단계로서 검토키로 한다.

---

3) Jonathan R. Macey & Geoffrey P. Miller, Banking Law and Regulation, p.447 (1992) 참조. 양대 기관간의 차이는 특히 시장획정방식이나 정당성 항변(가령, 효율성 항변과 편의-필요항변)의 인정에 있어서 두드러진다.

제2절 은행업에 대한 관련시장의 획정

I. 은행업에 대한 상품시장의 획정

1. 상품으로서 은행업의 특수성

기업결합의 위법성은 시장점유율 여하에 따라 달라질 수 있기 때문에 시장점유율 산정의 기초가 되는 관련시장획정은 기업결합의 경쟁제한성 판단에 있어서 매우 중요한 의미를 가지게 된다. 이 점은 은행합병사건에 있어서도 다를 게 없으며, 합병규제 가운데 경쟁제한성 판단의 일차적 단계가 관련시장의 획정이라 할 수 있다. 그런데 관련시장을 획정하는 목적은 결국 "경쟁이 실제로 존재하는 곳에서 경쟁을 제대로 인지[4]" 하기 위한 것이기 때문에 무엇을 은행상품의 시장을 규명하기 위해서는 먼저 은행상품이 일반적인 제조업이나 서비스업과 어떻게 다른지를 분석할 필요가 있다. 어느 산업분야이든 제 각기 고유의 특성을 가지고 있지만 은행업은 그것을 취급하는 은행기관이 경제전반에서 차지하는 역할, 그리고 금융고객과의 관계라는 측면에서 다른 분야의 상품과 특별히 구별되는 특징을 지니고 있기 때문이다.

우선 은행업(banking)은 고객과 은행과의 관계라는 측면에서 볼 때 여러 방향으로의 관계가 형성된다는 특징이 있다. 이를 테면 고객이 은행에 돈을 예치하기 위해 은행상품을 이용하는 예금고객이 될 수도 있고, 반대로 은행의 돈을 빌리는 대출고객이 될 수도 있다. 이점에서 은행고객은 소비자이기 이전에 자금의 공급자이자 수요자이고, 은행에 대한 채권자이면서 채무자가 된다. 은행상품도 이에 따라 자금의 수요와 공급요

---

4) Brown Shoe Co. v. United States, 370 U.S. 294, 326 (1962).

인을 중심으로 여러 형태로 분리된다. 대표적으로는 자금의 공급 측면인 예금상품의 경우는, 유동성 자금을 운용하기 위한 보통예금, 목돈마련을 위한 각종 적금, 기타 주택청약상품이나 각종 연금 등으로 구성하되, 수요측면인 대출상품의 경우는 가계대출, 기업대출 등으로 분류해 볼 수 있다. 이처럼 은행들은 여러 가지 상품을 한꺼번에 생산하게 되는데, 이 점에서 소위 '다품목생산 기업(multi-product firm)'라고 할 수 있다. 그런데 동일한 은행에서 취급하는 상품들이 다양한 반면, 그 상품들 상호간의 동질성은 매우 낮다. 은행이 다품목생산을 하는 이유는, 은행이 경제시스템에서 자금중개역할을 담당하고 있다는 점과, 고객들의 상품들에 대한 수요의 동기가 매우 다양하다는 점에서 찾을 수 있다. 특히 고객들이 은행을 찾는 동기는 전혀 다른 차원에서 비롯되는 경우가 많다. 가령 대출고객과 예금고객이 은행상품을 선택하는 동기는 정반대이며, 같은 예금고객들 가운데서도 보통예금거래를 하려는 고객과 적금계약을 하려는 고객의 동기도 상이할 것이다. 따라서 수요측면에서 은행상품들 상호간의 기능적인 대체가능성이 전혀 없거나 매우 낮다고 할 수 있다.[5]

한편 은행의 고객층의 범위는 매우 넓어서 개인이나 소기업으로부터 대기업이나 정부에 이르기까지 광범위하게 구성된다. 이 가운데 대기업은 주로 대규모 은행과 거래하려는 경향이 있는데 이는 대규모 은행이 대기업의 필요를 충족시키는데 보다 적합하기 때문이다. 가령 지역은행이나 소규모 은행보다는 대규모 은행이 대기업이 소요로 하는 수준의 자금을 확보할 가능성이 많고, 또한 사업활동에 필요한 서비스를 제공받기에도 폭넓은 지점망을 갖춘 은행으로부터가 훨씬 수월하다고 할 수 있다. 고객들이 거래은행을 선택하는 지역의 크기는 고객의 규모와 일종의 함

---

[5] 반면 공급측면에서는 상품을 대체하는데 지점망이나 전산망 이외에 별다른 설비가 필요 없고 주로 인력에 의존하는 비율이 높기 때문에 대체가능성이 높은 편이라고 할 수 있다.

수관계를 가진다. 즉 규모가 큰 고객일수록 전국적인 점포망을 가진 은행과 거래하려는 경향이 있다. 반면 일반적으로 소규모 고객들은 자신들의 거주지역에 가까운 은행이외에는 거래를 하기 꺼리며,[6] 가급적 금융거래를 하나의 은행에서 유지하려는 성향을 가진다. 각종 수수료 면에서도 동일 은행고객에 대해 저렴한 가격이 책정될 뿐만 아니라 개인신용도의 제고 측면에서도 단일 은행으로 집중시키는 것이 유리하다는 인식이 일반적이다. 그 결과 고객들이 은행거래의 상대방을 선택할 때는 개별은행이 취급하는 전체 상품의 종류와 구성을 염두에 두고 거래여부를 판단하는 성향이 강하게 나타난다. 그리고 일단 한번 거래를 개시한 은행과 지속적 거래관계를 유지하려는 성향도 일반 상품거래에 비해 강하다. 일반적으로 소비자들은 거래조건의 변화에 민감하게 반응하여 상품의 구매선을 변경시키려 하지만, 예금이나 대출거래에 있어서는 계약을 변경하는 절차가 간단치가 않다. 따라서 가격이나 기타 거래조건의 변화가 있더라도 이에 반응하여 소비자들이 거래선을 변경하게 되는 민감도가 일반적인 제품 구매에 비해 낮다.

이상을 정리해 보면, i) 은행들은 상호간에 대체가능성이 희박한 상품들을 다양하게 생산하게 되는데, ii) 다른 분야에서의 구매행태와 비교할 때, 고객들이 은행상품을 어느 한 은행에서 지속적으로 거래하려는 성향이 강하게 나타나며, iii) 따라서 상호간에 대체성 없는 상품들을 가급적 동일한 은행에서 일괄적으로 거래하려는 경향이 있다는 것이다. 이와 같은 특수성 때문에 은행들이 은행상품을 두고 벌이는 경쟁은 개별상품에 따라 별도로 이루어지기 보다는, 여러 상품의 묶음(cluster)을 단위로 하여 형성되는 경향이 나타난다. 다만 이와 같은 특성은 종래 상당히 강하게 표출되었으나, 근래 들어서는 금융기술의 발전으로 은행거래가 간편

---

6) United States v. Manufacturers Hanover Trust Co., 240 F.Supp. 867, 895-918 (S.D.N.Y. 1965) 참조.

해짐에 따라 특정은행을 주거래은행으로 선택하려는 현상이 이전처럼 현
저하지는 않은 것으로 분석된다.

2. 은행상품의 특성을 고려한 관련시장의 획정

(1) 전통적인 시장획정방식의 한계

은행상품에서, 고객들이 가급적 단일의 거래상대방으로부터 복수의 은
행상품을 구매하려는 성향을 보인다고 한다면, 그 만큼 은행으로서는 개
별 금융상품을 공급하는 비은행금융기관으로 부터의 경쟁을 덜 받는다는
의미가 된다. 대다수의 고객들은 자신이 원하는 상품을 전부 취급하는
은행 가운데서만 금융거래상대방을 선택할 것이기 때문이다. 이러한 상
황에서 유력 은행간에 합병이 이루어질 경우, 소비자의 입장에서 경쟁제
한으로 인한 후생손실은 개별 은행상품에 대해서가 아니라 은행에서 취
급하는 상품전체를 단위로 하여 발생할 것이다.

그런데 전통적으로 상품시장의 외부경계선은 당해 상품과 그 대체품간
의 용도에서의 합리적 대체가능성(reasonable interchangeability of use)
과 수요의 교차탄력성(cross-elasticity of demand)에 의해 결정된다고 보
았다. 이러한 기준은 경제학적 시장개념에 터잡은 것으로서 일찍이 독점
적 경쟁이론을 창시했던 Chamberlin[7]과 Robinson[8], 그리고 이후 Bain[9]

---

7) Chamberlin의 경우는 당해 제품들이 서로 대체재의 관계에 있는지의 여부
   를 판단하기 위해서 이들 두 제품간의 수요의 대체탄력성이 구해져야 한다
   고 보았다. Edward H. Chamberin, The Theory of Monopolistic
   Competition(8th ed.), Harvard University Press, p.202 (1962).
8) Robinson은 시장을 동종상품(like product)을 생산하는 기업들의 집단으로
   정의하였는데, 이는 소비자의 관점에서 매우 유사한 대체재로 인식되는 상
   품의 생산자들을 의미하였다. Joan Robinson, The Economics of Imperfect
   Competition, McMillan, p.17 (1969).
9) Bain은 수요의 탄력성은 '수요의 교차탄력성'이라는 개념으로 확립하는데

을 거치면서 정립되었다. 그리고 이는 다시 미 연방대법원의 duPont 사건[10]과 Brown Shoe 사건[11]을 통하여 규범적 판단의 전제로서 채용되기에 이르렀다. 이를 기술적으로 표현하면, 상품 x와 상품 y사이의 교차탄력성을 Pxy라고 하고, 상품 x에 대한 수요량의 변화를 dQx, 상품 y의 가격변화를 dPy라고 할 때 Pxy=dQx/dPy가 된다. 이때 Pxy의 값이 양이면 상품 x, y는 서로 대체재 관계에, 음이면 보완재 관계에 있다고 보게 된다. 그리하여 상호간에 대체재 관계에 있는 상품들 가운데 그 탄력성이 높은 상품들은 서로 동일성이 인정되어 하나의 관련시장에 속하는 것으로 판단된다. 미 법무부의 수평적 기업결합가이드라인에서도 이러한 원칙을 기반으로 하여 상품관련시장을 정의하고 있다. 즉, 어느 독점적 지위에 있는 자가 있다고 가정할 때 그 독점자가 소비자들이 자신의 상품 대신 다른 지역의 상품으로 대체함으로 인해 가격을 재차 인하해야 할 압력을 받지 않고, "소폭이지만 중대하고도 지속적인 수준의 가격인상(small but significant and nontransitory increase in price, 이하 SSNIP)"[12]를 부과할 수 있는 상품 및 상품군이 곧 상품시장으로 정의된다.[13]

그런데 이러한 전통적인 기준을 은행합병사건에 적용할 경우, 은행상

기여하였다. (김권회, 「독점규제법상 관련시장의 획정에 관한 연구」, 서울대 석사학위논문, 1995년 8월, 7면에서 참조)

10) United States v. E.I. du Pont de Nemours & Co., 351 U.S. 377 (1956). Du Pont사건에서 "구매자들이 -가격, 용도 및 기타 성질을 고려하여- 두 상품을 합리적으로 대체가능한 제품들로 판단하는 경우에는 두 상품이 동일한 상품관련시장 내에 속하는 것으로 간주된다"고 판시하였다.

11) Brown Shoe Co. v. United States, 370 U.S. 294 (1962). 상품시장의 외부 경계선은 당해 상품과 그 대체품간의 용도 면에서의 합리적 교환가능성이나 수요의 교차탄력성에 의해 결정된다고 보았다.

12) 일반적으로, 현재의 수준보다는 약 5%, 경쟁수준보다는 약 10% 상회하는 가격인상을 SSNIP로 보고 있다.

13) 미 법무부 가이드라인, §0.1 at 41,553, §1.11, at 41,554-555.

품들은 상호간에 대체관계에 있지 않거나, 대체가능성이 있더라도 탄력
성이 높지 않기 때문에 각기 개별적인 상품별로 상품시장이 구성될 것이
다. 이럴 경우 상품에 따라서는 개별적인 시장을 두고 은행뿐만 아니라
비은행금융기관도 경쟁자로 포섭할 수 있게 된다. 비은행금융기관들도
분명히 동일한 상품을 공급하고 있기 때문이다. 따라서 만일 앞서 살펴
본 바와 같은 은행상품의 특성이 매우 현저한 것일 경우에는, 은행상품
의 묶음을 둘러싼 경쟁현실이 전통적인 시장획정방법에 의해 포섭될 수
없는 결과가 된다. 이로 인해 은행합병의 경쟁제한성을 정확히 포착하는
데에는 한계가 있을 수밖에 없다. 그런데 이러한 문제는 은행합병사건에
대해 독점금지법을 최초로 적용한 Philadelphia 판결에서부터 제기되었으
며, 미 연방법원은 이러한 문제의식하에 은행상품시장획정에 있어서 새
로운 접근법을 시도하게 되었다.

(2) 새로운 상품시장획정의 시도

기업결합사건에 대한 상품시장의 획정방식이 미 연방대법원의 판결에
따라 결정되어 왔던 것처럼, 은행합병사건에서의 상품시장 획정방식도
연방대법원의 1963년의 Philadelphia 판결[14]에서 도출되었다. 동 판결은
은행상품이 단일점포에서 고객들에 의해 일괄적으로 거래되는 현상을 주
목하여, 전통적인 상품시장획정 접근방식과는 달리, 상업은행[15]에 의해
제공되는 상품 및 서비스의 묶음(cluster)이 하나의 관련상품시장을 형성

---

14) United States v. Philadelphia National Bank, et al., 374 U.S. 321 (1963).
15) 일반적으로 단기적인 예금을 받아들이고, 그것을 기초로 하여 원칙적으로
　　는 단기적인 상업자금을 공급하는 은행을 의미한다. 영국의 deposit bank
　　나 joint stock bank, 미국과 프랑스의 Commercial Bank, 독일의
　　Kreditbank과, 일본의 보통은행이 이에 해당하며, 우리나라에서는 흔히 일
　　반은행으로 불리기도 한다. (이석윤, 「한국의 일반은행」, 법문사, 37면
　　(1988))

한다는 획기적인 기준을 수립하였다. 또한 이 판결 이후에 있었던 Phillipsburg National Bank판결16)과 Connecticut National Bank 판결17) 에서도, 거듭하여 대출상품이나 당좌예금계좌(checking account), 저축성 예금계좌(savings account) 등 상업은행이 취급하는 모든 금융상품과 금융서비스들을 하나로 묶어서 시장을 획정하였다. 이러한 상품시장 획정 방식을 '일괄시장획정법(Cluster Market Definition)'이라 한다.18) 현재 미국의 연방법원과 연방준비제도이사회 등 은행규제기관들이 은행시장을 획정함에 있어서 사용하는 방식이 바로 일괄시장획정법이다.

(3) 시장획정방식의 다변화와 기관간의 시각차이

그런데 80년대에 들어서면서 규제의 완화, 금융기술의 발달 그리고 금융시장여건 변화가 은행시장의 경쟁에 새로운 변수로 등장하게 되자, 과연 전통적인 일괄시장획정법이 은행합병의 경쟁적 영향을 평가하기 위한 가장 완벽한 방안인지에 대한 의문이 제기되기 시작했다. 이러한 시각변화는 학계를 중심으로 제기되기 시작한 것이었으나 근본적으로는, 종래 지나치게 관대하게 이루어져 온 은행합병 승인사례들이 주로 은행규제기

---

16) United States v. Phillipsburg National Bank & Trust Company, 399 U.S. 350 (1970)

17) United States v. Connecticut National Bank. et al., 418 U.S. 656 (1974)

18) 이 Cluster Markets Definition의 용어에 대해서는 아직 국내에서 보편적으로 사용되는 번역어가 발견되지 않으나, 필자는 이하에서 이를 "일괄시장획정법"으로 부르기로 한다. 참고로 이를 "묶음시장획정"법으로 부르는 문헌도 있다(김후진, "금융산업에서의 합병에 관한 국제논의동향", 공정경쟁, 2000년 6월호. 참조). 일괄시장획정법은 은행산업이외의 여타산업. 가령 화재도난경보서비스업이나 (United States v. Grinnel Corp., 384 U.S. 563, 572-573 (1966)), 급성병치료전담 병원서비스업 (American Medicorp, Inc., 445 F.Supp. 589, 603-04(E.D. Pa. 1977)), 미용상품업 (JBL Enter. v. Jhirmack Enter., 698 F. 2d 1011, 1016-17(9th Cir. 1983)) 부문에 있어서도 시장획정 방법으로서 활용되고 있다.

관들의 일괄적인 시장획정방식 때문이었다고 본 법무부의 시각과도 일치하는 것이었다.

이에 따라 합병심사의 한 축을 이루고 있는 법무부는 시장획정방식에 대한 근본적인 재접근을 시도하여, 결국 은행상품 및 서비스에 대한 전통적인 일괄획정방식을 포기하고 그 대신 이를 몇 개의 개별요소들로 나누어 몇 개의 '하부시장'(submarkets)으로 획정하는 방식을 채택하게 되었다[19]. 이러한 시장획정방식을 "개별 하부시장 획정법(Disaggregated Submarket Definition)"이라고 한다[20]. 여기서 "하부시장"이란, 하나로 묶었을 경우에는 단일의 일괄시장을 형성할 수도 있는 개별 특정 상품시장들을 의미한다. 이 하부시장이란 용어는, Brown Shoe Co. v. United States[21] 판결이나 그 영향을 받은 후속판결에서도 사용된 바 있는데, 당시에는 "광범위한 관련시장들 내에 존재하는 협소한 관련시장들"이라는 다소 불명확한 의미로 사용되었던 것이어서 의미상 차이가 있다[22].

그러나 법무부의 근본적인 접근방식의 변화에도 불구하고 연방준비제도이사회를 비롯한 은행규제기관들은 현재까지 일괄시장획정법의 기조를 단호하게 유지해 오고 있다. 이에 따라 은행합병에 대한 반트러스트심사

---

19) Keith R. Fisher, *Merger and Acquisitions of Banks and Savings Institutions* § 3.12, at 3:88-90 (1993); Michael A. Greenspan, Justice and Banking Agencies Still Analyze Bank Mergers Differently, *Banking Policy Rep.*, Sept. 4, 1995, p.17. (1995).

20) 이 개념에 대해서도 국내에 적절한 번역어가 발견되지는 않는다. 원어의 해석에 충실하자면 '세분화된 하부시장 획정법' 등으로 부르는 것이 바람직하겠으나, 이하에서는 호칭의 편의상 '개별하부시장획정법'으로 통일하기로 한다.

21) 370 U.S. 294 (1962)

22) Lawrence C. Maisel, Submarkets in Merger and Monopolization Cases, 72 Geogetwon Law Journal, pp.42-44 (1983-84); Robert Pitofsky, New Definitions of Relevant Market and the Assault on Antitrust, 90 Columbia Law Review, p.1849 (1990).

를 책임지고 있는 양대 기관이 현재 완전히 다른 두 개의 상품시장획정
법을 사용하고 있는 상태이며, 그 결과 일부 은행합병건에서는 연방준비
제도이사회가 승인한 바로 그 합병안이, 법무부에 의해서 기소되는 일들
이 빈번하게 발생하여 오고 있다[23]. 이하에서는 은행합병사건에서 행해
지는 상품시장획정방식의 대표적인 두가지 접근법을 비교, 검토한 후 각
접근법이 가지는 특징과 한계를 비판적 시각으로 분석해 보기로 한다.

3. 은행상품에 대한 일괄시장획정법

(1) 판례를 통한 일괄시장획정법의 형성과정

1) Philadelphia National Bank 사건

Philadelphia 사건 판결은 은행합병사건에 대해 독점금지법 특히 클레
이톤법 제7조가 적용될 수 있음을 확인한 최초의 판결이었다는 점은 전
술한 바와 같다. 하지만, 그에 못지않게 동 판결을 통해 상품시장의 일괄
획정방식이 처음 시도되었으며 이후 연방법원과 은행규제기관의 은행상
품의 시장획정에 기준과 원칙을 제시했다는 점에서도 그 의미가 매우 크
다고 할 수 있다.

가. 원심에서의 시장획정방식에 대한 쟁점

먼저, 법무부는 몇몇 거래분야의 경우 고유한 특성들을 가지고 있으며
상업은행업도 그 중의 하나라고 주장하였다. 또한, 일부 특별한 서비스들
뿐만 아니라 일반적인 은행서비스들도 다른 기관들에 의해서는 전혀 제

---

23) U.S. v. Fleet/Norstar Financial Group, Inc.사건이나 U.S. v. Society Corp.
   and Ameritrust Corp.사건이 그와 같은 사례들이며, U.S. v. Texas
   Commerce Bancshares, Inc and Texas Commerce Bank-Midland, N.A.
   사건에서는 OCC가 승인한 합병에 대해 법무부가 기소를 한 바가 있다.

공되지 않거나 아니면 기껏해야 지엽적으로 불완전하게만 제공될 뿐이라고 하였다. 이에 대해 피고 은행측은, 요구불예금을 제외하고는 은행들이 취급하는 서비스와 동일하거나 효과적으로 대체할 수 있는 서비스들이 다른 금융기관들에도 존재한다고 주장하였다. 즉 다른 금융기관들에 의해 제공되는 서비스들이 상업은행들이 제공하는 서비스들과 합리적으로 대체가능하기 때문에 법무부가 주장하는 별도의 거래분야를 상업은행들에 대해서만 국한시킬 것이 아니라 여타 금융기관들의 서비스도 마찬가지로 포함시켜야 한다는 것이다. 당시 피고 은행측이 염두에 두었던 다른 금융기관들에는 저축금융기관 뿐만 아니라 보험회사, 중개업자, 파이낸스회사, 신용조합 등이 포함되었다[24].

이에 대해 연방지방법원은 "상업은행의 일부 서비스들이 일정정도 여타 금융기관들이 제공하는 서비스와 중첩되는 부분이 있다"는 점을 인식하면서도, 상업은행을 다른 금융기관들로부터 구별시키는 것은 다름 아닌 여러 다양한 서비스의 집합물 그 자체라고 결론을 지었다. 다시 말해서 상업은행은 다른 금융기관들과 구분되는 독특한 성질을 가지고 있어서, 개인이나 기업들에 의해 상업은행이 다른 금융기관들로 대체될 수가 없다는 것이다.

그러나 은행상품의 특수성에 대한 연방지방법원의 인식과는 관계없이, 궁극적으로 클레이톤법 제7조는 은행합병안에 대해 적용시킬 수 없다는 것이 법원의 판결이었었다. 또한 설령 적용이 된다고 하더라도 당해 합병안이 경쟁을 감소시킬 개연성이 충분히 입증되지 않았기 때문에, 당해 합병안은 클레이톤법과 셔먼법의 어느 하나에도 위반되지 않는다고 하여 원고 법무부의 주장을 기각하였다. 이에 법무부는 연방대법원에 항소를 하였고, 시장획정문제는 다시 연방대법원에서 다투어지게 된다.

---

24) *Id.* at 361-363.

나. 연방대법원의 견해

연방대법원은 시장획정방식에 관한 한, 상업은행업을 하나의 관련시장으로 분류하고 다른 금융기관들이 제공하는 금융상품 및 서비스를 관련시장에서 제외시켰던 원심의 판결내용을 받아들였다. 사실 미 연방대법원은 경제학에서 인정되어 온 시장획정방식을 토대로 "상품시장의 외부 경계가 특정 상품과 그 대체품간의 합리적인 대체가능성이나 수요의 교차탄력성에 의해 결정된다"는 기본입장을 가지고 취하여 왔다. Philadelphia 사건에서도 대법원은 이러한 기본 입장에서 벗어나지 않았으며, 금융기관들 가운데 특히 저축금융기관(thrift institutions)들이 취급하는 서비스들이 은행에 의해 제공되는 서비스와 합리적으로 대체될 수 있는 서비스라는 점을 인식하고 있었다.[25) 그럼에도 불구하고 연방대법원이 비은행 금융기관들이 제공하는 서비스에 대한 증거를 배제시켰던 이유는 상업은행들이 여타 금융기관들에서는 찾아볼 수 없는 독특한 '서비스 묶음'을 제공한다는 점을 대법원이 가장 중대한 부분으로서 주목했기 때문이다[26). 즉 일부 상품이나 서비스에서 상업은행과 여타 비은행 금융기관들이 중복되는 측면이 있기는 하지만, 요구불예금(demand deposits)[27)은 상업은행만이 취급하고 있는데다, 상업은행들이 전체적으로 취급하는 상품 및 서비스는 하나의 묶음을 이루고 있어서 저축금융기

---

25) 대법원은 Philadelphia 사건에서 이 부분에 대해 다음과 같이 언급하였다: "우선, 많은 여타 금융기관들이 신용제공사업에 종사하고 있으며, 또한 다소간 상업은행들과 경쟁을 치루고 있다는 점이 지적되어야 한다 …. 예를 들어: 상호저축은행, 저축 및 대출기관, 신용조합, 금융중개인, 직접대출정부기관, 체신금융, 소기업투자회사, 생명보험회사 등이 그것이다"(374 U.S. 321 at 326, n. 5, (1963)).
26) *Id.* at 326-327, 356-357.
27) 수표에 의해 인출가능하거나 약속된 이자율의 희생없이 언제나 입출금 이 자유로운 예금이다. 한국의 은행시장에서 거래되는 요구불예금 상품으로는 당좌예금, 보통예금, 가계종합예금, 별단예금 등을 들 수 있다.

관들이 개별적으로 취급하는 상품들과는 엄연한 차이가 있다는 것이다. 이러한 획정방식은 기본적으로는 전통적인 경제원칙에서 벗어나 있지 않지만, 여러 개별상품들을 하나로 묶어서 극단적으로 단순화하였다는 점에서 독특한 시도였다.[28]

연방대법원은 은행상품을 일괄시장으로 획정해야 하는 이유를 구체적으로 다음과 같이 제시하였다.

"동 법정은 상업은행업(commercial banking)"이라는 용어에 의

---

28) 대법원은 상업은행업 자체를 하나의 거래분야로 보았던 이유를 다음과 같이 밝히고 있다. "여러 금융기관들 가운데 유독 상업은행들만이 법적으로 요구불예금(demand deposits)을 취급하도록 허용된다는 점에서 상업은행은 독특한 금융기관이라고 할 수 있다. 이러한 특유의 권한이 상업은행으로 하여금 국가경제에 핵심적인 역할을 담당토록 하고 있다. 은행은 단순히 금융산업에 종사하는 사업자에 그치지 않고, 사실상 자금과 신용의 원천으로서 기능하고 있다. 가령 은행이 차용자의 요구불예금계좌를 통해 당좌대월(當座貸越)을 하는 경우 국가전체의 신용공급의 폭은 늘어나게 된다(譯註: 요구불예금을 이용할 때 거래자는 당좌대월(當座貸越) 계약에 의하여, 예금잔고 이상으로 발행한 수표에 대해서도 지불을 받을 수 있게 되기 때문이다). 더욱이 요구불예금을 취급할 권한을 가지기 때문에 은행은 대다수의 금융거래에 있어서 중개인의 역할을 맡게 된다. 자금의 이체가 현금보다는 주로 수표에 의해 이루어지기 때문이다. 또한 이로 인해 상당한 개인 및 기업자금이 은행에 비축된다. 은행들이 이들 자금을 활용하는 것은 은행들의 운전자본(working capital)의 대부분이 요구불예금으로 이루어져 있다는 사실을 전제로 하며, 이 때문에 유동성을 중심으로 은행대출과 투자정책의 지도원칙이 수립된다. 따라서 은행이 국가의 단기사업신용의 주요 원천이 된다고 할 수 있다. 은행업 활동은 매우 다양하면서도 복잡한 양상을 보인다. "상업은행업"은 서비스와 신용장치의 덩어리와도 같다. 그러나 이들 가운데 추가적인 자금과 신용의 창출, 체킹예금계좌의 운용, 단기사업자금대출의 공여 등은 가장 중요한 것으로 보인다" (374 U.S. 321, at 326-327 (1963)).

해 상징되는 일련의 '상품' 및 '서비스'의 묶음은 명백한 하나의
거래분야를 형성하고 있다고 본 지방법원의 판결내용에 동의한
다. 일부 상업은행 상품들이나 서비스들은 너무나 독특한 나머
지 여타 금융기관들이 제공하는 상품이나 서비스들로부터의 유
효경쟁을 겪지 않으며, 이들로부터 완전히 자유롭다. 당좌예금
계좌가 바로 이러한 부류에 속한다. 다른 상품이나 서비스들은,
이러한 독특한 상품이나 서비스들의 범주 내에 편승함으로써
여타 금융기관들이 제공하는 대체상품들로부터의 경쟁을 차단
하는 등의 비용상의 이득을 누리게 된다. 예를 들어, 상업은행
들은 개인대출시장에서 소자본대출회사들과 경쟁하게 되지만,
이들 회사의 대출이자는 은행의 대출이자에 비해 훨씬 높게 형
성된다. 왜냐하면 이들 회사들의 운전자본이 상당부분 은행대
출을 통해 이루어지기 때문이다. 끝으로, 비용이나 가격면에서
는 다른 금융기관들이 제공하는 시설과 자유롭게 경쟁을 벌이
지만, 그럼에도 불구하고 고정적인 고객선호도를 가지고 있어
서 경쟁을 상당정도 받지 않는 은행업 설비들도 존재한다. 이
는 예금저축과 관련하여 특히 그러하다. 이에 비추어 볼 때,
'상업은행' 상품 및 서비스들의 묶음이 거래실질의 면에서 포
괄적인 것으로 보기에 충분한 하나의 시장이라는 점은 분명하
다."29)

---

29) *Id.* at 357. 이후 1년 뒤에 있었던 Lexington 판결에서도 이와 같은 획정
방식이 대체로 받아들여지기는 했으나, 신탁업무와 같은 은행서비스가 별
개의 거래분야를 이루는지 여부에 대해서는 명확한 결론을 내리지 못하였
다. 한편 Manufactures Hanover사건에서는 상업은행업 내에서도 두 가지
형태의 서로 구분되는 은행업 형태가 존재한다고 보았다. 대기업, 정부 및
부유층을 상대로 하는 도매은행업(wholesale banking)과 소기업이나 일반
개인을 상대로 하는 소매은행업(retail banking)이 그것이다(United States
v. Manufacturers Hanover Trust Co., 240 F.Supp. 867, 895-918 (S.D.N.Y.
1965)).

218

이 판결에서는, 은행이 고객들로부터 자금을 매입하는 단계에서 이루어지는 당좌예금계좌, 저축예금계좌, 정기적금, 요구불예금, 신탁업무 등이 바로 관련 "서비스"라고 하였다. 반면 관련 은행 "상품"은 은행이 고객에게 자금을 판매하는 단계에서 이루어지는 대출 및 여타 다양한 여신상품으로 파악하였다.30)

아울러 대법원은, "집중화경향에 대한 의회의 강력한 우려에 비추어 볼 때, 특정한 경우에 시장 구조, 시장 행태, 혹은 반경쟁적 효과의 개연성 등에 대한 상세한 증거를 면제시키는 것이 용납될 수 있다"고 밝혔다.31) 이는 상품시장을 단순화시킨 근본적인 취지가 은행상품들과 관련된 경제 지표에 대해 조사대상을 너무 광범위하게 정함으로써 자칫 집중화경향을 억제하기 위해 제정된 클레이튼법 제7조의 입법목적이 훼손되는 일이 없도록 하려는데 있다는 것이다.32)

그러나 이러한 획기적인 시도에도 불구하고 동 판결은 미흡한 한계점을 남겨두었다. 그것은 대법원이 동 사건에서, 상업은행의 여러 개별 상품들이 거의 경쟁을 받지 않는다는 점을 설명하는 것에 그치고, "왜 개별상품시장이 합병심사를 위해 하나의 일괄시장으로 묶여져야 하는지"에 대해서는 설명을 하지 않았기 때문이었다.33) 즉 대법원이 일괄시장접근법을 채택하게 된 구체적인 경제적 근거가 언급되지 않았으며, 하급심법원들 역시 이 사안을 처리할 실질적인 지침이 주어지지 않은 상태였다.34) 그 결과, 각급 법원들은 이에 대한 구체적인 기준을 제시하는 대

---

30) 374 U.S. at 326 n.5.
31) *Id.* at 363.
32) *Id.* at 362-363.
33) Ian Ayres, Rationalizing Antitrust Cluster Markets, 95 Yale Law Journal 109, 111(1985).
34) *Id.* at 112; Jonathan R. Macey & Geoffrey P. Miller, Nondeposit Deposits and the Future of Bank Regulation, 91 Michigan Law Review,

신에, 단순히 '거래, 상업적 혹은 경제적 실질' 등과 같은 막연한 문구들에 의지하거나[35], 어느 묶음에 속하는 상품이나 서비스가 실제로 하나의 거래선을 이루는지의 문제와는 아무런 관련성이 없는 기준을 근거로 하여 일괄시장획정을 정당화하곤 하였다.

2) Phillipsburg National Bank 사건

일괄시장획정의 미흡한 근거는 이후 Phillipsburg 판결[36]에서 보완되었다. 동 판결에서 연방대법원은 상품시장획정에 대한 기존의 입장을 재확인하면서, "상업은행업으로 불리는 상품과 서비스의 묶음은 여러 개별상품과 서비스들의 중요성을 훨씬 뛰어넘는 경제적인 중요성을 가지고 있다"고 판시하였다.[37]

동 사건은 뉴저지주의 Phillipsburg라는 소도시에 소재한 상업은행들 가운데 1, 2위를 점하고 있던 Phillipsburg National Bank와 Second National Bank간의 합병에 관한 사건이었다. 이들 은행은 Phillipsburg 지역뿐만 아니라 인근 필라델피아州의 Easton 지역을 영업대상으로 하고 있었으며 Easton 지역에 소재한 4개의 은행들과도 경합을 벌이고 있었다. 합병은행의 규모는 Phillipsburg-Easton 지역에서 2위에 해당하였으며, 당해 지역의 3대 은행들의 시장점유율을 70%에서 80%로 증가시키게 될 것으로 예상되었다.

이 합병건의 심사는 OCC에 위임되었고, FRB와 FDIC, 그리고 법무부에게는 당해 합병안에 대한 경쟁적영향을 평가해 줄 것이 요청되었다. 그런데 당해 합병안이 경쟁제한적이라는 자문보고에도 불구하고, 심사기

---

        pp. 265-66 (1992) 참조.
35) Ayres, op.cit. p. 110.
36) United States v. Phillipsburg National Bank & Trust Co. 399 U.S. 350 (1970)
37) *Id.* at 361.

관인 OCC는, 당해 합병안을 인가하였다. 이에 법무부는 승인된 합병이
클레이톤법 제7조를 위반하였다고 보고, 이를 뉴저지의 연방지방법원에
제소하였다.

연방지방법원은, 먼저 은행서비스의 묶음이 세부적인 하부 구성요소로
분리된다는 전제하에, 다른 금융기관들로부터는 이용가능하지 않고 오직
상업은행에만 존재하는 묶음을 구별하여 그러한 묶음내의 상품들에 대해
서만 반트러스트 분석을 실시하였다. 동 합병건이 사실상 두 은행들에
고유한 상품에 대해서만 영향을 미칠 것으로 판단했기 때문이다. 법원은,
상업은행에 고유한 상품으로서 '요구불예금'과 '상업대출'을 꼽았으며, 여
타의 서비스들은 저축금융기관으로부터 뿐만이 아니라 사실상의 모든 비
은행금융기관들로부터 이용가능한 서비스들로 보았다.38) 그리하여 은행
고유상품에 대해서는 일괄시장획정법을 채택하되, 나머지 상품들에 대해
서는 세부화된 하부시장접근법을 적용하였다.39)

지방법원의 이와 같은 시도에 대하여 연방대법원이 내린 평가는 양면
적이었다. 먼저 대법원은, 원심에서 지방법원이 Philadelphia 판결에서 채
택된 획정방법을 계승하여, 은행에 고유한 상품의 존재를 인식하고 이를
하나의 관련시장으로 묶은 부분에 대해서는 이의를 제기하지 않았다. 그
러나 은행상품의 광범위한 "묶음"내에 독특한 "하부시장들"이 존재한다
는 지방법원의 시각에 대해서는 원칙적인 거부의 입장을 표명하였다. 대
법원은, "하부시장이 존재한다고 하여 경제적으로 중요성을 가지는 광범
위한 거래분야가 무시되는 것은 아니"며,40) 비록 다른 금융기관들에서

---

38) United States v. Phillipsburg National Bank, 306 F. Supp. 645, 646-651
    (D.N.J. 1969).
39) 이러한 판단은 하부 은행상품들에 대한 경쟁을 고려한다는 점에서 선판례
    와 뚜렷이 구별되는 독창성을 있다. 이점은 이후에 법무부가 채택하게 되
    는 개별하부시장 획정법과도 기본적인 맥을 같이 한다고 하겠다.
40) United States v. Phillipsburg National Bank & Trust Company, 399

취급하고 있는 은행상품 및 서비스들이라도 요구불예금이나 상업대출 등 은행고유상품들과 동일한 묶음시장 내에 속한다고 보았다. 따라서 은행들이 취급하는 특정상품을 다른 금융기관들이 취급하고 있는지 여부는 일괄상품시장획정에 영향을 미치지 못하게 되었다. 이는, 일단 은행상품시장을 일괄적으로 획정하게 되면 개별 하부시장들에 대한 구체적인 경쟁 영향은 일일이 고려하지 않고 묶음전체 차원의 경쟁 영향만을 평가하게 되며, 비록 은행의 일부 상품과 동일한 금융상품을 취급하는 비은행기관들이 있더라도 이들은 상품시장의 획정에서 제외된다는 의미였다. Philadelphia 판결에서 제시된 원칙을 재확인하는 것일 뿐만 아니라, 일부 은행상품이 여타 금융기관들이 취급하는 상품과 중복되더라도 그것과 구별되는 관련상품을 구성한다는 점을 보다 명확히 한 해석이라고 할 수 있다.

그렇다면 다른 금융기관들의 상품과 중복되는 측면이 있음에도 불구하고 은행상품을 별도의 관련상품으로 획정하는 이유는 무엇일까? 대법원은 그 이유를 다음의 두 가지 측면에서 설명하고 있다. 첫째는 은행상품 및 서비스를 한 일괄거래함으로써 기대되는 소비자들의 편의이다. 대법원은, 은행고객들이 상업은행에 의해 제공되는 금융상품 및 서비스들을 하나의 단일 상품군으로서 인식하고, 동일한 은행에서 여러 은행상품이나 서비스를 '원스톱 은행거래'하려는 성향을 가진다고 보았다.[41] 그 결과 과거에 거래하던 은행상품 및 서비스들 가운데 어느 하나의 가격이 인상되는 경우에는 인상된 상품이나 서비스에 대해서만 거래은행을 바꾸는데 그치지 않고, 은행상품 및 서비스 묶음 전체를 타은행으로 대체하게 된다는 것이다.[42]

U.S. 350 at 360 (1970).

41) *Id.* at 361.

42) Peter Bronsteen, Product Market definition in commercial bank merger cases, *The Antitrust Bulletin*, p.684 (Fall, 1985).

222

또 한가지는 일괄거래에서 기대되는 이익 때문이다. 한 은행에서 모든 금융거래를 취급하는 고객은 그렇지 않은 고객들에게 이용가능하지 않은 서비스나 상품이 가능할 수도 있다. 예를 들어서 어느 특정 은행을 주거래은행으로 하여 다양한 금융상품과 서비스를 거래해 오던 고객은 담보물제공이 없이도 대출을 받기에 유리하다고 할 수 있다. 따라서 저축금융기관을 비롯한 다른 형태의 금융기관들은 상업은행에 대한 적절한 대체기관이 될 수 없다는 것이 연방대법원의 판단이었다[43].

3) Connecticut National Bank 사건

연방대법원은 1974년 United States v. Connecticut National Bank 사건[44]에서도 여전히 일괄시장획정법을 채택하였다. 하지만, "일부 하부시장에서 상업은행이 다른 금융기관과 직접적인 경쟁자관계"에 있음을 인정함으로써 은행이 제공하는 상품의 묶음과 여타 비금융기관들이 제공하는 은행상품의 묶음이 Philadelphia 사건 당시처럼 명료하게 구분되지는 않는다는 점을 받아들이게 되었다.

이 사건은 코네티컷주의 제4위의 Connecticut National Bank와 제8위의 First New Heaven National Bank간의 합병사건으로서, 원심을 맡은 연방지방법원은 상업은행(commercial banks)[45]과 저축은행(saving

---

43) Joseph F. Brodley, Potential Competition Mergers: A Structural Synthesis, 87 *Yale Law Journal.* p.5 (1977).
44) 418 U.S. 656 (1974).
45) 상업은행은 본래 예금을 자금원으로 하여 단기의 대출을 하는 것을 원칙으로 하는 은행으로 정의된다. 18세기경부터 영국에서는 은행이 급속히 발달하여 은행분업주의가 채택됨으로써 단기자금을 전문적으로 취급하는 금융기관과, 중·장기 자금을 취급하는 금융기관 사이에는 명확한 구분이 생겼는데, 전자가 바로 상업은행이다. 한국에서는 일반 시중은행이나 지방은행 등이 이에 해당한다고 할 수 있겠으나, 당좌예금·보통예금 이외에 정기예금과 같은 장기적인 상품도 취급하고 있고, 또 대출에 있어서도 시

banks)46) 모두가 상품시장에 포함된다고 판결하였다. 법원은 그 이유로
서, 코네티컷주내의 은행고객들에게 은행상품과 서비스를 제공함에 있어
서 저축은행들이 상업은행들과 "직접적이고 실질적인 경쟁"을 벌이는 현
실을 간과할 수 없다는 점을 들었다.47) 연방지방법원은 특히, 상업은행
과 저축은행이 (1) 개인 당좌예금계좌; (2) 부동산저당; (3) 개인대출;
(4) IPC 저축 그리고 (5) 상업대출 등과 같은 다섯 가지 은행업의 중요
영역에서 "의미있는 경쟁"을 벌이고 있다고 판결하였다. 이에 따라 원심
에서는 저축은행들의 존재를 감안하여 법무부가 산정한 시장집중율의 비
중을 낮추어 고려하였다.48)

이에 대해 연방대법원은, 저축은행들과 상업은행들이 코네티컷주내에
서 치열한 경쟁자 관계에 있으며, 업계내에서 경쟁하는 영역이 완전히
일치하지는 않더라도 적어도 "의미있는 경쟁"관계가 존재한다면 이를 고
려해야 한다는 부분에서 지방법원과 같은 입장을 나타냈다.49) 하지만 그
러면서도 지방법원이, 코네티컷주에서 상업은행과 저축은행간에 존재하
는 경쟁의 중첩 정도를 과대평가했으며, 상업은행이 여전히 저축은행이
취급하지 못하는 특유의 상품과 서비스를 제공하고 있다는 점을 간과했
다고 지적하였다.50) 아울러 연방대법원은 일괄시장획정의 유효성에 대한

설투자를 위한 장기적인 자금도 융자하고 있어서 엄밀하게 따지면 본래의
상업은행과는 다소 차이가 있다고 하겠다.

46) 저축은행이란 서민들의 비교적 영세한 저축성 예금을 흡수하는 금융기관
으로 정의된다. 저축을 장려하기 위한 차원에서 이탈리아에서 처음 시작
된 것으로 알려져 있으며, 현재 미국에서는 savings bank로 불리고 있다.
그러나 현재 한국에는 전문 저축은행이 존재하지 않으며, 일반은행이 저
축은행의 업무를 겸하고 있다.

47) United States v. Connecticut National Bank, 362 F. Supp. 240, 280 (D.
Conn. 1973).

48) Id. at 285. 그러나 지방법원이 채용한 분석기법은 명확히 밝혀지지 않았다.

49) United States v. Connecticut National Bank, 418 U.S. 656, 662 (1974).

50) 대법원은, 비록 "이 두 은행형태에서 판매되는 서비스들 사이에 상당정도

또 다른 근거로서 상업은행의 고객들에 대한 가격차별 가능성을 제기하
였다. 상업은행이 기업고객들에 대해 제공하는 서비스의 차이는 상업은
행업을 하나의 구분되는 거래영역으로 보기에 충분하게 만드는 요인이라
고 하였다.[51]

그러면서 연방대법원은, 향후 다른 금융기관들의 발전정도에 따라서
은행상품을 비은행기관의 상품과 구별하려는 시각이 적절치 않은 시점이
오겠지만, 동 사건에서는 아직 그러한 시점이 이르지 않았다고 본다고
판시하였다.[52]

(2) 일괄시장획정의 기준 및 이론적 근거

Philadelphia 판결을 기점으로, 다품목생산업자인 경우에는 전통적인
시장획정방식에서 벗어나서 비대체적이며 연계되어 있지 않은[53] 상품들
을 하나로 묶어서 관련 거래분야를 형성할 필요성을 공감하게 되었다.
하지만, 법원은 어떠한 상황에서 서로 대체관계에 있지 않은 상품들을
동일시장에 포함시켜야 할지를 명확히 규명하지 못하고, 거래관행이라든
지, 상업적 및 경제적 현실과 같은 막연한 표현으로 일괄시장획정의 정

유사점이 있는 것"은 사실이지만, "코네티컷주에서 상업은행 가지는 역할
을 현 단계에서 평가해 볼 때 상업은행과 저축은행을 동일하게 취급하기
에는 불충분하다"고 하였다(*Id.* at 663-664).

51) *Id.* at 664.
52) *Id.* at 666.
53) 끼워팔기(tying arrangements)에 있어서의 "종속상품, 혹은 연계된 상품
(tied products)"은, 개념적으로 볼 때 매도인이 소비자로 하여금 종속상품
을 주상품, 혹은 연계상품(tying products)과 함께 구매할 것을 요구하게
된다. 반면 일괄시장에 있어서는 사업자들이 "연계되어 있지 않은 다수의
상품들(untied products)"을 팔려고 내놓기는 하지만 이들 상품이 함께 구
매될 것을 요구하지 않는다는 점에 차이가 있다. R. Posner & F.
Easterbrook, *Antitrust*(2d. ed.), pp 347-85 (1981) 참조.

당성을 설명하여 왔다.54) 이에 따라 일괄시장획정법을 적용할 수 있는 상황과 그 기준이 무엇인지는 해석의 영역으로 남게 되었는데, 그 이후 일괄시장획정의 기준을 규명하려는 이론적 노력 가운데서 가장 주목할 만한 것은 다음의 두 가지라고 할 수 있다.

1) 거래적 상보성 이론

이 이론은 Ian Aryes에 의해 제시된 것으로서55), 대체가능하지 않은 상품들을 동일한 상품시장으로 묶기 위해서는 상품들 간에 거래적 상보성(transactional complementarity)이 있어야 한다고 주장한다는 것이 그 내용이다.56) 여기서 거래적 상보성이라 함은 일반적으로 소비자들이 여

---

54) United States v. Phillipsburg Nat'l Bank, 399 U.S. 350, 360 (1970) ("거래현실이 상업은행업을 구별되는 거래분야로 만들고 있다"고 판시); United States v. Grinnell Corp., 384 U.S. 563, 572 (1966) ("묶음이 상업적 현실을 반영한다"고 판시); United States v. Philadelphia Nat'l Bank, 374 U.S. 321, 357 (1963) ("거래현실의 측면에서 묶음이 의미가 있다"고 판시); United States v. Tracinda Inv. Corp., 477 F. Supp. 1093, 1104 (C.D. Cal. 1979) ("상업적 현실은 활동사진제작/유통상품의 묶음을 위한 근거가 되지 못한다"고 판시); Science Prods. Co. v. Chevron Chem. Co., 384 F. Supp. 793, 797 (N.D. Ill. 1974) ("관련상품시장은 당해 조합이 상업적 현실을 반영할 때 묶음들을 포섭할 수 있다"고 판시); In re Tenneco, Inc., 98 F.T.C. 464, 568 (1981) (기술적 또는 상업적 현실이 상품의 묶음을 허용케 한다"고 판시); In re British Oxygen Co., 86 F.T.C. 1241, 1311 (1975) ("거래현실이 상품의 묶음을 정당화 한다"고 판시).

55) Ian Ayres, Rationalizing Antitrust Cluster Markets, 95 *Yale Law Journal*, pp.109-125 (1985).

56) 일괄시장획정으로 묶이는 보완재들이 가지는 특성은 상품이 가지는 기능 때문이 아니라, 거래상의 편의와 비용절감 차원에서 행해지는 소비자들의 구매형태라는 점에서 기능적(functional)이 아닌 거래적인(transactional) 상보성으로 정의된다. 그런데 United States v. Hughes Tool Co., 415 F. Supp. 637 (C.D. Cal. 1976)판결에서는 "기능의 상보성(complementarity of function)"이 일괄시장획정의 근거로서 사용되기도 하였다. 기능적인 보

러 제품들을 개별적으로 구매하는 것 보다 함께 묶어서 구매하는 것을 선호하게 만드는 상품간의 보완적 성격이라고 할 수 있다. 특히 단일의 회사로부터 제품들을 구입하는 것이 소비자의 거래비용을 줄이게 되고, 그 결과 당해 제품들에 대하여 공동의 수요가 형성되어서, 소비자들이 공동으로 구매하기 원하는 제품들을 집단 혹은 묶음으로 공급하지 않는 회사 제품들과는 차별적인 시장을 형성하게 되는 경우에, 당해 제품에 거래적 상보성이 있다고 얘기 된다[57].

완재(functional complements)는 특정 기능의 수행에 있어서 하나의 집합체로서 작동하게 되는 상품들을 말한다. 하지만 연방거래위원회는 이와 같은 기준을 이미 British Oxygen Co. 사건[1]에서 명확히 배척된 바가 있었다. 연방거래위원회는 동 사건에서 다음과 같이 밝혔다: 상품들간의 "기능적 상보성"은 당해 상품들이 동일한 경제적 시장내에 포함된다는 점을 설명해 주지 못한다. 자동차를 운행하기 위해서는 휘발유와 엔진오일이 모두 필요하지만, 그렇다고 해서 자동차와 엔진오일 그리고 휘발유가 동일한 상품시장에 속한다고 할 수는 없다. 결국 기능적(혹은 수요상의) 상보성과 거래적 상보성간의 가장 중요한 차이는, 기능적 보완재의 경우 소비자들이 상당한 거래비용을 초래하지 않고도 서로 다른 사업자로부터 상품을 구매할 수 있는데 반해, 거래적 보완재의 경우는 서로 다른 사업자로부터 구매하려면 상당한 거래비용을 부담해야 한다는 것이다.

57) Ayres, op.cit, 114-115 참조. 한편 거래적 상보성을 소비자의 수요측면에만 국한시킬 필요는 없다. 즉 일괄획정된 시장은 사업자들이 개인들에게 판매할 때 뿐만 아니라 사업자들이 사업자들에게 판매를 할 때에도 타당할 수 있다. 가령, In re Brunswick Corp. 94 F.T.C. 1174 (1979). 사건에서 외장모터의 중간 거래상들은 개별 제조업자로부터 엔진의 전품목을 구매하기를 선호한 것으로 나타났다. 외장모터 상품시장을 획정함에 있어서 법원은, "소비자들에게는 단일 업체로부터 다수의 외장모터들을 일괄구매하려는 경제적인 유인이 존재하지 않지만, 거래상들은 단일 공급자로부터 일련의 품목들을 전시하려는 강한 인센티브를 가지고 있다"고 판시하였다 (Id. at 1259-60). 각 품목의 조건에 따라 개별 품목들을 각기 다른 공급자로부터 구매하기 보다는 오히려 어느 단일 공급자에게 전 품목을 일괄 구매하여 전시하는 것이 중간거래상들에게도 더 낳은 마케팅 방법이라는 것

그렇게 볼 때 이 이론의 주된 논거는, 경쟁은 거래적 상보성으로 묶여진 상품집합간에서만 발생하며 개별상품들간에 대해서는 발생하지 않기 때문이라는 데에 있다고 할 수 있다.[58] 가령 구매자들이 묶음으로 상품들을 구매하는 행태를 보이는 경우에는, 전품목을 취급하는 상점들은 개별 상점들로부터 구별되는 하나의 독립적인 시장을 형성하게 되며, 특히 묶음으로 구매하는 것이 거래비용을 상당히 절감하게 되는 경우가 그러한 예에 해당한다.

그런데 거래적 상보성에도 그것이 "중대한지", "미미한지"에 따라 기능적인 차이가 존재한다. 가령 오렌지와 엔진오일을 예로 들어보면, 소비자들 가운데는 오렌지와 엔진오일을 자기가 살고 있는 지역의 슈퍼마켓에서 함께 구매하는 편을 선택할 수도 있지만, 아마도 대다수의 소비자들은 오렌지를 과일가게에서, 엔진오일은 주유소에서 구매하려 할 것이다. 그 결과 과일가게나 주유소가 자신들의 상품을 따로 판매하는 행태가 시장경쟁으로 부터 배척당하지는 않는다. 이 경우, 오렌지와 엔진오일의 상보성은 미미하다고 할 수 있으며, 따라서 이들 두 제품 시장을 하나의 시장으로 일괄 획정하는 것은 적절치 않다.

반대로, 설명상의 편의를 위해 신발시장을 예로 들어 보자. 신발을 사려고 하는 소비자들은 거의 모두가 왼쪽 신발과 오른쪽 신발을 함께 구입하려 한다. 그런데 만일 어느 한쪽 신발만을 판매하는 업자가 있다고 하면 그 업자는 신발시장에서의 경쟁에서 도태되고 말 것이다. 이 경우 개별제품으로서의 양쪽 신발간의 상보성은 매우 중대하다고 할 수 있으며, 두 제품은 하나의 동일한 일괄시장의 구성요소로서 분석될 것이다. 따라서 제품들에 대한 수요가 함께 이루어지는 정도를 검토하여 거래적

이다.
58) Harris & Jorde, Antitrust Market Definition: An Integrated Approach, 72 California Law Review, p. 33 (1984).

228

상보성이 중대한 상품들을 하나의 단일 시장으로 묶게 될 것이다[59]. 한 편 소비자들이 서로 다른 특정 제품들을 같은 장소에서 구입하려는 경향이 있다면, 그런 제품들 중 일부만을 공급하는 사업자들은 제품들을 모 두 공급하는 사업자들과 제대로 경쟁할 수 없게 되므로, 경쟁은 결국 제품을 집단이나 "묶음"으로 공급하는 업체들간에만 성립하게 될 것이다[60].

---

[59] 한편, 어느 제품이 거래적 상보성이 있는지 여부에 대한 조사는, 연계판매 사건에서 연계판매의 의혹이 있는 제품들이 실제로 별개의 제품인지 아니면 단일의 제품으로 볼 수 있는지 여부를 조사할 때와 매우 유사하다. 그러나 연계판매 (혹은, 끼워팔기)의 경우에는, 어느 제품이 상호 연계판매되는 제품인지 여부가 제품들에 대한 공급이 함께 이루어지는 정도에 따라 결정되는데 비해, 거래적 상보성 분석은, 수요측면에 초점이 맞추어진 것으로서 서로 대조된다. United States v. Jerrold Elec. Corp., 187 F. Supp. 545, 559 (E.D. Pa. 1960) 참조.

[60] 이때 제품의 묶음은 상품시장획정을 위해서 같은 단일 상품으로서 취급을 받게 된다. 일단 여러 제품들이 하나의 묶음으로 획정되면 법원은 묶음에 대해 실질적으로 대체가능한 제품들이 존재하는지 여부를 조사하여야 한다. 만일 대체가능한 제품들이 존재하면 그 다음 단계로 반트러스트 분석을 수행하기 위해, 묶음과 대체가능제품들을 당해 상품시장내에 포함시켜야 한다. 하지만 일괄시장은 비교적 폭넓은 소비자 수요를 충족시키는 경우가 많기 때문에 실질적인 대체품이 존재한다고 해도 그것은 또하나의 묶음일 가능성이 매우 높다. 또한 본래의 묶음과 같은 수준의 수요를 충족시키기 위해서는 제품공급자는 거의 모든 면에서 당해 묶음과 유사한 상품군을 제공해야만 할 것이다. 따라서 이는 대체품으로서 보다는 동일한 묶음의 또 다른 형태라고 보는 편이 더 타당하다. 이러한 차원에서, 제품의 상보성을(수요측면의 상보성이든 공급측면의 상보성이든) 시장획정 단계에서 고려할 것이 아니라, 오히려 시장획정 이후에 공모행위를 촉진시키거나 저해하는 요소로서 고려하는 편이 타당하다는 주장도 제기되었다 (Donald I. Baker & William Blumenthal, The 1982 Guidelines and Preexisiting Law, 71 *California Law Review*, 1983, pp. 129-140 참조). 그러나 이 주장은 시장획정문제를 상보성을 토대로 하여 다룸에 있어서, 어떠한 상품이 대체가능성에 따른 분석을 받게 될지를 판단하는 수단으로서

이와 같은 전제에서 볼 때, 법원이 독점금지법상 경쟁제한성심사를 목적으로 이러한 시장을 분석하려면, 먼저 거래적 측면에서 상호보완관계에 있는 제품들의 하부시장을 한데 묶어야 한다[61]. 이는 묶음 전체를 공급하는 사업자들간의 경쟁을 고려하는 한편, 묶음의 일부만을 공급하고자 하는 사업자들이 경쟁으로부터 배제된다는 점을 고려하기 위해서 이다. 법원은 거래적 측면에서 상호보완관계에 있는 제품들에 대한 시장을 묶음으로써 비로소 실제로 존재하는 경쟁에 대해 제대로 인식할 수 있으며, 아울러 실제로는 존재하지 않는 경쟁을 배제시킬 수가 있는 것이다.

Ayres는 거래적 상보성이야 말로 Philadelphia 사건에서 상업은행업을 하나의 상품시장으로 획정한 법원의 방식에 보다 정당성을 부여해 준다고 설명한다. 은행상품 하나 하나에 대한 분석만으로는 연방대법원은 상업은행이 취급하는 예금계좌에 대한 소비자들의 고정적인 선호현상을 설명할 수 없지만 거래적 상보성분석을 통해 이러한 고착화된 소비자선호가 예금계좌에 대해서만이 아니라 상업은행이 제공하는 전체 서비스 집단에 대해서 나타나는 현상을 포섭할 수 있었다는 것이다.

2) 범위의 경제를 기준으로 보는 이론

이 견해는 Hovenkamp에 의해 제기된 것으로, 상품들간의 범위의 경제(economy of scope), 혹은 결합공급의 경제(economy of joint

---

상보성 문제를 다루기 보다는, 주로 대체가능성을 토대로 시장획정을 하는 방법의 대안으로서 상보성을 다루었다는 점에서 오류를 범했다는 지적을 받는다. 문제의 핵심은 "대체가능성에 근거를 둔 시장들이 상보성을 토대로 한 묶음 보다 선호되는지 여부(id. at 137)"가 아니라, 대체가능성 분석이 한 제품 혹은 제품들의 묶음에 적용되어야만 하는지 여부라는 것이다 (Tim McCarthy, Refining Product Market Definition in the Antitrust Analysis of Bank Mergers, *Duke Law Journal*, February 1997 p. 875 각주 51 참조).

61) Ayres, op.cit. p.117.

provision)가 있을 경우 일괄시장획정의 적용할 수 있다고 보고 있다.[62] 즉, 엄격한 의미에서는 서로 경쟁하지 않는 상품들을 생산할 지라도, 특별한 설비 또는 특별한 생산체계를 중심으로 하여 하나의 관련시장이 형성될 수 있다는 것이다.

이 견해에서는 특히 Philadelphia사건에 이어서 두번째로 일괄시장획정법을 적용한 사례인 United States v. Grinnell Corp. 사건[63]을 그 예로

---

62) Herbert Hovenkamp, *Federal Antitrust Policy-The Law of Competition and its Practice-*, WEST Publishing Co., pp.96-97 (1994). 한편, 범위의 경제성은 한 제품의 생산공정 중 다른 제품의 생산시 추가적용 없이 전용 가능한 공통생산요소가 존재하기 때문에 발생한다. 즉 특정 상품들을 분리해서 생산하는 것 보다 함께 생산하는 것이 비용이 절감되는 경우, 생산기술에 범위의 경제가 존재한다고 얘기된다. 밀가루와 밀짚가공상품, 우유와 크림, 양털제품과 양고기 등이 이와 같은 범위의 경제의 고전적인 예이다. 이처럼 여러품목을 같이 생산하는 사업자들에게는 단일품목생산 사업자에 비해 비용상의 잇점이 있기 때문에 범위의 경제는 사업자들이 여러품목을 생산하도록 조장하게 되며, 이런 측면에서 결합공급의 경제(economies of joint provision)라고 할 수 있다.

63) 384 U.S. 563, 572 (1966). 동 사건은 Grinnell사와 동 회사가 대다수 주식을 보유하고 있는 세 제휴회사들이 화재 및 도난방지 중앙통제서비스시장에서 경쟁을 제한함으로써 셔먼법 제1조와 제2조를 위반하였는지가 문제된 사건이었다. 여기서도 도난방지와 화재보호서비스는 성질상 상호 경쟁관계에 있지 않기 때문에, 수요의 교차탄력성이라는 기준 하에서는 단일시장내에 포섭될 수 없는 서비스들이었으며, 따라서 Grinnell등의 회사가 취급하는 서비스시장을 유형별로 나누어 시장획정할 경우, Grinnell의 시장점유율은 그리 높지 않는 수준에서 산정될 수 밖에 없었다. 그러나 법원은 중앙통제서비스업을 하나의 단일 시장으로서 파악하였으며 그 결과 이들 회사가 보험회사의 인가를 받은 중앙통제서비스시장에서 차지하는 시장점유율을 87%로 산정하였다. 이에 따라 연방지방법원은 상기 4개의 회사들이 셔먼법 제1조와 2조를 위반하였다고 판시하는 한편 이들 회사들이 거래를 제한하거나 시장을 독점화하지 못하도록 하는 판결하는 한편, 시장내의 다른 사업자의 인수행위를 금지하였다.

제시하고 있다. 이 사건에서도 성질상 서로 대체관계에 있지 않은 도난 방지서비스와 화재보호서비스를 단일 상품의 범주내로 포함시켰는데, 법원은 특히 두 시스템의 운용에 필요한 케이블을 공유할 수 있고, 중앙통제소에서도 화재경보와 도난경보를 모두 받을 수 있다는 점에서 두 서비스를 개별적으로 제공하는 사업자에 비해 비용상 유리하다는 점을 일괄 시장획정의 주된 근거로 삼았다.[64]

Hovenkamp는 이러한 논리가 은행업에 대해서도 마찬가지로 적용될 수 있다고 보았다. 즉 은행업의 경우에도, 당좌예금서비스 만을 제공하는 비용이 $1,000당 $1.50이고, 소액 대출만을 제공하는 비용이 $1,000달러당 $3.00라고 할 때, 위 두 가지를 동시에 취급하는 은행은 당좌예금 계좌를 소액대출 명목으로 전용할 수 있기 때문에 거래비용 및 제3시장에서의 자금대차위험을 절감할 수 있게 된다. 이 은행이 당좌예금과 소액대출서비스의 제공과 관련된 비용의 합계를 $3.50로 감소시켰다고 가정하여 보자. 이 때, 은행은 당좌예금 서비스의 가격을 $1로, 소액대출 서비스의 가격을 $2.50로 할 수 있다. 이러한 비용의 장점으로 인해, 은행은 실질적으로 한계비용을 초과한 가격- 당좌예금의 경우에는 50% 이상, 소액 대출의 경우에는 20% 이상 -을 설정하면서도 단 하나의 서비스를 제공하는 비은행기관들과 경쟁할 수 있게 된다. 같은 이유에서 이러한 금융상품영업의 한 부분에만 진입하려는 사업자도 비용의 불이익을 감수해야 할 것이다. 따라서 이러한 시장을 관련시장으로 일괄획정하는 것은 타당하다는 것이다.[65]

그러나 이 기준은 자칫 실제로 상품을 하나로 묶을 필요성이 적은 경우까지 공통의 설비로 인한 범위의 경제를 들어서 일괄시장을 지나치게 넓게 획정하게 되는 문제점을 내포하고 있다. 이에 따라 동 견해에서는,

---

64) Hovenkamp, *op.cit.* p.97.
65) *Ibid.*

232

일찌기 법원에 의해 일괄시장획정법이 거부된 바 있는 Thruman 사건[66]을 고려하여, 범위의 경제 기준을 적용할 수 없는 두 가지 사유를 제시하고 있다. 우선, 비용절감의 폭이 미미한 경우에는 범위의 경제가 있다고 하더라도 일괄시장획정법을 적용할 수 없다. Thurman 사건과 같이 한 매장 아래에서 전기, 배관 및 건축자재를 제공함으로써 이들 품목을 별도의 매장에서 공급하는 것보다 임차비용을 절감할 수 있는 범위의 경제가 존재한다. 하지만 실제 비용절약액은 판매자의 총 비용의 1%에도 미치지 못한다면 이 때는 범위의 경제가 일괄시장획정의 근거가 되지 못한다고 본다.

또 다른 이유는, 다른 사업자들이 쉽게 동일한 결합공급의 경제를 달성할 수 있는 경우에는 범위의 경제가 일괄시장획정의 근거가 되지 못한다는 점이다. 예를 들어서 만일 전기, 배관 및 건축관련 제품을 모두 한 매장에서 취급했던 사업자가 실질적인 비용절감 효과를 이루어 냈다고 한다면, 기존의 배관제품 판매점, 전기제품 판매점 및 창고업자들도 이에 대응하여 규모를 확장함으로써 손쉽게 동일한 비용절감을 얻을 수 있을 것이다. 즉 낮은 비용으로 일반적인 용도의 건물을 건축하거나 확장할 수 있는 능력이 유일한 진입조건인 상황에서는 일괄획정된 시장을 중심으로 독점가격이 형성되었다고 해도 오래 지속될 수 없다는 것이다.

3) 두 기준에 대한 평가

이상에 비추어 볼 때, 거래적 상보성 기준은 소비자들이 한 사업자에게 고착되는 거래상황에 주목한 것으로 볼 수 있는 반면, 범위의 경제

---

66) Thurman Indus. v. Pay' N Pak Strores, 875 F. 2d 1369, 1374 (9th Cir. 1989). 동 사건에서 법원은 한 매장에서 전기제품이나 배관제품 또는 건축자재를 제공하는 이른바 "home center"를 관련시장으로 받아들이기를 거부하였다.

기준은 판매자들의 결합공급에 따른 비용절감효과를 상품의 묶음으로 연결시키는 방안으로 정리할 수 있다. 이에 따라 두 가지 기준은 필연적으로 상호 중첩되기도 하고 포섭할 수 없는 부분을 남기기도 한다. 앞의 두 사건에 있어서, Philadelphia 사건에서의 일괄시장획정은 두 가지 견해로 모두 설명이 되는 반면에, Grinnell 사건의 경우 거래적 상보성만으로는 일괄시장을 획정한 근거를 설명하기에 미약해 보인다.

그렇다면 이제는 범위의 경제와 거래적 상보성의 관계를 규명해 보고, 궁극적으로 일괄상품시장에 대한 적절한 근거가 될 수 있는 기준은 무엇인지를 검토해 볼 필요가 있다.

먼저, 사업자들이 여러 품목들을 동시에 생산하는 이유는 종래 당해 상품들간에 범위의 경제의 개념을 가지고 주로 설명되어 왔다.[67] 여러품목을 같이 생산하는 사업자들에게 단일품목생산 사업자에 비해 비용상의 잇점이 있기 때문에 범위의 경제는 사업자들이 여러품목을 생산하도록 조장하게 된다. 그러나 사업자들이 여러품목을 한꺼번에 생산하는 이유는 범위의 경제성외에도 거래적 상보성 때문일 수도 있다. 거래적 상보성은 소비자들이 단위구매행위당 소요되는 고정적인 거래비용을 일괄구매를 통해 분산, 절감시키려는 과정에서 발생하는데, 만일 소비자들이 여러 상품들의 집합을 단일 사업자로부터 구매하기를 강하게 선호하는 경우에는 이들 집합 내의 상품들 가운데 일부만 판매하는 사업자들은 집합 내의 상품 전체를 공급하는 사업자들에 비해 사실상 경쟁력이 없게 된

---

67) 多品目生産의 동기에 대해 분석한 문헌들로는 W. Baumol, J. Panzar & R. Willig, *Contestable Markets and the Theory of Industry Structure*, 71 (1982); Panzar & Willig, Economies of Scope, 71, *American Economy Review*, 268 (1981); Willig, Multiproduct Technology and Market Structure, 69 *American Economy Review*, 346 (1979) 등이 있으며, 국내 문헌으로는, 김인기, 김장희, "한국 은행산업의 규모와 범위의 경제성 연구", 「금융연구」 제5권 2호(1991. 8), 37~88면을 들 수 있다.

다.[68]

그 결과 사업자들은 공급측면에서 범위의 불경제가 존재하더라도 수요측면에서 거래적인 상호보완성이 있으면 여러 품목의 결합생산을 결정할 수 밖에 없다. 따라서, 거래적 상보성은 범위의 경제를 수요측면에서 파악한 것으로서 생산자에 대해서가 아닌 소비자 측면에서 발생하는 범위의 경제라고 할 수 있다.

문제는 공급자 측면에서의 범위의 경제와 수요자 측면에서의 범위의 경제 가운데, 어느 쪽이 상품을 하나로 묶어야 할 정당성을 부여하는가인데, 이는 실제 상품의 집합적 묶음을 구매토록 하는 유인이 무엇인지를 중심으로 판단되어야 할 것으로 생각된다. 그런데 거래적 상보성은 한꺼번에 혹은 한 사업자에게서 지속적으로 구매하는 행위를 필요로 하지만, 범위의 경제에는 이와 같은 구매 행위를 성립요건으로 하지 않는다. 가령, 범위의 경제하에서는 양고기와 양모를 함께 생산하게 되지만, 이 두 상품을 동일한 구매자들에게 판매할 것이 요구되지는 않는다. 결국 범위의 경제에 따라 생산된 제품들은 꼭 하나의 상품시장으로 묶여야

---

68) 거래상의 상호보완성이 사업자로 하여금 여러 품목을 함께 생산하도록 만든다는 점은 In re Brunswick Corp., 94 F.T.C. 1174 (1979)사건에서 명시적으로 인정되었다. 동 사건에서 법원은 외장모터 판매업자들이, 도매시장에서 구매자로서 단일 공급업자로부터 다양한 제품들을 전시하려는 강한 인센티브를 가지고 있으며, 그 결과 제조업자들은 당해 전품목을 공급할 능력을 갖추려는 강한 인센티브를 가진다고 판시하였다. 실제로, 기업의 구조를 결정함에 있어서 사업자들은 공급측면에서 범위의 불경제가 존재하더라도 수요측면에서 거래적인 상호보완성이 있으면 이를 채용하는 경향이 있다. 예를 들어, 어느 레스토랑이 비용상으로 볼 때는 찬맥주만을 공급하든지 아니면 뜨거운 음식만을 공급하는 편이 (냉장보관이나 온장보관의 비용 때문에) 유리하다는 점을 알고 있더라도, 소비자들이 이 둘을 같이 소비하려는 경향이 있는 경우에는 어쩔 수 없이 둘을 모두 취급하려한다는 것이다.

할 필요가 없으며, 거래적 상보성만이 소비자들의 상품집단에 대한 구매를 개별 사업자들에게로 연계시키게 된다.

이점에서 볼 때, 유효경쟁의 장으로서의 시장의 존재를 정확히 포착하기 위한 기준으로는 거래적 상보성이 보다 적절할 것으로 생각된다. 소비자들이 일괄적인 수요행태를 보이면 공급자들은 비용상 이익이 되지 않아도 일괄공급하게 되지만 공급자가 일괄공급한다고 해서 반드시 소비자들이 일괄구매하는 것은 아니기 때문이다. 따라서 범위의 경제가 일괄상품시장에 대한 적절한 근거가 되지 못한다는 점에서 Grinnell판결의 기준은 지나치게 광범위하다고 볼 수 있겠다.

4. 미 법무부의 개별하부시장획정법

(1) Philadelphia 사건 이후의 은행산업의 환경변화

Philadelphia 사건에서 연방대법원이 시도한 일괄시장획정법은 곧 1963년 당시의 은행산업의 현황을 반영한 것으로 볼 수 있다. 미국의 은행들은 1960년대만 해도 현재는 폐지된 Glass-Steagall Act에 따라 오직 은행업과 은행업을 수행하는데 필요한 부수적인 업무만 수행할 수 있었으며, 저축금융기관이나 파이낸스회사, 신용카드회사, 보험회사와 같은 비은행 금융기관들도 은행의 고유상품과 서비스를 취급하는 것이 금지되었다. 그 결과 상업은행은 비은행 경쟁금융기관들과의 경쟁에서 어느 정도 벗어나 있다는 인식이 깊게 자리잡게 되었다. 결국 은행상품은 법과 규제에 의해서는 독립적인 집합물로서, 소비자들에 의해서는 하나의 묶음으로서 취급을 받았던 것이다.

그러나 이와 같은 은행시장환경은 70년대 이후 점차 변화하기 시작하였다. 그것은 고객들의 금융거래패턴 변화와 금융규제의 완화라는 두가지 요인에서 비롯되었다고 할 수 있다. 우선 잉여자금을 보유한 금융고

236

객들이 전과는 달리 은행 외에 뮤추얼 펀드나 연금에 투자하거나 자축기관이나 신용조합 등 금융기관들에 예치하는 경향이 나타나면서 비은행금융기관들과 시장을 공유하는 영역이 점차 증대되기 시작하였다. 또한 제도적으로는 금융규제의 대폭적인 완화가 이루어져서 종전에 은행들이 독점하고 있던 당좌예금계좌가 1980년 이후 '예탁기관규제완화 및 통화관리법'[69]에 의해 사실상 와해되었으며,[70] 1982년의 Garn-St. Germain Depository Institutions Act에서는 저축금융기관들로 하여금 단기금융계좌(money-market accounts)를 제공하도록 허용하였고,[71] 상업대출시장 및 비거주용 부동산 대출 시장에도 진출할 수 있도록 허용하였다.[72] 또한 1987년의 Competitive Equality Banking Act에는 저축금융기관의 주간 확장에 대한 제한을 철폐하는[73] 한편, 종래 은행지주회사만이 영위할 수 있던 행위에 저축금융기관지주회사들이 참여할 수 있도록 하였다[74]. 그 외에 1989년의 FIRREA(The Financial Institutions Reform, Recovery and Enforcement Act)에서는 은행지주회사가 저축금융기관을 인수하도록 허용함으로써 저축금융기관에만 적용되던 잔존 규제들을 회피할 수 있게 되었다.

(2) 미 법무부의 새로운 시장획정방법 채택

---

69) Depository Institutions Deregulation and Monetary Control Act of 1980(DIDMCA). 미국에서는 the Omnibus Banking Bill of 1980으로 더 많이 알려져 있다.

70) 동 법률은 저축금융기관으로 하여금 negotiable order of withdrawal (NOW) accounts를 제공하도록 권한을 부여하였다(12 U.S.C. §1832(a) (1994)). 그러나 현재, 저축금융기관은 상업적 목적이 아닌 개인 NOW accounts만을 제공할 수 있다.(12 U.S.C. §1832(a)(2)).

71) 12 U.S.C. §3503 (1988). 그러나 동 규정은 1994년 삭제되었다.

72) 12 U.S.C. §1464(c)(1) (1994).

73) 12 U.S.C. §1730 (1988). 동 규정은 이후 1989년에 폐지되었다.

74) 12 U.S.C. §1730 a(c)(2).

이와 같은 은행시장의 상황변화는 은행상품시장의 일괄획정방식의 현실적합성을 떨어뜨리는 결과를 낳았다. 그 결과 이를 간과할 수 없었던 미 법무부는, 몇 건의 은행합병사건을 다루면서 종래 유지해 오던 전통적인 일괄시장접근법을 이런 저런 방식으로 수정하기 시작했다. 그리고 1990년에는 비로소 은행합병심사에 있어서 종래 유지해 오던 상품시장획정의 일괄시장접근법을 포기하여, 일괄획정방식 대신에 시장을 구체적인 상품과 서비스에 따라 보다 작은 몇 개의 하부시장들로 세분화하여 각 상품시장들에서 은행합병이 어떠한 영향을 미치는지를 평가하는 방식을 채택하였다. 법무부가 이 새로운 접근방식을 처음 시도한 것은 First Hawaiian Inc.와 First Interstate of Hawaii간의 합병사건에서 였다. 이 사건에서 연방준비제도이사회는 이미 일괄시장접근법에 따른 심사를 거쳐 합병을 인가하기로 결정한 상태였지만, 법무부는 합병인가가 있은 후, 당해 합병안이 Hawai지역의 중소기업에 대한 상업대출시장에서의 경쟁을 실질적으로 감소시킬 수 있다는 점을 들어 문제를 제기하고 나섰다.[75] First Hawaiian 사건이래 미 법무부는 여러 건의 은행합병안에 대해 개별 하부시장접근법을 적용하여 기소를 하거나 기소경고를 해왔다.[76]

법무부가 세분화한 은행상품시장은 크게 두 가지로 대별된다. 첫째는 개인고객들에 중점을 둔 소비자시장(consumer market) 혹은 소매시장(retail market)이다. 두 번째는 기업고객들에 대한 서비스에 초점을 맞춘

---

75) Eugene M. Katz, Comment, Justice Department Stance in Hawaii May Be Signal of Merger Fights Ahead, America Banker, Apr. 19, 1991, at 4 참조.

76) U.S. v. Fleet/Norstar Financial Group, Inc.사건이나 U.S. v. Society Corp. and Ameritrust Corp.사건 등이 그러한 예이다. 이에 대한 자세한 논의는 Margaret E. Guerin-Calvert, Current Merger Policy: Banking and ATM Network Mergers, 49 Antitrust Bulletin, pp.289-301 (1996) 참조.

기업시장(business market) 혹은 도매시장(wholesale market)이다. 법무부는 이 가운데 기업시장을 다시 세분화하여 대기업시장과 중소기업시장에 대한 합병의 효과를 조사하게 되는데 특히 합병안이 중소기업들에 대한 상업대출 시장에 반경쟁적인 영향을 미치는지를 조사하는 것이 법무부가 개별하부시장 획정법을 채택하게 된 주된 이유라 할 수 있다.

(3) 개별하부시장획정의 근거

미 법무부가 일괄시장획정방식을 포기하고 개별상품 및 서비스에 따라서 몇 개의 세부시장으로 나눈 것에 대해서는, 이론적으로나 경험적으로 볼 때 그 타당성이 인정되고 있다.[77] 전술한 바와 같이 일괄시장획정법은 금융기관과 상업은행이 사실상 경쟁을 벌이게 되는 하부시장의 본질을 제대로 파악하지 못한 측면이 있다. 이로 인해 일괄시장접근법은 합병심사당국들로 하여금 특정한 상품라인이나 특정한 지리적 지역에서의

---

77) 미 법무부는 소기업대출의 하부시장에 중점을 두는 이외에도, 아울러 소기업거래계정(즉, checking accounts)에 대해서도 관심을 가지고 다루고 있다 (United States v. Central State Bank, 817 F.2d 22, 23 (1987)). 이러한 소기업거래계정의 하부시장에 대해서도 법무부는 확고한 입장을 취하고 있다. 소기업대출의 하부시장에 대한 여러 가지 이론적 경험적 세분화 논쟁은 소기업거래계정의 하부시장에도 유사하게 적용될 수 있다. 미국에서 소기업거래계정 시장은 대부분 상업은행들이 주도하고 있어서, 소기업의 86%가 상업은행에 유동성 자산계정(가령, 당좌예금계좌나 저축예금계좌)를 가지고 있고, 단 16%만이 비 은행권에다 계정을 개설해두고 있다고 한다. 소기업거래계정 시장은 또한 지역적 성격이 압도적으로 강해서, 95.7%가 지역금융기관들과 개설해 되어 있다. 더욱이 소기업 거래계정에 대해서는 법적으로도 상업은행이 독점적 영역을 구축할 수 있는 토대를 마련해 주고 있다(12 U.S.C. §1832(a)(2) (1988)). 따라서 이러한 소기업 거래계정 시장과 같은 하부시장을 다른 상품시장 특히 집중화되어 있지 않은 하부시장과 같이 묶게 되면 시장내의 반경쟁적 효과를 가리게 될 위험성이 높아지는 것이다.

심각한 집중현상을 간과할 가능성이 있으며, 만일 은행들이 일부 자산에 대한 매각없이 합병키로 하는 경우에는 심각한 반경쟁적 효과가 뒤따를 수도 있는 것이다.

1) 무엇보다 현재와 같이 은행상품과 비은행권에서 취급하는 상품이 사실상 경쟁을 벌이는 상황하에서는, 여러 상품을 하나로 묶어서 상품시장의 대략적인 근사치를 획정하는 방식이, 자칫 은행이 주도하는 상품들의 집중화 현상을 간과할 우려가 있다. 왜냐하면 비은행권 금융기관이 실질적인 경쟁자 관계에 있는 경우에 이러한 시장이 비교적 집중화 현상이 심각하지 않다고 한다면 이로 인해 전체 은행상품시장의 집중화 현상이 희석될 것이기 때문이다. 이를 좀더 구체적으로 살펴보기 위해 두가지 가상적인 사례를 들어보기로 하자.

먼저, 금융상품들이 모두 상업은행들에 의해서만 취급되며 이들 상품들이 전통적인 방법에 따라 하나의 일괄상품군으로 묶인 경우를 상정해 보자.78)

---

78) 여기서 제시된 상황1과 상황2는 Tim McCarthy, Refining Product Market Definition in the Antitrust Analysis of Bank Mergers, *Duke Law Journal*, p.888 (Feb. 1997)의 footnote 127에 소개되어 있는 도표를 정리하여 재구성한 것이다.

[상황 1]

전체 은행상품시장 (모든 상품들이 은행들에 의해서만 취급되고 있음)				
은행상품의 종류	A	B	C	D
각 은행들의 시장점유율	20 20 20 20 20	25 25 25 25	20 20 20 20 20	45 20 15 15
개별 상품들에 대한 HHI	2000	2500	2000	2875
상품의 묶음에 대한 HHI	2344			

한편 또 다른 상황으로서, 일부 하부시장들을 여전히 은행들이 주도하고 있지만, 그 외 몇몇 하부시장에서는 비은행 금융기관들이 은행상품에 대해 상당한 시장점유율을 보유하고 있는 경우를 상정해 보자.

[상황2]

전체 은행상품시장				
	은행들이 주도하는 시장		비은행기관들이 주도하는 시장	
은행상품의 종류	A	B	C	D
각 기관들의 시장점유율	50 30 20	60 20 20	10 10 10 10 10 기타	5 5 5 5 5 기타
개별 상품들에 대한 HHI	3800	4000	1000	500
상품의 묶음에 대한 HHI	2325			

위의 두 상황을 비교해 보면 개별상품들에 대한 HHI분포는 서로 다르지만 이를 일괄적으로 묶었을 경우에는 두 상황의 HHI가 거의 비슷한 수준으로 나타나고 있다. 그러나 상황 2의 경우에는, 비은행 기관들이 취급하는 은행상품 시장의 HHI가 상대적으로 낮은 것을 반영한 결과라고 할 수 있다. 즉 상황 2에서는, 은행이 주도하는 일부 상품들 즉 A와 B의 시장집중도는 매우 높지만 이것이 일괄적으로 다른 상품들과 묶어버린 결과 그 집중도가 잘 드러나지 않고 있다. 이런 경우 A, B, C, D의 각 은행상품들을 모두 하나의 상품군으로 묶어서 집중도를 파악한다면, 세부적인 하부시장에서의 집중화 현상을 덮어두는 결과가 된다.

2) 한편 일괄시장접근법은 지리적시장획정에 대해서도 영향을 미치게 되는데, 이점이 또 전술한 바와 같이 일부 하부시장에서의 반경쟁적 효과를 간과해 버릴 가능성을 더욱 악화시키게 된다. 왜냐하면 일괄시장접근법에 의하면, 여러 지역에서 경쟁을 겪게되는 상품들을 하나의 단일시장으로 묶도록 되어 있기 때문이다. 예를 들어 은행의 신용카드사업은 전국적인 성격을 가지는 반해, 신탁업무는 州내의 특정지역에 한정되는 경우가 많으며, 당좌예금사업도 완전히 지역적인 성격을 띠고 있다[79]. 또한 일괄시장접근법하에서는, 일부 상품시장이 특정 지역에서 매우 집중도가 높더라도 이와는 관계없이, 전체 일괄시장내에서 가장 대표적인 경쟁지역의 수치를 산출해 내도록 되어 있다.

3) 또 하나 지적해야 할 것은, 경험적 증거에 비추어 볼 때 중소기업에 대한 대출을 하나의 독특한 상품시장으로 파악하고 있는 법무부의 입

---

79) Stephen Davis, *Trust--and Antitrust, Institutional Investor*, pp. 66-67 (July, 1996).

242

장에 타당한 근거가 있다는 점이다. 소기업대출시장은 다른 은행상품이
나 서비스 시장과 비교해 볼 때, 성격상 다분히 "국지적(local)"이다. 일
반적으로 볼 때, 소기업은 사업운영자금을 거의 전적으로 지역의 상업은
행들에 의존하게 되며, 대개는 소수의 금융기관들과만 거래를 한다.[80)]
또한 소기업과 지역은행들간의 관계가 오래 지속되면, 그만큼 저렴한 비
용으로 많은 자금을 공급받을 수 있게 된다. 소기업대출의 하부시장에서
는, 특히 담보물이 없는 소기업신용에 있어서는, 비은행기관과 비수신기
관들로 부터의 경쟁을 훨씬 덜 받게 되며, 대기업들과는 달리 소기업으
로서는 채무담보를 제공할 만한 여건이 되지 못한다. 따라서 소기업들은,
신용카드나 장비대여융자서비스 등과 같은 경우에는 여러 지역에 소재하
는 금융기관들과 거래를 하지만, 소기업대출의 경우에는 매우 제한적인
지리적 시장내에서, 혹은 하나의 금융기관으로부터만 거래를 하게 된다.
끝으로 소기업 고객들은 상업은행의 비상업적 은행상품이나 서비스들을
전혀 필요로 하지 않는다. 따라서 소기업대출은 전통적인 묶음시장의 여
타 상품 및 서비스들과는 거래적 상보관계에 있지 않으며, 독립적인 시
장으로서 분석되어야 할 것이다.

   3) 거래적 상보관계에 있지 않다는 점 외에, 소기업대출시장은 또 상
업적인 은행들에 의해 계속하여 지배되는 시장이라는 점도 간과할 수 없
다. 즉, 지역시장이 점점 집중화될수록 소기업대출시장에서는 가격인상이
나타나며[81)], 지역시장이 은행지주회사의 한 소규모은행에 의해 공급되거

---

80) 한 연구결과에 다르면 소기업의 84%가 주거래 금융기관으로서 지역은행
    을 이용하고 있다고 한다. 이에 대한 자세한 내용은 Stephen A. Rhoades,
    Competition and Bank Mergers: Directions for Analysis from Available
    Evidence, 49 Antitrust Bulletin, pp.345-346 (1996) 참조.
81) Timothy Hannan, Bank Commercial Loan Markets and the Role of
    Market Structure: Evidence from Surveys of Commercial Lending, 15

나 타주기업 소유의 은행에 의해 공급되는 때에는 공급감소가 나타난다[82]. 환언하면 합병으로 인해 지역 은행시장이 집중되면 소기업대출상품의 이자가 올라가며, 또 외부 업체에 의해 합병되는 경우에는 소기업대출상품의 공급이 줄어들어서 결국 그 피해를 지역의 소기업들이 받게 된다는 것이다. 따라서 소기업대출시장은 은행합병의 잠재적인 반경쟁적 효과로부터 영향을 받기 쉬우며, 이러한 반경쟁적 효과는 일괄시장접근법에 의할 때 자칫 감춰질 수도 있는 것이다.

5. 미국의 관련시장획정 방식에 대한 평가

이상에서 살펴본 바와 같이 미국에서는 현재 은행합병사건의 상품시장을 획정함에 있어서 연방준비제도이사회가 일괄시장획정법을 법무부가 개별하부시장획정법을 고수함에 따라 상품시장은 물론 합병의 경쟁제한성에 대해서도 상이한 판단을 낳고 있다. 그런데 이러한 충돌현상은 본질적으로 두 접근방식의 차이 때문이라기 보다는 현재의 은행시장상황을 바라보는 두 기관의 관점이 다르기 때문일 것이다. 즉 연방준비제도이사회는 현재의 은행시장에서 고객들이 개별상품별로 은행거래를 하기 보다는 당좌예금계좌 등 특정 상품을 중심으로 거래상의 편의를 위해 한 은행에서 모든 금융거래를 집약시키는 현상이 여전하다고 보는 것이고, 법무부는 은행시장의 규제완화와 금융기술의 발달로 인해 은행에 대한 고객들의 고착현상이 상당히 약화되었으며, 따라서 일괄시장획정법을 시대착오적인 것으로 판단하고 있는 것이다. 특히 법무부는 중소기업대출문제를 은행합병의 경쟁제한성 심사에 있어서 매우 중요한 부분으로 판단

Journal of Banking and Finance, pp.133-49 (1991).

82) William R. Keeton, Multi-office Bank Lending to Small Businesses: Some New Evidence, Econ. Rev. (Fed. Reserve Bank of Kansas City), p.45 (1995).

하고 있으며 이를 반영하기 위해서는 개별하부시장획정법을 채택할 수밖에 없다는 입장이다. 결국 은행상품시장획정이 두 가지 접근방식 가운데 어느 하나가 우월하다고 할 수는 없으며, 고객들의 묶음현상이 존재하는 거래현실에서는 일괄시장획정법을 적용하는 것이 바람직할 것이고, 그렇지 않고 개별적으로 거래되는 현실이 존재할 때에는 개별하부시장획정법이 타당하다고 할 것이다.

Ⅱ. 은행업에 대한 지리적 시장의 획정

1. 은행업의 특수성과 지리적 시장의 결정요인

(1) 전통적인 획정방식과 은행업에서의 한계

상품시장이 획정되면 다음단계로서 은행상품을 두고 경쟁관계가 성립될 수 있는 지역이 어디까지인지를 분석하게 된다. 일반적으로 지리적 시장은 "공급자가 사업활동을 하는 지역이면서 소비자가 공급품에 대한 거래선을 전환할 수 있는 지역"으로 정의되는데,[83] 이러한 지리적 시장의 개념과 시장획정의 기준이 은행업에 있어서도 동일하게 적용될 수 있는지, 적용될 수 없다면 은행업의 지리적 시장에 대해서 중요하게 고려되는 요인은 무엇인가 하는 점이 문제된다.

지리적 시장획정의 전통적인 기준은 상품시장에서와 마찬가지로 수요와 공급 측면에서의 대체가능성과 교차탄력성이었다. 그리하여 우선 수요의 측면에서, 소비자들이 종래 거래해 오던 공급자의 상품가격이 인상되었을 때 원거리에 있는 공급자들로부터 구매를 늘리는 경향이 있는지

---

83) Tampa Electric Co. v. Nashville Coal Co., 365 U.S. 320, 327 (1960).

가 검토된다. 만일 그러한 경향, 즉 교차탄력성이 크다면, 원거리에 있는 공급자들도 시장경쟁자의 하나로 포함될 것이다. 한편 공급측면에서 보면, 특정 시장으로부터 원거리에 소재한 공급자가 시장에서의 판매를 놓고 이미 경쟁을 벌이고 있으며 비교적 쉽게 자신이 판매를 당해 시장의 소비자들에게로 확장시킬 수 있는 경우에는, 이 원거리 공급자의 역량도 시장획정에 반영된다. 다만 이때는 원거리의 공급자가 얼마만큼의 민감한 반응을 보이는지, 또한 이들의 전체적인 역량이 산술적으로 계량할 수 있는 것인지가 문제될 것이다.[84]

그러나 단순히 대체가능성이나 교차탄력성 만으로는 정확한 시장을 획정할 수 없으므로 이에 더하여 운송비용이나 실질적인 판매량, 지역적인 수요, 업계의 인식 등을 고려하여 왔으며, 경우에 따라서는 여타 다른 요소들도 영향을 미칠 수 있다고 보아 왔다. 중요한 것은 판매자들이 자신에게 현실적으로 이윤이 남는 선에서 상품을 시장에 내놓을 수 있느냐 하는 것인데 이런 점에서 일반 제조업분야에서 중요하게 반영되는 것이 운송비용(transportation costs)이다. 만일 지역간의 상품공급상에 운송비용이 존재한다면, 특정지역 내의 생산자들은 판매량 감소의 우려 없이도 가격을 인상시킬 수 있게 된다. 반면 운송비용이 절대적으로 낮거나 상품의 전체 가격에서 상대적으로 낮은 비중을 차지한다면 지역 생산자들이 가지는 이점은 상당부분 감소될 수밖에 없다. 그렇게 볼 때 지리적 시장은 운송비를 감안하더라도 가격이 동일해 지는 경향이 있거나, 운송비 이상으로 가격차이가 생기지 않는 일정한 지역이라고 할 수 있다. 문제는 이와 같은 전통적인 접근방식을 은행업의 지리적 시장획정에 대해서 적용시킬 수 있는가 하는 점이다. 그것은 은행상품이나 은행거래가 고유의 특수성을 가지고 있기 때문이다.

---

84) E. Thomas Sullivan & Jeffrey L. Harison, *Understanding Antitrust and Its Economic Implications* (3rd ed.), LEXIS Publishing, p.33 (1998).

(2) 은행거래의 특수성과 지리적 범위

은행거래는 소비자들의 행태나 공급자들의 입장에서 일반 상품거래에서와는 다른 몇 가지 특성을 보인다. 먼저 은행업은 제조업에서의 상품과는 달리 공급자와 수요자의 거래관계가 일회성으로 반복되는 것이 아니라 최초의 거래를 기점으로 하여 지속적인 금융거래관계가 유지되는 성향을 보인다. 그런데 은행상품의 매개물인 통화는 모든 은행에서 동일하며, 적금이나 대출상품 등 일부상품을 제외하고는 이자율 차이로 인한 경제적 이익의 격차가 크지 않다. 따라서 은행의 안정성에 중대한 문제가 없는 한, 가급적 거주지나 근무지와 지리적으로 인접한 은행에서 금융거래를 할 것이며, 추가적인 운송비용을 부담하면서 원거리의 은행과 거래를 하려하지 않을 것이다. 요컨대, 거래상대방을 선택할 때 상품의 가격차이보다는 편의를 더 중요한 요소로 고려할 가능성이 크다.

또한 대출고객의 입장에서도 가격 즉 이율이 거래상대방을 선택하는 가장 우선적인 기준이 아닌 경우가 많다. 특히 중소기업들로서는 대출이율 자체보다는 대출의 가능성이나 한도가 거래은행 선택에 있어 좀더 중요하게 반영되는 요인일 수 있다. 이런 측면에서 보면, 고객들은 상대적으로 자신이 속한 지역사회에서 인지도나 신용도가 높을 것이기 때문에 지역소재 은행들로부터 대출을 받기가 훨씬 유리할 것이다.[85] 결국 거래

---

85) 한 연구결과에 따르면 소기업은 대기업에 비해 대출을 위하여 지역의 주거래금융기관에 주로 의존하는 경향이 있으며, 소기업이 이용하는 주거래금융기관들의 규모도 전반적으로 작은 수준인 것으로 나타났다(W. Scott Frame, FYI Examining Small Business Lending in Bank Antitrust Analysis, *Economy Review* (Federal Reserve Bank of Atlanta), Mar.-Apr. p.35 (1994)). 이와 같은 지역편향성은 부분적으로 금융기관들이 기업의 신용을 평가, 감독하는데 소요되는 비용이 높다는 데에 한 원인이 있다. 이러한 비용은 금융기관이 차용자로부터 멀리 떨어져 있을수록 높아지기 때문에, 금융기관들로서는 원거리 소재 기업에 대한 신용평가와 대출을 꺼리게 된다. 따라서 소기업은 자신이 속한 지역의 대출기관과 거

상대방의 결정요인으로서 은행상품 가격이 차지하는 중요성이 상대적으로 크지 않으며, 운송비용이 개입될 여지는 매우 적다고 하겠다.

한편, 공급자인 은행의 입장에서 볼 때, 특정지역에 은행상품이나 서비스를 공급할 것인지를 결정함에 있어서 운송비용은 별다른 의미를 가지지 못한다. 타지역에 대한 은행상품, 서비스 공급이라는 것은 결국 은행점포의 개설이나 증설을 통해 이루어지는데 이러한 사업상의 결정은 시장의 현재 경쟁상태, 장기적인 수익전망 등에 의해 결정되기 때문이다. 따라서 은행으로서는 최초의 점포 소재지에서 제공되는 은행상품의 가격과, 원거리에 추가 개설한 점포에서 제공하는 상품의 가격에서 운송비용이라는 개념은 반영되지 않을 것이다.

이러한 점에서 은행업의 지리적 시장획정에 있어서는 운송비용이 별다른 의미를 갖지는 않기 때문에, 그 외에 은행거래와 규제의 특성을 반영한 고유의 요소들을 검토해야 한다.

(3) 은행업의 지리적 시장획정에 영향을 미치는 요소들

1) 이용상의 편의 (거주지나 근무지와의 지리적 인접성)

은행업의 지리적 시장은, 은행상품이나 서비스의 잠재적 고객들이 자신들이 속한 지역의 은행과 거래를 하려는 경향이 있다는 사실에 의해서 결정될 수 있다. 이러한 점은 특히 미국에 있어서 Philadelphia 사건[86]을 위시한 일련의 은행합병사건의 시장획정과정에서 반영되었다. 특히

래하는 편이 바람직하게 된다. 아울러 또 다른 연구결과에서는 소기업은 오랫동안 거래관계를 맺어 온 금융기관들로부터 여신을 얻기가 보다 쉽고, 또한 이들 금융기관으로부터 보다 저리의 대출을 받을 가능성이 높은 것으로 나타났다. (Elinor H. Solomon, Future Money and Banks: 1990-2010, 37 *The Antitrust Bulletin*, pp.826-827 (1992) 참조).

86) United States v. Philadelphia National Bank, 374 U.S. 321 (1963).

Philadelphia 사건에서 연방대법원은, 은행업과 같은 서비스 산업에서는 위치상의 편의(convenience of location), 곧 이용상의 편의성 여부가 경쟁에 필수적인 요소라고 보고, 보편적인 제조업분야에서 높은 운송비용이 지리적 시장을 좁게 보도록 하는 원인이 되는 것처럼, 은행업에서는 원거리 은행을 이용하는데 따른 불편이 곧 은행경쟁지역을 좁게 보도록 하는 실질적인 요인이 된다고 판결하였다.[87] 그리하여 동 판결에서 상업은행업에 있어서 지리적 시장을 국지적 성격을 가진다고 보고, 취득은행인 Philadelphia National Bank과 피취득은행인 Girard Trust Corn Exchange Bank의 점포 대다수가 소재한 필라델피아 메트로폴리탄 지역의 네 개 카운티를 지리적 시장으로 획정하였다[88]. 연방대법원은, 이론적으로 볼 때는, 이 지역 주변에 소재한 은행점포들이 지역내에 위치한 은행과 유효경쟁을 벌일 가능성을 고려해야 할 것으로 생각되지만, 본건과 같은 경우 이는 그리 중요한 요소가 아니라고 판시하였다. 은행시장의 지리적 범위를 협소하게 책정하는 경향은 이후 미 연방법원의 판결을 통해 계속 유지되었다.[89]

---

87) *Id.* at 358. 법원은 이에 관해 구체적으로, "일부 대형 대출고객들이나 예탁고객들의 경우에는 은행거래의 상당부분을 자신들이 거주하던 지역사회 밖에서 하려고 할 수도 있겠으나, 대다수 개인이나 기업고객들은 대체로 은행거래를 외지에서 하는 것이 그리 실용적이지 못하다는 점을 알고 자신들의 지역사회에 소재한 은행들에서 단골거래를 하게 된다"고 설명하였다 (*Id.* at 359).

88) *Id.* at 357.

89) 연방대법원 판결로는 United States v. Marine Bancorporation, 418 U.S. 602 (1974) (워싱턴州 Spokane메트로폴리탄 지역을 지리적 시장으로 획정); United States v. Connecticut Nat'l Bank, 418 U.S. 656 (1974); United States v. Phillipsburg Nat'l Bank & Trust Co., 399 U.S. 350, (1970) (Phillipsburg-Easton 지역을 지리적 시장으로 획정). 항소법원 판결: United States v. Central State Bank, 817 F.2d 22 (6th Cir. 1987) (두 카운티를 지리적 시장으로 획정); Washington Mut. Sav. Bank v.

2) 업계의 인식

은행업계가 특정지역을 구별되는 하나의 시장으로 보는 경우에는 그와 같은 업계의 인식이 지리적 시장 획정에 영향을 주는 요소가 될 수 있다.[90] 업계의 인식은 결국 합병은행이나 경쟁은행들, 그리고 관련규제기관의 관점에서 판단될 것이다.

일례로, Philadelphia 사건에서 FRB, FDIC 그리고 법무부장관은, 은행들이 대체로 자신의 점포를 두는 지역을 은행업에서의 유효경쟁 영역으로서 인식하고 있기 때문에, 당해 사건의 지리적 시장을 Philaelphia-Easton지역으로 획정하는 한편 합병안의 경쟁적 효과는 이 지역내에서 판단되어야 한다고 보았다. 연방대법원은 이와 같은 규제기관들의 견해에 동의하였다.[91] 하지만 규제기관들이 관련 산업과 무관한 기준을 토대로 지리적 시장을 획정하는 경우에는 규제기관의 시장획정은 법원에 의해 받아들여지지 않았다. 예를 들어 Connecticut National Bank사건에서

Federal Deposit Ins. Corp., 347 F. Supp. 790 (W.D. Wash. 1972), 482 F.2d 459 (9th Cir. 1973) (워싱턴주 전역은 직절한 지리적 관련시장이 아니라고 봄. 그 이유는 각 은행의 서비스 지역이 한, 두 도시에 집중되어 있었기 때문임); United States v. First Nat'l Bancorporation, Inc., 329 F. Supp. 1003 (D. Colo. 1971), 410 U.S. 577 (1973) (콜로라도주 Greeley市와 그 근교지역을 지리적 시장으로 획정)들을 들 수 있다. 한편 판결에서 언급된 국소지역(local)이 실제로 얼마나 되는지에 대해서는 U.S. v. County National Bank of Bennington, 339 F Supp 85(Vt 1972)판결을 참고할 수 있을 것이다. 이 사건 판결에서 지방법원은 규모가 약 644km2 에 인구도 24,000명에 불과한 지역을 경제적, 지리적으로 의미있다고 보아서 하나의 독립된 지리적 시장으로 획정하였다. 현재 서울시 전체면적인 약 606km2보다 약간 큰 면적이다.

90) United States v. Phillipsburg Nat'l Bank & Trust Co., 399 U.S. 350, 364-65 (1970); United States v. Philadelphia Nat'l Bank, 374 U.S. 321, 361 (1963).

91) 399 U.S. at 364.

대법원은 당시 은행규제기관들이 일반적으로 채용해 오고 있는 은행업의
지리적 시장단위인 SMSA[92]를 지리적 시장으로서 인정하지 않았다. 이
들 지역이 은행업 고유의 기준에 의해 획정된 것이 아니라는 것이 그 이
유였다.[93]

3) 은행영업에 대한 지리적 규제

법률이나 시행령이 일정한 사업자로 하여금 특정 지역에서 경쟁에 참
여하는 것을 제한 내지 금지시키고 있는 경우 대개는 이들 지역을 지리
적 시장에서 배제시키게 된다. 특히 지역에 따라 서로 다른 규제가 행해
질 경우에는 당해 지역이 별개의 시장 혹은 하부시장으로 획정될 수도
있다.[94] 이러한 점은 은행산업이 정부규제를 받는 산업이라는 점에서 특
히 중요한 요소로 작용한다. 가령, 특정지역에 대해 은행점포개설이 제한
된다든지 은행에 따라 특정 지역 내에서만 사업활동을 영위할 수 있도록
하는 규제가 존재할 때에는 은행 시장의 획정에도 영향을 미칠 수 있다.
United States v. First Nat'l Bancorporation, Inc.사건에서는 주법이
brand banking을 금지한다는 점을 감안하여 국소지역(local)을 지리적 시
장으로 획정한 바 있다[95]. 이에 비해 United States v. Manufacturers
Hanover Trust Co.사건[96]에서는 주법이 지점의 교차개설
(cross-branching)을 허용하고 있음을 감안하여 통상적인 은행시장범위보

---

92) 표준메트로폴리탄통계지역(Standard Metropolitan Statistical Areas)을 의
   미하는 것으로, 미국의 연방 관리예산처(the federal office of management
   and budget)에 의해 지정된다. 1990년 명칭이 Metropolitan Statistical
   Areas (MSAs)로 변경되었다.
93) United States v. Connecticut National Bank, 418 U.S. 656, 670 (1974).
94) United States v. Pabst Brewing Co., 384 U.S. 546 (1966); In re
   Foremost Dairies, Inc., 60 F.T.C. 944, 1061 (1962).
95) 410 U.S. 577 (1973).
96) 240 F. Supp. 867, 900 (S.D.N.Y. 1965).

다는 큰 메트로폴리탄 지역을 지리적 시장으로 획정하였다.

(3) 소결: 은행거래의 국소지역편향성

일반적으로 지리적 시장획정에서 고려되는 운송비용은 은행업의 지리적 시장획정에는 큰 의미가 없는 것으로 보인다. 고객들은 여러 지역에 소재한 은행들을 대상으로 하여 운송비를 감안한 가격을 기준으로 거래은행을 선택하려 하지 않기 때문이다. 그 대신 예금고객들은 주로 자신의 거주지나 근무지에서 쉽게 접근할 수 있는 은행들과 거래하려는 성향을 보일 것이고, 대출고객들도 자신이 속해 있는 지역에 소재한 은행 점포를 이용하는 것이 유리하다고 판단할 것이다. 최근의 금융기술발달에 따라 점포에서 이루어지던 은행서비스의 상당부분이 on-line상으로 가능해지면서 은행업의 지역성 한계가 감소하고 있기는 하지만,[97] 현단계에서 지역적 성격을 근본적으로 변경시킬 수 있는 정도에는 이르지 못한 것으로 분석된다.[98] 결국 이러한 점들을 종합해 볼 때, 은행상품을 두고 은행간에 경쟁관계가 형성되는 지역을 판단할 때에는 가능한 한 좁은 지역으로 국한시킬 필요가 있다.[99]

---

97) 종래 은행고객들에게서 보이던 국소적 은행거래행태가 기술발달로 근본적인 변화를 보이기 시작했으며, 기업들의 입장에서도 대출을 지역은행들에국한시킬 필요가 감소하였다. 기업의 신용평가시스템의 발달로 인해서 은행들은 중소기업들의 신용평가와 여신제공여부를 결정할 수 있는 자료를 제공받게 되었기 때문이다 (Robert A. Eisenbeis, Regulation: Eliminating Special Antitrust Treatment for Banking, *Journal of Retail Banking Services*, pp.68-69 (Spring 1996)).

98) McColl Warns, Make Wise Choices or Lose Customers, Bank MGMT., Jan.-Feb. 1996, at 50.

99) 다만, 이와 같은 지리적 협소성이 실제 시장획정에서 의미를 가지기 위해서는 은행산업구조가 소규모 지역은행체제로 이루어져 있다는 점이 전제되어야 한다. 비록 고객들은 국소지역내에서 은행거래를 유지한다고 하더라도 합병하는 은행들이 광범위한 지역에 지점을 두고 영업을 유지하는

2. 은행업에 대한 지리적 시장의 획정기준

(1) 직접적·즉각적인 효과 기준

은행상품이나 은행거래의 특수성을 감안해 볼 때 은행업의 지리적시장이 가급적 좁게 획정되어야 한다는 점은 일찍이 미국의 판례에도 반영되어 정립되어 왔다. 즉 미국의 대다수 은행합병사건에서 법원은 전국(national)이 아닌 특정 지방(region)이나 지역(local)을 지리적 시장으로 획정하여 왔던 것이다. 그렇다면 이러한 원칙하에서 구체적으로 어떠한 기준에 의해 지리적 시장의 최종적인 범위를 확정할 것인지가 문제로 될 것이다.

일반적인 기업결합사건을 심사하는 과정에서 지리적 시장을 어떻게 획정할 것인지[100]에 대해서는 대개의 독점금지법률들이 명확한 규정을 두고 있지 않다. 그 때문에 그 기준은 종래 경쟁당국의 심결이나 판례에 나타난 다양한 표현방식에 따라 좌우되는 양상을 보여 왔다. 기업결합사건에 있어서 지리적 시장획정의 기준이 판례를 통해 처음 제시된 것은 미국의 Brown Show 사건[101]에서 였다. 이 판결에서 연방대법원은 지리적 시장획정에 대한 실용적, 사실적 접근방식을 채택하여, 기업결합사건

상태에서는 은행거래의 지리적 협소성이 시장획정에 반영되지 않기 때문이다. 또한 금융기술발달과정에서 향후 국소지역편향성이 상당부분 희석될 여지가 있는 만큼 은행거래의 지역편향성을 절대적인 것으로 볼 수 없는 문제도 있다.

100) 지리적 시장에 대해서는, 이를 클레이톤법 제7조에서 요구하는 관련시장의 한 요소로 파악하지 않는 판결(United States v. Pabst Brewing Co., 384 U.S. 546 (1966))도 있었으나, 1974년의 Marine Bancorporation, 418 U.S. 602 (1974)판결에서는 클레이톤법 제7조의 "국가의 어느 지역(any section of country)"라는 문구가, 곧 지리적 관련시장을 의미하는 것임을 확실히 하였다.

101) Brown Shoe Company v. United States, 370 U.S. 294 (1962).

에서 지리적 시장은 "당해산업의 상거래 현실에 상응해야 할 뿐만 아니라 경제적으로 유의성이 있어야만 한다"고 보고, "관련 거래분야에서의 지리적 유효경쟁 지역(the geographic area of effective competition in the relevant line of commerce)"을 지리적 시장으로 정의하였다.

1년후 Philadelphia 사건[102]에서는 이에서 한걸음 더 나아가서 "본 사건에서 제기되어야 할 적절한 질문은, 합병의 당사자들이 어느 지역에서 사업을 영위하는지 혹은 어디서 경쟁을 벌이고 있는지에 대해서가 아니라, 경쟁이 중첩되는(overlap) 지역 내에서 합병의 경쟁에 대한 효과가 직접적이고 즉각적일(effect of the merger on competition will be direct and immediate) 지역이 어디인지"에 대해서라고 판시함으로써, '합병의 직접적, 즉각적인 효과'라는 새로운 기준을 제시하였다.[103] 동 기준은 약 10년 후 Connecticut National Bank사건에서도 확인되었다. 동 사건의 판결에서 연방대법원은 은행합병사건에서의 지리적 시장을 피취득은행이 "다른 은행들과 중대하고 직접적인 경쟁"을 벌이고 있는 지역으로 표현하였다[104]. 또한 비슷한 시기에 있었던 Marine Bank Corporation 사건[105]에서도 대법원은 Philadelphia 사건의 "직접적이고 즉각적인 효과" 기준을 거듭 확인함과 아울러, 구체적으로 피취득은행이 사업을 영위하는 지역이 곧 당해사건의 지리적 시장이라고 판결하였다.

다만 이상의 판례에서 나타난, 직접적, 즉각적이라든지 중대한 경쟁 등의 표현은 매우 추상적이고 불확정적이라고 할 수 있다. 이에 따라 은행합병의 효과가 직접적이고 즉각적인 지역이 무엇을 의미하는지에 대해 몇 가지의 이론적인 접근이 시도되었다.

---

102) 374 U.S. 321 (1963).
103) *Ibid.*
104) United States v. Connecticut National Bank, 418 U.S. 656, 666 (1974).
105) United States v. Marine Bank Corporation, Inc., 418 U.S. 602 (1974).

(2) 직접적·즉각적인 효과에 대한 해석

지리적 시장은 은행상품의 가격과 수량이 결정되는 지역으로서 정의할 때, 합병심사에 있어서 이러한 지역은 일견 서비스지역(service area), 다시 말해 특정 은행이 자신의 고객 대다수를 보유하고 있는 지역과 유사한 것으로 보이기도 한다. 하지만 서비스지역 자체를 곧바로 지리적 시장으로 볼 수 있는지에 대해서는 논쟁의 여지가 있다106). 대법원의 판결에 나타난 이른바 "은행합병의 효과가 직접적, 즉각적인 지역"의 의미와 관련해서 지리적 시장을 어떻게 획정할 것인지는 크게 서비스지역 접근법(service area approach), 고객의 대체가능성 접근법(alternatives for customers approach), 경제적 시장획정법(economic market definition) 등 세 가지로 나누어 볼 수 있다107).

i) 먼저 서비스 지역 접근법에서는, 은행들이 합병당시 사업을 영위하고 있는 지역이 어디인지를 파악한 후에 그 지역내에서의 경쟁의 중첩(overlap)에 관심을 두게 된다. 이에 비해, ii) 고객의 대체가능성 접근법은 각 은행의 고객들이 은행상품이나 서비스의 대체적인 공급원을 찾을 수 있는 지역이 존재하는지를 보고 이 지역까지를 포함해서 합병은행들 간의 경쟁의 중첩에 중점을 두게 된다. 그리고 iii) 경제적 시장 획정법에서는 합병당사은행들의 물리적인 점포소재지가 아니라 합병의 경제적 효과가 자유롭게 이전되고 있는 지역을 중심으로 시장을 획정하는 방식이

---

106) 규모가 큰 은행의 서비스지역은 여러 지역을 포괄하게 된다. 반대로 어느 한 메트로폴리탄지역이 여러 소규모 은행들의 공통 서비스지역이 될 수도 있다. 하지만 이들 서비스지역이 동일한 시장에 속하기 위해 꼭 중복되어야 할 필요는 없다.

107) Michael A. Greenspan, Geographic Markets in Bank Mergers: A Potpourri of Issues, North Carolina Banking Institute, University of North Carolina School of Law Banking Institute, pp.4-6 (April, 1998) 참조.

다. 이상의 세 가지 접근방식은 각기 중점을 두고 파악하는 부분이 서로 다르기 때문에 시장의 지리적 범위 자체에 대해서는 물론이고 합병의 경쟁적 효과에 대해서도 상이한 결과가 도출될 수 있다.

구체적인 이해를 위해, 워싱턴DC와 그 외곽의 메릴랜드주 남쪽 지역 및 버지니아주 북쪽 지역으로 구성된 워싱턴DC 메트로폴리탄 지역을 예로 들어 보자. i) 메릴랜드 남쪽지역에 거주하는 사람들은 버지니아 북쪽까지 가는 일은 없지만, 상당수의 사람들은 중심부인 워싱턴DC로 통근을 한다. ii) 한편 버지니아 북쪽 지역에 거주하는 사람들도 메릴랜드 남쪽 지역으로 가는 일은 없지만, 많은 주민들이 중심부인 워싱턴DC로 출퇴근을 하고 있다.[108]

여기서 다음과 같은 은행합병 상황들을 상정해 볼 수 있다:

[상황 1]

버지니아 북쪽에 소재한 두 은행들이 상호간에 합병을 추진하고 있다고 하자. 먼저 '서비스 지역 이론'은, 두 은행들이 사업을 영위하는 지역이 버지니아 북부지역이므로, 이 지역에 대해서만 관심을 두게 된다. 반면, '고객대체가능성 이론'에 따르면 버지니아 북부지역과 워싱턴DC지역이 문제가 된다. 왜냐하면 은행들이 소재한 곳은 버지니아 북부지역이지만, 고객 상당수가 워싱턴DC지역에서도 사실상 은행서비스를 제공받을 수 있기 때문이다. 끝으로 '경제적 시장이론'에 따르면 세 지역 모두가 상호간에 연계가 되어 있으므로 이들 모두가 관심의 대상이 될 것이다. 특히 세 번째의 이론의 결과는, 메릴랜드 남쪽 지역에 위치한 은행들이 당좌예금계정에 대한 서비스수수료를 없애버리는 경우를 상정해 보면 명확히 드러난다. 이 조치에 대해 워싱턴DC 지역에 소재한 은행들 역시 이

---

108) *Id.* p.5.

에 대응해서 자신들의 서비스 수수료에 관해 적절한 조치를 취할 수 밖에 없을 것이다. 왜냐하면 많은 고객들이 워싱턴DC 소재은행들과 메릴랜드 소재 은행들에 대한 선택권을 가지고 있기 때문이다. 그렇게 되면 다시 버지니아 북부지역의 은행들도 마찬가지의 이유로 서비스 수수료를 없앨 수밖에 없을 것이다. 다시 말해서 경제적인 효과가 이들 세 지역 전체에 자유롭게 유입된다.[109]

[상황 2]

한편 버지니아 북부지역에 소재한 은행이 메릴랜드 남쪽에 소재한 은행과 합병하려고 한다고 가정해 보자. 서비스지역접근법에 따르면, 두 은행이 경쟁하는 지리적 시장은 존재하지 않을 것이다. 어느 은행도 상대방 은행이 경쟁중인 지역에서 사업을 하고 있지 않기 때문이다. 그러나 경제적 시장 접근법에 따르게 되면, 앞서 설명한 바와 같이 이들 세지역이 모두 경제적으로 서로 연계되어 있기 때문에, 세 지역 모두가 하나의 지리적 시장을 형성하게 될 것이다. 끝으로 고객의 대체가능성 접근법에 따르더라도 지리적 시장은 위의 세 지역 모두가 된다. 합병하는 은행의 고객들이 이들 세 지역 모두에서 대출공급원을 갖게 되기 때문이다.

한 가지 흥미로운 것은, 합병신청인의 상황에 따라 어느 때는 협소한 시장을 주장하고 어느 때는 광범위한 시장을 주장할 수도 있다는 점이다. 즉 합병신청인은, 시장을 협소하게 획정할 경우 인수은행과 피인수은행이 각기 다른 시장으로 묶이게 되는 때에는 협소한 시장을 선호하게 될 것이다. 다른 한편, 인수은행과 피인수은행이 일단 동일한 시장내에 존재한다고 보게 되는 경우에는, 합병신청인으로서는 가급적 지리적 시장이 넓어지는 것이 유리할 것이다. 시장을 가능한 한 넓게 보게 되면 경쟁자들의 수는 증가하는 반면, 합병안의 경쟁적 영향력는 감소되는 결과가

---

109) *Ibid.*

된다.110)

이상의 세 접근법은 미 연방은행규제기관들의 시장획정방식에서도 나타나서, FRB는 경제적 획정방식에 가까운 반면, FDIC는 "서비스 지역" 접근법을 원칙으로 하되 일부에서 "고객의 대체가능성" 접근법에 토대를 둔 접근법을 사용하고 있다. 반면, OCC는 특별한 접근방식을 고수하기보다는 사안에 따라 가급적 은행합병안을 승인하기에 유리한 방식을 채용하는 성향을 보이고 있다.

이하에서는, 실무단계에서 규제당국인 연방준비제도이사회, 재무부 통화감시국, 연방예금보험회와 경쟁당국인 법무부가 지리적 시장을 어떻게 획정하는 방식에 대해 논하고자 한다.

3. 미국의 은행합병심사기관들의 지리적 시장획정 실무

(1) 연방준비제도이사회(FRB)의 획정방식

1) 각 지역에 대한 사전 시장획정

연방준비제도이사회는 일찍이, 미국 내 12개의 연방준비은행(Federal Reserve Banks)으로 하여금 지리적 시장 획정업무를 수행토록 위임하여 오고 있다. 이에 따라 각 연방준비은행들은 각기 고유의 방식대로 지리적 시장을 획정하게 되는데, 이는 일면 연방준비제도의 조직 분산적 측면으로 볼 수도 있지만, 미국 각 지역의 지리적 특성과 인구구성분포의 다양성을 반영하려는 데 기본취지가 있다고 할 수 있다.111) 그런데 연방

---

110) *Id.* p.6.

111) 예를 들어 미 북동부 지역은 규모가 서로 다른 다양한 메트로폴리탄 지역으로 구성되어 있고 메트로폴리탄 지역 사이에는 준교외지역과 농촌지역이 위치해 있다. 메트로폴리탄이 아닌 지역들도 대개는 큰 도시지역에 비교적 근접해 있어서 도시의 금융서비스에 쉽게 접근할 수 있다. 반면

준비은행들 가운데 대부분은 관할지역의 지리적 시장을 사전에 획정하고 있으며, 일부가 사후에 획정하는 방식을 취하고 있다. 먼저 대다수의 연방준비은행들은 관할지역 전역에 일괄적으로 적용되는 고정된 방법론에 따라 미 전역에 걸쳐 은행업의 지리적 시장을 사전에 획정한다. 주로 인구통계자료(census)를 참고로 하여 획정된 지리적 시장은 이후 연방준비은행들에 의해 정기적으로 갱신된다. 반면, 일부 연방준비은행들은 획일적인 기준을 적용하지 않고 개별 사건별로 별도의 지리적 시장을 획정하는 방식을 채택하고 있는데, 이때는 당해 지역에 대해서 활용가능한 모든 정보를 참고하게 된다.

이 양 방식은 각기 장단점을 가지고 있다. 사전에 지리적 시장을 획정하는 방식은 연방준비은행 관할지구내의 전 지역들을 사전에 몇 개의 시장으로 획정하기 때문에 합병사건이 발생했을 때 심사에 소요되는 시간을 절약할 수 있다는 장점이 있지만, 합병신청인으로서는 이미 획정된 시장에 이의를 제기하기가 어렵다는 문제가 있다. 획정된 시장범위 자체에 대해서 뿐만 아니라 시장을 획정하기 위해 채용된 방법에 대해서까지 문제를 삼아야 하기 때문이다. 또한 사전획정방식은 동일 요소들에 대해서는 모든 지역에 같은 비중을 두게 됨으로써 각 지역의 특수성을 간과할 위험이 있다. 마찬가지로 개별사건별 시장획정방식은 이와 정반대의 장점과 단점을 갖게 된다.

2) 사전획정에 사용되는 지리적 단위: RMAs와 MSAs

현재 대다수의 연방준비은행들은 표준화된 지역적 단위를 기준으로 하

미 중서부지역은 광활한 평야로 구성된 완전한 농촌지역으로서 메트로폴리탄간의 거리가 100마일 이상씩 떨어져 있기 때문에 동부지역과는 근본적으로 다른 지역적 특성을 지니고 있다. 지리적 시장획정을 각 지구의 연방준비은행들에게 맡김으로 인해 각 지역의 지리적 특수성이 반영될 수 있도록 한 것이다.

여 은행업의 지리적 시장을 사전에 획정하는 방식을 택하고 있다. 이들 시장을 획정함에 있어서, 연방준비은행들은 미국의 인구조사통계 자료에서 추출되는 "근로자들의 통근 패턴과 그 밖에 경제적 통합이나 경제적 효과의 이전을 나타내는 징후들"을 고려하게 된다.[112] 이들 데이터에는 소비자들의 구매행태와 은행업자, 소비자 및 소기업주들에 대한 조사자료 등이 포함된다.[113] 한편 이들 데이터 가운데 FRB는 은행분야 서비스에 대한 경쟁을 보여주는 자료에 중점을 두기 위해서 일부 경제적 통합에 관한 데이터를 제외시킬 수도 있다. 이러한 과정을 거쳐 획정된 FRB의 지리적 시장은 대체로 Rand-McNally Commercial Atlas (RMAs)[114]나 Metropolitan Statistical Areas (MSA)[115]와 일치한다.

---

112) First Union Corp., 83 Fed. Res. Bull. 1012 (1997).

113) BancSecurity Corp., 83 Fed. Res. Bull. 122 (1997).

114) 대략 10개의 도시들로 이루어진 이들 지역은 경제적 통합성을 기초로 하여 획정되는데, 일반적으로는 Rand-McNally Area(RAMs)로 알려져 있다. RMAs는 Rand McNally사에 이해 획정되며 통근패턴과 인구밀집도 등에 관한 자료를 토대로 작성된다. RMA로 불리오는 지역의 기준으로는 다음과 같은 것들이 있다1). 1) 정확히 50,000만명의 인구를 가진 도시지역일 것; 2) 평방마일당 적어도 70명의 인구밀도를 보일 것; 3) 노동력의 적어도 20%가 중앙도시지역으로 출퇴근할 것. (Rand McNally Commercial Atlas and Marketing Guide, 1999 edition. 참조)

115) 미연방 경영예산처(the federal office of management and budget)가 지정하는 지리적 영역으로서 여기에는 동 기관이 미국의 1980년 인구조사통계(census)를 기초로 하여 최초로 지정한 지역들과 이후 새롭게 추가된 지역들이 포함된다. 당초에는 '표준메트로폴리탄통계지역(Standard Metropolitan Statistical Areas (SMSAs))'으로 불리우다가 1990년 명칭이 Metropolitan Statistical Areas (MSAs)로 변경되었다. RMAs와는 달리, 은행시장을 염두에 두고 수립된 지역단위는 아니다. MSAs는 미 연방 경영예산처(the Office of Management and Budget)에 의해 10년마다 획정되며, 카운티 수준의 인구와 출퇴근자료(카운티보다 작은 단위가 사용되는 New England지역은 제외)를 토대로 작성된다. i) 만일 단일 카운티가 행정구역상 市를 포함하고 있거나 인구통계청이 획정한 인구

하지만, FRB가 사용하는 지리적 시장획정방식에 법원이 구속되지는 않는다. 즉 합병안이 법원에 제소된 경우 법원이 당해 은행합병의 영향을 받게 되는 지리적 시장을 판단함에 있어서 RMAs나 MSA를 기준삼아야 할 의무는 없다. 예를 들어 United States v. Central State Bank 사건116)에서 법원은 정부 측에 제시한 지리적 시장인 한 개의 카운티도 받아들이지 않았고 피고 측이 제시한 다섯 개의 카운티 역시 받아들이지 않은 바 있다.

결국, 어느 지역권내에서 은행에 대한 경제적 효과가 균등하게 전달되는 지를 보고 그러한 지역권이 있음을 나타내는 증거들을 토대로 지리적 시장을 획정한다117). 이렇게 해서 사전에 획정된 시장들은 합병중인 은행들이나 그들이 제공하는 서비스에 관계없이 변화되지 않은 채 그대로 유지된다.118) 다만 은행합병신청인은 FRB가 획정한 시장과 다른 "경제적 시장"의 존재를 입증하기 위한 증거를 제출할 수가 있다.

50,000이상이 도시화된 지역을 포함하고 있는 경우 또는 ii) 메트로폴리탄의 총인구가 100,000만 이상인 경우에는 단일 카운티도 MSA로 획정될 수 있다.

116) 621 F.Supp. 1276 (W.D. Mich, 1985).

117) 가령, 앞에서 본 가상적인 합병의 상황을 예로 들면, 워싱턴 DC, 북부 버지니아 및 남부 메릴랜드 지역에 소재한 은행들은 모두, 이들 지역내에서는 합병은행의 소재지에 상관없이 워싱턴DC 은행시장에 속한다.

118) 앞서 살펴 본 바와 같이, 연방준비제도이사회는 상업은행업으로 알려진 서비스들의 묶음으로 관련상품시장을 획정한다. 합병당사자들이 이러한 획정방식에 대해 반발할 경우, 연방준비제도이사회는 상품시장이 다르면 합병도 다른 경쟁적 영향을 가지는지에 대해 고려를 하게 된다. 상품시장이 달라지면 지리적 시장도 함께 변화할 수가 있기 때문이다. 하지만 이제까지 연방준비제도이사회가 이미 획정된 상품시장을 변경하여 합병안을 판단해 온 일이 없는 것으로 알려진다.

(2) 통화감독청(OCC)의 접근방식

미 재무부 통화감독청(OCC)이 지리적 시장획정에 있어서 채용하는 접근방식은 명확치 않으나, 특정한 접근법을 채용한다기 보다는 개별사안에 따라 합병을 허용할 수 있게 하는 모든 방식을 검토하게 되며, "경제적 시장" 접근법과 "서비스지역 접근법"을 모두 적용한다고 할 수 있다. 그와 같은 입장은 은행합병이 소비자의 이익증대에 있어서 상당히 효율적인 방법이라는 OCC의 인식 때문이다. OCC는 은행규제기관들 가운데에서도 은행합병에 대해 가장 관대한 입장을 취하여 왔는데, 이 점은 지리적 시장의 획정과정에서도 반영되어서, OCC는 은행합병을 허용하기 위해 필요하다면 접근방식에 구애받지 않고 지리적 시장을 획정하려는 경향을 보여왔다.[119] 그러한 일련선상에서 OCC는 연방준비제도의 "경제적 시장" 접근법은 물론 합병은행의 "서비스지역 접근법"까지도 고려하는 것으로 분석된다.[120]

---

119) 한편 은행합병에 대해 OCC가 가지는 관대한 접근을 보여주는 또다른 측면으로서, 외형적으로 반경쟁적인 것으로 보이는 특정 은행합병을 승인하기 위해 이른바 최소기준이론(de minimis theory)을 사용한다는 점을 들 수 있다. OCC가 최소기준이론을 사용하고 있다는 데 대해서는 구체적인 증거가 존재한다. 그 시초가 되었던 사건은 1983년의 National Bank of Oxford와 National Bank and Trust Company of Norwich의 합병이었다. 이 사건에서 OCC는, 지리적 관련시장이 너무 작아서 "국가의 일정영역(section of the country)"으로 볼 수 없다는 최소기준이론을 근거로 당해 합병을 승인하였다. 최소기준이론에 대한 정확한 기준은 없으나 대체로 카운티의 인구가 10,000명 정도이거나 그 이하인 경우에는 최소기준이론이 적용되어 오고 있다. 또한 카운티의 인구가 그 한도를 넘어서더라도 문제가 된 은행이 소재한 지역의 인구가 작은 경우 역시 최소기준이론이 적용될 수가 있다.

120) OCC는 Zions First Nat'l Bank(Salt Lake City, Utah, Corp. Decis. #97-82 (Sept. 1997))의 합병신청을 처리하면서, "지리적 시장을 획정함에 있어서 OCC는 샌프란시스코 연방준비은행의 시장획정을 고려하는 한

(3) 연방예금보험회사(FDIC)의 접근방식

FDIC는 기본적으로는 "서비스 지역" 접근법에 근거를 두면서 경우에 따라 "고객의 대체가능성" 접근법에 토대를 둔 접근법을 사용할 수 있다는 입장을 보인다. 하지만 실제에 있어서는 관련시장에 대한 합병신청인의 주장도 받아들이므로써, 연방준비제도의 "경제적 시장"획정법을 채용하기도 한다. 하지만 FRB가 모든 은행합병의 경우를 가상하여 시장을 미리 획정하는데 반해 FDIC는 실제 합병하는 은행들에 관해 시장을 획정한다는 점에서 차이가 있다. 이에 따라 모든 합병에 대한 시장을 미리 획정한 연방준비제도의 경우는 한번 획정한 시장을 다시 고치기가 쉽지 않은 반면, FDIC는 시장획정 작업에 비용을 소모하지 않기 때문에 합병신청인이 제출한 정보에 맞추어 이미 획정한 시장을 비교적 쉽게 수정하는 경향을 보이고 있다.

(4) 경쟁당국(DOJ)의 접근방식

미 법무부의 지리적 시장획정방식은 기본적으로 1992년 수평적 합병가이드라인에 규정된 방식과 동일하다. 동 가이드라인 Section 1.2는 법무부나 연방거래위원회가 지리적 시장을 획정함에 있어서 가상적인 독점자가 자신의 이익을 위해 "소폭이지만 중대하고도 지속적인 수준의 가격인상(SSNIP)"을 부과할 수 있는 지리적 지역이 어디까지인지를 기준으로 지리적 시장을 획정토록 하고 있다. 동 가이드라인에 따라 법무부는 먼저 은행합병 당사자들의 서비스 영역이 중첩되는 지역이 있는지를 살펴보고, 그러한 지역이 있으면 그 지역의 독점자가 가격인상으로 인한 반작용을 우려하지 않고 가격을 인상할 수 있는지 여부에 대해 판정을 한다. 만일 독점자가 가격을 인상할 수 없다면, 이는 분명 당해 소지역내의

편 관련은행들이 많은 예금고를 끌어들이는 지역에 대한 증거도 고려하게 된다"고 밝혔다.

독점자가 보다 넓은 지역에 소재하는 다른 기관들로부터의 경쟁을 받게 될 것을 인식하기 때문이다. 법무부는, 지리적 시장이 한 지역내에서 사실상 경쟁을 벌이고 있는 모든 은행들을 포섭할 때까지 지리적 시장을 지속적으로 확장하여, 최종적으로 경제적 시장에 해당하는 지리적 시장이나 이에 근접한 지리적 시장을 획정하게 된다.

(5) 기관간의 접근방식 차이에 따른 문제

이상에 살펴본 바와 같이, 법무부가 획정하는 지리적 시장과 연방 은행규제기관들이 획정하는 지리적 시장은 상당한 차이가 있는데 그 주된 원인은 양 기관의 상품시장획정 방식이 서로 다르기 때문이다. 지리적 시장은 합병에 의해 당해 상품에 대한 경쟁이 영향을 받게 되는 지역을 의미하게 되므로 결국 상품시장과 밀접하게 연관되어 있다. 앞서 본 바와 같이 은행규제기관들에 관한 한, 은행합병의 상품관련시장은 상업은행업으로 알려진 서비스의 묶음이 된다. 이에 반해 법무부는 이러한 묶음을 몇 개의 하부 구성요소로 세분화하는 방식을 취하여 먼저 소매은행서비스와 상업은행서비스 시장을 별도의 상품시장들로 고려하게 된다. 상품시장의 세분화는 지리적 관련시장에 직접적인 영향을 미치게 된다. 지리적 시장을 획정하는 목적은 합병에 의해 영향을 받을 수 있는, 합병당사자들의 잠재적인 고객들을 획정하는 것이라고 할 수 있는데, 이에 대해서도 미 법무부는 특히 종래 소기업들의 자금공급원이 지역적으로 제한을 받아왔다는 점을 주목한다. 따라서, 법무부가 중소기업시장에 중점을 두게 되는 때에는, 연방준비제도가 획정한 시장보다 훨씬 좁은 지역을 지리적 관련시장으로 획정하게 된다. 반면 연방준비제도이사회는 상업은행 서비스의 묶음을 토대로 관련상품시장을 획정하기 때문에 중소기업을 감안한 지리적 시장을 고려하지 않는다.

이러한 차이는 분석결과에도 커다란 영향을 미치게 된다. 이를테면, 두 은행들이 동일한 지리적 시장내에 소재해 있고 그 시장이 보다 작게 획정이 되는 경우, 합병의 효과는 일반적으로 경쟁자들의 숫자를 감소시키고 합병이 경쟁에 대해 미치는 영향을 증가시키는 것으로 나타난다. 그 한 예가 1992년 Society Corporation과 Ameritrust Corporation간의 합병이다. FRB는 Cleveland 시장을 포함하여 10군데의 Ohio州內 시장들에 대해 합병이 미치는 영향을 조사한 후 결국 합병신청을 받아들였다. FRB는 합병은행측에 몇몇 시장에서 지점을 매각할 것을 요구했던 반면에, Cleveland 시장에서는 별다른 요구조치가 필요하지 않은 것으로 판단하고 Cleveland 메트로폴리탄 지역의 여덟 개 카운티 대부분을 포함하는 시장을 획정하였다.[121] 그러나 법무부는 소기업대출시장에 초점을 맞추어 조사한 결과, 소기업들과 같은 차용인들의 입장에서는 소기업대출을 받을 수 있는 지역이 한정되어 있다는 사실을 밝혀냈다. 그 결과 법무부는 "Cleveland 시장"이라는 것을 따로 정하지 않고, 개별 카운티에 따라 지리적 시장을 획정하였다. 결국 법무부는 연방준비제도의 시장에 포함된 여덟 개의 카운티 중 두 군데에서 심각한 반경쟁적 효과가 있음을 발견해 내고 합병 당사자들에게 이들 시장에서 자산을 매각할 것을 요구하였다.[122]

다만 미국의 은행업계는, 법무부가 비록 세분화된 상품시장을 토대로 합병의 반경쟁적 효과를 밝혀낸다고 해서 곧바로 법무부를 상대로 소를 제기하려 하지는 않는다. 굳이 번거롭게 소를 제기하지 않더라도, 합병자산의 극히 일부를 차지하는 몇 개의 지점 등을 매각함으로써 법무부를 진정시키기에 충분했던 것이다. 현재까지 대다수의 합병거래들이 그러하였다. 하지만, 미국의 은행업계의 기본 입장은 법무부가 반대를 하는 합병안이 허용되어야 한다는 것이다. 은행업계가 제기하는 주장은, 은행 외

---

121) Society Corp., 78 Fed. Res. Bull. 302 (1992).
122) 57 Fed. Reg. 10,371, 10,380 (Department of Justice 1992).

에도 금융서비스를 제공하는 비은행 대체 기관들이 많이 있기 때문에 법무부의 주장처럼 소기업들이 지역적으로 제한을 받고 있지는 않다는 것이다. 그러한 점에서 볼 때, 최근 FRB 측이 수집한 증거들은 소기업들이 지역적으로 제한을 받고 있지 않다는 은행업계의 주장을 뒷받침하는 한편, 주장의 근거를 약화시키는 측면도 가지고 있다.[123] 즉, 일면 그 증거는 일면 상당수의 시장 외 대출기관들이 지역 사업자들에게 대출을 해주고 있음을 보여주고 있다. 하지만 다른 한편으로, 각 사업자들이 시장외 대출기관으로부터 자금을 차용하는 비율이 평균적으로 볼 때 전체 차용에서 아주 작은 부분만을 차지하는 것으로 나타난다.

4. 전자금융발달이 은행업의 지리적시장 획정에 미치는 영향

전자금융상품이나 서비스의 등장으로 인해 은행지점이 효용성이 어느 정도까지 하락할 것인지는 현재로서는 분명치 않다. 또한 기술발달에 따라 지리적 시장획정에 어떠한 영향이 미칠 것인지에 대해서도 단계에 따라 다양한 분석이 제기되고 있다.[124] 예를 들어, 모든 판매자와 구매자들이 사용언어에 상관없이 의사소통을 할 수 있는 공통의 디지털 언어가 존재하고 고객들이 인터넷을 이용해서 은행별의 이율을 완벽하게 비교분석할 수 있는 단계에 이르면, 홈뱅킹을 통한 은행상품의 지리적 시장은 전세계적 범위로 확대될 수 있다. 그러나 현재로서는 가정에서 컴퓨터를 통해 이용할 수 있는 은행서비스에는 어느 정도 제한되어 있는 것이 사

---

123) Division of Research & Statistics, Federal Reserve Board, New Information on Lending to Small Businesses and Small Firms: The 1996 CRA Data, 84 Fed. Res. Bull. 1 (1998).

124) FTC, Anticipating the 21st Century: Competition Policy in the New High-Tech, Global Marketplace ch. 4, pp. 6-7 (1996).

실이며 인터넷이 은행점포를 완전히 대체할 수 있는 수준은 아니다. 가령, 고객들이 홈뱅킹을 이용해서 한 구좌에 있던 자금을 다른 구좌로 이체할 수 있을 지는 모르지만, 실제로 홈뱅킹을 통해 현금을 손에 쥘 수는 없는 것이다. 하지만 향후 홈뱅킹과 함께 ATM에의 접근가능성이 신장되어서 고객들이 ATM에서 현금인출 등의 충분한 은행상품 및 서비스를 제공받게 되는 때에는, 이들 소비자금융을 중심으로 한 은행시장은 지역적 성격을 탈피할 것으로 보인다.[125] 또한 현재 개발중인 기술로서 stored-value card의 발전도 이와 관련하여 향후 주목할 만한 변화를 가져올 것으로 보인다.[126] 이러한 형태의 신기술이 보편화될 경우 현재의 홈뱅킹서비스 수준에서는 기대할 수 없는 예금인출이 가능하게 되며, 따라서 개인컴퓨터를 통한 은행거래가 장래 어느 시점에 가서는 은행지점 역할의 상당부분 대체할 수 있을 것으로 기대된다.[127]

---

125) Martha Vestal Clarke, The Impact of Emerging Payment Systems and Products on Banking Competition and the Competitive Analysis of Bank Mergers and Acquisitions, Annual Review of Banking Law, p. 181, (1997).

126) *Ibid.* stored-value card는 인터넷으로 거래은행의 서버에 연결해서 자신의 예금계좌로부터 원하는 잔고를 컴퓨터를 통해 인출하여 카드에 저장받을 수 있도록 하는 새로운 카드형태를 말한다.

127) 다만 stored-value card의 도래로 지리적 시장이 곧바로 전국화 혹은 전세계화할 것으로 보이지는 않는다. 개인컴퓨터를 통한 은행거래가 조만간 전국 혹은 전세계를 지리적 시장으로 할 수 있을 것으로 예상되는 반면, stored-value card의 지리적 시장은 이 보다는 다소 느린 속도로 확대될 것이다. 왜냐하면 인출자가 예금인출에 필요한 설비를 갖추어야만 지불이 이루어 질 수 있기 때문이다. 또한 이러한 카드가 일상적인 거래에서 보편적으로 받아들여지지 않는 한 현금을 완전히 대체할 것으로 보기도 힘들다. 따라서 대다수의 예금인출자가 카드에 예금잔고를 저장하기 위해 필요한 장치를 갖추고, 카드가 일상적인 거래에서 활용할 수 있을 만큼 보편화가 되기 이전까지는 은행고객들은 여전히 지역 은행지점이나 ATM을 필요로 할 것이다. Martha Vestal Clarke, op.cit. 182.

제3절 합병이 은행시장에 미치는 효과 분석

I. 개관

상품 및 지리적 관련시장이 획정되고 나면, 다음 단계로서 은행합병이 지리적 시장내의 은행상품이나 서비스 경쟁에 어떠한 영향을 미치게 될 것인지를 심사하게 된다. 관련시장획정이 은행합병에 대한 규범적 판단의 전제로서 사실의 확인작업이었다면, '경쟁에 미치는 효과 분석'은 그 결과에 따라 합병안의 위법성이 추정될 수 있는 규범적 판단의 첫 번째 단계라고 할 수 있다. 따라서 만일 합병이 시장내의 경쟁을 실질적으로 제한할 것으로 예상되는 경우에는 일응 당해 합병안에 대하여 부정적인 평가를 내리게 된다. 그런데 이때 부정적인 평가는 관련시장내의 사업자들간의 합병(수평적 합병)만을 대상으로 하는 것은 아니며, 시장을 달리하는 사업자들간의 합병(혼합합병)에 대해서도 내려질 수도 있다. 특히 후자에 대한 심사에 있어서는 대체로 순수한 혼합결합이나 상품확장형 합병 보다 시장확장형 합병에 의한 잠재적 경쟁제한이 문제되어 왔다.

본 장에서는 은행시장에서 문제되는 경쟁제한성을 수평적 합병에 의한 실질적 경쟁제한과 시장확장형 합병에 의한 잠재적 경쟁제한으로 나누어 논하되, 은행합병사건에서 특유하게 형성되어 온 기준과 심사기법을 중심으로 분석키로 한다.

II. 수평적 은행합병의 경쟁제한성 심사

1. 은행시장의 집중도 분석

(1) 집중도 분석기재로서의 시장점유율

일반적인 수평적 기업결합에서처럼 은행합병의 경쟁에 미치는 효과를 판단함에 있어서도 일차적으로 시장구조를 중심으로 한 점유율 분석이 행해진다. 그리하여 은행합병안이 관련시장에서 과도한 비율의 시장지배력을 보유한 은행을 낳게 되고, 당해 시장내에서 기업들의 집중도에 상당한 증가를 초래하는 경우에는, 당해 은행합병안은 경쟁을 실질적으로 제한할 가능성이 있어서 그와 같은 반경쟁적 효과의 개연성이 없음을 보여주는 명백한 증거가 존재하지 않는 한 당해 합병은 금지되어야 하는 것으로" 보게 된다. 이러한 원칙은 일찍이 미 연방대법원의 Philadelphia National Bank 판결128)과 Phillipsburg National Bank 판결129)에서 명확히 표명된 바 있다. 연방대법원은 Philadelphia 사건에서, 관련시장내 제2위와 3위를 차지하던 은행들간의 합병으로 관련시장의 30%를 점하는 단일은행을 탄생시킬 경우를 "과도한 집중(undue concentration)"이 초래되는 합병이라고 판결하였으며, Phillipsburg 사건에서는 관련 시장내에서 제3위로서 11.2%의 시장점유율과 제4위로서 8.1%의 시장점유율을 보유하고 있던 은행들간의 합병을 불법적인 것으로 판단한 바 있다.130) 즉

---

128) 374 U.S. 321, 363 (1963).

129) 399 U.S. 350, 366 (1970).

130) 위 두 사건 이외에도 실질적 경쟁(actual competition)과 관련된 사건으로는, United States v. Virginia Nat'l Bankshares Inc., 1982-2 Trade Cas. (CCH) P 64,871 (W.D. Va. 1982)(동 사건에서는 합병하는 은행들이 동일 지리적 시장내에 있지 않았기 때문에 법 위반이 아닌 것으로 판결되었다); Southwest Mississippi Bank v. FDIC, 499 F. Supp. 1, 14 (S.D. Miss. 1979), 625 F.2d 1013 (5th Cir. 1980) (동 사건에서는 FDIC가 수평적 위반이라고 하여 내린 판정을 적절치 못한 지리적 시장 획정을 이유로 파기 반송하였다); United States v. Citizens & Southern Nat'l Bank, 372 F. Supp. 616, 639, 642 (N.D. Ga. 1984), aff'd, 422 U.S. 86 (1975); United States v. Trans Texas Bancorp., 1972 Trade Cases (CCH) P 74,257 at 93,212-13 (W.D. Tex. 1972), aff'd mem., 412 U.S.

순수하게 합병은행의 시장점유율에만 기초하여 경쟁에 미칠 영향 여하를 판단했던 것이다. 시장점유율에 기한 집중도분석 기조는 United States v. Third National Bank in Nashville 사건[131]과 United States v. Citizens & Southern National Bank 사건[132] 등 후속 사건들에서 거듭 확인되었다.

(2) 은행합병심사에 있어서 HHI 분석기법의 적용과 변용

1) 기업결합사건에서의 HHI 분석기법

시장점유율이 시장의 집중도와 경쟁제한성을 판단하는데 매우 중요한 기준이기는 하지만 절대적인 기준은 아니라고 할 수 있다. 특히 시장의 경제적, 기술적, 제도적 환경이 변화함에 따라 단순한 평면적인 시장점유율 산정방식이 점차 실효성에 한계를 들어 내게 되었다. 미국 법무부가 "수평적 기업결합 가이드라인"을 통해 이른바 HHI 지수라고 불리우는 허핀달-허쉬판 지수(Herfindahl-Hirschman Index)에 기초한 분석법을 채용한 것은 이러한 문제를 극복하기 위한 취지라고 하겠다.

법무부의 기업결합가이드라인은 HHI를 각 시장경쟁자들의 관련시장점유율의 제곱을 더한 값(HHI = Σ[각 사업자의 시장점유율]2)으로 정의하는 한편, 결합후의 HHI가 1000미만인 경우를 "집중화되어 있지 않은 시장"으로, 1000에서 1800미만까지의 경우를 "어느 정도 집중된 시장"으로 1800이상이 되는 경우를 "고도로 집중된 시장"으로 규정하고 있다. 그리하여 시장이 집중되어 있지 않은 상태에서는 결합으로 인한 HHI증

---

946 (1973) 등이 있다.

131) 390 U.S. 171, 183 (1968).

132) 422 U.S. 120 (1975). 특히 이 사건에서 연방대법원은 고도로 집중된 시장에서 두 경쟁은행들이 합병하는 것은 독점금지법의 일응 위반으로 보아야 한다고 판시하였다.

가치가 100이상이 되어도 경쟁당국이 합병으로 인해 경쟁제한성이 초래되지 않을 것으로 보게 되지만, 어느 정도 집중된 시장에서는 100이상의 HHI증가가 있을 경우에 당해 기업결합안에 대해 경쟁당국이 문제를 삼을 가능성이 크다. 또한 고도로 집중된 시장으로 판명된 경우에는 결합 후 HHI의 증가치가 50미만이면 문제를 삼지 않지만 HHI 증가치가 50이상인 경우에는 기업결합안을 문제삼을 가능성이 크고, 특히 합병후 그 증가치가 100이상인 경우에는 극히 예외적인 경우를 제외하고는 곧바로 당해 합병안이 경쟁을 실질적으로 감소시키는 것으로 추정된다.

2) 은행합병 사건에서의 HHI 분석기법

1992년 기업결합가이드라인이 은행합병에 대한 특별한 기준을 제시하지는 않았지만, 미국의 연방은행규제기관들은 원칙적으로 1992년 수평적 기업결합 가이드라인에 수록되어 있는 구조적 분석법을 따르고 있다. 그런데 법무부나 은행규제당국들은 일반적인 기업결합사건과는 달리, 특정 은행시장의 HHI가 1800이상이어서 고도로 집중된 경우에도 합병으로 인한 증가치가 200을 넘어서는 경우만을 규제의 대상으로 하고 있다. 이는 여타 산업분야의 기업결합심사에서 부과되는 기준 즉, 결합전과 결합후의 HHI 지수의 차이가 50이하 이어야 하는 기준에 비해 훨씬 관대한 것이라고 할 수 있다.

이러한 1800/200의 변형된 HHI 기준은 1985년의 First National Bank of Jackson과 Brookhaven Bank & Trust Co.간의 합병안의 경쟁제한성에 관해 OCC이 법무부에 자문을 구한 것에 대하여 법무부가 답신을 하는 과정에서 표명되었다. 법무부는 이 서신[133]에서 "다른 요소들이 반경쟁적

---

133) Letter from Charles F. Rule, Acting Assistant Attorney General to C. Todd Conover, Comptroller of the Currency, First National Bank of Jackson - Brookhaven Bank & Trust Company, (Feb. 8, 1985).

효과가 있음을 보여주지 않는 상태에서, 합병 후 HHI가 1800 이상이고 합병으로 인한 HHI 증가치가 200을 넘는 경우가 아닌 한은, 법무부 독점금지국은 당해 은행합병안을 반대하지 않을 것"이라는 원칙을 밝혔다.

이러한 새로운 심사기준은 문제된 은행합병건의 이름을 인용하여 흔히 브룩헤이븐심사기준(Brookhaven test)[134] 혹은, 잭슨은행심사기준(Bank of Jackson test)[135]으로 불리우고 있다. 이하에서는, "브룩헤이븐심사기준"으로 통일한다. 아래에서는 기업결합사건에서 적용되는 일반적 HHI 기준과 은행합병에 적용되는 브룩헤이븐 기준을 비교하였다.

그런데 이 도표를 비교할 때, 은행합병의 경쟁제한성이 인정되는 영역이 일반 기업결합사건보다 상당히 우하향하여 분포해 있음을 볼 수 있다.

[표-13] 기업결합가이드라인상의 심사기준과

브룩헤이븐 심사기준 비교

A. 일반 기업결합사건의 심사 기준

합병 후 HHI ＼ 합병에 의한 HHI증가	50미만	50~100미만	100이상
1000미만 (비집중적 시장)			
1000~1800미만 (다소 집중된 시장)	제소의 우려 없음		제소의 우려 있음
1800이상 (고도로 집중된 시장)		제소의 우려 있음	특별한 경우를 제외하고 제소

---

134) Tim McCarthy, Refining Product Market Definition In The Antitrust Analysis Of Bank Mergers, *Duke Law Journal*, p.889, (Feb. 1997).

135) Paul L. Lee, *Banking Law Series, Antitrust Review of Bank Acquisitions*, Practising Law Institute, p.183 (1993).

B. 은행합병사건에 대한 브룩헤이븐심사 기준

합병 후 HHI　　　합병에 의한 HHI증가	50미만	50~100미만	100~200미만	200이상
1000미만 (비집중적 시장)	제소의 우려 없음			
1000~1800미만 (다소 집중된 시장)				
1800이상 (고도로 집중된 시장)				제소의 우려 있음

　일견, 금융시스템의 안정을 고려하여 은행시장에서 경쟁제한성을 인정할 수 있는 영역 축소하려는 의도가 아닌가 생각해 볼 수 있겠으나, 정작 미 법무부는 브룩헤이븐심사기준을 제시한 취지를 다음의 두가지 이유로 설명하고 있다. 하나는 은행시장의 집중도를 측정함에 있어서 심사단계에서 직접적인 고려대상이 되지 않는 '부분적 은행상품 공급 금융기관들(partial provider)'의 경쟁적 효과를 감안하기 위한 것이고, 다른 하나는 지리적인 경계의 불확실성을 인해 수반되는 문제점들을 고려하기 위해서라는 것이다.[136] 결국, 은행합병사건에 대해 브룩헤이븐심사기준을 적용하는 것은, 비은행기관들을 시장획정단계에서 배제 내지 부분반영함으로 인해 자칫 포착되지 않는 경쟁의 여지를 감안하려는 기술적인 이유일 뿐, 은행시장의 특성을 고려하여 합병의 경쟁제한성 판단기준 자체를 완화한 것은 아니라고 하겠다.

　이 브룩헤이븐 심사기준은 이후 연방준비제도이사회에 의해 받아들여져서 여전히 적용되어 오고 있다. 특히 FRB는 브룩헤이븐심사기준에 위반되는 경우에 다른 잠재적 반경쟁적 효과를 완화시키는 다른 요소들이 존재하는 경우에는 합병안을 허용하는 등 은행합병에 대해 매우 완화된

---

136) *Id.* p.183.

접근을 해오고 있다. 하지만 근래들어 법무부는 브룩헤이븐심사기준을 계속해서 적용할 것인지에 대해 논란이 제기되고 있다. 그 이유는 법무부가 사용하고 있는 개별하부시장접근법이 이미 저축금융기관들의 경쟁을 반영하고 있기 때문에 더 이상 일반적인 기업결합사건 보다 완화된 기준을 적용할 필요가 없다는 것이다[137]. 만약 브룩헤이븐심사기법의 실효성이 줄어들었다고 판단할 경우 법무부는 1992년 가이드라인상의 HHI 기준을 은행합병사건에 대해서도 동일하게 적용하게 될 것이다.

(3) 합병심사에 있어 새로운 분석기법의 제정: 1995년 은행합병경쟁심사지침(Bank Merger Competitive Review)

미국에서 연간 은행합병의 심사요청 건수는 수백 건에 이르는 것으로 알려진다. 이러한 상황에서 앞서 언급한 바와 같이, 은행합병심사를 담당한 두 주체(은행규제당국과 경쟁당국)가 시장획정방식에 관하여 각기 중대한 시각차이를 보임에 따라 동일한 은행합병사건을 놓고도 과연 당해 합병안이 경쟁제한문제를 야기하고 있는지, 야기한다면 경쟁제한성을 해소하기 위해 어떠한 수준에서 시정조치가 이루어져야 할 것인지에 관해 지속적인 견해대립이 있어 왔다. 그 결과 합병심사의 신속한 진행이 어려워지는 것은 물론이고, 합병을 추진하는 은행들의 입장에서도 은행합병의 심사절차와 합병안의 승인여부의 불확실성을 매우 높이는 결과를 낳았다. 이같은 난제를 제도적으로 해결하기 위해 법무부(DOJ)와 연방준비제도이사회(FRB)는 은행합병 심사절차를 보다 체계적이고 신속하게 처리하기 위한 목적에서, 1995년 공동으로 "은행합병경쟁심사지침(Bank Merger Competitive Review)"으로 명명된 심사기법을 제정, 채택하였다. 동 지침은 제정이후 사실상 양대 기관의 은행합병심사체계에 있어서 일종의 가이드라인과 같은 역할을 수행해 오고 있다.

---

137) Bancorp Hawaii, Inc., Fed.Res.Bull. 559, 760 n. 6 (1990).

　은행합병경쟁심사지침은 은행규제당국(FRB)과 경쟁당국(DOJ)이 공동으로 제정한 것이라는 점에서, 경쟁당국들(DOJ와 FTC)간에 제정된 1992년 수평적 기업결합가이드라인과 차이가 있다. 하지만 이 지침이 가지는 보다 중요한 의미는 지침의 제정주체가 아니라, 지침에 수록된 내용이라고 할 수 있다. 동 '은행합병 경쟁심사지침'에서 일반적인 기업결합사건과는 달리 은행합병에 대해 적용하고 있는 특별한 기준들이 포함되어 있는데 구체적으로는 크게 세 가지를 들 수가 있다. 하나는 동 지침이 당초 법무부에 의해 표명된 브룩헤이븐심사기준을 그대로 받아들였다는 점이고, 두 번째는 비은행금융기관들 그 중에서도 저축금융기관의 비중을 부분적으로만 인정한다는 점이며, 세 번째로는 시장점유율 산정을 위해 사용하는 지표로서 예금고를 사용하고 있다는 점이다. 이러한 세가지 점들은 일반적인 기업결합사건에서와 명확히 구별되는 차이점으로서 은행산업의 특성과 은행-비은행금융기관들간의 관계를 최대한 반영하기 위한 취지로 해석된다.[138] 다만 동 지침에서는 법무부의 1992년 가이드라인과는 달리 양대 기관들이 각자 독립적인 절차와 기준에 의해 은행합병심사를 하도록 하고 있고, 특히 기존의 상품시장획정방식을 고수하고 있어서 여전히 경쟁제한성 여부에 대한 최종판단결과가 일치하지 않을 수 있는 여지를 남겼다.

2. 심사지침에 의한 시장집중도 분석방법

(1) 법무부의 분석방법

1) 1단계: Screen A

　미 법무부는 은행합병경쟁심사지침을 통해 다음과 같은 3단계의 심사

---

138) 이에 관한 자세한 내용과 문제점에 대해서는 후술한다.

단계에 따라 은행합병안을 심사하고 있다. 우선 제1단계는 이른바 Screen A로 불리우는데, 여기서는 반경쟁적 효과가 심각하지 않은 합병안을 가려내려는 데에 그 일차적인 목적이 있다. 이를 위해 Screen A에서는 예금고[139]를 기준으로, 당해 지역의 지리적 시장에서의 합병 전과 합병 후 HHI를 계산한 후 둘을 상호비교하게 된다. 여기서 주목할 것은 금융기관의 점유율을 나타내기 위한 지표로서는 예금고(deposits)가 사용되고 있다는 점이다. 분석지표로서 예금고를 채용한 것은, 연방예금보험공사(FDIC)에 의해 정기적으로 공표되는 자료를 통해 예금고관련 정보를 쉽게 수집할 수 있다는 점과, 이에 비해 예금고 이외의 자산과 다른 상품 및 서비스에 관한 정보를 확보하는 것이 용이치 않다는 현실적인 이유에서이다. 한편 지리적 시장으로는 연방준비제도이사회가 사전에 획정한 지리적 시장이 적용된다. 여기서의 지리적 시장은 상품시장이 하나의 묶음이라는 전제 위에 수립된 것이다. 따라서 일단 screen A에서는 법무부도 연방준비제도이사회가 일괄상품시장을 토대로 획정한 지리적 관련시장을 가지고 반경쟁성을 검토하게 된다. 만일 연방준비제도이사회가 획정한 시장이 존재하지 않는 경우에는, 그 대신 Ranally Metropolitan Areas(RMAs)나 카운티(County)를 지리적 시장으로서 사용한다.

한편 법무부의 HHI screen 분석의 목적상, 저축금융기관의 예금고는, 기관의 총자산(total asset) 대비 상공업, 즉 C&I(commercial and industrial) 대출비율이 2% 미만인 경우에는 HHI 분석에서 완전히 제외되고, 자산 대비 C&I대출의 비율이 2%이상인 경우에는 저축금융기관 예금고의 실질적 가치가 100% 모두 반영된다.[140]

---

139) 하지만 소송단계에서는 예금고와 제3의 증거들, 가령 다양한 형태의 대출 제공에서 경쟁이 존재한다는 증거와, 당해 시장내에서의 경쟁을 보다 직접적으로 증거할 수도 있는 다른 상품 및 서비스 관련시장에 관한 정보를 가지고 다툴 수 있음은 물론이다.

140) David s. Neill, New Antitrust Policies Add Complexity and Uncertainty

[표-14] 법무부의 저축금융기관 예금고에 대한 반영기준과 정도

저축금융기관의 자산대비 C&I대출 비율	HHI산정에서 저축금융기관의 예금고를 반영하는 정도
2% 이상	예금고의 실질적 가치가 100% 반영됨
2% 미만	예금고의 실질적 가치가 전혀 반영되지 않음

이상의 고려요소들을 종합하여 만일 합병후 HHI가 1800을 넘어서지 않거나 HHI의 증가치가 200미만인 경우에는 당해 합병안은 경쟁제한적이지 않은 것으로 추정된다. 그러나 만일 HHI가 1800을 초과하고, 합병전에 비해 합병후의 HHI증가치가 200을 넘어서게 되면 당해 합병안은 Screen A의 심사를 통과하지 못하게 된다.

2) 2단계: Screen B

두 번째 심사단계는 Screen B로 불리우며, 제1단계의 심사에 비해 훨씬 더 엄격한 기준이 적용된다. 법무부 독점금지국은 모든 은행합병사건에 대해서는 전술한 Screen A를 적용하지만, Screen B는 특정조건에 해당되는 일부 합병안에 대해서만 적용한다. 구체적으로 Screen B를 적용하는 상황으로는 i) 제출된 합병안이 특정 지리적 시장과 관련해서 Screen B를 통과하지 못할 것으로 예상되는 경우나, ii) 만일 HHI산정에서 저축금융기관의 예금고가 포함되지 않았다면 Screen A를 통과하지 못했을 가능성이 있는 경우이다. Screen B에서는 저축금융기관의 예금고가 고려대상에서 완전히 제외되며, 지리적 시장도 좀더 좁은 지리적 시장이 적용되고,141) 이를 토대로 HHI 산정이 이루어진다. 이처럼 저축금

---

to Bank Mergers, 17 *Bank and Corp. Governance L. Rep.* 1996, p 196 참조. 이러한 2%심사기준은 은행에도 역시 적용된다. 그러나 이러한 심사를 통과하지 못하는 은행은 거의 없다고 한다.

융기관의 예금고가 고려대상에서 제외되고 지리적 시장도 더 협소해 짐에 따라, Screen B의 분석법하에서는 합병안이 반경쟁적 효과를 가진 것으로 나타날 가능성도 그만큼 높아지게 된다.

3) 3단계

만일 제출된 합병안이 위의 두 가지 Screen중 어느 하나라도 충족시키지 못하는 경우에는, 곧바로 법무부에 의해서 좀더 면밀하고 집중적인 하부시장분석을 적용받게 되는데, 이것이 합병심사의 세 번째 단계이다. 이 단계에서, 집합적인 예금고기준의 HHI분석법을 사용하던 방법을 보충하여, 산출량을 토대로, 특히 중소기업대출 시장에 초점을 맞추어 특정상품시장을 분석하는 방식이 사용된다. 또한 법무부는 가격이 인상됨에 따라 신규 경쟁자들이 시장에 진입할 잠재적 가능성에 대해 심사를 하게 되며, 아울러 상업대출을 취급하는 저축금융기관들의 경쟁에 대해 검토할 수도 있다[142]. 이러한 분석을 거쳐서 특정 상품시장에 있어서 잠재적으로 심각한 반경쟁적 효과가 있을 것으로 판명되는 경우에는 법무부 독점금지국이 당해 합병안에 대해 기소를 하게 되는 것이다. 이러한 점에서 볼 때, 합병안 심사에 있어서 초기단계의 두 Screen들은 중요하기는 하지만 결정적인 것은 아니라고 할 수 있으며, 경우에 따라서 Screen 심사의 하나 혹은 둘 모두를 충족시키지 못한 거래일 지라도 최종적으로 승인을 받을 수가 있다.

---

141) 이때 사용되는 지리적 시장은, 통상적으로 도시지역에서는 Ranally Metropolitan Areas가, 그외 농촌지역 등에서는 카운티(County)와 일치한다.

142) Margaret E. Guerin-Calvert & Janusz A. Ordover, The 1992 Agency Horizontal Merger Guidelines and the Department of Justice's Approach to Bank Merger Analysis, 37 *Antitrust Bulletin*, p 667, 679-680 (1992).

(2) 연방준비제도이사회(FRB)

FRB의 은행합병에 대한 반트러스트 심사절차는 전체적으로 법무부의 절차에 비해 훨씬 간소하다. FRB도 심사과정에서 법무부와 마찬가지로 Screen A를 사용하게 된다. 하지만, Screen B의 분석법을 사용하지 않는다는 점에서 차이가 있다.[143]

이 때 FRB는 저축금융기관의 예금고에 대해서는 법무부에 비해 더 큰 비중을 두고 심사를 한다. 이를 구체적으로 살펴보면 Screen A의 HHI 산정과정에서 저축금융기관 예금고의 실질적 가치의 50%를 반영하고, 경우에 따라서는 75%나 100% 전부를 반영하기도 한다.[144] 이처럼 저축금융기관의 예금고를 삭감하여 반영하게 되는 폭은, 자산대비 C&I 대출비율 심사에 따라 결정되는데, 자산대비 C&I대출 비율이 0%-3%인 경우에는, HHI산정시에 저축금융기관 예금고의 실질적 가치의 50%가, 3%-6%까지는 저축금융기관 예금고의 실질적 가치의 75%가 반영되며, 6%이상인 경우에는 100%가 반영된다.[145] OCC와 FDIC의 경우에는 저

---

143) OCC도 이와 마찬가지이다. (Bank Merger Competitive Analysis Screening Process, OCC Advisory Letter 95-4, 1995 WL 444957, at 2 참조)

144) 가령 Country Bank Shares Corp 사건에서는 저축금융기관의 예금고가 50%반영되었고 (83 Federal Reserve Bulletin, 112 n.3 (1997)); First Union Corp. 사건과 (81 Federal Reserve Bulletin, 1118, 1119 n.9 (1995)); Nations Bank Corp(79 *Federal Reserve Bulletin*, 969, 970 (1993)). 사건의 경우에는 50%반영되었으며 ; Centura Banks, Inc.사건 에서는 75%(76 *Federal Reserve Bulletin*, 869, 870 n.11 (1990)); BanPonce Corp. 사건에서는 100%가(77 *Federal Reserve Bulletin*, 43, 44 n.9 (1991)) 각각 저축금융기관 예금고의 실질가치로서 반영되었다.

145) 12 U.S.C. §1815(d)(3)의 규정에 따라 은행이 저축금융기관과 합병하는 경우에는, 저축금융기관의 예금고가 합병으로 은행 예금고로 바뀌기 때 문에, 연방준비제도이사회는 HHI산정시 전환되는 저축금융기관의 예금 고의 실질적 가치를 100% 전부다 반영하게 된다. 그리고 시장내의 나머

축금융기관의 경쟁적 효과를 삭감하여 반영하는 폭이 FRB보다 더 적어서, 통상 HHI 산정시 저축금융기관의 실질적 가치를 100% 모두 고려한다. 합병안이 Screen A를 충족시키지 못하는 경우 FRB는, 개별사건에 따른 특정한 분석을 세밀히 수행하게 된다. 하지만 법무부와는 달리, 개별사건에 따른 구체적인 분석에 있어서도 상품시장획정의 일괄시장접근법을 통해 수행한다는 점에 차이가 있다.

[표-15] FRB의 저축금융기관 예금고에 대한 반영기준과 정도

저축금융기관의 자산대비 C&I대출 비율	HHI산정에서 저축금융기관의 예금고를 반영하는 정도
6% 이상	예금고의 실질적 가치가 100% 반영됨
3-6%	예금고의 실질적 가치가 75% 반영됨
0-3%	예금고의 실질적 가치가 50% 반영됨

그런데 screen은 합병추진은행측이나 은행규제기관들에게는 사실상 Safe Harbour의 의미를 지니고 있다. FRB의 경우 일부 이사들이 특정합병안에 대하여 반경쟁성을 이유로 거부의사을 표명하더라도 이사회전체의 의사는 결국 합병안을 인가하는 방향으로 결정되는 경우가 많다. 이것은 OCC나 FDIC의 경우도 마찬가지인데, 설령 합병안이 Screen을 통과하지 못하게 되더라도, 관할 규제기관이 곧바로 합병안을 거부하지는 않고, 대신 합병거래가 경쟁을 실질적인 해칠 가능성이 없음을 보여주는 증거가 있는지를 검토하게 된다.

지 저축금융기관의 예금고는 보다 적은 비중으로 반영된다. David S. Neill, New Antitrust Policies Add Complexity and Uncertainty to Bank Mergers, 17 *Bank and Corp. Governance L. Rep.* 1996, 196.

3. 미국의 Screen 심사기법에 대한 평가

(1) 경쟁자로서의 비은행금융기관에 대한 인식

은행합병으로 인한 시장의 집중도를 산정할 때 비은행금융기관들의 존재를 어떻게 볼 것이며 이들의 비중을 어느 정도로 반영할 것인지는 매우 중요한 문제이다. 이 문제에 대해 어떠한 접근방식을 취하느냐에 따라 시장의 집중도의 결과가 달라지기 때문이다. 그런 점에서 미 법무부의 방식은 많은 시사점과 문제점을 동시에 제기한다. 먼저 미 법무부가 채택한 접근법에는 은행상품시장의 경쟁상태를 파악함에 있어서 몇가지 중대한 문제점이 있는 것으로 지적된다.[146] 무엇보다도 저축금융기관과 여타 은행상품취급 금융기관들이 가지는 경쟁적 효과에 대해 법무부가 일부만 반영하거나 아예 심사에서 배제시킨 점에 대해 많은 비판이 제기된다. 법무부는 Screen A나 B의 목적에 충실하기 위해 예금고의 HHI 산정에서 저축금융기관의 예금고를 배제 내지 일부만 반영키로 한 것이라는 입장이지만, 경험적으로 볼 때 타당성이 없는 주장이다. 저축금융기관들은 규모면에서는 소규모이지만 상업대출시장에서 충분히 상당한 점유율을 보유할 가능성이 있기 때문이다. 또 하나 간과할 수 없는 것은 저축금융기관들의 잠재적 경쟁력이다. 저축금융기관들은 상업대출에 있어서 상당수준의 미사용 자금을 확보하고 있다. 따라서 저축금융기관들은, 시장 내의 은행들 반경쟁적 행위를 통해 이윤을 도모하려 할 때 손쉽게 잉여자금을 투입할 수 있으며, 금융규제완화에 따라서 저축금융기관들은 상업은행으로 전환하거나 상업은행들과 합병할 수도 있는 것이다.[147]

---

146) Tim McCarthy, *op.cit.* pp.891-898 참조.
147) 미국에서 저축금융기관의 은행전환과 관련한 규정으로는 12 U.S.C. §1815(d)(2)(G)(1994)가 있으며, 저축금융기관이 일정조건하에 은행과 합병할 수 있도록 한 규정으로는 §1815(d)(3)이 있다.

(2) 비은행금융기관의 비중 반영 정도

먼저 저축금융기관의 예금고를 배제 내지 일부 반영키로 한 점은 논리적 일관성면에서도 설득력이 없다는 지적을 받는다[148]. 법무부가 저축금융기관 예금고를 일부만 반영하거나 배제하기로 한 것은, 오로지 저축금융기관의 예금고가 저축금융기관이 은행과 경쟁할 수 있는 능력을 실제로 정확히 나타내지 못한다는 전제에 입각하고 있다. 그런데 이러한 전제는, 저축금융기관의 경쟁이 은행일괄시장과 관련해서 실제로 지엽적인 성격을 띠는, 소위 전통적 은행일괄시장과 관련해서만 타당성이 있다. 만일 법무부가 전혀 상호보완적 관계에 있지 않은 상품들을, 단순히 심사절차의 신속한 진행만을 목적으로 하나의 그룹으로 합쳐 버린 것이라면, 일부 기업들이 그룹의 어느 한 부분만 공급하고, 일부 기업은 다른 부분을, 다른 기업들이 그 나머지 부분을 공급한다고 해서 그 사실 자체가, 하나의 묶음 시장 내에서 각 기업들이 차지하는 몫을 측정함에 있어서 각 기업이 공급하는 전체 상품의 비율에 따라 가중치를 메겨져야 할 것을 요하는 것은 아니라는 것이다.[149] 한 묶음 시장 내에서 저축금융기관들이 차지하는 몫을 결정하는 일을, 개별 저축금융기관들의 취급품목 중 당해 품목이 자치하는 몫에 따라 결정하는 것은 전혀 다른 차원의 일이기 때문이다.

더욱이 법무부의 주장대로 상호보완관계에 있어서 묶음시장으로 취급할 만한 상품 및 서비스들 가운데 상당수가 현재에 와서는 더 이상 존재하지 않는다고 한다면 screening 단계에서 그와 같은 상품 및 서비스들의 시장을 한데 묶는 행위가 오히려 시장현실에 맞지 않는다는 지적도 제기된다.[150] 만일, 예금기관의 HHI가, 특정사건에서의 전통적인 은행업 묶

---

148) 이에 대한 자세한 설명은 Keith R. Fisher, *op.cit.*, at 3:90-98 (1993) 참조.
149) Tim McCarthy, *op.cit.*, p.892.
150) *Id.* p.893.

282

음의 일부분에 있어서 저축금융기관이 가지는 경쟁력을 지나치게 높게 평가하는 것으로 나타났다면, 법무부는 이러한 특정 사실을 당해 사건에 특정한 분석자료로서 활용하면 그만이라는 것이다[151].

다음으로, 저축금융기관들이 집중도의 분석단계에서 일부만 반영되거나 배제되는 경우에는 '자산 대비 C&I 대출비율'을 활용하는 데 심각한 문제를 초래할 것으로 지적된다. 첫 번째로, 그와 같은 심사방법은 저축금융기관 및 여타 금융기관들이 SSNIP의 부과에 대응하여 시장에 진입할 잠재력을 밝혀내지 못한다. 일반적인 기업결합심사에 있어서는, "문제가 된 제품을 현재 공급하고 있지 않은 사업자들이라도, 그 사업들이 SSNIP의 부과에 대해 비용지출을 하지 않고 제품을 공급할 만한 기술적 역량을 보유하고 있다면, 이들 잠재적 사업자들을 시장상황을 산정하기 위해 고려하는 요소들 속에 포함시킨다. 그런데 법무부가 시행하고 있는 자산대비 C&I대출비율심사에서는 C&I대출비율이 2%미만인 금융기관들에 대해, 이들 금융기관들이 시장에 진입할 능력을 보유할 가능성이 크고 심지어는 시장에 사실상 참가하고 있음에도 불구하고 이들을 고려대상에서 배제시키고 있다.[152] 게다가 금융기관을 포함시킬지 배제시킬지를 결정하는 기준으로서 2%를 채택한 것이 타당한 근거도 없을 뿐 아니라 지나치게 엄격하다는 점도 문제로 지적된다. 자산대비 C&I대출비율심사가 필요하다면, 연방준비제도이사회가 예금기관에 대한 HHI 분석에서 사용하는 기준과 마찬가지로, HHI산정에 포함시킬 수 있는 최저허용기준을 설정하는 편이 바람직하다는 것이다.[153] 나아가 저축금융기관의

---

151) *Ibid.*
152) 실제로 심사대상에서 제외되었던 한 금융기관의 자산대비 C&I대출비율이 합병이 있은 후 3년이 지난 다음에 4%이상 상승했던 경우도 있다고 한다. Peter E. Greene, DOJ Quietly Introduces New '2 Percent Test' for Bank Merger Analysis, *Banking Pol. Rep.*, Oct. 21, 1996, at 1 참조.
153) David S. Neill, New Antitrust Policies Add Complexity and

자산대비 C&I대출비율이 낮은 것은 시장의 수요가 낮은 점을 반영하는 것일 수도 있으며, 단순히 전체시장에서 남아도는 대출 역량이 존재한다는 점을 나타내는 것일 수도 있다. 이러한 문제들에 비추어 만일 자산대비 C&I대출비율 심사가 꼭 필요하다면, 지역시장의 수요적 특수성을 밝혀낼 수 있도록 심사기준이 조정될 필요가 제기되고 있다.[154]

한편 전술한 바와 같이 초기단계의 두가지 심사방법 중 어느 하나라도 통과하지 못하면 합병안은 좀더 세심한 조사를 받게 된다. HHI산정에서 저축금융기관의 예금고를 포함시키지 않았더라면 제출된 합병안이 Screen A를 통과하지 못했을 것으로 예상되는 경우에 사용되는 Screen B는, 저축금융기관의 예금고를 사실상 심사목적상 고려대상에서 배제시킨다. 결과적으로 Screen A는 불확정적이며 불필요한 것이 되어버린다. 따라서 심사에 있어서 저축금융기관의 예금고를 포함시키는 의미를 충분히 살리기 위해서는 무엇보다도 분석과정에서 Screen B는 불필요한 것이라는 비판이 제기된다.[155]

Uncertainty to Bank Mergers, 17 *Bank and Corp. Governance L. Rep.*, p.197 (1996). 한편 연방준비제도이사회의 자산대비 C&I대출비율 심사 역시도 법무부의 경우와 유사한 여러 가지 문제점들을 내포하고 있다. 가령 연방준비제도이사회의 자산대비 C&I대출비율 심사법 역시, 은행의 SSNIP부과에 대응하여 시장경쟁에 뛰어들 수 있는 여타 금융기관들의 잠재력을 고려하지 않고 있으며, 지역시장이 가지는 수요면에서의 특수성에 대해서도 특별한 고려를 하지 않는다. 하지만 연방준비제도이사회의 3단계 심사법은 법무부의 그것에 비해서는 덜 독단적이며 그리 경직적이지도 않다. 특히 동 이사회의 심사법은 저축금융기관의 경쟁에 대해 법무부보다 훨씬 의미를 두고 평가한다. 즉 법무부의 자산대비 C&I대출비율 심사법은 저축금융기관의 예금고를 포함시키든지 아니면 완전히 배제시키는 데 비해, 연방준비제도이사회의 자산대비 C&I대출비율 심사를 받게 되면 저축금융기관의 예금고의 실질적 가치중 적어도 50%이상은 반영이 되는 것이다.

154) *Ibid.*

(3) 브룩헤이븐심사법에 대한 평가

법무부가, 부분적 은행상품 공급기관들의 경쟁적 효과를 다루기 위해 '브룩헤이븐 심사법'을 채택한 것은 이론적으로 볼 때 결함이 있다고 지적된다. 이는 본질적으로 HHI 산정에서 저축금융기관을 배제시킨 것에 따른 결함과 유사하다. 다른 산업분야에서의 기업결합심사 보다 훨씬 관대한 브룩헤이븐 심사법은, 전통적인 은행분야의 일괄시장에서 부분적 은행상품취급기관들의 경쟁적 효과가 가지는 특성에 그 근거를 두고 있었다. 따라서 미 법무부가 일괄시장접근법을 포기하고 각 금융기관들이 제공하는 상품들간에 존재하는 경쟁관계를 반영하기 위해 세부적인 하부시장접근법을 채택하였다면, 법무부는 그 취지에 맞게 HHI심사에 있어서도 부분적 은행상품 공급기관들을 염두에 두고 간접적으로 브룩헤이븐 심사법을 채택하는 것 보다, 차라리 다른 산업분야에서 적용되는 HHI 증가치 50의 기준을 그대로 적용하되, 다른 금융기관들이 가지는 경쟁적 효과를 있는 그대로 반영하는 것이 타당할 것이라는 주장이다.[156]

(4) 예금고 기준의 HHI 분석방식에 대한 비판

한편, HHI 분석에 있어서, 은행의 외형적인 매출을 나타내는 지표로서 예금고(deposits)를 활용함에 따라 초래되는 단점 또한 지적된다.[157] 은행상품을 부분적으로 공급하는 금융기관들(nondepository partial providers)로서는 은행들의 SSNIP부과에 대한 대응으로서 이자율을 인상한다고 해도,[158] 결코 예금의 상당한 부분을 점유할 만한 능력을 가지고

---

155) *Id.* p.894.
156) *Id.* p.895.
157) Fisher, *op.cit.*, §3.7, at 3:54.
158) 여기서 은행이 예금시장에서 SSNIP를 부과한다는 것은, 곧 고객의 예금에 대해 지불하는 이자율을 인하한다는 의미가 된다. 따라서 은행의 SSNIP 부과는 공급자의 독점적 혹은 과점적 행위라기 보다는 수요독점

있지 못하다. 하지만 예금시장외 다른 시장, 예를 들어 자동차 대부나 신용카드계좌 혹은 그 밖의 전통적인 은행업 일괄시장의 하부시장들에서는 상황이 다르다. 이들 하부시장에서 은행이 SSNIP를 부과할 경우, 부분적 은행상품 취급기관들은 상당한 정도로 시장을 점유할 능력을 가질 수도 있다.[159] 실제로 부분적 은행상품 취급기관들은 종래 은행이 차지했던 상품시장에서 점차 시장점유율을 높여가고 있다. 은행의 시장지배력을

적(monopsonistic) 혹은 수요과점적(oligopsonistic) 행위라고 할 수 있다. 참고로 미국의 연방법원은 수요독점이나 수요과점의 위법성에 대해서도 확고한 입장을 견지하고 있다. 일례로 Mandeville Island Farms, Inc. v. American Crystal Sugar Co., 334 U.S. 219, 235 (1948) 판결에서 연방대법원은, "수요과점적 가격고정행위의 경우, 공급자가 아닌 구매자가 가격고정행위를 행하는 것이고 그 피해자도 구매자가 아닌 판매자여서 본래의 가격고정과는 다르지만, 이 역시 셔먼법에 의해 위법이 되는 결합행위(combination)의 일종"이라고 하였다.

159) 예를 들어, 은행이 특정 지역시장내에서 자동차 대부(auto loan) 이율을 인상하였지만, 다른 금융기관들이 취급하는 자동차 할부금융(auto financing)의 이율은 동일 수준으로 유지되고 있다면, 고객의 입장에서는 아마도 은행으로부터 자금을 조달받던 것을 파이낸스회사로 대체할 것이다. 이와 마찬가지로 주택개량대부나 신용카드 및 여타 전통적인 은행일괄상품들의 하부시장에 속하는 상품들도 동일한 상황에 놓일 것이다. 그런데 이들 부분적인 은행상품 공급기관들 역시 대개는 사업운영을 위한 자금조달을 은행에 의존하고 있는 것이 현실이다. 즉 은행들이 SSNIP를 부과하면 대출 이율이 높아지게 되고, 대출 이율이 높아지게 되면 그 자금을 다시 조달받는 2차 금융기관들의 대출이율도 높아지는 것이 아닌가 하는 의문이 남는다. 하지만 대다수의 부분적 은행상품 공급자들(즉 대부회사, 자동차할부금융회사, 신용카드회사 등)은 자신들이 소재한 지역 외의 은행으로부터 자금을 조달받을 수 있기 때문에, 앞서 설명한 것과 같은 여타 금융기관들에 의한 시장대체효과는 여전히 유효하다고 할 수 있다. 다시 말해 이들 부분적 은행상품 공급자들이 파이낸스 등 상품을 공급하는 것은 경쟁관계에 있는 지역은행들의 SSNIP인상에 의해 영향을 받지 않게 된다.

나타내는 지표로서 예금고를 사용하는 것은, 마치 철강회사의 시장점유율을 측정하기 위한 지표로서 철강회사가 생산한 철강제품을 기준으로 삼지 않고, 철강회사가 원자재로 구입한 고철이나 철광석의 양을 기준으로 삼는 결과라는 것이다.[160] 따라서 은행의 시장점유율은 다른 산업분야에서 사용되는, 산출량을 기준으로 한 산정방식(output based measures)과 동일한 방식으로 산정되는 것이 바람직하다고 할 수 있다. 예를 들어서 소기업대출시장의 경우에는, 관련시장내에서 은행들이 소기업에 대해 대출해 주는 각 분량들이 바로 그와 같은 산출량 기준이 될 것이다. 이 산출량에 관한 수치들은 은행들이 용이하게 제공할 수 있으며, 그렇지 않더라도 이미 공개된 자료들을 토대로 쉽게 도출해 낼 수 있는 것들이다.

(5) FRB의 시장점유율 산정방식에 대한 비판

Philadelphia National 이후 은행산업에 초래된 변화로 인해 FRB는 은행합병의 심사과정에서 예금고에 대한 HHI 산정에서 저축금융기관과 여타 부분적 은행상품제공기관들을 포함시키게 되었다. 다만 이들 기관이 시장에서 차지하는 비중에 대해서는 자산대비 C&I대출비율 심사결과에 따라 일부만 반영되기도 했다. 하지만 그런 다음 개별사건을 분석하는 단계에서는 FRB는 여전히, 저축금융기관과 부분적 은행상품 제공기관들의 비중이 반영되지 않는 산업분야를 염두에 둔 일괄시장분석법을 유지하고 있다. 부분적 은행상품제공기관들을 HHI산정에 포함시켜 놓고서는, 정작 분석단계에서는 상품들을 묶어서 시장획정을 함으로써, 저축금융기관 등을 포함시킨 의미를 살리지 못한 결과가 된 것이다.

이러한 문제는 중소기업에 대한 상업대출시장과 관련해서 더욱 분명히 나타난다. 이들 시장에서는 SSNIP의 부과가 있어도 그에 대응하여 거래

---

160) Fisher, *op.cit.*, §3.7, at 3:54.

선을 대체할 기회가 제한되는데, 상업대출은 전통적 은행일괄시장내의 다른 상품이나 서비스들과 상호 보완적 관계에 있지 않기 때문에 대출시장의 경쟁왜곡으로 중소기업들에게 미치게 될 해악이 제대로 포착되지 않는 것이다. 따라서 "경쟁이 사실상 존재하는 곳에서 경쟁을 감지[161]" 하기 위해서는 상업대출의 하부시장을 다른 하부시장들과 구별해서 고려할 필요가 있다는 지적이 제기된다.

III. 은행시장의 진입장벽

1. 은행시장에 있어서 진입장벽론의 의미와 한계

(1) 진입장벽에 관한 전통적 이론

기업결합으로 인해 시장구조가 집중되더라도 시장에의 신규진입이 자유롭다면 결합기업이 지배적 지위에 도달하더라도 이를 기반으로 독점이윤을 취득하는 것이 쉽지 않게 된다. 이는 은행합병에서도 마찬가지여서 잠재적 진입가능성의 여하에 따라서 일견 시장집중적인 은행합병이라도 경쟁당국이나 법원이 경쟁제한적이지 않은 것으로 판단할 가능성이 크다.[162] 그런 점에서 수평적 은행합병에 있어서는 시장점유율을 통한 집중도 분석이외에 시장진입의 가능성을 추가로 고려할 필요가 있다.[163]

---

161) Brown Shoe Co. v. United States, 370 U.S. 294, 326 (1962).

162) 이러한 경우에 속하는 사례들을 보면, United States v. Marine Bancorp., 418 U.S. 602, 631-32 (1974); United States v. First Nat'l State Bancorp., 499 F. Supp. 793 (D.N.J. April 25, 1980); United States v. Zions Utah Bancorp., Civil Action No. C-79-0769A(D. Utah Aug. 14, 1980).

163) 그러한 요소들로는, 시장내로의 진입은 용이한가 하는 점 이외에도: (1)

그런데 시장경쟁과 관련해서 진입장벽에 대해 벌어지는 논의는 대략 두가지라고 할 수 있겠다. 하나는 독점의 존재로부터 소비자후생을 보호하기 위해서는 진입장벽이 제거되어야 한다는 명제이고, 다른 하나는 앞서 언급한 바와 같이 경쟁제한적 기업결합을 심사하는 과정에서 진입장벽의 부존재 내지 미미함이 위법판단을 유보시키는 역할을 할 수 있다는 점이다.

우선, 시장경쟁에 있어서 진입의 조건이 차지하는 중요성은, 일찍이 Adam Smith[164] 이래 오랜 역사를 거쳐 수용되어 왔다. 고전주의 경제학에서는, 이른바 '완전경쟁'을 실현하기 위해서 반드시 요구되는 전제조건으로서, 어느 누구도 시장가격에 영향을 미칠 수 없을 정도로 사업자의 수가 많고, 시장에서 경쟁하는 제품들이 상호간에 차이가 없고 균등화되어 있어서 구매자들이 누구로부터 제품을 구입하더라도 아무런 상관이 없으며, 소비자들과 제조자들이 완전한 정보를 보유하고 있어서 경쟁가격이 존재할 수밖에 없어야 하고, 시장에의 진입과 퇴출이 자유로워야 한다는 점 등을 조건으로 거론하여 왔다. 이 전통적인 이론에 따르면, 시장에 아무런 진입장벽이 존재하지 않는 경우에는 시장이 소위 '가쟁적(contestable)'이어서, 시장의 구조와 관계없이 독점적 가격책정은 초래될

고객들이 한 은행만을 상대로 은행거래를 하는 것이 아니라 여러 은행들 두고 다각적으로 거래관계를 유지하고 있는지; (2)시장내의 다른 경쟁자들이 부과하는 요율(rates)이나 수수료(fees)가 어떠한 수준인지; (3) 은행업에 규모의 경제가 존재하는지; (4) 다른 시간대에 다른 은행들에 의해 제공되는 새로운 서비스와 상품의 혁신 및 유지; (5) 영업시간은 다양한지 등이 거론된다.

164) Amam Smith, *Wealth of Nations* (Edwin Cannan ed., 1976); Edward H. Chanmberlin, *The Theory of Monopolistic Competition*(8th ed.), pp.200-2001 (1965); William J. Baumol, John C. Panzar & Robert D. Willig. *Contestable Markets and the Theory of Industry Structure* (1982).

수 없으며, 따라서 소비자 후생이 담보될 수 있다고 본다. 독점적 이윤이 발생하자 마자 새로운 사입자가 시장에 진입하여 독점이윤과 경쟁을 벌일 것이기 때문이다.[165] 마찬가지로 진입이 차단되어 있고 어떠한 신규진입도 가능하지 않은 경우에는 정반대의 극단적인 상황이 발생할 것이다. 그런데 이 가쟁성 개념을 창시한 Baumol과 Panzar, Willig 등은, "완전가쟁시장을 산업구조에 관한 연구에서 지표로 삼을 수 있는 하나의 기준"이라고 하였지만,[166] 현실의 시장상황에서는 정도의 차이가 있을 뿐 다양한 형태의 진입장벽이 존재하고 있으며, 완전가쟁시장의 실현은 불가능한 것으로 인식되고 있다.[167]

(2) 은행시장에서의 진입장벽론의 한계

은행시장에서는 진입장벽론을 경쟁촉진이라는 관점과 아울러 금융규제의 필요성이라는 관점에서 함께 조망할 필요가 있다. 은행시장은 전통적으로 진입장벽이 필요한 영역으로 인식되어 왔기 때문이다. 그러한 인식은 진입장벽이 없는 가쟁시장이 소비자의 후생을 담보할 수 없다는 점에 기초한다. 제2장에서 논한 바와 같이 은행시장에서 개별은행의 실패의 효과는 개별은행에 그치지 않고 지급결제시스템의 붕괴로 이어질 수 있

---

165) 이와 같은 가쟁시장의 개념은, 전적으로 다음과 같은 전제에 근거하고 있다. 즉 i) 진입과 퇴출은 동시다발적이며 아무런 충돌이 없고, ii) 진입과 퇴출로 인한 매몰비용도 존재하지 않으며, iii) 기존의 사업자가 가격 반응을 개시하기 이전에 새로운 사업자가 시장에 진출하여 완전히 체제를 갖출 수 있어야 한다는 것이다.

166) Baumol, Panzar & Willig, On the Theory of Perfectly Contestable Markets, in New Developments in the Analysis of Market Structure (Joseph E. Stiglitz & G. Frank Mathewson eds.) p.339 (1986).

167) Stephen A. Rhoades, Have barriers to entry in retail commercial banking disappeared?, *The Antitrust Bulletin* (vol. XLII, No.4), p.999 (Winter, 1997).

기 때문에, 은행시장에의 진입여부를 사적 경제주체의 경영판단에만 맡길 수 없게 된다. 즉 은행시장에서 추구되는 경쟁상태가 완전경쟁이나 유효경쟁의 상태라기보다 적정경쟁의 상태라고 한다면, 국가는 은행시장의 경쟁자수를 적정한 수준에서 유지하기 위해 일정한 법적 진입장벽을 설치하게 될 것이고, 따라서 은행시장에서는 가쟁성이 오히려 제한될 수밖에 없을 것이다. 완전가쟁상태는 은행시장에서 실현불가능할 뿐만 아니라 바람직하지도 않은 것이다. 그런 점에서, 은행시장의 진입장벽이 제거되어야 한다는 논리는, 원칙적으로 은행실패나 금융시스템위험의 방지를 위해 필요한 정도를 넘어서는 경우에만 허용된다고 해야 할 것이다.

다만 Stigler는 국가에 의해 부과되는 진입장벽의 수혜자가 실제로는 불특정 다수로서의 국민보다는 기존사업자인 경우가 많다는 점을 지적하고 있다.[168] 정부규제가 공공의 이익을 위해 도입되어도 그 후 환경변화로 규제가 필요 없거나 사회발전을 오히려 저해함에도 불구하고 기존의 업계나 규제당국의 이익을 보호하기 위해서 규제가 계속 유지되는 경우가 현실적으로 많이 발생하기 때문이다. 따라서 국가에 의한 진입장벽이 현실적으로 존재하는 이유를 이해하기 위해서는 규제가 공공의 목적을 달성한다는 규범적인 사고방식만으로는 부족하고, 진입장벽으로 인해 사실상 이익을 보는 규제수혜자가 누구인지를 실증적으로 분석할 필요가 있다.

2. 은행시장의 진입장벽 현황

은행시장에서 진입장벽론이 가지는 의미 여하와는 관계없이, 진입장벽이 경쟁제한성 판단과정에서 가지는 실질적인 의미는 일반적인 기업결합

---

168) George J. Stigler, "The Theory of Economic Regulation", Bell Journal of Economics and management Science(Vol.2), pp.3-21 (1971).

사건과 같다. 즉 경쟁제한성에 대한 규범적 판단과정에서 과연 시장집중효과를 낳는 결합안이라도 경쟁제한적이지 않다고 볼 수 있을지를 검토하는 단계에서 진입장벽이 의미를 가진다.[169] 이때 은행시장에 진입장벽이 존재하는지, 존재한다면 어떠한 형태로 존재하는지, 그리고 진입장벽의 현황이 은행합병안의 경쟁제한성 판단에 영향을 줄 수 있을 것인지가 핵심적인 고려사항이 될 것이다.

우선 은행시장은, 국가에 의해 법적 진입장벽이 가해지는 영역이라는 점에서 일반적인 산업분야와 차이가 있다. 각국은 은행실패와 직결된 금융시스템의 위험을 사전에 차단하기 위해 거의 예외없이 국가에 의한 은행시장통제를 허용하여 왔으며, 은행의 신설이나 지점설치행위에 대해 고도의 규제를 가해왔다. 그로 인하여 은행시장은 이제까지 법적인 진입장벽이 어느 시장보다 높았던 영역으로 분류될 수 있었다. 그러나 90년대 이후 금융시장의 국제화와 금융기법의 발달과 그로 인한 전반적인 규제완화의 결과, 은행시장에 진입하려는 예비사업자에게 부과되었는 각종 요건들이 대폭 완화되었으며, 은행시장진입도 어느 정도 용이해진 것으로 판단된다. 따라서 은행합병의 시장집중효과에 의한 반경쟁성도 상당부분 희석될 것으로 예상할 수 있다.

문제는 현재 진행되는 일련의 규제완화조치 이후 은행시장의 진입장벽이 실제로 소멸하거나, 적어도 경쟁적으로 의미있는 수준까지 낮아졌다고 할 수 있는가 하는 점이다. 이에 대한 답변은 양면적일 수 있다. 법적 규제측면에서 보면 최근 들어 진입장벽의 해소에 상당한 진전이 있었다는 긍정적 평가를 내릴 수 있다. 하지만 이러한 법적 규제완화에도 불구하고 은행시장의 진입장벽이 완전히 해소되었다고 보기에는 곤란한 측면이 있다. 사실상의 진입장벽 혹은 경제적 진입장벽이 은행시장의 신규진

---

169) 특히 미 법무부는 은행합병 경쟁심사지침 상의 제3단계에서 진입장벽이 존재하는 지를 판단하게 된다.

입에 여전히 상당한 영향을 미치는 것으로 판단되기 때문이다. 실제로 많은 경제이론이나 경험적 자료들이 은행시장에 고유한 사실상의 진입장벽이 상존하고 있음을 실증적으로 뒷받침하고 있다. 따라서 은행시장의 진입장벽 해소 여부는 규제완화의 측면만을 고려한 일률적 판단보다는, 법적 진입장벽과 경제적 진입장벽의 두 가지 측면을 복합적으로 검토할 필요가 있다. 규제완화가 이루어졌다고 해서 단순히 진입장벽이 완화된 것다고 볼 경우에는 자칫 은행합병의 경쟁제한성이 왜곡 내지 축소평가 되는 결과가 될 수 있기 때문이다. 이 점에 착안하여 이하에서는 상업은행업에만 존재하는 법적, 경제적 진입장벽에 대해 논하기로 한다.

3. 법적인 진입장벽

(1) 신규진입의 규제

은행시장에 대한 법적 진입장벽의 전형적인 형태는 은행의 신규설립에 대하여 당국의 인·허가를 받도록 함으로써 은행의 수를 조정하는 방식이라고 할 수 있다.[170] 그런데 본질상 진입규제가 경쟁을 근본적으로 제한 것이라는 점에서, 자유은행론자들은 은행의 특수성을 인정하지 않고 은행산업도 다른 산업과 마찬가지로 정부의 개입없는 완전한 시장경제질서 하에서 자율경쟁에 의한 효율적이고 안정된 산업으로 발전할 수 있다고 주장하기도 한다[171]. 그럼에도 법이 여전히 은행시장에의 신규진입을

---

170) 진입규제의 범주에 신규설립규제와 함께 지점설립규제를 포함시켜 논하는 경우도 많으나, 이 두 형태의 규제수단 간에는 진입의 시점과 방식에 있어 중대한 차이가 있다고 판단되기 때문에 이하에서는 별도로 논하기로 한다.

171) 자세히는, Benston & Kaufmann, Is the Banking and Payments System Fragile ?, *Journal of Financial Services Research*, p.9 (1995); 전삼현, 「은행진입규제와 법」, 자유기업센터, 1997, 36-37면 참조.

제한하는 이유는 무엇보다 금융혼란과 과당경쟁을 방지하려는데 있다. 은행산업에 아무런 신규설립제한을 두지 않는다면 개인이나 기업이 처음부터 사기나 범죄행위의 목적으로 은행을 쉽게 설립할 수 있으며, 그렇지 않더라도 자격미달의 경영진으로 구성된 은행이 개설됨으로써 금융시장의 혼란이 야기될 가능성이 크다. 은행의 수를 통제하지 않을 때 정상이윤을 크게 밑도는 수준의 이윤만을 내는 은행이 다수 발생할 수 있다는 점도 문제이다. 이러한 은행들은 금융시장전체의 신뢰도를 떨어뜨려서 그 피해가 예금자와 경제전반에게 돌아가게 된다. 따라서 이러한 폐단을 방지하기 위한 목적에서 법은 신규설립시 조건을 두어 과당경쟁을 방지토록 하고 있다.

(2) 지점설립(혹은, 지리적 확장)에 대한 규제

진입희망 사업자를 대상으로 그 능력에 따라 진입을 제한하는 것이 신규진입규제의 내용이라면, 이미 설립된 은행들의 특정지역 진출을 제한하는 지점설립규제도 중대한 진입장벽이다. 지점설립에 대한 규제는 주로 점포의 신설, 이전, 승격, 개폐 및 기타 점포에 관련된 제반사항에 대하여 규제당국의 인가를 거치도록 하는 방식으로 행해지는데, 주로 미국과 같이 주간 은행업규제를 규제해 왔던 시장상황에서 문제가 되어 왔다.172) 지점설립에 대한 규제 역시 신규진입규제와 마찬가지로, i) 은행간의 점포설립을 둘러싼 과당경쟁을 방지하기 위한 목적과 ii) 수익성에

---

172) 미국은 1927년의 McFadden Act와 1933년 은행업법(Banking Act)을 통해 주간 지점설치행위에 대해 여러 가지의 제한을 두고 있었으며 실제로 대다수의 주들이 이러한 주간지점설치를 제한하는 규정들을 부과하였다. 이러한 은행업에 대한 지리적 규제는 70년대까지 지속되었으나 최근 들어서는 한 지역의 은행들이 다른 지역으로 진입할 때 부과되었던 각종의 법적 진입장벽들이 상당부분 철폐 내지 완화되었다.

치중한 나머지 경영효율이 높은 특정지역에 편중하여 점포를 경쟁적으로 설치할 소지가 있으므로 이를 원만하게 조정하고 중소도시의 금융소외지역에 대해 점포설치를 권장함으로써 은행서비스 제공의 기회를 확대하고자 하는데 그 취지가 있다. 아울러 점포확장에 따른 과도한 고정투자는 은행의 가용유동성을 크게 위축시켜서 금융본연의 기능수행에 제약요인이 되므로 이를 방지하여 은행의 경영건전화를 도모할 필요성에서 점포규제를 시행하게 된다.

(3) 업무영역에 대한 규제

업무영역규제는 금융산업에 대해 이른바 분업주의를 채택한 나라들에서 발견된다. 대표적인 경우가 미국이며, 우리나라도 이에 해당한다. 업무영역에 대한 규제의 근거는 금융기관의 업무영역을 제한함으로써 각 금융산업의 전문성을 높이고 각 금융산업의 영역의 안정성을 도모할 수 있다는 데 있다. 그런데 업무영역규제는 금융산업에 대한 전통적인 규제 가운데서도 근래 들어 가장 급격한 변화를 보이는 부분으로 꼽힌다. 종래 업무영역규제는 특히 비은행기관들에게 은행시장진입에 대한 장벽으로서 작용하여 왔으나, 현재 진행되고 있는 겸업주의(universal banking)의 도입과 관련하여 이러한 금융기관간의 업무영역 장벽이 소멸해 가고 있기 때문이다. 따라서 진입장벽으로서의 작용여하에 대해서도 검토의 필요성이 제기되고 있다.

4. 경제적인 진입장벽

(1) 시장의 불완전성과 진입장벽의 근원

앞서 언급한 바와 같이 은행시장진입에 대한 법적 장벽이 상당정도 완화되고, 시장을 둘러싼 제반여건의 변화와 발달로 경제적 진입장벽도 줄어드는 상황임에도 불구하고, 은행업 고유의 특성상 직, 간접적으로 시장 진입을 제한하는 요소들은 여전히 존재한다. 그와 같은 은행업 고유의 특성들로는 (1) 상대적으로 정보가 부족한 구매자들, (2) 구매자와 판매자에 대한 정보비용과 거래비용, (3) 지역시장에 존재하는 소수의 판매자들, (4) 진입, 퇴출과 관련된 매몰비용과 불협화음의 존재 등이 지적된다.[173] 이러한 요인들은 적어도 다음과 같은 다섯 가지 형태의 경제적 진입장벽의 원인이 되고 있다.

(2) 경제적 진입장벽의 유형

1) 전환비용

소비자가 기존의 공급자에게 받아오던 거래관계를 새로운 거래선으로 변경하기 위해 일정한 비용을 부담해야만 하는 경우, 소위 전환비용(switching costs)이 발생하게 된다. 이러한 전환비용은 신규진입자가 기존 사업자의 고객을 끌어드리기 어렵게 만든다는 점에서 하나의 진입장벽으로 작용하며, 특히 은행업에서는 전환비용을 초래하는 다양한 형태의 원인들이 존재하는 것으로 지적되어 왔다[174]. 실제로, 소매은행업에서의 전환비용은, 다음과 같은 점에서 여타 일반 산업분야와 비교해서도 훨씬 중요한 의미를 가지는 것으로 분석된다.

첫째, 은행고객들이 거래은행을 전환하려 할 경우에는 일종의 정보탐색비용(searching costs) 이 발생한다. 일반적으로 시장에 다수의 상품들이 존재하는 경우에 소비자들은 자기에게 가장 유리한 조건의 상품을 선택하기 위해 각 상품에 대한 정보를 수집하고 비교 탐색하는 과정을 겪

---

173) *Ibid.*
174) Gilkeson & Porter, Large Retail Time Deposits and U.S. Treasury Securities(1985-95): Evidence of a Segmenting Market, Economics Working Paper 97-12, Comptroller of the Currency, (Aug. 1997).

게 된다. 그런데 은행상품이나 서비스는 기본적인 형태에 대해서만 해도 각종 수수료와 이자율 등 여러 가지 고려해야 할 조건들이 존재하며, 그만큼 정보탐색을 위해 소요되는 비용도 커지게 된다. 문제는 이러한 정보탐색을 위해 소요되는 비용이나 번거로움에 비해서 그 반대급부로 얻게 되는 편익이 그리 크지 않다는 점에 있다. 이 때문에 소규모 은행거래를 하는 고객들은 가급적 기존의 은행거래선을 지속하려는 경향이 있으며, 신규진입이 발생하더라도 굳이 정보탐색비용을 들이려 하지 않는다는 것이다.[175]

둘째로, 일반 가계나 소기업의 입장에서 볼 때, 은행점포의 소재지가 가지는 물리적인 편의 즉 지리적 인접성은 은행거래선을 결정하는데 있어 매우 중요한 고려요소라고 할 수 있다. 즉 거래비용(transaction costs)이 소매금융고객들에게는 매우 중요한 요소로 작용한다. 그런데 기존의 은행들이 지역시장에서 고객들이 쉽게 접근할 수 있는 편리한 위치를 대부분 점거한 상황에서는, 신규진입자가 비교적 편의성이 떨어지는 위치에 점포를 개설할 수밖에 없으며, 따라서 고객들을 유인하기가 그만큼 어려워진다. 인접성이 낮아지면서 고객들에게 더 높은 거래비용을 부과하게 되기 때문이다.[176]

셋째, 소매은행업에서 간과할 수 없는 또 하나의 전환비용 요인은, 소비자들의 거래상대방에 대한 고착과 구속성향이 일반적인 상품구매에서보다 은행거래에서 더욱 강하게 나타난다는 점이다. 전자제품이나 의류, 식료품, 스포츠용품 등의 구매에서와 같이 단순히 대금을 지불하고 제품을 구입하는 거래관계에서는 매 거래행위마다 전환의 기회가 쉽게 주어지며, 종전의 공급자와의 관계성으로 인해 새로운 공급자로의 거래선 전환이 구속을 받게 될 여지도 크지 않다. 이에 비해 은행거래에서는 고객

---

175) Stephen A. Rhoades, *op.cit.*, p.1006.
176) *Ibid.*

의 입장에서 가급적 기존의 거래은행과 지속적인 관계를 유지하는 편이 보다 유리하다. 가령 앞서 든 예처럼, 대출을 받고자 하는 고객의 입장에서는 이미 이전에 대출거래를 했던 은행이나 자신이 예금계좌를 가지고 있는 은행이 자신의 신용상태를 입증하기에 용이할 것이다. 또한 당좌예금계좌(checking accounts)나 저축성예금계좌(savings accounts)를 중심으로 한 예금거래에서도 종래에 익숙했던 서비스를 교체하지 않으려는 경향이 있다. 고객의 입장에서 현재 이용하고 있는 서비스가 부여하는 이와 같은 편의와 유리를 포기하고 새로운 거래상대방과의 신용관계정립을 위해 상당한 시간소모와 번거로움을 감수한다는 것은, 달리 커다란 인센티브가 주어지지 않은 한 쉽지 않은 일이다.

끝으로, 새롭게 등장한 전자금융이, 경우에 따라서는 종래의 전환비용이나 진입장벽을 오히려 높이는 역할을 할 수 있다는 점도 지적된다. 이러한 현상은 고객들이 급여나 연금, 수당 등을 자동입금을 통해 지급받고, 공과금이나 할부요금, 자선단체기부금 등을 자동이체를 통해 직접 납부하는 관행이 보편화될수록 두드러지는데, 종래의 거래은행과의 관계를 중단하고 새로운 은행과 거래를 개시하는 일이 더욱 번거로워짐에 따라 기존의 거래은행에 대한 의존도가 더욱 심화된다. 그 결과 기존거래관계에 대한 고착의 심화라는 측면에서 신규진입자의 고객확보가 더욱 어려워 질 수 있다. 전자금융의 도래가 진입장벽을 반드시 낮추는 역할만을 하는 것이 아니라는 의미이다. 결국, 근로자에 대한 급여수여방식이나 각종 기관들에 대한 공과금이나 기금납부방식에 있어서 이전방식으로의 회귀나 아니면 반대로 근본적인 혁신이 이루어지지 않는 한, 현재와 같은 서비스제공 방식 하에서는 전자금융의 발달로 오히려 진입장벽이 높아질 가능성도 크다고 하겠다[177].

---

177) *Id.* p.1007.

2) 정보비대칭

정보비대칭(asymmetric information)은 기존의 사업자들이 잠재적 진입자들 보다 시장상황에 관한 정보를 더 많이 보유하고 있는 경우에 발생한다. 정보비대칭이 존재할 경우에는, 잠재적 진입자들이 사업비용이나 시장수요에 대해 자신에 가진 정보를 확신하지 못하고, 따라서 시장진입 이후에 회수할 수 있는 수익에 대해서도 확신할 수 없게 되는데, 이러한 정보비대칭의 문제가 은행시장진입을 계획하는 사업자에게는 진입에 대한 장벽으로 작용할 수 있다.[178] 반면 기존 사업자들은 그만큼 정보비대칭으로 인한 이득을 볼 수 있으며, 더 나아가서 잠재적 진입자들로 하여금 시장의 수요가 낮고 비용은 높다는 왜곡된 정보를 가지도록 하기 위해 기존 사업자들이 시장가격을 조정하기도 한다. 기존사업자들의 이러한 가격조정 조치는 잠재적 진입자들이 시장진입이후의 기대수익을 저평가하게 만드는 원인이 되며, 이와 같은 전략적 행위의 가능성으로 인해 시장진입이후에 벌어들일 수 있는 수익에 대한 불확실성은 더욱 높아진다. 다만, 기존사업자들과 잠재적 진입자간의 정보비대칭 문제가 소매은행업에도 적용될 수 있다는 점은 분명해 보이나, 은행업에서 진입장벽으로 작용했다는 실증적인 자료는 현재까지는 발견되지 않는다.

3) 신규진입에 대한 전략적 장벽

신규진입에 대한 전략적 장벽(Strategic barriers to new entry)이란, 시장에서 이미 활동중인 사업자들이 새로운 사업자들에 의한 시장진입을 저지하기 위해 의식적으로 방해전략을 수립함으로써 발생하는 진입장벽

---

178) Encaoua, Geroski & Jacquemin, *Strategic Competition and the Persistence of Dominant Firms: A Survey, in New Developments in the Analysis of Market Structure* 59 (Josep E. Stiglitz and G. Frank Mathewson eds., (1986).

을 의미한다[179]. 가령, 기존의 주요 라면제조업자들이 자사제품의 품목수를 증가시켜서 소매상점의 상품진열공간을 모두 점거해 버림으로써 새로운 진입자가 소비자에게 접근할 수 있는 경로를 차단해 버리는 예가 이에 해당한다.[180]

본래 전략적 진입장벽론은 제조업을 중심으로 제기되어 온 것이었으나, 근래 들어서는 은행업분야에서도 발생할 수 있는 것으로 지적되고 있다. 소매은행업에서 활용되는 전략적 진입장벽으로는 다음과 같은 행태들이 거론된다. 먼저, 은행들이 고객의 이용편의와 서비스 접근가능성을 제고하기 위해서 흔히 대형 식료품점이나 심지어 커피전문점 내에까지 소형점포를 개설하는 경우가 있는데, 신규은행들이 이러한 소형점포를 통해 시장을 잠식하지 못하도록 하기 위해 기존은행들이 시장내의 대형 식료품점들이나 소매점 유통체인망들과 배타적으로 미니점포 (mini-branches) 설치계약을 체결할 수가 있다[181]. 소비자에게 좀더 가

---

179) 전략적 진입장벽에 대한 자세한 논의는, Gilbert, Pre-emptive Competition, in New Developments in the Analysis of Market Structure (Joseph E. Stiglitz & G. Frank Maghewson eds., 1986), at ch. 3; Jean Tirole, *The Theory of Industrial Organization*, pp.338-352 (1988) 등 참조.

180) 이러한 행태들에 대한 구체적인 분석은, Schmalensee, Entry Deterrence in the Ready-to-Eat Breakfast Cereal Industry, 9 *Bell Journal Economy*, p. 305 (Autumn 1978).

181) 시장진입 수단으로서 대형 식료품점을 이용한 방식이 어떠한 잠재적 중요성을 가지는지는 Dain Bosworth Inc.의 한 은행분석가에 의해 지적된 바 있다. 이 분석가는 "식료품점은 새로운 시장으로 진입하는데 가장 비용이 적게 드는 방안 중의 하나"라고 보았다. (Chase, TCF Financial Using Grocery Store Chain to Expand into Colorado, American Banker, Nov. 19, 1996, p.4) 실례로서, Mellon Bank Corp.와 NationBank라는 은행들이 점포망을 슈퍼마켓속으로 확장시키는 과정에서 신규진입자들을 저지하기 위해 벌였던 전략적인 진입방해 행태를 들 수 있다. (Chase, Mellon Deal Hints More's In-Store for Northeast, American Banker,

까이 접근하기 위해서 대형 소매판로를 활용하는 형태가 최근 은행들의 중요 전략으로 부각되는 현실에서, 기존은행들의 배타적인 관행들은 결국 신규진입을 저지하는 수단이 될 가능성이 크다고 하겠다.

소매은행업에서 가능한 또 하나의 진입저지전략으로는, 기존의 시장참가자들이 시장의 요구에 앞서서 새로운 점포들을 개설함으로써 영업점포부지를 미리 입도선매(site preemption)해 버리는 방법도 있을 수 있다[182]. 이와 같은 관행은 특히, 기존 사업자들이 잠재적 진입자들 보다 시장의 수요와 향후 발전가능성에 관해 더 많은 정보를 확보하고 있는 상황일수록 발생가능성이 높다. 일반적으로 소매은행업에는 전략적 진입장벽을 채용하기에 보다 수월한 여건들이 존재하는 것으로 분석된다. 이를테면, 기존 사업자들과 잠재적 진입자 간의 정보비대칭 문제나, 기존 사업자가 신규진입에 대응하여 가격을 조정할 능력, 그리고 입도선매식의 투자 관행 등이 그러한 여건에 해당한다. 이러한 점에 비추어 볼 때, 소매은행업에서 전략적 진입장벽을 취할 가능성이 상당히 높은 것으로 생각된다.

4) 소규모시장에서의 규모의 경제

규모의 경제와 관련된 진입장벽은 특히 소규모 시장에서 발생하게 된다. 시장의 규모나 크기를 막론하고 어느 사업자가 시장에 진입하여 효

Sep. 13, 1996, at 4; NationBank, Grocer Plan Banking Centers, American Banker, Nov. 8, 1996, at 4) 이들 은행은 Charlotte지방의 한 식료품점과 다년간의 계약을 체결하여 20개의 슈퍼마켓내 소형점포들을 개설하는 한편, 다른 州에서도 동일한 내용의 계약을 추진하였다. 물론 이러한 행태는 신규은행들이 시장에 진입하는 것을 방해할 뿐만 아니라 비용 측면에서 기존은행들과의 효과적인 경쟁을 더욱 어렵게 만드는 요인으로 작용했다.

182) Stephen A. Rhoades, *op.cit.*, pp. 1008-1009.

율적인 사업활동을 영위하기 위해서는 일정 수준 이상의 산출량에 도달해야 한다. 그런데 신규진입자의 입장에서 시장의 규모가 작은 상태에서는, 자칫 자신이 시장에 진입하여 상당수준의 시장산출을 내려고 할 때 불가피하게 기존의 사업자들 전체에 상당한 영향을 미치게 될 것이고, 따라서 기존 사업자들이 자신의 진입행위에 대응하여 적극적인 경쟁을 벌일 것으로 생각하기 쉽다. 신규진입자에 대한 이와 같은 대응의 개연성은 잠재적 진입자들로 하여금 소규모 시장으로의 진입을 회피하게 하는 요인이 될 수 있으며, 따라서 소규모은행시장으로의 진입에 대한 중대한 장벽으로 작용할 수 있다. 실증자료 역시도 규모가 큰 시장보다 규모가 작은 시장으로의 진입이 훨씬 적은 것으로 나타나는데, 이는 시장 크기와 관련된 규모의 경제가 소매은행업에 있어서 상당히 중요한 문제가 될 수 있음을 보여주는 것이라고 하겠다[183].

5) 선발은행들의 잇점 (First-mover advantages)

시장 내에서 선발주자이거나 혹은 적어도 사업이 일정한 궤도에 진입한 사업자들이 사업상 뚜렷하게 유리한 지위를 누리게 되는 경우, 신규진입에 더 많은 비용이 초래되어 잠재적 진입자들에게 일종의 진입장벽으로서 작용할 수 있다[184]. 소매은행업의 경우, 선발업체들이 가지는 이와 같은 잇점은, 은행고객들이 주거래은행을 전환할 때 발생하는 비용이라든가, 기존 은행들이 가지는 지명도나 지역사회 내에서의 평판, 혹은 고객 특히 소기업고객들이 오랜 기간에 걸쳐 신뢰관계를 쌓아 온 기존은행과의 거래중단을 꺼리는 경향 등이 존재하는 경우에 발생한다. 선발업체들이 가지는 이와 같은 잇점들이 은행업에서 얼마나 큰 비중을 차지하

---

183) Amel & Liang, Determinants of Entry and Profits in Local Banking Markets, *Review of Industrial Organization*, (Feb. 1997), at 59.

184) *Ibid.*

는지는 명확치 않으나, 이러한 선발업체들의 유리한 지위가 적어도 일정 정도까지는 진입을 충분히 저지하게 될 것으로 보인다.

Ⅳ. 시장확장형 은행합병의 잠재적 경쟁제한성 심사

1. 시장확장형 은행합병과 잠재적 경쟁의 제한

(1) 시장확장형 은행합병에 대한 검토의 필요성

수평적 합병이 동일한 지리적 시장내에서 동일한 상품(동일한 거래분야)을 취급하는 두 기업들(혹은 은행들)간의 합병을 의미한다고 할 때, 이와 대비되는 것이 시장확장형 합병이다. 은행산업에 있어서의 시장확장형 합병은 취급하는 상품은 동일하지만 사업을 영위하는 지역은 달라서 상호간에 실질적인 경쟁이 존재하지 않는 기업들간의 합병으로 정의된다. 이와 같은 시장확장형 은행합병은 지역단위의 군소은행을 중심으로 구성된 미국의 은행시장상황을 반영하여 발전되어 온 것으로서, 대다수의 은행이 전국적인 영업망을 가지고 있는 한국의 은행시장에서는 그다지 논쟁이 될 여지가 많지 않다고 할 수도 있다. 하지만 지방을 거점으로 하고 있는 은행간의 합병의 경우나 지역적 성격이 강한 상호저축은행등의 비은행금융기관들에 있어서는 시장확장형 합병이 문제될 여지가 충분히 있다. 더욱이 시장확장의 개념을 지리적인 시장확장에 국한시키지 않고 상품확장형 합병까지 포함시키게 되면[185] 시장확장형 은행합병

---

185) 가령 국민은행과 장기신용은행간의 합병을 그 예로 들 수 있다. 상품확장형 은행합병이 가질 수 있는 경쟁제한성은 대체로 시장확장형 은행합병에서와 유사하기 때문에 시장확장형 은행합병에서 전개되어 온 이론을 상당부분 적용시킬 수 있을 것이다.

에서의 경쟁제한성은 추후 한국의 은행시장에서도 검토의 필요성이 크다고 할 수 있다.

(2) 시장확장형 합병의 경쟁제한성 판단기준: 잠재적 경쟁이론

수평적 합병은 일차적으로 합병이 시장점유율 변화를 초래하게 되기 때문에 점유율 변화를 토대로 시장구조의 집중 정도를 파악하는 구조적 접근법이 사용되고 있음은 이미 살펴 본 바와 같다. 그런데, 시장확장형 합병에서는 수평적 합병과는 달리 관련시장 내에서의 점유율변화가 발생하지 않기 때문에 구조적인 접근을 통해서는 경쟁제한성 여부를 제대로 판단할 수가 없다. 이러한 이유에서 시장확장형 합병의 경쟁제한성을 심사하기 위해서는 구조적 접근법 보다 행태적 내지 성과적 접근법이 필요한 것으로 받아들여져 왔으며,[186] 실제로 시장확정형 합병이 문제된 사건들에 대해 미국의 연방대법원은 행태나 성과에 기초한 분석의 기조를 유지해 오고 있다.[187] 그런데 이러한 분석은, 어느 한 지리적 시장외부에서 활동하는 사업자가 시장내의 참가자들에게 친경쟁적 영향을 미치게 된다는 소위 "잠재적 경쟁이론(potential compeptition theory)"을 기초로 한 것이다.[188] 다시 말해서 시장확장형 합병이 잠재적 경쟁을 제한하는

---

186) Joseph F. Brodley, Potential Competition Mergers: A Structural Synthesis, 87 *Yale Law Journal*, p.9 (1977).

187) United States v. Marine Bancorporation, 418 U.S. 602, 625 (1974): United States v. Falstaff Brewing Corp., 410 U.S. 526, 531-32 (1973): United States v. Penn-Olin Chem. Co., 378 U.S. 158, 173-74 (1964).

188) 시장확장형 은행합병에서는 합병의 경쟁제한성을 결정하는 기준으로 작용하는 데 반해, 앞서 본 시장진입으로 인한 잠재적 경쟁은 수평적 은행합병에서는 합병의 경쟁제한성을 완화하는 친경쟁적 요소로서 작용한다. 즉 합병은행측의 입장에서 볼 때 수평적 은행합병시에는 잠재적 경쟁의 존재를 주장하려 하지만, 시장확장형 은행합병시에는 잠재적 경쟁의 부존재를 주장하게 된다는데 차이가 있다.

경우에는 위법한 것으로 평가되어 합병의 금지처분을 받을 수 있다.

잠재적 경쟁이론은 종래 상당히 집중된 시장 즉 불완전경쟁 시장에서 적용되어 왔다. 경제학자들은 불완전한 시장상황하에서 시장참가자들이 소위 "대기석(wings)"에서 진입을 노리고 있는 경쟁자들의 잠재적인 경쟁을 의식할 경우에는 독점가격책정(monopoly pricing) 보다는 진입저지가격책정(limit pricing)의 양상이 나타날 수 있다고 주장한다. 여기서 독점가격은 잠재적 경쟁자들의 입장에서 시장에 진입하기 위해 필요한 사업상의 위험, 시간 및 자금을 투자할 가치가 있다고 보이는 가격수준인데 반해, 진입저지가격은 시장외 잠재적 경쟁자들을 시장밖에 계속 묶어두게 될 가격수준을 의미한다고 할 수 있다. 즉 시장의 구조가 집중적이더라도 독과점적 가격책정을 할 수 없다는 것이다. 이런 점에서 잠재적 진입자는 곧 시장 시장내의 가격책정메커니즘이 제한가격모델을 초과하는 때는 언제라도 시장에 진입할 수 있는 실질적인 경쟁환경 밖의 경쟁자들이며,[189] 비록 현재 시장내에서 활동하는 사업자는 아닐지라도 경쟁정책에서 그 존재에 관심을 두게 되는 것이다.

(3) 잠재적 경쟁 이론의 유형

시장확장형 합병심사에서 보호하고자 하는 잠재적 경쟁은 크게 세가지 이론적 영역, 즉 '실재적인 잠재적 경쟁이론(Actual Potential Competition Theory)'과 '인지적인 잠재적 경쟁이론(Perceived Potential

---

189) O'Brien, The Legal Evolution of Potential Competition and Its Application to Banking, 30 *Business Lawyer*, pp. 1181-1182, (1975). 이런 의미에서 Kitner와 Hansen은 잠재적 경쟁이론을 "double incipiency"라고 불렀다. Kitner와 Hansen의 시각은, 잠재적 경쟁이 실질적 경쟁의 補完物로서 기능하기도 하고 代替物로서 기능하기도 한다는 것이다. (Kitner and Hansen, A Review of the Law of Bank Mergers, 14 *B.C. Indus. & Comm. Law Review*, p. 254 (1972)).

Competition Theory)', 그리고 시장구축이론(Market Entrenchment Theory)으로 나누어 설명되어져 왔다.[190]

1) 실재적인 잠재적 경쟁이론

실재적인 잠재적 경쟁(Actual Potential Competition)이란, 만일 시장 내의 어느 주요 사업자와의 합병이 이루어지지 않았더라면, 그 대신으로 잠재적인 경쟁자가 보다 경쟁적인 방법, 가령 신규진입(de novo entry)의 방법을 통해서나, 아니면 거점 내지 교두보를 확보하는 차원에서 작은 기업을 인수하는 방법(소위, "toehold merger")을 통해서 시장에 진입했었을 상황을 전제로 한다.[191]

예를 들어 은행시장을 상정하면, 갑이라는 지역에 A, B, C 세 은행이 상호 경쟁하에 사업을 영위하고 있고, 그 인근의 을 지역에서 D, E, F라는 세 은행이 사업을 영위하고 있다고 하자. 갑, 을의 양 시장은 집중되어 있어서 시장내에서 독과점적인 이자율이 책정되고 있었다. 이 상황에서 A은행과 D은행은 상호 실질적인 경쟁을 하고 있지 않았지만 사업범위를 확장하기 위해서 상대 지역으로 진출을 모색중이었다. 그러던 중 갑 지역의 A은행과 을 지역의 D은행이 신규진입 대신 서로 합병을 하기로 결정하였다. 이 때 갑 지역과 을 지역은 종전과 마찬가지로 여전히 각각 세 은행들이 영업을 하게 되기 때문에 합병이 이루어진다고 해도 구조분석상으로는 양쪽 시장의 집중도에는 변화가 없기 때문에 실질적 경쟁에도 별다른 영향을 미치지 않는 것으로 보게 될 것이다. 그러나 만일 합병이 이루어지지 않았더라면 갑 지역에 D은행이 지점개설 등을 통

---

190) 이들 세가지 요소들은 미 연방대법원의 Falstaff 판결(United States v. Falstaff Brewing Corporation, 410 U.S. 526, 531-37, 559 (1973))에서 Thurgood Marshall 대법관에 의해 제시되었다.

191) Stephen K. Huber, *Bank Officer's Handbook of Government Regulation*, Warren, Gorham & Lamont, Inc., pp.11-14 (1984).

해 진출하고 A은행도 을 지역에 마찬가지로 진출해서 과점상태는 훨씬 개선되었을 것으로 예상되었다. 따라서 합병이 시장내의 실질적 경쟁에는 영향을 미치지 않지만 합병이 이루어짐으로써 장래에 양 시장에서의 경쟁을 제고하고 집중도를 완화시킬 수 있는 가능성이 소멸해 버린 결과가 된다.

이처럼 신규진입 등으로 미래의 시장의 경쟁구조를 개선시킬 수 있는 상황에서 합병으로 인해 그 가능성이 사라지게 된 경쟁을 '실재적인 잠재적 경쟁'이라고 하며, 시장확장형 합병이 현재 시장구조나 행태에는 영향을 주지 못하지만 장래의 시장구조나 행태의 개선 가능성에 부정적인 영향을 주었다는 점에서 경쟁제한적인 것으로 보아야 한다는 이론이라고 하겠다. 이때 어느 한 사업자가 실재적인 잠재적 경쟁자인지를 가늠하기 위해서는 i) 과녁시장(target market)의 경쟁적 성격, ii) 피취득기업의 지리적 인접성, 그리고 iii) 취득기업이 시장에 진입하려는 능력 및 의도라는 세가지 요소들을 분석해야 한다. 그리하여 진입하고자 했던 은행시장이 집중상태이었고, 취득은행과 피취득은행이 지리적으로 인접해 있어서 외견상 취득은행의 신규진입 가능성을 쉽게 예상할 수 있었으며, 취득은행이 시장에 진입하려는 능력과 의도를 갖추고 있었던 경우에는 취득은행이 합병전에 실재적인 잠재적 경쟁자이었던 것으로 볼 수 있다.

2) 인지적인 잠재적 경쟁이론

인지적인 잠재적 진입자 이론(Perceived Potential Competition Theory)은, 한 시장의 외곽에서 그 시장에 진입할 능력과 의사를 가지고 현재 시장진입을 엿보고 있는 사업자를 의미한다. 인지적인 잠재적 진입자는 시장외곽에 존재하고 있다는 사실만으로도 현재 시장내에서 친경쟁적 효과를 유발하게 된다[192]. 왜냐하면 시장외의 사업자는 언제라도 진

---

192) O'Connell, Bank Merger and Potential Competition, 43 *Fordham Law*

입할 수 있는 일종의 진입대기자로 인식될 것이고(이른바, "wings effects"), 또한 진입의 위협이 시장내의 경쟁행태를 보다 경쟁적이도록 할 것이기 때문이다. 그런 상황에서 잠재적인 경쟁자가 합병을 통해 시장에 진입하게 되면 시장진입을 노리는 대기자가 없어져 버리기 때문에 시장내의 경쟁자들에게는 더 이상 잠재적인 경쟁자를 의식해서 시장가격과 행태를 경쟁수준으로 유지하려는 유인이 사라지게 된다.[193]

역시 은행시장을 예로 들면, 갑 이라는 지역에 A, B, C라는 은행들이 영업을 하고 있고, 이에 근접한 을 지역에 D라는 은행이 있었다고 하자. 그런데 乙지역의 은행들 가운데 D은행은 선진화된 금융기법과 풍부한 자금을 보유하고 있어서 甲지역 은행들에게 언제든지 자신들과의 경쟁에 뛰어들 수 있는 대상으로 인식되고 있었다. 그리하여 갑 시장이 과점상태이었음에도 불구하고 시장내의 A, B, C은행들은 감히 경쟁수준이상으로 가격(이자율)을 인상하려고 하지 않았다. 자칫 어느 하나가 경쟁수준이상으로 가격을 올리게 되면 연쇄적인 가격인상을 낳아서 시장에 독과점이윤이 형성될 것이고, 진입의 기회를 엿보던 D가 이를 획득하기 위해 시장진입을 결정할 수도 있기 때문이다. 그와 같은 상황에서 만일 A은행과 D은행이 합병을 하기로 했다면, 합병으로 인해서 갑 지역의 경쟁에 실질적인 변화가 초래되지 않는 반면, 갑 지역소재 은행들은 A은행이 시장에 뛰어드는 것을 방지하기 위해 종래 유지해왔던 친경쟁적 사업행태를 더 이상 유지할 필요가 없게 된다. 따라서 과점적인 시장상태에서 종래와 같은 친경쟁적 행위를 유지하도록 만들었던 잠재적인 영향력이 소멸되는 결과가 된다. 이 경우, D는 시장외에서는 친경쟁적인 역할을 하지만 합병을 통해 시장에 진입하게 되면 반경쟁적인 역할을 하게 된다.[194]

Review, pp. 767, 777 (1975).
193) United States v. Falstaff Brewing Corporation, 410 U.S. 526, 531-37, 559 (1973).
194) O'Connell, op.cit., p.777.

이러한 상황에 의해 손상되는 경쟁을 이른바 "인지적인 잠재적 경쟁(perceived potential competition)"이라고 하며, 따라서 인지적인 잠재적 경쟁을 제거하는 합병은 경쟁제한적이기 때문에 거부되어야 한다는 것이 이 이론의 내용이다.

그런데 인지적인 잠재적 경쟁이론은 그 자체가 받아들여지기 어려운 것은 아니지만 너무 이론적이라는 문제가 있다. 동 이론은 합병이 승인되지 않을 경우 시장밖에 있는 사업자가 장래의 어느 시점에 당해 시장으로 진입할 만한 능력과 의도를 가진 것으로 인식될 것이라는 점을 전제로 한다. 여기서 '장래의 어느 시점'이란 개념상 현재로선 진입의 가능성은 없고 실재적인 잠재적 경쟁 이론이 적용되는 시점을 의미하게 되는데, '실재적인 잠재적 경쟁'과 '인지적인 잠재적 경쟁' 양자 모두, 한 사업자가 장래에 행하는 행위에 관한 추측이기 때문에 실제로 두 이론을 구별하는 것이 쉽지가 않다. 양 이론의 차이는, 장래 즉 진입이 실제로 발생하는 시점의 이익(실재적인 잠재적 경쟁)과 추가적인 시장진입을 저지하므로써 시장내에서 현재의 행동을 보다 경쟁적으로 유지시키게 되는 현재적 이익(인지적인 잠재적 경쟁)이라는 측면에서 설명된다.[195] 그러나 현재의 시장참가자들로서는 새로운 강력한 경쟁자의 시장진입을 최대한 저지하기를 바랄 것이기 때문에 실재적인 잠재적 경쟁 역시 결국은 현재의 경쟁적 행태를 독려하는 효과를 가진다고 할 수 있는 것이다.

3) 시장참호이론

시장참호이론(Market Entrenchment Theory)[196]은, 한 지배적인 사업자가 자신이 보유한 재정적 능력과 사업상의 노하우를 기반으로 종래 사

---

195) *Id.* p.778.

196) 이를 지배적 진입자 이론(dominant entrant theory)이라고 부르기도 한다. Douglas V. Austin, The Evolution of Commercial Bank Merger Antitrust Law, *The Business Lawyer* (Vol. 36), P. 333 (Jan. 1981).

업을 영위해 오던 시장내에서의 확고한 위치를 점하고 있을 뿐만 아니라, 시장내에서는 물론이고 새로운 잠재적 진입자를 쫓아낼 수 있을 만큼 위협적인 영향을 주는 상황을 전제로 한다. 이러한 상황에서 시장내의 지배적인 기업이 시장외부의 훨씬 더 큰 기업에 의해 인수된다면, 시장내의 기존사업자들은 보복을 우려하여 시장에서 소극적으로 활동하게 되고 시장외부의 다른 사업자들은 시장내로 진입을 꺼릴 가능성이 크다. 따라서 이런 지배력있는 사업자의 기업결합을 통한 시장진출은 위법한 것으로 보아야 한다는 것이 동 이론의 내용이다. 시장참호이론은 미국에서의 P&G와 Clorox Bleach간의 기업결합 건[197]을 배경으로 도출된 것이지만, 이론적으로 볼 때는 시장외부에 존재하는 사업자의 친경쟁적 역할을 보호한다는 점에서, 실재적인 잠재적 경쟁이론과 인지적인 잠재적 경쟁이론의 한 변형이라 할 수 있다. 하지만 시장참호이론은 성질상 지리적인 시장확장형 기업결합 보다는 상품확장형이나 순수한 혼합결합에서 주로 문제될 것으로 보이므로, 은행합병에 대해서는 적용가능성이 거의 없다고 하겠다.[198]

2. 은행합병사건에 있어서 잠재적 경쟁이론의 적용과 초기판례의 태도

(1) 판례를 통한 잠재적 경쟁이론의 형성과정

독점금지법은 대개 실질적 경쟁제한을 규제의 대상으로 하고 있으며 시장확장형 기업결합을 통한 잠재적 경쟁제한행위에 대해서는 특별한 규정을 두어오지 않았다. 그 결과 잠재적 경쟁에 대한 규제의 근거는 주로 이론과 판례가 제공하여 왔다. 그런데 이상에서 살펴 본 잠재적 경쟁이

---

197) FTC v. Proctor & Gamble Co., 386 U.S. 568 (1967).
198) Stephen K. Huber, *op.cit.*, pp.11-14.

론들은 당초 일반적인 제조업분야에서 발전되어 온 것으로서, 1964년의 El Paso Natural Gas 사건[199]을 시발로, 같은 해의 Penn-Olin 사건,[200] 그리고 1967년의 Procter & Gamble 사건[201]과 같은 초기의 판결들을 거치면서 시장확장형 기업결합의 경쟁제한성 판단기준으로 자리잡게 되었다. 특히 El Paso Natural Gas사건에서는, 기업결합규제법(클레이톤법 제7조)의 목적이 곧 소비자들이 선택할 수 있는 대안이 합병으로 인해 사라지기 전에, 집중화 경향, 독점화 추세를 저지시키는 것이며, 잠재적 경쟁이 기업결합사건에서 보호되어야 할 가치라는 점이 표명되었다는 점에서 의미있는 판결이었다. 이는 Penn-Olin 사건에서 보다 구체화되었는 바, 동 사건에서 연방대법원은 클레이톤법 제7조와 Brown Shoe 판결[202]에서 도출된 경쟁제한성 판단기준인 "경쟁을 실질적으로 감소시킬 가능성"이라는 법문을 해석하면서, 시장진입의 절대적인 필연성까지는 아니더라도 진입의 합리적인 개연성이 존재하여야만 한다는 것이 동 규정의 의미라고 판시하였다. 기업결합의 위법성은 경쟁의 실질적인 감소가 아닌 잠재적인 감소만으로도 충족된다는 것이다. 다만 이때 경쟁의 잠재적인 감소는 주관적인 근거가 아닌 객관적인 근거에 의해 판단되어야 한다고 보았다.[203] 그리하여 연방대법원은, 잠재적 경쟁자가 시장에 실제로 진입할 합리적인 개연성이 존재하는지 여부를 결정하기 위한 기준들로서 i) 관련시장의 성격과 범위; ii) 관련시장의 성장 전망; iii) 다른 지리적 시장에서 유사한 사업활동을 영위하는 사업자들; iv) 관련시장 내에서 이윤을 창출할 만한 사업자의 능력; v) 당해 관련시장으로 진입하려는 장외 사업자의 열의; 그리고 vi) 관련시장내의 주요고객들과의 평판과

---

199) United States v. El Paso Natural Gas, 376 U.S. 651 (1964).
200) United States v. Penn-Olin Chem. Co., 378 U.S. 158 (1964).
201) FTC v. Procter & Gamble Co., 386 U.S. 568 (1967).
202) Brown Shoe Co. v. United States, 370 U.S. 294, at 344 (1962).
203) Penn-Olin Chem. Co., at 172-77.

사업적 관련성 등을 제시하였다.[204]

(2) 은행합병의 잠재적 경쟁제한에 관한 초기의 판례들

1) Crocker-Anglo은행 사건: 최초의 연방법원 판결

1967년에는 상업은행의 잠재적 경쟁이 연방지방법원에서 나마 처음으로 다루어 졌는데 Crocker-Anglo 사건이 그것이다. 합병의 당사자는 샌프란시스코 소재의 Crocker-Anglo National Bank와 로스엔젤레스 소재의 Citizens National Bank로서 합병 이전에는 두 은행들 모두 상대지역에서 영업을 하고 있지 않았다. 합병안의 심사를 담당한 통화감독청(OCC)은 1963년 6월 두 은행간의 합병을 승인하였다.[205] 하지만 법무부는 동 합병안에 대해 동년 10월 8일 독점금지소송을 제기하였으며, 합병은행측은 동 합병의 목적이 캘리포니아주 전역에 지점을 통한 서비스를 제공함과 아울러서 합병을 통해 초대형은행인 Bank of America와 경쟁하게 된다는 점에서 당해 합병안이 친경쟁적이라고 주장하였다. 이에 대해 연방지방법원은 동 합병안이 실질적 경쟁이나 잠재적 경쟁의 어느 하나도 심각하게 제한하고 있지 않으며, Crocker와 Citizens 모두 신규 혹은 거점확보를 통해 상대방 시장으로 진출하려는 실재적인 잠재적 경쟁자가 아니라고 보았다.[206] 그리하여 "단순히 이론적인 가정에서 도출되는 가능성

---

204) 하지만, 이들 기준이 절대적인 것은 아니며 시장주변의 잠재적 경쟁자들에 의한 진입의 합리적 개연성이 존재하는 지를 판단하기 위해 조사되어야 하는 기준들 가운데 일부일 뿐이라는 것이 연방대법원의 입장이기도 하다.

205) United States v. Crocker-Anglo Nat'l Bank, 277 F. Supp. 133 (N.D. Cal. 1967).

206) *Id.* at 138. 법원은 다음과 같이 판시했다. "...단순히 이론적인 가정에서 도출되는 가능성(possibilities)이 아닌 은행업의 실제적인 현실로부터 도출되는 합리적인 개연성(probabilities)에 비추어 볼 때, 피고

(possibilities)이 아닌 은행업의 실제적인 현실로부터 도출되는 합리적인 개연성(probabilities)에 비추어 볼 때, 피고 Crocker-Anglo National Bank와 Citizens National Bank 간의 합병은 합법"이라고 판결하였다. 한편 본 건은 법무부가 1960년대에 걸쳐 은행합병에 대해 제기한 소송 가운데 법무부가 패소한 최초의 사건이기도 하였다.[207]

2) Greeley은행 사건: 최초의 연방대법원 판결

동 사건은 잠재적 경쟁제한이 문제되어 연방대법원에서 다루어진 최초의 은행합병사건이었다.[208] 이 사건의 합병주체는 콜로라도주의 한 은행지주회사였던 First National Bancorporation(이하 FNB)와 콜로라도주 제2위의 Greeley은행이었다. FNB는 First National Bank of Denver(이하 Denver은행)를 자회사로 보유하고 있었는데, 이 Denver은행은 Greeley은행으로부터 약 50마일 떨어진 곳에 위치해 있었다. 합병안을 검토한 연방준비제도이사회는 승인하기로 결론을 내렸으나, 법무부는 Greeley 시장의 잠재적 경쟁을 제거할 수 있다는 이유로 동 합병안을 제소하였다. 법무부는, FNB가 Greeley지역으로 진입할 가능성이 가장 높은 실재적 잠재적 진입자이자, Greeley지역의 은행시장을 경쟁수준으로 유지시키는 역할을 하던 하나의 인지적인 잠재적 진입자이며, 따라서 합병으로 인해 FNB라는 잠재적 경쟁자가 사라질 경우 시장참가자들의 경쟁적 행태가 유지되지 않을 것이라고 주장하였다.

그러나 사건을 담당한 연방지방법원은, 법무부의 주장 즉 "FNB가 현

Crocker-Anglo National Bank와 Citizens National Bank 간의 합병은 합법이다."

207) 법무부는 동 판결에 대해 대법원에 항소하지 않았다. 그 이유는 지방법원이 잠재적 경쟁 이외에 "편의·필요 항변"을 이유에서 동 사건을 파기하여 통화감독청으로 환송하였기 때문이었다.

208) United States v. First National Bancorporation, 410 U.S. 577 (1973).

재 Greeley시장의 외곽에 존재하며 그로 인해 경쟁에 영향력을 행사하고 있다는 결론"을 설득력있게 뒷받침할 만한 증거가 없다고 하였다.[209] 또한 FNB의 시장진입이 시장을 더욱 집중시키고, 이미 시장내에서 지배적인 지위에 있는 은행들의 지위를 더욱 견고하게 할 것이라는 주장 역시 법원에 의해 받아들여지지 않았다.

이에 법무부는 본 건을 연방대법원에 항소하게 되었고, Crocker-Anglo 은행 사건이 있은 후 5년만에 최초로 은행시장의 잠재적 경쟁제한문제가 연방대법원에서 다투어지게 되었다. 그러나 기대와는 달리 연방대법원은 이에 대해 최종적인 결론이나 뚜렷한 의견을 내지 못하고 찬반동수로(an equally-divided court) 원심을 확정하는데 그쳤다.

(2) 초기 판례에 대한 분석

이상에서, 일반 기업결합사건에서는 미 법원이 잠재적 경쟁제한 주장에 대해 유연한 자세를 견재했던데 반하여, 1960년대 후반에서 70년대 초반에 걸쳐 제기된 시장확장형 은행합병사건들에서는 법무부의 잠재적 경쟁제한 주장이 법원에 의해 한 건도 받아들여지지 않았음을 볼 수 있다. 그런데 법원은 은행합병사건에 대해서 다른 기준을 적용되어야 하는 것인지 그렇다면 그 기준은 무엇인지에 대해 명확히 밝히고 있지 않았다. 이로 인해 법원의 초기태도와 관련해서, 과연 잠재적 경쟁의 관점에서 은행시장은 일반적인 산업분야와 어떠한 점에서 다른지, 잠재적 경쟁이론을 은행산업에도 적용할 수 있는 것인지, 적용된다면 어떠한 기준으로 적용되어야 할 것인지에 대해 여러 가지 논의가 이루어 졌다. 이 과정에서 도출된 일차적인 결론은 일반 산업분야에서의 시장과 은행시장사이에 분명한 차이가 있음을 인식해야 한다는 것이었다. 그러한 차이를 갖게

---

209) United States v. First National Bancorporation, 329 F. Supp. 1003 (D. Colo. 1971).

314

하는 요인들로는 i) 상업은행들이 州전역에 걸쳐 지점을 개설하는 행위나 은행지주회사들이 취득행위에 대한 여러 州에서의 제한; ii) 취득행위나 새로운 은행시장으로의 신규진입에 대한 규제적 승인요건; iii) 지역은행시장에서 은행들이 벌이는 경쟁의 성질과 정도 등이 거론되었다.[210] 이들 세가지 요인들 가운데서는 특히 두 번째 요소 즉 은행시장진입에 대한 규제 여부가, 잠재적 경쟁을 은행산업에 적용시킬 때의 판단과정에서 가장 주요한 요인으로 지목되었다.[211] 한편 어떠한 은행이 특정시장에서 잠재적 경쟁자로 역할하는지를 판단하기 위한 기준으로는 i) 관련시장의 현재 및 향후 전망은 어떠한지 ii) 지점설치제한 등을 포함한 진입장벽과, 인수 및 합병에 대한 정부규제적인 불승인의 잠재성은 어떠한지 iii) 인수 및 합병을 추진하는 은행이나 은행지주회사의 재정적 경영적 역량은 어떠한지, 그리고 iv) 당해 은행이나 은행지주회사가 과거에 다른 은행을 인수 내지 합병했던 내력은 어떠한지 등이 고려되었다.[212] 이러한 분석을 토대로 하여, 1974년의 Marine Bancorporation사건[213]에서는 은행합병의 '잠재적 경쟁제한성' 평가에 관해 보다 의미있는 검토와 판결이 내려졌다. 이 사건에서도 연방대법원이 합병을 금지시키지는 않았으나, 은행시장에서 잠재적 경쟁이론을 적용하기 위한 기준을 제시하였다.

---

210) Hansen, Greeley Bank: Some Speculations, 90 *Banking Law Journal* 578, 579 (1973).
211) Douglas V. Austin, The Evolution of Commercial Bank Merger Antitrust Law, *The Business Lawyer* (vol. 36), p.338 (1981).
212) Kitner and Hansen, *op.cit.*, p.254. Kitner와 Hansen은 그러나 이들 기준이 하나의 암시 내지는 모델로 쓰여질 수는 있지만, 클레이톤법 제7조 위반 여부를 판단하기 위해 법원이 제기해야 하는 질문사항들을 모두 포섭한다고는 할 수 없다는 점을 지적하였다.
213) United States v. Marine Bancorporation, et al., 418 U.S. 602 (1974).

3. Marine Bancorporation사건과 은행시장의 잠재적 경쟁이론

(1) 사실관계

본 사건은 National Bank of Commerce(이하 NBC)와 Washington Trust Bank(이하, WTB)간의 합병이 문제된 사례이다. 합병의 일방 당사자인 NBC는 워싱턴주에서 두 번째로 큰 은행으로서 Spokane 지역을 제외한 워싱턴주 전역에 걸쳐 107의 지점을 두고 있었다. Marine Bancorporation은 바로 NBC의 지주회사였다. 한편 NBC의 합병상대인 WTB는 Spokane지역에서만 모두 7개 지점을 운영하고 있었다. 이 WTB는 워싱턴주 전체에서는 제8위의 규모였으나, Spokane시장만을 놓고 볼 때는 제3위에 해당했으며, 시장내 상위 2개 은행이 전체 시장의 90%를 점하고 있었다.

한편 워싱턴州法은 은행의 지점개설에 대해 몇가지 중대한 제한을 두고 있었는데, 무엇보다 본점소재지가 아닌 은행시장에 신규로 진입하는 것을 허용하지 않았으며, 10년 이상된 은행들을 인수하는 행위는 허용이 되었으나 일단 인수가 완료되면 추가적인 지점설치가 금지되었다. 아울러 개업한지 10년이 되지 않은 은행을 매입하는 행위도 금지되었다[214]. 다만 합병이 가능하도록 하는 일종의 편법이 행해졌었다. 그것은 주법상 한 은행이 대규모 주요은행의 후원이나 영업소관계를 가지고 개업을 할 수 있도록 한 규정 때문이었는데, 이를 통해 시장외부의 대형은행이 신규은행의 후원은행관계에 있다가 이후 10년이 지난 다음 이 은행을 합병하는 방편이 활용되고 있었다.

그러던 중 1971년 2월 Marine Bancorporation과 NBC, 그리고 WTB가 서로간의 합의하에 WTB를 NBC에 합병시키기로 하고, OCC에 합병신청서를 제출하였다. OCC는 합병안을 심사하여 동년 9월 승인하였다. 그러

---

214) Wash. Rev. Code § 30.40.020 (1961).

316

자 법무부는 합병안에 대해 소송을 제기하게 되었다. 법무부의 주장은,
(1) NBC가 Spokane 시장에서 인지적인 잠재적 진입자로서 가지고 있던
지위와; (2) 실재적인 잠재적 진입자로서의 지위를 없애버리는 결과를
초래하며; (3) WTB가 워싱턴주의 다른 은행시장으로 확장해 나갈 수
있는 가능성을 제거해 버리는데다; (4) 합병안이 일부 특정시장내에서
합병을 촉발시켜서 서로 연결된 과점적 은행시장을 낳게 될 것이라는 점
등이었다215).

그러나 연방지방법원은 사건심리후 법무부의 청구를 기각시켰고, 이
에 법무부는 사건을 연방대법원에 항소하였다. 하지만 연방대법원 역시
도 법무부의 주장을 받아들이지 않았다. 연방대법원의 기본적인 시각은
WTB가 NBC로 합병되는 것이 친경쟁적이라는 것이었다.216)

(2) 은행합병사건에 대한 잠재적 경쟁이론의 적용

본 사건은 잠재적 경쟁이 상업은행업에도 적용될 수 있는지를 명확히
한 판결이라는 점에 의미가 있다. 연방대법원은 "상업은행들에 의한 지
리적 시장확장형 합병은 잠재적 경쟁이론에 의한 심사를 통과해야만 한
다"는 점을 명시하는217) 한편, "이 이론을 상업은행업에 적용시킬 때는
당해 거래분야로의 진입에 대하여 존재하는 독특한 연방 및 주 차원의
제한적 규제조치들을 참작해야만 하며, 그렇지 못할 경우에는 이 이론의

---

215) Williams, New Dimensions to Bank Merger Law, The Supreme Court
    in the Mid-Seventies, 20 Antitrust Bulletin, pp.699-701 (1975). 법무부
    의 주장은 기본적으로는 "실재적인 잠재적 경쟁이론"을 근거로, 부차적
    으로는 "인지적인 잠재적 경쟁이론"을 기초로 한 것이었다.
216) United States v. Marine Bancorporation, et al., 418 U.S. 602, at 639
    (1974). 연방대법원은 구체적으로 Spokane 시장에서 전 영역에 걸친 은
    행서비스를 취급하던 은행은 두 개뿐이었는데 합병으로 전 영역의 서비
    스제공이 가능한 세 번째 은행이 탄생하게 될 것이라고 하였다.
217) *Id.* at 627.

핵심에 대한 오해를 낳게 될 것"[218]이라고 지적하였다.

대법원이 판시한 내용을 반대해석하면, 주법이나 규제정책이 지점개설을 제한하고 있지 않은 한 잠재적 경쟁이론이 상업은행업에도 적용될 수 있다는 것으로 해석된다. 특히 대법원은 법무부가 잠재적 경쟁이론을 은행업에 적용하는데 어려움을 겪게 된 이유가 규제적 장벽을 충분히 감안하지 못했기 때문이라는 점을 지적하였다. 결국 취득기업의 시장진출이 용이해야 한다는 점이 잠재적 경쟁이론에 있어서 가장 중심적인 전제의 하나이기 때문에, 잠재적 경쟁이 침해되었다는 주장을 하려면 먼저 취득은행의 시장진입에 대한 규제적 장벽이 존재하는지를 반드시 검토해야만 한다는 것이다.[219] 하지만 규제적 장벽들에 대한 고려가 독점금지법상의 합병심사에서 가장 주요한 사항인 것은 아니다. 합병안에 대한 잠재적 경쟁의 영향을 확인함에 있어서는 이 밖에도 합병주체들의 규모, 편의 및 필요, 그리고 여타 경제적 재정적 변수들을 고려하여야 한다.

(3) 은행시장에서의 실재적인 잠재적 경쟁이론

Marine Bancorporation사건에서 법무부의 청구취지는 기본적으로 '실재적인 잠재적 경쟁이론'에 근거하고 있었다. 법무부는 이 이론을 토대로, 동 합병건에서 취득은행이 장차 Spokane 지역에 신규로 혹은 소규모은행을 인수하는 방식으로 진입하였을 가능성이 컸는데 두 은행이 합병하게 됨으로써 이러한 가능성이 사라져 버리게 되기 때문에 경쟁에 악영향을 미치게 된다고 주장하였다.[220] 그런데 법무부는 본 건이 있기 이전에 이미 8건의 합병사건에서 동 이론을 제기했었으나 모두 패소한 바가 있었는데 대법원은 바로 이 점을 들어서 동 이론에 대한 회의적인 시각을 표명하였다.[221] 즉, 이 이론을 상업은행업에 적용시키기 위해서는 상업은

---

218) *Ibid.*
219) *Id.* at 628.
220) *Id.* at 615.

행업에의 진입에 관한 연방 및 주 차원의 규제들을 고려해야 하는데 법무부가 이 점에 충실하지 못했다는 것이다.

연방대법원은 "잠재적 경쟁이론의 핵심적인 전제는 곧 취득기업 입장에서의 시장진입의 용이성"이라고 보았다.[222] 이에 따라 연방대법원은 실재적인 잠재적 경쟁이론의 적용을 위해 필요한 두 가지의 선결조건을 수립하였다. 그 하나는 (i) 취득은행이 Spokane시장에 진입하기 위한 수단으로서 합병외에도 다른 수단이 있었음을 증명하라는 것이고, 두 번째는 (ii) 그와 같은 대안적인 수단들이 상당한 친경쟁적 효과를 창출하게 될 구체적인 가능성을 가지고 있음을 보이라는 것이다.[223]

연방대법원은 결국, 법무부가 제기한 '실재적인 잠재적 경쟁이론'은 위의 요건들 가운데 두 번째 요건을 충족시키지 못하였기 때문에 받아들일 수 없다고 판결하였다.[224] 워싱턴주법에 부과된 지점개설 제한규정에 따

---

221) *Id.* at 627.
222) *Id.* at 628. 대법원은, 진입의 용이성과 관련한 은행산업의 고유특성을 다음과 같이 설명하였다. "시장진입의 용이성은 아울러 시장퇴출, 이를테면 상당수의 시장참가자들이 퇴각 내지는 재정적 파탄에 처하기도 쉽다는 것을 의미한다. 1930년대부터 60년대까지 40년간에 걸쳐 미국이 경험한 쓰라린 교훈을 돌아볼 때, "은행실패는 지역사회에 있어서 하나의 재난" 과도 같은 것이었으며, 이 때문에 상업은행업에의 진출과 그로부터의 퇴출은 연방정부와 주정부에 의해 광범위하게 규제되어 왔다. 진입에 대한 규제적 장벽은 은행사업면허가 주어지는 숫자를 통제하게 되는바, 특정 시장에서 활동하는 은행의 숫자를 제한하고 그를 통해 은행실패를 방지하려는 데에 그 목적이 있다. 또한 규모가 아무리 작더라도 지점이 없는 은행은 관할기관의 사전승인이 없이는 개업할 수 없다. 더군다나 지점개설이나 다각적 은행지주회사를 통한 지리적인 신규확장은 주법에 따라 많은 제한을 받게된다"(*Id.* at 628-29 (United States v. Philadelphia National Bank, 374 U.S. 321, 385 (1963) 판결 인용).
223) *Id.* at 633.
224) *Id.* at 636-37. 대법원은 첫 번째 조건의 충족여부 즉 진입을 위해 실현 가능한 대안이 달리 존재했는지 여부에 대해서도 검토하였으나, 이에 대

를 때 본 사건의 취득은행은 한 위치에서만 사업을 영위하도록 제한되었을 것이기 때문이다. 대법원은, 시장을 제한적으로만 점유하고 있는 단일 점포가 시장내의 대규모 은행들의 경제적 행위에 상당한 영향을 미쳤을 가능성은 거의 없다고 판단하였다.[225] Marine Bancorporation측은, '실재적인 잠재적 경쟁'이론이 모든 형태의 시장확장형 합병에 적용되어야 하는가에 대한 문제를 대법원이 그간 전혀 해결하지 못하였음을 지적하였다. 그러나 연방대법원은, 법무부가 두 가지 선결조건을 충족시키지 못하였다는 사실판단을 내린 후, Marine Bancorporation 사건에서는 이 문제에 대한 답변을 하지 않기로 결정하였다.[226]

(4) 은행시장에서의 인지적인 잠재적 경쟁이론

실재적인 잠재적 경쟁이론을 둘러싼 여러 가지 불확실성과는 달리, 인지적인 잠재적 경쟁이론이 인정된다는 점은 명확하다고 할 수 있다. 연

한 결정은 내리지 않기로 하였다(*Id.* at 635). 하지만 대법원이 법무부의 주장을 받아들였을 가능성은 적어 보인다.

225) *Id.* at 632-39.

226) *Id.* at 639. 한편, 이와 관련하여 미 연방 제5항소법원은 '실재적 잠재적 경쟁' 이론이 논리적인 설득력을 가지고 있으며 클레이톤법의 조문과 정책에 부합한다고 명확히 밝혔다(Mercantile Texas Corp. v. Board of Governors, 638 F.2d 1255, 1265 (5th Cir. 1981). 하지만 그럼에도 불구하고 제5항소법원은, 연방준비제도이사회에 의해 필요한 사실판단이 내려지지 않은 상황에서는 이 이론이 클레이톤법상의 기준의 위반을 제대로 설명해 주고 있는 것인지 여부를 결정할 수 없다고 하여 사건을 연방준비제도이사회로 반송하였다. 그리고 다음 사항에 관한 사실판단을 하라는 명령을 부과하였다. i) 진입을 목표로 하는 시장의 과점적 성격, ii) 여타 잠재적 진입자들의 숫자, iii) 독립적인 시장진입의 합리적 개연성, iv) 독립적인 시장진입으로부터 상당한 친경쟁적 효과가 존재할 가능성(*Id.*, at 1265-72: Republic of Texas Corp. v. Board of Governors, 649 F.2d 1026, 1044-47 (5th Cir. 1981).

320

방대법원은 Marine Bancorporation사건에서 인지적인 잠재적 경쟁에 대
한 몇가지 일반적인 기준을 수립하였다.[227] 즉 대법원이 동 사건에서 표
명한 견해에 따르면, i) 진입을 목표로 하는 시장이 상당히 집중되어 있
고, ii) 취득기업이 자신을 인지적인 잠재적 신규진입자로 되게 할 만한
특성(characteristics)과 능력(capabilities), 그리고 경제적 유인(economic
incentive)을 가지고 있으며, iii) 취득기업이 합병 전에 당해 시장의 외부
에 있으면서 기존 시장참가자들의 과점적 행태를 사실상 완화시키고 있
었던 경우에는 시장확장형 합병이 합법적일 수 있다는 것이다.[228] 다만
연방대법원은 이러한 기준을 본 건의 사실관계에 적용시키면서 동시에
은행산업에 대한 규제적 장벽을 중요한 고려요소로서 강조하였다.[229] 대
법원은 결론적으로, 본 사건에서의 은행합병에 대한 규제적 장벽에 비추
어 경영판단능력을 갖춘 은행이라면 시장외부의 은행이 시장 내로 진입
할 가능성을 그리 높게 보지 않았을 것이라고 보았다.[230] 더욱이 워싱턴
주법이 지점개설행위에 대해 부과했던 규제들은 신규진입자가 성장해서
대규모 은행과 경쟁할 능력을 크게 제한하고 있었다.[231] 이러한 사실에
비추어 볼 때, 경영판단능력을 가진 은행이라면 비록 신규진입이 발생할
지라도 자신들이 취해 온 과점적 행태를 완화하려고 하지 않을 것이라는
것이며 따라서 법무부의 인지적인 잠재적 경쟁론을 받아들일 수 없다는
것이 연방대법원의 판단이었다.[232]

---

227) Marine Bancorporation, 418 U.S. at 624-25.
228) *Ibid.*
229) *Id.* at 639.
230) *Id.* at 640.
231) *Id.* at 639-40. 한편 소수의견은 비록 규모가 작더라도 영업이익을 창출
　　　할 수 있으며 따라서 시장에 영향을 미칠 수 있다고 하였다 (*Id.* at 647
　　　참조).
232) *Id.* at 641. 한편 합병안이 위법이라고 본 소수의견의 White 대법관은,
　　　규제적 장벽이 취득은행의 입장에서 그리 돌파하기 힘든 것만은 아니었

한편 합병안이 위법이라고 본 소수의견의 White 대법관은, 규제적 장벽이 취득은행의 입장에서 그리 돌파하기 힘든 것만은 아니었으며, 또한 취득은행이 진입을 위한 다른 대안을 찾았을 것임을 보여주는 구체적인 증거가 있다고 주장하였다. 또한 다수의견은 지점개설에 대해 제한적이었던 워싱턴주법이 신규진입자가 시장내에서 차지하는 역할을 미미한 것으로 만든다고 보았으나 소수견해는 이 점 또한 비판하였다. 즉 일부 소규모 은행들은 시장내의 대규모 은행들이 충분히 경쟁자로 인식할 만큼 이미 상당한 이윤과 성장능력을 보여주었다는 것이다.[233)]

(5) '인지적인 잠재적 경쟁' 이론에 대한 연방대법원 접근법의 비판적 분석

Marine Bancorporation 판결에서 채택된 연방대법원의 '인지적인 잠재적 경쟁 기준'에 대해서는 현실적으로 여러 가지 문제점들을 제기하였다. 그것은 대략 증거(proof)에 대한 심각한 문제가 야기된다는 점, 기준의 일부 요소들 간에 양립할 수 없는 모순이 존재한다는 점, 그리고 규제적 장벽의 해석 및 진입에 대한 경제적 이론의 해석 등을 연방대법원이 강조한 것에 문제가 있다는 점 등으로 요약할 수 있다.[234)]

으며, 또한 취득은행이 진입을 위한 다른 대안을 찾았을 것임을 보여주는 구체적인 증거가 있다고 주장하였다. 또한 다수의견은 지점개설에 대해 제한적이었던 워싱턴州法이 신규진입자의 역할을 미미한 것으로 만든다고 보았으나 소수견해는 이 점에 대해서도 비판하였다. 즉 일부 소규모 은행들은 시장 내의 대규모 은행들이 충분히 경쟁자로 인식할 만큼 이미 상당한 이윤과 성장능력을 보여주었다는 것이다(*Id.* at 647).

233) *Id.* at 647.
234) 이와 같은 문제점들의 원인은 시장행태 및 성과의 예측에 대한 조사를 해내는 데 따른 어려움 때문으로 파악하기도 한다. 이 기준이 요하는 자료분석법은 복잡하고도 개념이 잡히지 않을 뿐만 아니라, 추론적이기까지 한 것이다. Daniel J. Mahoney, When Bank Mergers Meet Antitrust Law, There's No Competition, *Annual Review of Banking Law*, Boston

1) 증거와 관련된 문제점들

은행합병이 문제된 사건에서 합병을 반대하는 측은 대개 시장이 집중되어 있다는 주장을 하게 된다. 그러면 합병을 찬성하는 측에서는 집중률이 당해 시장의 경제적 특성을 정확하게 나타내주고 있지 못하다는 점을 내세워서 시장의 과점적 성격에 대한 추정을 반박하려고 할 것이다.[235] 그런데 공모행위에 대한 추정을 문제삼는 것은 법원에게 익숙치 않은 복잡한 경제적 분석들을 수반하게 된다.[236]

이러한 기준적용은 또 다른 측면에서 비슷한 문제점을 유발한다. Marine Bancorporation 사건에서 연방대법원은, 취득기업이 자신을 인지적인 잠재적 신규진입자로 되게 할 만한 특성과 능력과 경제적 유인을 가지고 있는지 여부를 검토하였다. 그런데 이 "특성"이라는 요소는 뚜렷하게 한정되어 있는 개념이 아니어서 소송당사자로 하여금 법정에 무수히 많은 쟁점들을 제기시킬 수 있도록 한다. 이에 더하여 경제학자들과 산업전문가들은 신규진입자들을 은행시장으로 끌어들이게 하는 요소들이 무엇인지를 결정하는데 적잖은 어려움을 겪어왔다.[237] 이에 대해서는 의견일치가 이루어지고 있지 않은데 바로 이점이 진입의 유인에 대한 분석을 더욱 어렵게 만들고 있으며, 증거를 둘러싼 논쟁을 오래 끌게 한다.

University, p.328, (1995).
235) Brodley, *op.cit.*, p.17; Thomas G. Watkins, Probable Future Competition in Banking, 30 *The Antitrust Bulletin*. p.727 (1985) 참조.
236) Brodley, *op.cit.*, pp.20-21.
237) Halbrook & Savage, *op.cit.*, p.759; Gary G. Gilbert, Predicting De Novo Expansion in Bank Merger Cases, 29 *Journal of Finance*, p.151 (1974); John T. Rose, Buying a Country Bank: De Novo Entry and Market Attractiveness, 96 *Banking Law Journal*, p.242 (1979); John T. Rose, Interstate Banking, Potential Competition, and the Attractiveness of Banking Markets for New Entry, 30 *The Antitrust Bulletin*. p.740 (1985).

다만 은행시장의 신규진입에 대해 연구한 일부 자료들을 보면 은행시장 진입은 은행시장의 규모와는 정의 함수관계를 가지고 있는데, 반해 시장의 집중도와는 부의 함수관계를 가진다고 한다. 또한 고도의 시장집중은 지주회사의 시장확장 행위에도 부정적인 영향을 미치는 것으로 알려져 있다. 아울러 일부 연구들은 신규진입이나 거점확보를 통한 시장진입이 시장의 성장과 긍정적인 함수관계를 가지는 것으로 보고하고 있다. 다만 시장의 성장에 대한 증거는 어느 정도 시장의 규모와 집중에 대한 증거에 비해 시장진입에 미치는 영향이 다소 약하다. 이상을 종합해보면 신규진입자들에게 매력적으로 보이는 은행시장은, 비교적 규모가 크면서 집중되어 있지 않고 성장전망도 좋은 은행시장이라고 할 수 있다.[238]

한편 대법원이 부과한 요건 가운데, '시장참가자들이 문제된 시장외부 은행을 잠재적인 진입자로 사실상 인식하고 있었으며 이러한 인식으로 인해 시장참가자들의 과점적 행태가 상당히 완화되었음을 입증해야 한다'는 요건에 대해서도 증거와 관련한 한가지 취약점이 발견된다. 무엇보다도 진입대상 시장의 기존 참가자들의 주관적인 증언을 가지고 경쟁적 효과에 대한 객관적인 증거를 논박할 수 있는가 하는 점이 명확하게 규명되지 않는다.[239]

기존 시장참가자들이 시장외부의 사업자를 어떻게 인지하고 있었는가 하는 점은 주관적인 평가에 상당히 좌우되는 문제라고 할 수 있다. 시장의 집중도를 고려한 시장참가자들의 행태를 계량적으로 분석해서 외부사업자들을 잠재적 진입자로 인식하고 있음이 어느 정도 추정될 수 있기는 하지만, 결국 시장외부의 사업자들 가운데 누구를 잠재적 진입사로 생각하고 있었는가 하는 점은 시장내부 참여자들의 주관적인 인지에 따라 달

---

238) John T. Rose, *op.cit.*, Interstate banking., p.741.
239) Thomas P. Vartanian, Potential Competition and Bank Mergers: Defense Blueprint for the 1980's, 99 *Banking Law Journal*, 882 (1982).

라질 것이다.

그런데 주관적인 판단의 여지로 인해 시장참가자들의 입장에 따라서는 사실과 증언이 불일치하는 결과가 발생할 수도 있다. 예를 들어서, 실제로 어느 시장외부에 한 은행이 존재하면서 진입의 기회를 엿보고 있다는 사실 때문에 기존의 시장참가자들이 과점적인 지위를 행사하지 못하고 있었다면, 이들 기존 시장참가자들의 입장에서는 합병으로 인해 오히려 그러한 잠재적 진입자가 소멸되기를 바랄 것이다. 합병 때문에 시장내부의 실질적 경쟁에 변화가 초래되는 것은 아니기 때문이다. 따라서 합병을 바라는 입장에서는 취득은행이 아닌 다른 은행들을 진입가능성이 더 높은 잠재적 진입자로 인식했다는 증언을 할 가능성도 있는 것이다.[240]

2) 적용상의 문제점들

한편 Marine Bancorporation 사건에서 연방대법원이 수립한 인지적인 잠재적 경쟁이론의 기준은 일정정도 자기모순적인 측면을 가지고 있다고 지적된다. 이 기준은 "관련시장이 고도로 집중되어 있을 것"을 요건으로 부과하고 있다. 또한 "취득은행이 시장에 신규로 진입할 경제적 유인을 가지고 있을 것"을 요하고 있다. 하지만 근래의 시각들은, 오히려 고도로 집중된 은행시장에는 새로운 진입자들이 몰릴 가능성이 적은 것으로 보고 있다.[241] 고도로 집중된 시장에는 진입을 꺼리게 되는 현상은 다소

---

240) Brodley, *op.cit.*, p.24.
241) Dean F. Amel, An Empirical Investigation of Potential Competition: Evidence from the Banking Industry, in Bank Mergers: Current Issues and Perspectives, p.49 (1989); John T. Rose, Interstate Banking, Potential Competition, and the Attractiveness of Banking Markets for New Entry, 30 *The Antitrust Bulletin* p.741 (1985); Arthur E. Wilmarth, Jr., Too Big to Fail, Too Few to Serve? The Potential Risks of Nationwide Banks, 77 *Iowa Law Review*. p.1035 (1992) 등 참조.

이례적인 것으로 아마도 은행산업에서만 목격되는 특이한 현상이라고 할 수 있다.[242] 은행산업외에서는 대개 시장이 고도로 집중되면 시장내 사업자들의 과점적 행위가 조장되고, 그러한 과점적 행위는 높은 이윤을 창출하게 되어 결국엔 시장외부의 사업자들을 시장내로 끌어들이는 결과가 발생하게 된다. 그런데 연방대법원은 이러한 일반적인 현상을 은행산업에도 적용함으로써, 은행산업에서의 시장집중에 대한 특이한 반응을 간과하였다는 지적이 제기된다. 따라서 대법원이 설정한 두 가지 기준사이에는 본질적으로 양립할 수 없는 모순이 존재한다는 것이다.[243]

Marine Bancorporation 판결에서 도출된 기준은 또 다른 현실적 문제점도 제기한다. 합병을 반대하는 측에서는 취득은행이 "사실상 시장내 기존참가자들의 과점적 행위를 완화"시켰음을 입증하여야만 한다. 그런데 종래 미국에서 주간 은행업에 대해 존재하던 많은 규제적 장벽들이 철폐됨으로 인해서, 은행시장의 잠재적인 진입자들의 숫자도 증가하게 되었다. 따라서 이들 잠재적 진입자들 가운데 한 은행이 신규진입대신 합병 방법을 통해 시장에 참가하는 경우에도 다른 잠재적 진입자들의 인지적 효과(perceived effect)는 여전히 존재할 것이다.[244] 더우기 합병을 찬성하는 측에서는 그들이 인지적 효과취득은행 이외의 은행들이 시장에 진입할 수도 있다는 가능성의 탓으로 돌렸다고 주장할 수도 있을 것이다.[245]

3) 진입이론분석

인위적인 잠재직 경쟁이론에 대한 연방대법원의 교리적 접근에서 중요한 의미를 가지는 부분이 시장외부 기업의 잠재적 진입을 강조하고 있는

---

242) Daniel J. Mahoney, *op.cit.*, p.333.
243) Rose, Interstate Banking. p.735; Wilmarth, *op.cit.*, pp.1021-22.
244) Halbrook & Savage. *op.cit.*, p.760.
245) *Id.*, p.757.

점이다. 대법원이 제시한 기준의 이러한 측면은 주로 '진입의 경제이론'(economic theory of entry)에 의존한 것이다. 이 이론은 다음과 같이 설명되어 진다:

가격이 경쟁수준 이상으로 인상되는 때에는, 새로운 사업자들이 당해 산업분야로 유인될 것이며, 이들 신규사업자들에 의한 추가적인 경쟁이 가격을 원상태로 인하시킬 것이다. 완전경쟁시장 하에서는 잠재적 진입자들의 공급에 사실상 제한이 없다. 따라서 어느 특정 잠재적 진입자가 사라진다고 해도 경제적으로는 큰 의미가 없다. 하지만 시장이 불완전경쟁상태이고 진입도 제한적이라면, 그 땐 특정한 잠재적 경쟁자의 손실은 좀더 심각한 문제가 된다. 특히 다른 진입자들이 높은 진입장벽을 겪고 있는 상태에서는 더욱 그러하다.[246]

시장참가자들이 잠재적 경쟁을 인지하기 위해서는, 잠재적 진입자들이 합리적인 시장진입수단을 가지고 있다고 믿을 만한 사유가 시장참가자들 사이에 있어야 한다. 심각한 진입장벽이 존재하는 경우에는 시장참가자들이 진입의 "위협(threat)"을 인식하지 못하는 경향이 있다. 미 연방대법원은 진입의 개연성에만 중점을 둠으로써 진입에 대한 장벽이 가지는 여러 가지 의미를 감안해 내지 못하였다. 진입장벽의 존재 자체가 시장참가자들의 과점적 행태를 보호하는 역할을 한다. 진입장벽에 둘러싸여 있는 이와 같은 집중화된 시장형태는 진입장벽을 가지고 시장외부의 진입자들이 신규로 진입할 가능성을 보전하는 것이 중요하다는 점을 잘 보여준다.

대법원은 진입이 가지는 좀더 폭넓은 중요성을 반대의 예를 들어서 인정하였다. 즉, 시장으로의 진입이 쉬운 경우에는, 법원은 그간 반트러스트 차원의 염려가 존재하지 않는다는 판결을 왔다고 지적하였다.[247] 이

---

246) Brodley, *op.cit.*, p.27.
247) Phillip Areeda & Donald F. Turner, *Antitrust Law*, S 1119(f)(2)

는 곧 인위적인 진입장벽이 존재하는 상황에서는 법원은 시장에 긍정적 효과를 가질 수 있는 경쟁은 그것이 어떠한 형태이는 보호하도록 주의해야 함을 의미한다. Marine Bancorporation 사건의 반대의견은 다수견해가 진입장벽의 존재를 너무 많이 강조하였다고 보았다. White 대법관은 오직 "깨뜨릴 수 없는(impenetrable)" 장벽만이 잠재적 경쟁의 친경쟁적 효과를 완전히 가로막을 수 있음을 내비쳤다.

연방대법원의 기준에 관해 제기되는 일련의 문제점들은 합병심사를 행태 및 성과분석에 맡겨둠에 따른 위험성과 관련이 있다. 기업결합 사건에 있어서, 규제기관이나 법원은 향후 시장내의 성과나 행태가 기업결합으로부터 어떠한 영향을 받게 될지를 예측하여야만 하는데, 행위 및 성과분석은 기업결합과 관련하여 특히 어려운 문제를 낳게 된다. 기업결합 이외의 반트러스트 사건에서는 행위나 성과에 대한 증거가 곧 드러난다.[248] 따라서 미래에 대한 예측에 의존할 필요성이 그리 크지 않다.

제4절 경쟁제한적 은행합병의 예외적 허용

I. 개관

은행합병의 심사에 있어서 경쟁제한성의 존재여부를 판단하는 것으로 심사가 종료되는 것은 아니다. 대다수의 은행합병규제체계에서는, 비록 경쟁제한적 합병일지라도 예외적으로 허용될 수 있는 가능성을 열어 두고 있다. 특히 최근의 은행합병사안에 대해 각국은 경쟁제한성을 이유로

(1978).
248) Brodley, *op.cit.*, p.7.

합병을 금지시키기 보다는 가급적 허용해 주려는 추세에 있는데, 이 과정에서 예외적 허용 수단들이 적극 활용되고 있다. 그런 점에서 볼 때 은행합병심사에 있어서 경쟁제한성을 판단하는 과정 못지않게 예외적 허용 여부에 대한 결정과정이 현실적으로 매우 큰 의미를 갖는다고 할 수 있다. 은행합병을 허용해 주어야 한다 하더라도 어떠한 근거와 기준하에 허용할 것인지도 그만큼 중요한 문제로 제기되고 있는 것이다.

그런데 이 같은 예외적 허용은 은행합병사건에서만 논해지는 것은 아니며, 근본적으로 기업결합심사과정에서 활용되는 예외적 허용제도에 그 모태를 두고 있다. 즉 기업결합심사과정에서 경쟁제한적인 것으로 판명되는 경우에도 그 경쟁제한성을 능가하는 사회, 경제적 사유가 있다고 주장되는 경우에는 그 주장의 정당성을 심사하여 그 결과에 따라 예외적으로 허용하는 방식을 은행합병에 대해서도 채용된다. 다만 그 항변사유의 내용이 각 나라의 상황에 따라 다르게 규정되어 있을 뿐이다. 그런데 이 점에서 우리나라의 독점규제법에서 규정하고 있는 항변사유는 미국의 법무부 기업결합가이드라인에서 인정하는 사유와 거의 동일하다. 따라서 우리의 현행 은행합병규제에서 어떠한 항변을 인정할 것인지를 모색하는데 있어서 역시 미국의 규제체계에서 많은 시사점을 찾을 수 있을 것이다.

그런데 미국의 경우 예외적 허용수단으로서 정당성 항변만 활용되는 것이 아니라 합병은행이 보유하는 자산을 매각하는 조치가 폭넓게 활용된다는 점에서 훨씬 폭넓은 예외적 허용수단의 활용폭이 넓다고 할 수 있다. 물론 자산매각은 기업결합사건에서도 시정조치로서 인정되어 오고 있지만, 은행합병에서는 그 활용빈도가 훨씬 더 활발할 뿐만 아니라, 사후적 시정조치가 아닌 사전조정 수단으로 활용된다는 점에서 통상적인 자산매각의 의미와는 다소 차이가 있다. 즉 공식적인 절차는 아니지만 심사기관이 합병안에 대한 최종적인 판단을 내리기 이전에 검토하게 되는 사실상의 심사단계라고 할 수 있다.

이러한 의미에서 본 절에서는 이 점에 주목하여 정당성 항변과 자산매각조치를 함께 다루어 보기로 한다. 단, 이 둘을 동일한 주제하에 다루기는 하지만 정당성항변의 경우는 경쟁제한성 자체에는 아무런 조치를 하지 않고 경쟁제한성을 뛰어넘는 다른 기대이익을 고려하여 합병을 허용한다는 취지인데 반해, 자산매각은 경쟁제한성이 인정되므로 그 부분을 제거하는 것을 조건으로 합병을 허용한다는 취지라는 점에서 차이가 있음은 유의할 필요가 있다. 경쟁법적인 측면에서 볼 때 그 의미가 확연히 다른 영역인 것이다.

Ⅱ. 경쟁제한적 은행합병에 대한 정당성 항변

1. 서설

은행합병안이 경쟁제한적인 것으로 판명이 될 경우에도 합병은행측은 합병으로 기대되는 경쟁이외의 정당성을 증명함으로써 예외적인 인가를 이끌어 낼 수 있다. 은행합병사건에서 어떠한 정당성 항변을 허용할 것인지는 기본적으로 기업결합에 적용되는 독점금지법 규정이 은행합병사건에서도 유효한가 하는 문제와 직결된다. 은행합병을 일반적인 기업결합사건과 동일하게 취급할 경우에는 기업결합규제법규에서 인정하는 항변사유가 은행합병사건에도 그대로 적용될 것이고, 은행합병에 고유의 규제체계를 둘 경우에는 은행합병에 특유한 항변사유가 인정될 수도 있을 것이다. 다만 후자의 항변체계를 둘 경우 기업결합 사건에서의 일반 항변사유가 동일하게 인정될 수 있을 것인지, 혹은 그 의미나 적용범위가 동일한지는 별개의 문제라고 할 수 있다.

그런데 은행합병사건에서 어떠한 항변사유를 인정할 것에 대해서도,

330

오랜 기간에 걸쳐 가장 많은 제도적 실험과 법해석적 논쟁이 이루어진 법역은 역시 미국이라고 할 수 있다. 미국의 은행합병사건에서 허용되는 정당성 항변은 일반 기업결합사건에서 인정되는 효율성항변, 도산기업항변249)에 더하여, 은행시장의 특수성을 감안한 지역사회의 편의·필요항변, 부실은행항변 등으로 요약될 수 있다. 요컨대 일반 기업결합사건에 비해 다양한 정당성 항변이 활용되고 있는 것이다. 이하에서는 이와 같은 일반적 혹은 특유의 정당성항변사유가 어떻게 정립되어 왔는지 그리고 각 항변요소의 내용은 어떠한지를 한국에의 적용가능성을 염두에 두고 분석해 보기로 한다.

2. 은행합병사건에 있어서 정당성 항변의 형성과정

(1) 1960년 은행합병법과 공익항변

은행합병사건에 대해 클레이톤법 제7조를 적용시킬 수 없다고 보았던 1950년대까지는 미국에서 은행합병 자체를 독점금지법위반으로 문제삼을 수 없었기 때문에, 정당성 항변 역시도 논해질 여지가 없었다. 그러나 1960년 은행합병법에서 심사의 기준으로서 은행시장의 경쟁을 보호하기 위한 고려요소(경쟁고려요소)들이 제시되면서 합병당사자들이 심사결과에 대해 항변할 수 있는 가능성을 검토할 필요가 생기게 되었다. 그런데 1960년법에서는 금융고려요소와 경쟁고려요소를 1차적인 심사기준으로 제시하는 한편, 최종단계에서 합병안이 "공공의 이익(public interest)"을 위한 것인지를 심사하도록 규정하였는데 합병당사자들에게는 이 규정이

---

249) 우리나라의 독점규제및공정거래에관한법률 제7조 2항 1호, 2호의 조문을 고려할 때 failing firm defense에 해당하는 항변을 '회생불가기업항변' 정도로 표현할 수 있겠으나, 보편적으로 사용되는 용어는 '도산기업항변'이므로 이하 failing firm defense를 도산기업항변으로 통일키로 한다. 권오승, 「경제법」, 법문사, 2005, 219면.

합병의 예외적 허용을 주장할 항변사유로 이해되었다. 합병인가요건 가운데 일부 항목의 위반이 있더라도, "공공의 이익" 측면에서 허용필요성이 크다면 합병이 승인될 수도 있다는 의미였기 때문이다. 이런 점에서 볼 때, 1960년 법은 은행합병규제체계에 있어서도 당사자들에게 항변의 가능성을 열어주었다고 하는 또 다른 의미를 갖는다.

(2) Philadelphia 판결에서 항변에 대한 대법원의 입장

Philadelphia 사건에서 은행합병이 클레이톤법 제7조의 적용범위에 속하며, 규제기관의 인가가 있더라도 경쟁당국에 의한 독점금지위반 청구가 배제되지 않는다는 점이 확인되자,250) 합병은행측에서는 합병안에 다소간의 경쟁제한적 측면이 있더라도 몇 가지 이유에서 합병이 정당화될 수 있다는 주장으로 방향을 선회하였다. 당사자들이 주장은, 외곽지역의 고객들에 대한 서비스를 가능케 하고, 대기업에 대한 대출시장에서 뉴욕지역소재 은행들과 경쟁할 수 있도록 하며, 은행의 지점개설이 허용된 네 카운티 지역의 경제발전을 위해서는 은행합병이 필수적이라는 것이었다.

그러나 연방대법원은 합병은행측의 이같은 주장을 받아들이지 않았다.251) 은행합병안이 경쟁을 제한할 수 있는 측면과 공공의 이익에 부합

---

250) U.S. v. Philadelphia National Bank, et al., 374 U.S. 321 (1963).

251) 연방대법원은 1960년 은행합병법의 관련규정에 관해서 다음과 같이 판시하였다: "대법원의 입장은, 합병의 효과가 경쟁을 실질적으로 감소시키는 반면 사회적 경제적 손익을 계산해 볼 때 이익이 될 수 있는 경우에도 당해 합병을 허용해서는 안된다는 것이다. 어떠한 것이 보다 중대한 것인지에 대한 가치판단은 통상적인 사법권의 능력을 벗어나는 일이다. 의회는 미국에서 전통적으로 지켜져 온 경쟁위주의 경제체제를 보호키로 결정하였다. 따라서 의회는 경쟁제한적인 합병들은 그것이 가지는 순기능이나 해악을 막론하고 금지시켰으며, 어느 정도의 대가는 불가피하게 치루어야만 하리라는 것이 우리의 생각이다". *Id.* at 370-371.

332

하게 되는 측면 사이에 가치판단을 하는 것 자체가 사법심사의 대상이
아니라는 것이 그 이유였다. 대법원의 이와 같은 입장은, 당초 1960년 법
의 입법 취지가 합병으로 인한 은행서비스 개선이 公共의 利益에 미치는
영향을 분석토록 했다던 점을 간과한 것이라는 비판을 받기도 했다.[252]
반면, 동 판결에서는 일찌기 International Shoe 판결[253]에서 수립된 도산
기업(Failing Firm)이론이 은행합병에 대해서도 적용될 수 있음을 인정
하였는데, 이로써 일반 기업결합사건의 항변사유가 은행합병사건에서도
주장될 수 있다는 점이 확인되었다.

(3) 1966년 은행합병법에서의 항변에 대한 명시적인 도입

1960년 은행합병법에서는 정당성 항변이 해석상으로만 인정되었는데,
그로 인해서 실제 판결에서는 관련 규정이 항변사유로 받아들여지지 않
는 결과가 발생하기도 했다. 이와 같은 규정상의 불명확성으로 인해 빚
어진 혼선은 1966년 개정법을 통해 해결되었다. 1966년 개정 은행합병법
은 경쟁제한적인 합병이라도 허용이 될 수 있는 가능성을 명시하여, "심
사담당기관이 합병안의 반경쟁적 효과보다도 공공의 이익측면에서 지역
사회의 편의 및 필요를 충족시키게 되는 거래의 예상효과가 명백하게 압
도적이라는 것을 밝혀 낸 때"에는 합병이 승인될 수 있도록 규정하였
다.[254] 따라서 심사기관은 영업대상 지역사회의 편의 및 필요에 대해서
도 중점을 두고 심사를 해야 하며, 더 이상 Philadelphia 판결과 같이 공
익에 관한 주장을 간과할 수 없게 되었다. 하지만 1966년법상의 '편의 및

---

252) Bruce P. Golden, Preparing the Convenience and Needs Defense under
the Bank Merger Act of 1966, *Banking Law Journal* Vol. 96, 1979, p.
105.
253) International Shoe Co. v. FTC, 280 U.S. 291 (1930).
254) 12 U.S.C. §1828(c)(5)(B). 동일한 규정을 은행지주회사법 (12 U.S.C.
§1842(c)(1)(B))에서도 발견할 수 있다.

필요(convenience and needs)'가 무엇을 의미하는 것인지는 명확하지 않아서 여전히 해석의 여지가 남아 있었다. 편의·필요항변의 의미와 범위는 이후에 있었던 미 연방대법원의 판결들을 통해 구체화되었다.

한편 동법에서는 1966년 은행합병법에서는 은행규제기관이 "합병관련 은행들 가운데 한 은행에서의 잠재적 은행실패를 방지"하기 위하여 추진 중인 합병을 즉시 승인할 수 있도록 한 특별규정을 두었는데,[255] 이 규정은 도산기업항변의 취지를 적기시정조치(Prompt Corrective Action)의 형태로 반영한 것으로도 볼 수 있다. 이하에서는 먼저 은행합병법에서 인정하고 있는 항변사유들을 살펴보고 나서 일반 기업결합사건의 효율성이 은행합병사건에서도 유효한지를 검토하기로 한다.

3. 편의·필요 항변

(1) 편의·필요항변의 취지와 의미

1) 항변의 도입취지

은행합병법 제5조 (B)항은, "합병의 효과가 국가의 어느 지역에서 실질적으로 경쟁을 감소시키게 되거나 독점을 낳는 경향이 있는 합병거래안이나, 기타 여하한 방법으로 거래를 제한하게 될 합병거래안"을 허용하지 못하도록 하는 한편, 단서규정에서 "심사담당기관이 합병안의 반경쟁적 효과보다도 공공의 이익측면에서 지역사회의 편의 및 필요를 충족시키게 되는 거래의 예상효과가 명백하게 압도적이라는 것을 밝혀 낸 때"에는 합병이 승인될 수 있도록 규정하고 있다.[256] 이는 은행산업의 특성상 지역사회의 편의 및 필요라고 하는 특별한 "공익항변(public

---

255) 12 U.S.C. §1828 (c) (6).
256) 12 U.S.C. §1828(c)(5)(B). 동일한 규정을 은행지주회사법 (12 U.S.C. §1842(c)(1)(B))에서도 발견할 수 있다.

interest defence)"을 인정한 것이라고 할 수 있다.[257] 은행합병법 개정 당시 미 의회의 기록에 비추어 볼 때, 은행합병에 대하여 이처럼 특별한 예외규정을 둔 이유는 다음의 두 가지로 요약된다.

우선, 합병이 어느 시장 내의 집중도를 증가시켜서 독점금지법 기준 하에서 위법이 될 수 있는 정도에 이르지만 실제로는 경쟁의 감소를 낳지는 않는 경우가 있을 수 있다. 예를 들어서, 어느 소도시에 소재한 지역은행이 취약한 기반으로 인해 시장 내의 경쟁자로서 역할을 거의 수행하고 있지 못하고 있던 중, 인근의 다른 은행과 합병이 되었다고 한다면, 시장 내의 집중도는 그 은행이 차지하고 있던 부분만큼 증가되겠지만 시장의 경쟁에는 실질적인 손실이 발생하지 않는다는 것이다.[258]

또 하나는, 합병으로 탄생하는 은행이 반경쟁적 해악을 충분히 만회하고도 남을 만큼 개선된 서비스를 지역사회에 제공할 수 있다는 점이다.[259] 가령 합병을 통해서 더 많은 자금을 확보하게 된 은행들은 대출한도를 증가시키게 되어 지역사회내의 성장기업들에 대한 서비스를 확대할 수 있으며, 특정분야에서 고유서비스를 제공하던 은행들간에 합병이 이루어지면 새로운 영역 가령 신탁업무와 같은 분야로 서비스를 확장할 수도 있다.

---

257) 연방준비제도이사회가 이러한 "편의 및 필요" 항변을 고려하여 합병을 승인한 대표적인 경우로는 First National Bankshares, 70 Fed. Res. Bull. 832; First American Bank Corp., 70 Fed. Res. Bull. 516 (1984) 등이 있으며, 이러한 항변이 법원에서 검토되었던 경우로는, United States v. Phillipsburg National Bank & Trust Co., 399 U.S. 350 (1970); United States v. Third National Bank, 390 U.S. 171(1968); United States v. First National Bank, 310 F. Supp. 1 157 (D. Md. 1970); United States v. Provident National Bank, 280 F. Supp 1 (E.D. Pa 1968) 판결 등을 들 수 있다.
258) H.R. Rep. No. 1221, 89th Cong., 2d Sess. 3.
259) Id. at 3-4.

2) 편의·필요항변의 경쟁법적 의미

편의와 필요가 특별히 은행서비스에서 의미를 가진다는 점은 인정되지만 과연 그 이익이 '경쟁(competition)'이라는 시장경제의 기본적인 가치를 제한할 만큼의 중요성을 가진 것인지에 대해서는 반론도 제기될 수 있다.

먼저 위에서 살펴본 첫 번째 이유에 대해서 보면, 과연 입법으로 예외규정을 둘 만큼 당해 상황의 빈도가 높거나 중대성이 큰 것인지에 대해 의문이 제기된다.260) 본래 법원이 소규모 합병에 대해서까지 오로지 시장집중도에만 근거하여 위법하다는 판단을 내리는 것은 아니다. 또한 이미 상품시장이 "일정한 거래분야"로 한정되지 않도록 조문을 생략함으로써 시장 전체적인 측면에서의 경쟁적 영향을 판단하도록 되어 있기 때문에 경쟁에 영향을 미치지 않는 소규모 은행합병은 경쟁제한성 판단 단계에서 합법적인 것으로 판단될 가능성이 크다. 즉 (B)항의 단서규정을 통해 예외를 인정하지 않더라도 법원이 이러한 상황을 고려하여 충분히 판단을 내릴 수 있는데도, 명문으로 경쟁법의 중대한 예외규정을 둔 근거가 미흡하다는 주장이다.

두 번째의 이유에 대해서는, 합병으로 인한 은행의 수익개선과 경영진 교체의 효과는 지역사회의 편의와 필요 차원이라기보다는 은행내부의 이익에 관한 문제라는 지적이 제기된다. 또한 합병으로 인한 잡다한 서비스의 신설보다는 이자율의 인하와 대출이용가능성의 확대가 지역사회가 진정으로 원하는 '편의와 필요'이며, 따라서 비록 합병을 통해 여러 가지 서비스가 확대되는 효과가 있더라도, 합병으로 인한 경쟁감소가 이자율 인상을 초래하면 이는 지역사회의 편의와 필요에 오히려 반할 수도 있다

---

260) 실제로 은행합병법의 입법과정에서 미 의회내에서도 이에 대한 문제제기가 많았던 것으로 알려진다. The 1966 Amendment to Bank Merger Act, *op.cit.*, p.778 참조.

는 것이다.[261]

이상과 같은 문제제기는 주로 1966년 법개정 직후에 집중되었으며, 현재로서는 크게 문제를 삼고 있지 않은 것으로 보인다. 우선 현실적으로 이러한 항변이 받아들여지기가 그리 쉽지 않은데다, 은행규제기관의 합병안 심사가 최종적인 구속력을 가지는 것도 아닌 만큼, 은행업 규제 전문기관으로 하여금 합병의 복합적인 영향을 고려할 기회를 부여하는 것이 경쟁원칙을 원천적으로 훼손하는 것은 아니라는 인식 때문이라고 할 수 있다. 그런데 여기서, 지역사회의 편의와 필요가 미국의 은행시장에서 특히 중요하게 받아들여지는 다른 이유가 존재하는 것은 아닌지 생각해 볼 필요가 있다. 이는 지역사회의 편의와 필요라는 특수한 항변요소를 은행산업에 도입한 미국의 입법례를 일반화하여 다른 나라들에도 적용시킬 수 있는 것인지를 판단하는데 있어서도 중요한 문제이기 때문이다.

3) 편의·필요항변의 사회법적인 의미

미국의 은행합병규제체계에 있어서 "편의 및 필요"라는 용어는 은행합병법이나[262] 은행지주회사법,[263] 은행지배의변화에관한법률[264] 이외에도 1977년 제정된 "The Community Reinvestment Act('지역사회재투자법', 이하 "CRA")[265]"에서도 목격할 수 있다. 동 법에서는 "금융기관들이 사업면허 대상 지역사회의 편의와 필요에 기여"하도록 하는 규정을 두고 있어서 합병을 추진하는 은행에게 또 다른 적극적 의무를 부과하고 있다.[266] 그런데 많은 학자들은 CRA제정의 목적이 은행들로 하여금 저소

---

261) 112 Cong. Rec. 2350 (daily ed. Feb. 8, 1966)
262) 12 U.S.C. §1828 (c) (5) (B).
263) 12 U.S.C. §1842 (c) (2).
264) 12 U.S.C. §1817 (j) (7) (B).
265) 12 U.S.C. §2901-2905 (1977).
266) 12 U.S.C. §2901 (a) (1).

득층에게 대출을 제공토록 하기 위한 데 있다고 보고 있다. 특히 동법을 제정함에 있어서 입법자들이 가장 주목한 부분은 소위 redlining이라 불리는 '특정경계지역지정' 관행과 특정지역에 대한 '투자거부'(disinvestment) 관행이었다.[267] 특정경계지역지정은 신용불량의 경험과는 직접적 관계가 없는 경제적 상황이나 인종적 요인을 이유로 하여 특정지역의 주민에게 신용제공을 거부하는 구조적 문제를 의미한다.[268] 그 구체적인 예로는, 특정지역내에서 재산권담보 대출을 거부하는 행태, 특정지역으로부터의 대출신청 접수를 거절하는 행태, 특정지역에서 일반적으로 행해지고 있는 대출 조건에 따른 대출을 특정 지역내에서 거절하는 행태, 특정 연령이상에 대해서 재산권 대출을 해주기를 거절하는 행태 등을 들 수 있다.[269] 투자거부는 은행이 지역사회로부터 예금을 거둬들이고서는 이를 다시 당해 지역사회에 재투자하지 않는 관행을 뜻한다.[270] 입법자들은 이런 현상이 도시지역의 노년층 감소현상을 유발한 원인의 하나로 보는 한편[271], 특정지역에 대한 은행들의 신용공여 부족을 하나의 사회문제로 인식하게 되었다. 따라서 동법에서 은행합병시 적극적으로 고려토록 되어 있는 지역사회의 편의 및 필요 충족의무는, 소득수준이나 인종과 같은 비경제적인 이유에 의해 금융고객들이 은행으로부터 대출서비스를 받지 못하는 현상을 방지하기 위한 다분히 정치적, 사회정책적 기준이라고 할 수 있다. 그렇다고 하면 동법상의 편의 및 필

---

267) 123 Cong. Rec. 17, 630 (1977).

268) Black's Law Dictionary에서는 Redlining을, "금융기관들이 신청인의 신용기록에 관계없이, 상황악화를 이유로 특정지역의 재산권에 대하여 저당권설정 대출을 거절하는 차별적 형태"로 정의하고 있다(Black's Law Dictionary 1279 (6th ed. 1990) 참조).

269) Schellie, Current Developments with the Community Reinvestment Act, 42 *Business Lawyer*, pp.943-946 (1987).

270) *Ibid.*

271) *Id.* p.943, n.2.

338

요충족의무는 은행합병규제에 보편적으로 적용할 수 있는 심사기준으로
보기는 힘들다고 하겠다. 비록 표현상은 차이가 없지만 CRA가 이를 항
변사유가 아닌 적극적 의무로 규정하고 있고, 입법연혁상으로 동법의 취
지가 명확히 구별되는 만큼, 아래에서는 은행합병법상의 편의 및 필요에
국한하여 논하기로 한다.

(2) 합병심사에 있어서 편의·필요항변의 지위

지역사회의 편의와 필요를 은행합병의 적극적인 의무로 부과하고 있는
CRA의 방식은, 사실 1960년 은행합병법에서도 발견할 수 있다. 현행법
은 1966년 은행합병법 이후로 "지역사회의 편의와 필요"를 경쟁제한성을
벌충하기 위한 항변요소로서 인정하고 있지만, 당초 1960년 은행합병법
에서는 항변요소가 아닌 심사기준의 하나로서 규정했었던 것이다.[272] 여
기서 합병심사기준의 하나로서의 지위와 항변요소로서의 지위가 가지는
차이점에 주목할 필요가 있다. 심사기준의 하나였다는 것은, 합병안이 지
역사회의 편의와 필요라는 공공의 이익을 충족시키는지를 합병당사자들
이 적극적으로 충족시켜야 했음을 의미한다. 특히 지역사회의 편의와 필
요라는 본질상 나머지 금융고려요소들과는 달리 공익성이 강하게 내포되

---

272) 1960년 은행합병법의 합병인가 기준으로는, 합병당사은행 각각의 재정상
태의 추이와 현황(the financial history and condition); 각 은행의 자본
구성의 적절성(the adequacy of its capital structure); 합병후의 수익 전
망(its future earnings); 합병은행 경영진의 일반적 성격 (the general
character of its management); 합병은행의 역량(the merged bank's
corporate power)이 본법의 목적에 부합하는지 여부; 당해 합병의 독점
화경향을 포함하여, 합병거래가 경쟁에 미치는 영향(the effect of the
transaction on competition, including any tendency toward monopoly)
등과 아울러 영업대상 지역사회의 편의 및 필요(the convenience and
needs of the community to be served)가 심사기준의 하나로 규정되어
있었다. (76 Stat. 953(1962), 12 U.S.C. §1828(c) (1964)).

어 있다는 점에서 구별되는 기준이라고 할 수 있다.273) 일반적인 금융고
려요소들, 가령 합병당사은행 각각의 재정상태의 추이와 현상이라든지,
각 은행의 자본구성의 적절성, 합병후의 수익 전망, 합병은행 경영진의
일반적 성격 등은 본질적으로 합병하는 은행들 자체에 국한된 사항들이
다.

---

273) 그런데 사실, 지역사회의 편의 및 필요라는 기준외에 합병당사은행 각각
의 재정상태의 추이와 현상이라든지, 각 은행의 자본구성의 적절성, 합병
후의 수익 전망, 합병은행 경영진의 일반적 성격 등과 같은 금융고려요
소에도 공공의 이익에 대한 고려는 내재된 것으로도 볼 수 있다. 원칙적
으로, 결합하는 회사들의 재정상태나 자본구성, 향후 수익, 경영진 등이
어떠한지는 이윤과 사업의 영속성을 추구하는 사경제주체들이 스스로 판
단하는 문제이지 법이 관여할 사항이 아니다. 합병을 할 것인지 혹은 그
에 따른 이익과 위험을 어떻게 취할 것인지도 자율적인 판단에 맡기는
것이 원칙이며, 다만 합병의 중요 사항에 대해 이해관계를 가지는 주주
와 회사채권자들을 보호하기 위해서 합병계약서가 작성되지 않았다든지
(상법 제522조 1항), 주주총회의 합병계약서 승인결의에 하자가 있는 경
우, 채권자 보호절차를 취하지 않은 등의 경우(상법 제527조의 5)에 한
하여 상법상 등에서 불공정성을 이유로 합병을 무효화할 수 있다는 규정
을 두는 것이 전부이다. 그러나 은행합병에서는 이에 더하여 은행 고유
의 문제에 속하는 사항을 심사기관이 검토하여 합병승인여부를 결정하도
록 하고 있는 것이다. 이것은 일차적으로 부실한 은행합병으로 인한 폐
해를 사전에 규제함으로써 합병주체은행의 건전성을 도모하려는 데 취지
가 있지만 궁극적으로는 은행실패의 위험으로부터 공공의 이익 내지 경
제시스템을 보전하려는 것을 목적으로 한다고 볼 수 있다. 합병에 따른
이익과 위험을 스스로 판단하여 선택하는 것이 시장경제의 원칙임에도
불구하고, 국가기관이 이를 방임하지 않고 합병의 가부를 판단한다는 것
자체가 이미 합병의 공공에 대한 영향을 크게 고려한 것이라고 하겠다.
다만 여기에서의 공공에 대한 고려는 적극적일 것을 요하지 않으며 단지
방어적인 성격에 머무는 것으로 해석된다. 은행합병이 공공에 대해 이익
을 가져다 줄 것까지를 요하지는 않지만 적어도 공공에 대한 위험을 초
래해서는 안 된다는 것이다.

반면 "영업대상 지역사회(community to be served)"라는 것은, 비록 지리적 관련시장과 정확하게 일치하지는 않겠으나 적어도 지리적 관련시장의 범주 내에 포섭된다고 할 수 있으며, "편의와 필요"는 지역사회의 고객들이 그 수혜대상이라고 할 수 있는 것이다. 다시 말해서 은행을 일차적으로 고려하는 요소라기 보다는 오히려 公共(public)이 일차적인 염두의 대상인 요소라고 하겠다. 따라서 1960년 법이 공공의 이익을 사전에 충족시켜야 하는 기준으로 규정하였다는 것은, 통상적인 규제산업에서 고려되는 방어적 공공보호 수준을 훨씬 넘어서서 합병당사자들에게 적극적으로 이를 추구해야 할 의무를 부과했다는 의미인 것이다. 은행이 경제전체에서 차지하는 비중과 역할이 다른 산업분야에서의 사업자들과 다르다는 점을 인정하더라도, 사경제주체임에 다름이 없는 은행들 간의 합병에 대해 지역사회의 편의와 필요에 적극적으로 부합할 것을 요구한 것은 분명 1960년 은행합병법에서 만이 목격될 수 있는 점이 아닐 수 없다.

그러나 1966년 법에서는 심사기준이 아닌 항변요소로서 그 지위가 변경되므로써, 심사기관의 입장에서는 사전에 심사하던 요소에서 사후에 검토하는 요소로 전환된 반면, 합병당사자의 입장에서 볼 때, 합병을 성사시키기 위해 준수해야 하는 적극적인 의무규정에서, 자칫 무산될 수 있는 합병안을 정당화할 수 있는 잠재적인 구제수단(potential defense)으로서 성격이 바뀌었음을 의미하였다. 일면, 승인기준에서 항변요소로 변화됨에 따라 판단순위가 후순위로 밀려난 측면이 있기는 하지만, 다른 한편으로는 은행합병을 통한 적극적 실현을 기대할 수는 없더라도 그것이 실현되는 경우에는 경쟁제한성을 벌충할 수 있을 만큼의 중요성을 여전히 인정한 것이라고 볼 수 있다.

(3) "편의와 필요"의 개념

은행합병법상 편의·필요항변의 의미와 판단기준은 조문만으로는 명확히 파악되지 않는다. 이에 따라 항변의 구성요소와 요건은 주로 대법원 판결들을 통해 구체화되었다.

우선, 편의와 필요의 개념은 1968년 "Third National Bank 판결[274]에서 그 암시점을 발견할 수 있다. 동 사건에서 연방대법원은, 문제가 된 은행합병안을 반경쟁적인 합병으로 보아야 할지, 편의와 필요라는 요건을 충족시키는 합병으로 보아야 할지를 결정하는 과정에서 이러한 결정을 할 필요성이 가장 명확히 드러나는 경우로 다음의 두 가지를 거론했다. 먼저, 합병당사자 가운데 어느 한 은행에게서 공공의 이익을 도모하기 위해 필요한 특정 능력이 결여되어 있던 중에, 그러한 능력을 보유한 은행과의 합병으로 인해서 합병당사자 일방에게서 결여되었던 능력이 보완되는 경우가 그 하나이고, 공공의 이익을 도모하기 위해 필요한 특정 서비스의 실현가능성이 당해 합병을 통해서만 달성될 수 있는 경우가 그 두 번째 예이다.[275]

이를 정리해 볼 때, 편의(Convenience)란, "관련시장내에서 현재 이용가능하지만 합병의 결과 당해 시장지역내에서 더 많은 사람들이 접근할 수 있게 된 은행서비스"와 관련이 있다고 해석되며,[276] 필요(Needs)란 "관련시장내에서 현재 이용가능하지는 않지만 합병이 완료된 이후 이용이 가능한 은행서비스"[277]와 관련된다고 할 수 있겠다.[278]

---

274) U.S. v. Third National Bank in Nashville et al., 390 U.S. 171 (1968).

275) *Id.* at 185-186.

276) Bruce P. Golden, Preparing the Convenience and Needs Defense under the Bank Merger Act of 1966, *Banking Law Journal* Vol. 96 (1979) p. 123.

277) *Ibid.*

278) 그런데 한 가지 유의해야 할 점은, 법문상으로는 "편의와 필요" 즉 convenience and needs로 규정되어 있지만, 정작 법원이나 학계에서는 이 개념을 '편의 또는 필요'로 해석하고 있다는 점이다. 즉 편의와 필요

그러나 이러한 판결의 취지를 달리 해석하는 견해도 있었다.[279] 대법원이 위와 같이 판시한 부분은 제한적으로 해석되어야 하며, 합병은행의 대출역량은 곧 합병전 개별은행들의 대출역량과 같을 것이기 때문에, 대출역량이 증대되었다는 점을 편의·필요항변에 이용해서는 안 된다는 것이다. 예를 들어서, 어느 지역시장에서 A라는 은행이 대출서비스 제공을 위해 2억불의 자금을 운용하고 있고 B라는 은행이 1억불이라는 자금을 확보하고 있었다고 할 때, 두 은행이 합병하면 대출역량이 3억불로 증대하는 효과가 발생하기는 하지만, 이는 단순히 두 은행의 대출자금을 합한 결과일 뿐 합병으로 인한 일종의 시너지효과가 있었던 것은 아니다. 따라서 고객들의 입장에서 볼 때는 합병이 되지 않더라도 각 은행들로부터 개별적으로 총 3억 달러 내에서 두 은행으로부터 대출을 받을 수가 있기 때문에, 이를 편의·필요항변에 이용해서 합병의 정당성을 주장해서는 안 된다는 것이다.

하지만 이러한 견해는, "편의 및 필요"라는 구절 가운데 특히 "편의"의 의미를 제대로 파악하지 못한 측면이 있다는 지적이 제기된다.[280] 지역사회의 대출자가 각 은행으로부터 별도로 대출을 확보할 수 있다는 점에서 보면, 합병에 의해 지역사회의 "필요"가 충족된 것은 아니라고 할 수도 있지만, 이자율과 담보조항 등 각종 조건에서 서로 다를 수 있는 두 은행을 상대로 고객들이 대출을 받아내기 위해 별도의 교섭을 벌여야

모두를 충족시키지 않더라도 둘 중 어느 하나만 충족되면 항변사유로 인정되는 것으로 보고 있다. 앞서 설명한 바와 같이 이 두 개념은 개념상으로도 중첩되는 부분이 적어서 편의와 필요를 동시에 충족시키는 경우란 매우 드물 것이다. 이는 이하에서 논해지는 분석을 통해 더욱 명확히 드러난다.

279) Golden, "The Regulation of Commercial Banking Under the Bank Merger and Bank Holding Company Acts, as Amended," 36 *Tennessee Law Review*, p.723 (1968-1969).
280) Bruce P. Golden, *op.cit.*, p.122.

한다면 이는 분명, 한군데의 은행을 상대로 교섭을 벌이는 것에 비해 불편한 일임에 틀림없을 것이다. 즉, 위의 사례를 들어 볼 때, 합병으로 지역사회의 필요가 충족되는 효과는 기대할 수 없을지 모르지만, 적어도 고객의 편의는 개선된다고 할 수 있는 것이다.

(4) '편의 및 필요'와 '경쟁' 개념의 상호관계

편의와 필요가 지역사회에 주는 혜택을 비교해 볼 때, 단순히 편의를 충족시키는 합병보다는 필요를 충족시키는 합병에 더 큰 비중이 두어져야 한다는 점은 분명해 보인다. 하지만 일반적인 견해는, 법 조문상으로 두가지가 대등하게 규정되어 있는 만큼, 편의의 개선효과 역시 항변사유로서 간과할 수 없는 항목이라는 것이다[281].

그런데 미 은행합병법은 '경쟁제한성'을 적법성 심사의 기준으로 하는 한편, '편의와 필요'를 항변으로 설정함으로써 이 둘을 상호 대립될 수 있는 가치로 설정해 놓음으로 해서 의도적으로 그 구분을 설정한 느낌을 갖게 한다. 동 규정에서는 지역사회의 편의와 필요가 공공의 이익 측면에서 합병의 반경쟁성을 압도하는지가 합병의 정당성 허용여부를 결정하는 요소로 규정하고 있다. 규정에 비추어 본다면, 지역사회의 편의와 필요는 시장의 경쟁과 아울러 각각 공공의 이익의 한 부분을 구성하는 것으로 해석된다. 즉 두 가지 가치가 모두 공공의 이익에 속하게 됨을 명확히 하는 한편, 둘을 심사기준과 항변요소로 대립하여 위치시킴으로 해서 두 가지를 서로 중첩적으로 해석할 여지를 입법을 통해 제거하였다.

앞에서 정리한 공익의 내용을 중심으로 이를 분석해 보면 다음과 같다. 먼저 지역사회의 편의와 필요는, '대출한도의 증대' 내지 '서비스 영역의 확장', 또는 '취약은행의 구제' 차원에서 논의되어져 왔다. 이에 비해 은행합병심사에서 보호하고자 하는 경쟁은 주로 은행시장의 집중화를 방

---

281) *Id.*, p.123.

지하여 고객들이 경쟁가격수준으로 은행서비스를 제공받도록 하는 데에 초점이 맞추어져 있다고 보여진다. 따라서, 합병으로 인해서 은행시장에의 경쟁이 감소하여 은행들간에 가격담합의 가능성이 높아짐에도 불구하고, 합병으로 인해 은행대출자금이 확충됨으로 해서 더 많은 자금을 특히 지역사회의 중소기업과 같은 고객들에게 공급할 수 있게 되거나 종래 당해 지역의 일부 고객들에게 제공되지 않았던 서비스가 제공되는 효과가 예상되고, 그 예상효과로 인한 혜택이 경쟁제한의 개연성을 훨씬 압도하는 경우에 합병은 승인될 수 있다는 것이다. 그러나, 일반적으로 시장경쟁의 기대되는 효과에는 가격경쟁 이외에 서비스 경쟁도 포함되는데, 이를 경쟁의 한 내용으로서가 아닌 지역사회의 편의나 필요의 내용으로 편입시킴으로써 양자간에 모순이 초래될 여지는 여전히 존재한다.

4. 도산기업이론과 도산은행항변

(1) 도산기업항변의 개관

기업결합사건에서, 경쟁제한적이라고 판명된 기업결합이라도 피취득기업이 도산상태인데다 기업결합외에 경쟁제한성이 덜한 수단을 강구할 수 없는 상황하에서는 예외적으로 승인을 받을 수 있는바, 이러한 사유가 미국의 은행합병사건에서도 동일하게 인정되어 왔다. 이러한 항변을 도산은행 혹은 파산은행항변이라고 부를 수 있겠는데, 그 기원은 International Shoe 사건[282]에서 도출된 도산기업이론(failing firm theory)이론에서 찾을 수 있다.

International Shoe 사건에서는, 기업결합이 아니었다면 피취득기업이 사업실패의 위험에 처해 있게 되었는데 연방대법원이 이러한 사정을 고려하여 합병을 인정해 줌으로써,[283] 클레이톤법 제7조 위반 소송에 대한

---

282) International Shoe Co. v. FTC, 280 U.S. 291 (1930).

새로운 항변이 성립하게 되었다. 연방대법원은 이와 같은 사정을 이유로 합병이 허용되기 위해서는, 피취득기업이 법적으로 파산상태에 있어야 하며,[284] 회사가 재건될 전망이 희박하여야 한다는 요건[285]을 제시하였다. 이와 같은 대법원의 입장이 20년 후 클레이톤법 제7조의 개정과정에서 명확하게 수용되지는 않았지만,[286] 기업결합사건에서 도산기업항변이 유효하다는 점은 이후 Brown Shoe v. United States[287] 판결을 비롯한 다수의 연방법원판결에서 인정되었으며, 항변의 기준과 범위도 점차 구체화되었다. 특히 Citizen Publishing Co. v. United States[288] 사건에서는, 피고가 (1) 기업결합에 관련된 기업 중 하나가 기업결합이 없었더라면 사업을 폐쇄해야 하는 심각한 가능성에 직면하였으며, (2) 해당 기업의 문제를 해결하기 위해 경쟁제한성이 덜하면서도 실행가능한 해법이 존재하지 않는다는 점을 입증해야 한다는 점을 확인하였으며,[289] General Dynamics 판결[290]에서도 결합당사자들은 도산기업이 "심각한 사업실패의 위험성에 봉착해 있었다는 것"과 "경쟁제한성이 덜한 합병을 성공적으로 찾아낼 수 없거나 찾아내더라도 현실적으로 활용가능성이 없다는 점"을 입증해야만 한다고 밝혔다.[291]

(2) 도산은행항변(failing bank defense)

도산기업항변이 은행합병사건에도 활용될 수 있음은 Brown Shoe사건

---

283) *Id.* at 302.
284) *Id.* at 300.
285) *Id.* at 302.
286) "Horizontal Mergers and the Filing Firm Defense under Section 7 of Clayton Act: A Caveat," 45 *Va. L. Rev.* (1959) pp.421-424.
287) 370 U.S. 296, 319-320 (1962).
288) 394 U.S. 131 (1969).
289) *Id.* at 138.
290) United States v. General Dynamics Corp., 415 U.S. 486 (1974).
291) *Id.* at 507.

이 있은 후 Philadelphia 판결에서 확인되었다. 동 판결에서 연방대법원은 제7조가 은행업의 출혈경쟁 상태로 몰아가려는 것은 아니며, 은행을 유동성 혹은 건전성을 모면하기 위해서 필요하다면 그러한 위기에 기초한 항변을 배척하지 않는다고 판시하였다.[292] 또한, 도산기업항변이 은행합병사건에 적용될 때에는 일반 기업결합 사건에 비해서 그 범위를 다소 넓게 인정할 수도 있음을 밝히기도 하였다.[293]

그런데 도산기업항변을 은행합병에서도 활용할 수 있음에도 불구하고, 도산기업항변 자체를 쉽게 받아들이지 않는 법원의 일반적인 경향 때문에, 미국에서는 은행합병에 대해 도산은행항변을 주장한다는 것 역시도 쉬운 일이 아닌 것으로 인식되고 있다.[294] 실제로 Third National Bank 사건에서는 도산은행항변이 주장되었으나, 대법원에 의해 거부된 바가 있었다.[295] 또한, 은행합병법상의 동 규정이 항변요소로서 보다는 은행규제기관의 이른바 적기시정조치제도(Prompt Corrective Action)의 근거규정으로 기능할 가능성이 크다는 점도 간과될 수 없다. 즉 현재 대다수의 국가에서 은행이 도산상태에 이르면 자발적인 합병이 이루어지기 이전에, 경제전체에 미치는 파급효과를 차단하기 위해 흡수합병을 통한 강제퇴출 절차를 밟을 수 있도록 적기시정조치제도[296]를 시행하고 있으며, 미국의

---

292) U.S. v. Philadelphia National Bank, et al., 374 U.S. 371, 372 (1963).

293) *Id.*, at 372

294) Alcorn, "Merger Analysis for Banks and Others -Marine Bancorporation and Connecticut National Bank," 12 Houston Law Review (1975).

295) United States v. Third National Bank of Nashville, et al., 390 U.S. (1968) at 183.

296) 우리나라의 금융산업구조개선에관한법률에서도, 금융감독위원회가 금융기관의 부실화를 예방하고 건전한 경영을 유도하기 위하여 당해금융기관 또는 그 임원에 대하여 합병 또는 제3자에 의한 해당 금융기관의 인수 등을 권고·요구 또는 명령하거나 그 이행계획을 제출할 것을 명하도록 규정하고 있다(동법 제10조 1항).

경우도 1966년 은행합병법에서, 은행규제기관이 "합병관련은행들 가운데 한 은행에서의 잠재적 은행실패를 방지"하기 위하여 추진중인 합병을 즉시 승인할 수 있도록 한 특별 규정을 두었기 때문에 은행이 도산상태에 있다면 경쟁제한성심사나 항변주장까지 가지 않고 금융당국의 주도로 합병이 추진될 수 있기 때문에, 항변의 활용가능성이 매우 적다고 할 수 있다.[297] 이러한 이유에서 미국의 경우는 합병은행측이 은행의 재정상태를 이유로 항변을 하기 위해서는 현실적으로 도산은행항변보다는 부실은행항변이 더 많이 활용되고 있다.

5. 부실은행(floundering bank) 항변

(1) 부실은행문제에 대한 입법적 고려

일반 기업결합사건에서 도산기업항변의 요건은 전술한 바와 같이 매우 까다롭기 때문에 기업이 지급불능(insolvent)상태가 아닌 단순히 재정적으로 취약한(financially weak) 상태인 경우에는 도산기업항변이 받아들여질 가능성이 매우 희박하다.[298] 다만 기업의 취약한 재무상태는 소위 General Dynamics rule[299]에 따라 항변으로서가 아닌 경쟁제한성을 판단하는 과정에서 여러 가지 고려요소 가운데 하나로서 검토될 가능성은 있다.

---

297) 12 U.S.C. §1828 (c) (6).

298) Antitrust Laws and Trade Regulation, Ⅳ Mergers and Acquisitions, Joint Ventures and Interlocking Directorates, Chap. 30, §30.04, Lexis, p.7. (2002).

299) 동 규칙은 시장의 경쟁에 영향을 줄 수 있는 여러 가지 변수들이 존재하며 따라서 단순히 시장점유율만 가지고는 기업결합의 경쟁적 영향을 정확하게 예측할 수 없다고 판단될 때는 법원이 관련 증거들을 모두 고려하여야 한다는 원칙이다. General Dynamics Corp., 415 U.S. 486, 94 S. Ct. 1186, 39 L. Ed. 2d 530 (1974).

그런데 다른 산업분야와는 달리 은행은 도산상태에 이르기 이전에 부실 혹은 침체상태에서도 경제에 미치는 영향이 매우 중대할 수가 있다. 그러한 이유에서 부실 혹은 침체상태의 은행을 구제하기 위해 행해지는 은행합병에 대해 예외를 인정해야 한다는 논의가 진지하게 검토되어 왔다.

사실 '부실(Floundering)' 혹은 '침체(Stagnating)'상태의 은행 문제는, 일면 도산은행이론과 관련이 있지만, 사실상 별도의 항변에 속하는 영역이라고 할 수 있다. 도산상태에 이른 은행과 구별되는 부실은행 혹은 침체은행의 존재는 1966년 법 개정 당시의 미 하원 상임위 보고서에서도 언급이 되었다.

1966년 법 개정당시 미 하원 상임위 보고서는 "부실은행(the floundering bank)"에 대해 다음과 같이 언급하고 있다.

"은행규제기관들은 일반적인 독점금지법의 기준 하에서는, 중소규모 지역의 부실은행문제를 처리하기가 어렵다는 점을 발견하게 된다. 그러한 문제는 주로 은행의 숫자가 비교적 적고, 이들 은행 가운데 하나 혹은 그 이상이 침체(stagnating)상태에 빠진 경우에 발생한다. 그 이유는, 은행의 경제적 규모가 작아서 능력과 열정을 겸비한 경영진을 확보할 만한 수준에 미치지 못하기 때문이거나, 비현실적으로 보수적인 정책을 고집하는 은행소유주가 은행을 장악하고 있기 때문이거나, 혹은 특정 은행을 개별 금융기관으로서 조사할 때에만 나타나게 되는 그 밖의 여러 원인들 때문일 수도 있다."300)

이와 같은 의회 보고서는 부실은행에 대한 논의에 있어서 이들 소규모

---

300) H.R. Rep. No. 1221, 89th Cong., 2d Sess. 3 (1966).

은행들의 재정적·경영적 자원과 향후전망에 초점을 둔 것으로 보여진다.[301]

1966년 법에서는, 합병심사를 맡은 은행규제기관으로 하여금 경쟁고려요소에 대한 보고를 완전히 생략할 수 있도록 하는 권한을 부여하였으며, "신속한 조치를 요하는 긴급상황이 존재"하는 경우에는 자문기관이 이를 통지하여 10일 이내의 보고를 요청할 수 있도록 하는 한편, "합병당사자 중 한 은행에게서 예상되는 은행실패를 방지하기 위해서 즉각적인 조치를 취해야만 한다는 것을 밝혀낸 경우에는 결합을 즉시 완료시킬 수 있는 권한을 부여하였다.[302] '사업실패할 가능성이 있는 은행'과 '긴급상황의 존재'를 모두 규정하고 있다는 것은 입법자가 부실은행을 도산은행과 구별하여 취급하려 했음은 의미하는 것으로 볼 수 있다.

(2) 연방대법원의 입장

연방대법원 역시도 도산은행항변과 부실은행항변을 서로 구별해야 한다고 보았다. 이러한 입장은 First City National Bank 판결에서 처음 표명되었다[303]. 이 판결에서 대법원은 편의·필요항변은 "다소 거리가 있기는 하지만, 도산기업항변과 어느정도 관련이 있다"고 하였다. 이에 앞서 연방대법원은 Philadelphia 판결에서도 "논쟁의 여지가 있기는 하지만, 이른바 도산기업항변은 은행합병에 적용될 때 그 윤곽이 다소 더 커질

---

301) 이러한 구분인식은 Patman 의원에 의해 재차 주장되었다. 그는 은행합병법 제5조 (B)항의 기준에 대해 다음과 같이 밝혔다. "동 조항은 은행합병사건에 있어서 경쟁고려요소를 제1순위로 강조하고 있다. 합병으로 인해 얻어지는 지역사회의 편의 및 필요가 공공의 이익측면에서 경쟁의 감소를 명백히 압도한다는 것을 합병지지자들이 입증하는 경우에 한해서만 경쟁고려요소의 양보가 가능하다 (112 Cong. Rec. 2441 (1966).

302) 12 U.S.C. §1828(c)(6).

303) U.S. v. First City National Bank of Houston, et al., 386 U.S. 361, 369 (1967).

350

수도 있는데, 그 이유는 일반적인 산업분야에서의 사업실패와 비교해서 은행실패가 공공에 대해 미치는 효과가 더욱 크기 때문이다"라고 판시한 바가 있었다.304)

그리고 이후 Third National Bank 판결에서는, 1966년 법의 다른 예외 조항으로 인해 도산기업항변이 보다 확대되었다는 점을 확고히 하였다.305) Third National Bank 판결에서 대법원은 우선, Nashville 은행이 결코 도산은행으로 가는 과정에 있지 않았다고 보고, 그 다음 단계로서 비록 도산은행에 속하지는 않는다고 하더라도, 합병은행 가운데 한 은행이 가진 경영상의 문제들, 보수적인 은행정책, 그리고 하락하는 시장점유율을 고려해 볼 때, 당해 합병안이 승인되어야 하는지 여부에 대하여 상세한 검토를 하였다.306) 이는 결국 부실은행문제와 관련된 요소들이라고 할 수 있었다.

한편, 도산은행항변과 부실은행항변이 서로 그 성격을 조금 달리하는 것들이기는 하지만, 일부요소들에 있어서는 서로 공통되는 부분도 존재한다. 우선, 은행이 도산상태 혹은 부실상태에 직면해 있음을 입증해야

---

304) U.S. v. Philadelphia National Bank, et al., 374 U.S. 321, 371 n.46 (1963).
305) 판시 내용을 구체적으로 살펴보면 다음과 같다: "미 의회는 붕괴위험에 처한 은행들 -도산기업항변을 동원할 정도로 문제가 심각한 것은 아니지만, 오래지 않아 재정적으로 불건전한 금융기관이 되어버릴 위험에 있는 은행들- 에 대해 깊은 우려를 하였다.(112 Cong. Rec. 2459-2460.) 의회는 다른 산업분야나 소매기업의 사업실패의 경우보다도 은행실패를 훨씬 더 커다란 지역사회의 재난으로 인식하였으며, 도산기업이론에서 요구되는 것보다도 훨씬 적은 실패위험만으로도, 반경쟁적 합병을 정당화하기에 충분하다고 해야 한다. 이런 경우 반경쟁적인 합병을 금하는 것은 오히려 너무 급진적인 방지책일 수 있다."U.S. v. Third National Bank in Nashville et al., 390 U.S. 187 (1968).
306) Id. at 187-190.

할 책임은 모두 피고 은행측이 진다. 다음으로 합병이라는 극단적인 수단 대신에 경쟁제한성이 덜한 다른 수단을 모색하였으나 그것이 불가능하거나 무효한 경우가 아닌 한 항변이 유지될 수 없다는 점에 있어서도 두 항변이 공통된다.307) 또 하나, 두 항변 모두 '경쟁' 고려요소가 아닌 "공공의 이익" 고려요소에 보다 가까운 것으로 보인다는 점도 지적할 수 있다. 따라서 편의 및 필요라는 예외규정에 따라 수반되는 비교형량작업을 행할 필요가 없다고 하겠다. 도산은행항변과 부실은행항변 모두에 있어서 미 의회는 장, 단기적 측면에서의 이른바 잠재적 은행실패(potential bank failure)와 그것이 공공의 이익에 미치게 될 영향을 우려했던 것으로 보인다. 이는 취약한 경쟁자를 시장에서 제거하는 것이 반경쟁적일 수 없으며 오히려 친경쟁적일 수도 있음을 암시하는 것이다. 다른 한편, 편의 및 필요라는 예외조항은, 법적으로 합병안의 반경쟁적 효과와 비교형량되도록 되어 있으며, 은행합병이 반경쟁적 효과를 낳음에도 불구하고 공공의 이익에 부합하는 결과를 낳는 한도까지는 편의 및 필요가 고려되는 것이다.

(3) "재정적·경영적 자원"에 대한 해석

한편 부실은행과 관련하여 간과할 수 없는 문제가 은행합병법 제5조 (B)항의 해석이다. 1966년 은행합병법 제5조 (B)항은 경쟁을 실질적으로 감소시키는 은행합병을 은행규제기관이 승인해서는 안되며, 다만 합병이 영업대상지역사회에서의 편의 및 필요를 충족시킴으로 인해 기대되는 공공의 이익이 경쟁제한성보다 압도적으로 큰 경우에는 합병이 승인될 수도 있다고 규정하고 있다. 그런데 동 조항에서는 이와 아울러서, "모든 경우에 있어서, 합병심사를 담당한 기관은 기존은행들과 합병예정은행들의 재정적·경영적 자원과 향후전망, 그리고 영업대상지역사회의 편의

---

307) *Id.* at 189.

및 필요를 고려하여야 한다"고 규정하고 있다. 이러한 추가적인 규정이 무엇을 의미하는 것인지에 대해서는 1966년 법개정 이후 줄곧 논란이 제기되어 왔다.

그 가운데 하나는, 재정적·경영적 자원(Financial and Managerial Resources)과 향후전망(Future Prospects)이라는 것이 다름 아닌 편의·필요항변의 구성요소일 뿐이라는 주장이다.[308] 그러나 이는 입법과정에서 논의되었던 바에 비추어 볼 때 그다지 설득력이 없는 견해로 보인다. 왜냐하면 의회는 오직 편의 및 필요만이 법에 규정된 항변에 적용되는 요소임을 엄연히 밝혔기 때문이다. 오히려 재정적·경영적 자원은 이와는 완전히 다른 문제인 '부실은행항변(floundering-bank defense)'에 속하는 문제라고 할 수 있다.

연방대법원 역시 '편의·필요항변'과 '재정적·경영적 자원 규정'을 분명히 구분하고 있다. 즉, 편의·필요항변 하에서는 주로 은행서비스의 확대와 대출한도의 증가의 측면이 강조되었고, 재정적·경영적 자원 규정 하에서는 부실(floundering) 혹은 도산(failing)은행 항변에 중점을 두었다. Third National Bank 사건에서,[309] 연방대법원은, 합병은행의 대출능력 신장을 지역사회의 편의 및 필요에 대한 효과 측면에서 고찰하여,[310] "지역사회에 보다 나은 은행서비스를 보장해 주는 것은 '편의 및 필요'를 '경쟁의 손실'과 비교 형량함에 있어서 고려하기 위한 적절한 요소"라고 밝혔다.[311] 이에 더하여 연방대법원은, 1966년 은행합병법의 요건 가운데 "기존은행들과 합병예정은행들의 향후전망이 평가되어야 한다"는 부분과

---

308) Wu & Connell, "Merger Myopia: An Economic View of Supreme Court Decisions on Bank Mergers," 59 *Va. L. Rev.* 860, 868 (1973).
309) United States v. Third National Bank of Nashville, 390 U.S. 171 (1968).
310) *Id.* at 185.
311) *Id.* at 188.

관련하여, 본 사건과 같이 경영상의 문제점들이 존재하는 경우에는, "합병은행이 독자적인 경영진 개선을 이루어 낼 수 있는지 여부를 결정하는 것이, 바로 그와 같은 평가과정에서 해야 될 일"이라고 판시하였다.[312]

하지만 '편의·필요항변'과 '재정적·경영적 자원'을 구분해서 보려는 시각만 있는 것은 아니다. OCC의 '기업활동에 대한 정책 보고서(Comptroller's Policy Statement on Corporate Activities)'는 반경쟁적 효과를 압도하는 편의 및 필요에는 도산, 취약 혹은 침체 상태의 은행을 정리하는 것도 포함된다"고 밝힌 바가 있다[313]. 즉 편의·필요항변과 부실은행문제를 동일선상에서 파악하고 있는 것이다. 이에 반해, 통화감독청 내부에서도 재정적·경영적 자원을 주로 빈약한 경영진과 경영승계의 문제, 즉 부실은행 관련 문제들과에 연관된 것으로 파악한 것이다[314].

6. 은행합병사건에서의 효율성 항변

(1) 항변사유로서 효율성이 내포한 일반적 한계

효율성항변은 한국의 독점규제법이나 미국의 법무부 합병가이드라인에서 이미 명시적인 항변사유로서 채택되어 운용되고 있으나, 정작 효율성항변이 태동한 미국에서 조차 과연 효율성이 있다는 이유로 경쟁제한적 기업결합을 허용해야 할 것인지에 대해서 논란이 계속되어 오고 있다. 특히 법무부 가이드라인이 효율성항변을 인정하기 이전인 80년대 말까지는, 존재자체가 확실히 규명되지도 않은 잠재적인 효율성을 이유로 경쟁제한적인 기업결합을 구제하기는 곤란하다는 것이 판례의 태도였다.[315]

---

312) *Id.* at 190.

313) "Policy Statement on Corporate Activities", 41 Fed. Reg. 22,602 (1976).

314) Edwards, Bank Mergers and the Public Interest: A Legal and Economic Analysis of the 1966 Bank Merger Act," 85 *Banking Law Journal* (1968), p. 753.

법원이 효율성항변에 대해 가지는 기본적인 인식은 특히 FTC v. Procter & Gamble Co 사건에서 명확히 표명되었다. 동 판결에서 연방대법원은 "잠재적인 경제성이 위법성에 대한 항변으로 활용될 수는 없으며, 비록 경쟁을 감소시키는 일부 기업결합이 경제성을 유발할 수도 있다는 점을 입법자가 인식하기는 했지만, 입법자는 양자가 가지는 균형을 깨고 결국 경쟁의 편에 섰다"고 판시하였다.[316)]

이처럼 미 연방법원이 효율성항변에 대해 부정적인 인식을 가지게 된 것은 대체로 두가지 이유 때문인 것으로 보인다. 첫째는 잠재적인 효율성 내지 경제성이라는 개념이 본질적으로 불확정성과 불확실성인 것이라는 인식이며, 두 번째는 클레이톤법 제7조의 입법자가 경쟁제한적인 것으로 판명된 기업결합을, 여타 경제적 이익이 존재한다고 해서 허용할 수 있는 것으로 의도하지는 않았다는 판단이다. 즉 경쟁제한요인과 효율성증대요인 중 어느 부분을 선택할 것인지는 입법적으로 해결할 문제이지 사법권의 판단영역이 아니라는 것이다.

다만 80년대 중반이후에 들어서는 법원의 태도에 변화가 나타나고 있어서, 연방대법원도 효율성을 희생해 가면서 소규모경쟁사업자를 보호하려는 것이 의회의 의도였는가에 대해 의문을 제기하게 되었다.[317)] 또한 항소법원 차원에서는 이미 효율성항변을 인정하고 있다.[318)] 하지만 단순

---

315) 효율성항변에 대한 미 연방법원의 부정적 기조는 1960년대에 특히 두드러졌다. 1963년의 Philadelphia 판결에서 대법원이 "합병의 효과가 경쟁을 실질적으로 감소시키지만 사회적 경제적 손익을 계산해 볼 때 이익이 될 수도 있는 경우에도 당해 합병을 허용할 수 없으며, 어떠한 것이 보다 중대한 것인지에 대한 가치판단은 통상적인 사법권의 능력을 벗어나는 일"이라고 한 것도 결국은 이러한 당시의 사고에 기반하고 있다.

316) FTC v. Procter & Gamble Co., 386 U.S. 568, 580 (1967).

317) Cargill, Inc. v. Monfort of Colo., 479 U.S. 104, 117 N.11, 107 S.Ct. 484, 93 L. Ed. 2d 427 (1986).

318) FTC v. University Health, Inc., 938 F.2d 1206, 1222 (11th Cir. 1991).

히 특정기업의 효율성이 기업결합으로 이전되는 의미밖에 없는 효율성항변이라든지, 경쟁제한성이 덜한 방법으로 얻어 낼 수 있었던 효율성은 대개는 인정될 수 없는 것으로 보며, 특히 기업측이 주장하는 효율성이 실제로는 전혀 발생하지 않을 수도 있는 개연성을 감안하여 효율성 항변을 일정정도 삭감하여 받아들이게 된다. 또한 사안에 따라서는 효율성항변 자체를 허용하지 않고 있어서 이 문제에 대한 명확한 입장표명은 적어도 미국의 판례에서는 정립되어 있지 않다고 할 수 있다.

이 가운데 미국의 법원에서 거론되어 온 입법자의 의도가 효율성항변을 인정하지 않았다는 부분은 결국 입법의 태도에 따라 결정되는 상대적인 요인이므로 효율성항변의 허용여부를 판단하는데 본질적인 사항은 아니라고 할 수 있다. 결국은 효율성라는 막연한 기대이익을 이유로 경쟁제한성을 상쇄시킬 수 있는지가 효율성항변의 인정할 수 있을지의 핵심문제이다.

그런데 최근에는 이 부분에 대해서만큼은 어느 정도의 명확한 기준이 제시되고 있다. 그 기준은, 결합주체들의 효율성항변이 받아들여지려면 적어도 효율성의 존재가 명확하며 그 실현가능성이 확실하다는 점이 입증되어야 한다는 것,[319] 그리고 기업결합으로 부당한 시장점유율과 점유

동 판결에서는 기업결합이 관련시장 내에서 상당한 효율성을 유발하게 될 것인지가 결합의 실질적인 경쟁제한성을 판단하는데 중요한 고려요소라고 보았다. 한편 FTC v. Butterworth Health Corp., 121 F. 3d 708 (6th Cir. 1997) 사건에서도 제6항소법원은, 효율성의 입증이 법률상 기업결합을 정당화하지 않는다는 FTC의 결정을 파기하였다.

319) United States v. Rockford Mem'l Corp., 717 F. Supp. 1251, 1289 (N.D. Ill. 1989) aff'd, 898 F. 2d 1278 (7th Cir.), cert. denied, 498 U.S. 920 (1990). 한편 FTC v. Staples, Inc., 970 F. Supp. 1966, 1089(D.D.C. 1997)사건에서는 효율성항변을 주장하기 위한 요건으로서 효율성의 명확성과 확실성에 대한 증거 대신 '신뢰할 만한 증거(credible evidence)'라는 기준이 제시되기도 하였다.

356

율의 증가가 유발되는 경우에는 아무리 기대되는 효율성이 명확하고 확실하더라도 인정될 수 없다는 것이다.[320] 비록 최근 들어 효율성을 기업결합사건에서 주장할 수 있는 항변사유로서 인정하는 추세이기는 하지만 이에 대해 매우 까다로운 기준을 요구함으로써 효율성항변에 대한 법원의 소극적 입장 자체는 여전히 변화하지 않고 있음을 보여주고 있다.

(2) 은행합병사건에서의 효율성항변의 실효성

효율성항변에서 효율성이 구체적으로 어떠한 상태를 의미하는지는 일률적으로 판단할 수 없으며 당해 산업분야와 시장의 성격에 따라 결정되는 문제라고 하겠다. 일반적으로 은행합병이 초래하는 긍정적 효과로서 거론되는 효율성은 사실상 생산적 효율성을 의미한다. 특히 합병으로 인해 은행의 양적, 질적 규모가 확장됨으로 인한 규모의 경제나 범위의 경제가 주장의 근거로서 거론된다. 규모의 경제나 범위의 경제로 인해 기대되는 효율성으로는 주로 수익성이나 비용절감의 효과를 들 수 있는데 은행합병에서는 수익성보다는 비용절감의 효과가 두드러진 것으로 분석되고 있다.[321] 이하에서는 은행합병에서 흔히 항변사유로서 주장되는 효

---

320) 이러한 사례로는 두 사건을 들 수 있다. 첫 번째는 FTC v. H.J. Heinz Co., 46 F. 3d 708 (D.C. Cir. 2001)사건으로서 당해 기업결합으로 결합회사의 시장점유율이 32.8%에 달하였고 결합전 4,775이었던 HHI가 결합으로 510 포인트 증가하였다. 또 다른 사건은 FTC v. Swedish Match, 131 F.Supp. 2d 151, 171 (D.D.C. 2000)에서는 기업결합으로 시장점유율이 60%, 결합후 HHI가 4,733에 달하였다. 법원은 이처럼 시장집중도가 매우 높은 시장에서는 '통상적인 수준을 넘어서는 특별한 효율성(extraordinary efficiencies)'이 입증되어야 한다고 보았다.

321) 하지만 OECD에서 조사한 자료에 의하면 1986년부터 1998년까지 20건의 스페인 저축은행들간의 합병을 조사한 결과, 은행합병이 비용면에서의 효율성을 창출한다는 전제는 설득력이 없는 것으로 나타났다. 즉 스페인의 경우 저축은행들간의 합병이 은행의 평균비용을 낮추기 보다는 오히려 더 높혔다는 것이다 (OECD, MERGERS IN FINANCIAL

율성기대효과를 살펴보고 그것이 실제로 받아들여 질 수 있는 것인지를 분석하기로 한다.

1) 합병을 통한 지점폐쇄

은행합병사건에 있어서 가장 흔히 주장되는 효율성 항변으로는, 중복적인 지점들을 폐쇄함으로써 실현되는 비용절감효과를 들 수 있다. 이는 은행합병으로 설립된 은행이 기존의 중복적인 지점을 폐쇄함으로써 불필요한 비용을 절감시키므로 효율성을 증대시키게 된다는 논리에 입각하고 있다. 지점망통합을 통해서 달성되는 효율성은 사실상 합병과정을 통해서만이 이루어 질 수 있는 것으로 분석되기도 한다. 왜냐하면 합병 이외의 수단으로서, 은행들이 상호간에 지점을 폐쇄하여 과잉투자를 줄이기로 하는 협정을 맺는 행위는 독점금지법 위반이 될 수도 있기 때문이다. 같은 지역시장 내에서 활동하는 은행간의 합병 경우에는, 사실상 합병 후에 지점을 폐쇄할 가능성이 아주 높다고 할 수 있다. 하지만 이와 같은 지점폐쇄가 어느 정도까지 실질적인 이익을 창출할 수 있을 것인지는, 고객들이 금융거래를 위해 소비해야 하는 비용의 여하에 달려 있다. 실제로 은행들은 대개 필요이상으로 많은 지점을 보유하는 경향이 있는데, 그 이유는 고객들이 쉽게 자기은행 지점에 접근할 수 있도록 편의를 돕기 위한 것으로 보인다.322) 따라서 합병을 통한 지점폐쇄가 비용절감의 효과적인 수단이 될 수 있다는 점에서 명확성이라는 요건은 충족되지만, 은행들이 합병이후 고객을 잃지 않기 위해 기존의 점포를 폐쇄하지 않을

SERVICES, DAFFE/CLP(2000)17. p.30에서 인용).

322) 일례로 Deutch/Dresdner 은행합병건에서 합병은행측은 합병으로 탄생할 은행의 지점 2,800개 지점 가운데 1/3가량을 감축할 수 있다는 점을 효율성달성의 주된 근거로서 주장하였다. 다만, 실제로 지점축소는 이루어지지 않은 것으로 알려져 있다. 그 외에 Dai-Ichi Kangyo Bank(1999)이나 Asahi Bank(1999) 은행합병에서도 효율성달성의 근거로서 중복지점 폐쇄를 통한 비용절감효과가 주장된 바 있다.

가능성도 있기 때문에 확실성의 요건이 충족되는지는 의문이라는 것이다. 미 법무부의 경우 이러한 이유에서 단순히 비용을 낮추기 위해 사용하는 수단으로서 주장되는 지점폐쇄는 효율성 증대로 인정하지 않는다.

2) 합병을 통한 위험의 분산

합병을 통해 사업범위가 확장되는 경우에는 위험이 여러 지역으로 분산되는 효과가 기대될 수 있다. 이와 같은 지리적 위험분산은 주로 면적이 넓은 국가 즉 지역에 따라 영업주기도 달라지는 나라들에서 중요한 요소로 고려되고 있다. 그러나 이러한 위험분산의 효과는 실제로 몇 가지 중대한 한계를 가진 것으로 분석된다. 우선 대개의 경우 예금자들은 이미 정부가 운영하는 예금보험제도에 의해 보호되고 있기 때문에 합병으로 인한 위험분산이라는 효율성은 과장된 것일 수 있다. 더욱이, 위험분산의 잇점을 얻기 위한 것이라고 해도 합병보다 경쟁제한성이 덜한 다른 방법이 존재할 수도 있다. 또한 합병이 없이도 자본시장의 지속적인 발전으로도 은행들에게는 사업다각화의 기회가 주어지고 있으며 위험노출을 줄일 수 있는 여러 가지 다각화의 대체물을 제공받고 있다. 더욱이 소규모은행들의 경우 여전히 합병으로 인한 잠재적 다각화로부터 이득을 얻을 수도 있지만 이러한 이득이 대규모은행에서도 마찬가지로 적용된다는 확실한 근거는 존재하지 않는다. 요컨대, 현대금융거래에서는 은행이 위험을 관리할 수 있는 다양한 방법들을 보유하고 있으므로 합병으로 인한 위험감소효과는 그리 크지 않다는 것이다.

3) 규모의 경제를 통한 비용의 절감

은행합병으로 인한 효율성으로 주장되는 또 한가지 요소는 규모의 경제이다. 은행산업에서 규모의 경제가 존재할 수 있는 이론적 근거로서는 은행의 규모가 클수록 평균대리감독비용이 감소하는 효과를 꼽을 수 있다.[323] 은행은 예금고객을 대신하여 차입자의 신용과 성과를 감독하는 기능을 수행한다. 그런데 은행의 규모가 커서 많은 차입자와 예금자를 상대하게 되면 그 만큼 위험이 분산되는 효과가 발생한다. 규모가 큰 은행은 많은 다양한 고객을 확보하고, 따라서 예금인출사태 및 부실채권 발생의 변동을 흡수할 능력이 향상되기 때문이다.

또한 관리부문과 경영지원업무부문(가령, 전산자료처리 업무 등)의 통합으로 인한 비용절감효과도 거론된다.[324] 하지만 미국 은행의 비용구조에 관한 한 연구보고서는 자산규모가 10억불 이상이 되는 경우에 규모의 경제가 존재하지 않을 수도 있는 것으로 지적하고 있어서,[325] 초대형 은행의 합병에 대해서도 규모의 경제가 존재하는지에 대해서는 의문이 있다.

4) 자원의 효율적 활용

은행합병이 자원의 보다 효율적인 활용을 촉진시킬 수 있다는 점도 중요한 요소로서 지목된다. 은행합병은 특정활동에 투여되는 은행자산의 비율에 변동을 야기하게 된다. 예를 들어, 1981년과 1989년 사이에 발생한 미국의 은행합병을 조사한 연구결과에 따르면, 통합으로 인해 자산이 증권으로부터 대출 쪽으로 이동했다는 점이 밝혀졌다.[326] 그와 같은 간

---

323) 양원근, 「은행합병의 이론과 분석」, 한국금융연구원, 1996. 4-5면.

324) Rozanski와 Rubinfeld(1998, 10-11)는 관리 및 경영지원업무의 비중감소는 동일한 지리적 시장내의 은행들보다는 서로 다른 시장의 은행들 간의 합병에 의해 달성될 수 있음을 지적하였다.

325) Hanweck and Shull, The bank merger movement: efficiency, stability and competitive policy concerns, *The Antitrust Bulletin*, Vol.44, No.2, pp 251-284 (1999).동 보고서는, 은행들이 초대형규모를 추구하는 경우에는 오히려 규모의 비경제를 초래할 수 있다고 지적한다.

326) Akhavein, Berger & Humphrey, The effect of megamergers on Efficiency and prices: Evidence from a Bank Profit Function, *Review of Industrial Organization*, Vol.12. No.1, p.133 (1997).

접투자의 portfolio 이동이 규모의 경제를 이루어 냄으로 인해 가능해진 것인 한, 이는 합병이 없이는 얻어 질 수 없는 것이라고 할 수 있다. 결국 합병으로 인해 자원이 보다 수익이 높은 분야로 이동한다면 이는 효율성의 확대라고 볼 수 있다는 것이다. 그러나 자원의 효율적 활용은 이를 수량화하기는 힘들다는 점에서 항변사유로 입증하기에 어려움이 있다.

5) 국제경쟁력 강화

한편 은행들은, 국제적 경쟁력을 제고하기 위해서는 대형화가 불가피하다는 점도 흔히 주장되는 효율성의 근거이다. 국제경쟁력을 이유로 한 대형화는 국내 대형은행간의 합병방식이나 국경을 넘어선 초대형 은행합병의 방식으로 이루어지고 있다. 이러한 논리는 투자금융과 같은 영역에서의 다국적 기업관련 거래에 있어서는 매우 타당한 것으로 받아들여진다. 다만 국제경쟁력강화를 이유로 한 대형화 대해서는 원칙적으로 규모 자체가 국제적 경쟁을 위한 유일요소로 볼 수 없으며 범세계적 영업범위나 경험이 오히려 더 중요할 수 있다는 점에서 합병과 국제경쟁력강화와의 직접적 관련성에 대한 입증이 요구된다. 특히 초국가적 합병을 시도하는 은행들은 서로 다른 시장에 존재하는 은행들간의 제휴 등을 통해서는 달성할 수 없고 범세계적인 합병을 통해서만 달성할 수 있는 잇점이 있음을 추가로 증명해야 한다.[327]

그런데 실제로 국제경쟁력강화차원의 합병에서 문제되는 것은, 주로 외국은행들이 합병을 통해 거대화되어가기 때문에 국내은행이 이들 거대 외국은행들과 경쟁하는데 필요한 규모를 갖추기 위해서는 합병이 필요하며 따라서 그와 같은 합병은 허용되어야 한다는 주장이다. 이에 대해서

---

327) 전략적 제휴는, 전략적 제휴에 관계된 모든 은행들간의 합병에 의해 달성되는 협동행위의 수준에 비해서는 보다 덜 경쟁제한적이어야 한다. 그 이유는 합병은, 현재의 모든 사업부문(장래의 사업 선을 포함) 포괄하며, 전략적 제휴보다 훨씬 더 영속적일 것으로 기대되기 때문이다.

도 각국의 경쟁당국은 다소 회의적이다. 그것은 외국은행과의 경쟁이나 해외에서의 경쟁에 필요한 효율성은 국내시장에서의 경쟁을 통해 강화하는 기본적인 인식 때문이다.

6) 합병이후 효율성 추구 유인의 감소

한편 경쟁제한적인 은행합병을 인허할 것인지를 검토함에 있어서 효율성이 가지는 중요성을 감소시키는 요인이 있다. 일반적으로 기업결합은 결합기업으로 하여금 결합 후에 효율성을 추구할 인센티브를 감소시키는 경향이 있는데, 이는 다른 산업분야에서 보다 은행산업에서 특히 문제가 될 수 있다. 그 이유는 은행산업의 기업지배구조가 비교적 취약하기 때문이다.[328] 이 역시 왜 은행합병의 효과에 대한 많은 연구들이 은행합병의 효율성 증진효과에 대해 심각한 의문을 제기하는가에 대한 주된 이유이다[329].

7. 소결

이상을 정리하면, 은행합병사건에서 인정되는 항변사유로는 일반적인 기업결합사건에서 인정되는 효율성항변과 도산은행항변 및 은행합병사건에서만 인정되는 편의-필요항변과 부실-침체은행항변을 들 수 있다. 이 가운데 일반 기업결합사건의 항변에 관해서 보면 효율성항변은 은행합병사건에서 받아들여지기가 더 어렵다고 할 수 있다. 또한 도산기업항변의 경우도 이론상으로는 은행시장의 시스템위험통제 차원에서 일반 기업결합사건에 비해 쉽고 폭넓게 인정될 수 있을 것으로 보이나, 도산기업항

---

328) Flannery(1999, 216-217). Prowse는 은행의 내부 지배구조는 다른 기업
　　형태에 비해 취약하다는 점을 발견하고, 규제적 통제가 일부 사적 메카
　　니즘을 대체하는 경향이 있다고 보았다.
329) Berger and Hannan(1998, 464)

변자체가 가진 입증상의 어려움으로 실제 주장된 사례는 많지 않으며, 더욱이 대다수의 나라에서는 은행의 도산을 금융규제차원에서 사전에 차단할 수 있는 강제조치를 강구하고 있기 때문에 현실적으로 도산은행항변이 제기될 가능성은 매우 낮다고 할 수 있다. 그렇다면 은행합병사건에 대해 고유한 항변을 인정해야 할 것인지의 문제가 남는다. 특히 미국에서 입법을 통해 정립되어 온 편의-필요항변과 부실-침체은행합병이 은행합병사건에서 보편적으로 받아들여 질 수 있는 것인지가 문제된다. 우선 편의-필요항변에 대해 살펴보면 다른 항변사유들과는 성격 면에서 차이가 있다고 볼 수 있다. 왜냐하면 효율성항변, 도산기업항변, 부실-침체은행항변은 모두가 항변을 주장하는 은행측에 내재하는 사유로 인한 것들인데 비해, 편의-필요항변은 은행고객측에서 기대되는 편의와 필요를 이유로 합병은행이 주장하는 사유이기 때문이다. 이는 곧 합병당사자들의 경영상의 이유가 아닌 고객의 이익을 이유로 하여 경쟁제한적인 은행합병을 허용할 수 있다는 의미이다. 소비자들이 은행거래에서 보이는 지리적 인접성 선호와 동일은행에 대한 고착현상을 반영한 점에서 편의-필요항변은 고려해 볼 가치가 크다고 할 수 있다. 하지만 은행거래의 특수성을 감안하더라도 지역사회의 편의와 필요라는 경쟁감소로 인해 소비자들이 입게 될 잠재적 손실을 상쇄할 수 있을 만큼 중대한 것인지에 대해서는 여전히 의문의 여지가 있다. 더욱이 편의-필요항변의 기원은 당초 미국에 특유한 사회적 문제를 해결하기 위한 차원에서 발단되었다는 점에서 보면 일응 이러한 항변을 은행합병사건에서 보편적으로 인정하기에는 무리가 있다고 생각된다.

반면 부실-침체은행항변에 대해서는, 은행이 도산되는 단계에 이르지 않고 단순히 부실이나 침체상태인 은행도 충분히 금융시스템의 안전을 위협할 수 있기 때문에 이러한 항변을 고려해 볼 가치는 매우 큰 것으로 보인다. 하지만 이 역시 금융규제차원에서 이루어지는 적기시정조치제도

에 포섭되는 부분이어서 역시 항변요소로서의 기능은 제한될 수 밖에 없
을 것이다.

Ⅲ. 자산매각을 통한 경쟁제한성의 시정

1. 서설

(1) 은행합병심사에 있어서 자산매각조치의 의미

은행시장에서도 경쟁은 매우 중요한 보호가치이며, 합병으로 인해 은
행시장의 경쟁이 훼손될 위험도 엄연히 존재한다는 점을 앞서 자세히 살
펴보았다. 그런데 현실적으로 근래 들어서는 은행합병이 경쟁제한성을
이유로 거부된 사례는 거의 찾아볼 수 없다. 90년대 후반이후 캐나다와
호주 경쟁당국이 은행합병안을 금지시킨 사례가 있으나 이는 오늘에 와
서 오히려 이례적인 것으로 받아들여진다.330)

이러한 현상의 원인은 비교적 명확하다. 일면 금융환경의 변화요인을
감안하여 집중도나 시장점유율을 넘어서는 경제적 증거들을 고려하게 되
었다든지 하는 데서도 이유를 찾을 수 있지만, 보다 근본적인 원인은 비
록 경쟁제한적인 합병안이라고 해도 그 반경쟁 요인을 사전에 제거하는
것을 전제로 하여 규제기관의 승인을 얻어내는 경우가 많다는 데에 있다.
그와 같은 반경쟁적인 요인의 제거수단으로 사용되어 온 것이 곧, 합병

---

330) 합병심사의 경향 내지 결과에서 나타나는 이와 같은 변모는, 일찍이 은
행합병에 대하여 풍부한 경쟁정책적 규제경험을 가지고 있는 미국의 규
제사례에서 더욱 명확히 드러난다. 미국의 연방법원은 1985년 이래 은행
합병안을 금지시킨 판례를 내지 않고 있으며, FRB 역시, 일례로 1987년
부터 1997년까지의 기간 동안에 경쟁제한성을 이유로 합병신청안을 거부
한 사례가 5건에 불과했던 것으로 알려진다.

당사자와 정부기관의 사이에 이루어지는 자산매각조치(divestiture)였다. 경쟁제한적 기업결합에 대하여 경쟁당국이 취하게 되는 제재조치는 흔히 행태적 조치(conduct remedies)[331]와 구조적 조치(structural remedies)[332]로 나누어 질 수 있는바 자산매각조치는 이 중 구조적 시정조치에 속하는 수단이라 하겠다. 그런데 구조적 조치는 그로 인해 기대되는 소비자후생보다도 자칫 사회적 비용이 더 커질 우려가 있는 반면, 행태적 조치는 경쟁제한성의 시정효과가 직접적이며 경제전반에 미치는 영향이 적은 장점이 있다. 이점 때문에 사업자들은 물론 경쟁당국의 입장에서도 이를 선택하는데 적지 않은 부담을 느끼는 경향이 있다.[333] 하지만 은행합병사건에서 만큼은 자산매각조치가 가장 빈번히 채용되는 수단의 하나로 자리잡고 있다. 더욱이 규제당국은 물론 합병은행측에서도 적극 활용

---

331) 가격상승폭이나 시장점유율을 제한하는 등 일종의 행위중지명령(injunctive decrees)을 의미한다. *Antitrust Laws and Trade Regulation* (2nd ed.), Ch.32.02, Remedies in Merger Case, Mattew Bender & Company, (2002) 참조.

332) 사업자들의 영업이나 자산, 사업단위에 대한 조정명령을 통해 시장의 구조적 경쟁기반을 조성하기 위한 일련의 조치로 표현할 수 있다. 이 가운데 자산매각은 해체(dissolution)나, 분할(divorcement) 등의 조치와 함께 구조적 조치의 대표적인 유형에 속한다. 이러한 구조적 시정조치는 경쟁제한행위의 발현형태에 따라 수직적인 형태로 가해지거나 수평적인 조치로 부과될 수 있다. 수직적인 형태의 구조적 시정조치에서는 경쟁배척의 문제를 교정하기 위해 사업자로 하여금 후방(downstream) 자회사를 처분할 것을 명하기도 한다. 수평적 형태의 구조적 시정조치는 하나의 사업자를 각기 치열한 경쟁상태에 있는 여러 가지로 구성단위별로 분해하는 조치가 취해진다.

333) 그런데 행태적 조치는 시장경쟁의 틀을 유지시키는 심판자로서의 국가의 역할을 지나치게 간섭적인 것으로 변질시킬 수 있다는 우려가 제기된다. 경쟁구조의 결과로서 결정되어야 할 가격이나 시장점유율을 직접적이고 인위적인 방식으로 조정한다는 것은 일면 경쟁법의 기본 이념에 부합되지 않는 측면이 있다는 것이다. *Ibid..*

하려 한다는데 특징이 있다.

특히 미국의 법무부나 FRB는, 비록 경쟁제한적 효과를 배태한 은행합병안이라고 할지라도 합병은행의 일정 자산을 매각하는 것을 조건으로 하여 공히 은행합병을 승인하여 오고 있다. 이와 같은 자산매각은 구체적으로, 지점 등의 은행고정자산을 매각하거나, 예금, 대출 혹은 여타 자산을 처분하는 방식을 통해 이루어지고 있으며, 이 가운데는 지점매각방식이 가장 보편적인 조치로서 활용되고 있다.[334]

이처럼 자산매각이 하나의 시정조치로서 보다는 은행스스로 혹은 규제당국과의 사전조정과정을 통해 자산매각이 이루어져 왔다는 점에서, 사실상 제5의 심사단계로서 기능한다고 할 수 있다. 즉 상품시장, 지리적시장의 획정, 경쟁제한성의 판단, 진입장벽의 존재확인, 정당성 항변 등을 거쳐 경쟁제한적이며 이를 상쇄할 다른 항변사유도 존재하지 않는 은행합병안이 구제될 수 있는 실질적인 최후의 수단으로서 활용되고 있는 것이다.

(2) 은행합병사건에 있어서 자산매각조치의 활성화 배경

은행합병사건에 자산매각이 경쟁제한성의 교정수단 혹은 시정조치로서 활용되기 시작한 것은 미국에서 1970년대 합병 움직임이 일어나면서 부터 였다. 당시 미국의 은행업계는, 규제당국이 어떤 경우 은행합병안을 반트러스트 위반으로 보게 될지가 명확치 않다는 점을 합병추진의 가장 중대한 애로사항으로 지적하고 있었다. 이에 은행규제당국은 합병안 승인에 따른 불확실성을 개선하기 위한 몇 가지 중요한 조치들을 취하기

---

334) Margaret E. Guerin-Calvert, Key Issues in Antitrust Analysis of Bank Mergers in the 1990s, Practising Law Institute Corporate Law and Practice Course Handbook Series(PLI Order No. B4-7078), p. 277 (1994).

시작하였는바, 그 첫 번째가 은행합병심사에 미 법무부 가이드라인을 활용하는 방안이었다. 은행합병사건에 법무부 가이드라인을 활용하는 관행이 일반화되면서 은행합병안이 경쟁제한성을 이유로 불승인될지 여부를 둘러싸고 존재해 왔던 불확실성은 상당부분 줄어들게 되었다.[335] 경쟁제한의 우려가 있는 합병안을 가려낼 수 있게 되자, 은행업계는 다시 경쟁제한적인 합병안의 불승인 가능성을 완전히 제거하지는 못하더라도 상당부분 줄일 수 있는 완충방안을 필요로 하게 되었다. 그러한 방안을 모색하던 은행업계는 자산매각 방식을 방안으로 고려하게 되었다. 그 이유는 은행산업이 자산매각을 하기에 어떠한 분야보다 적절하기 때문으로 보이며, 은행의 자산, 특히 고정자산인 은행점포 등은 비교적 분할하기에 용이하다는 점에 기인한 것으로 판단된다. 자산매각을 통하여 비록 반경쟁적인 성격을 가진 합병안이라도 체질을 개선함으로써 합병의 구조적 효과를 법무부 가이드라인에서 요구하는 수준에 부합시킬 수 있다고 판단한 것이다. 이러한 자산매각방식은 은행규제기관들의 요구에도 부합하는 것이었다. 은행들의 합병에 대해 비교적 관대한 입장을 견지해 온 은행규제기관들로서는 은행들이 스스로 경쟁제한요인을 사전에 제거한다면

---

335) Jim Burke, Divestiture as an Antitrust Remedy in Bank Mergers, Federal Reserve Board, Finance and Economic Discussion Series, 1998-14, p.1, (Feb, 1998).이런 조치는 은행합병심사의 신속성을 제고하고 불확실성을 낮추려는 일련의 정책방향의 일환으로서 행해졌다. 대표적인 것으로서 FRB가 법무부 가이드라인에 명시된 구조적 기준을 포함시킬 수 있는 권한에 관한 규칙을 개편하여 합병신청절차를 더욱 합리적으로 개선한 조치를 들 수 있다. 개편된 규칙에서는, 합병신청이 승인되도록 하기 위해 신청서를 해당지역 연방준비은행에 곧바로 위임시킬 수 있는 경우를 제시하고 그 기준을 수립하였다. 이러한 기준을 충족하는 합병안은 사실상 승인을 보장받게 되고 연방준비은행에 위임된 권한에 따라 신속처리절차를 밟게 된다. 이러한 기준에 따른 수준을 넘어서 훨씬 심각한 구조적 효과를 가진 신청안에 대해서는 연방준비은행과 연방준비제도이사회에 의한 추가적인 조사를 받도록 되어 있다. Id. p.5.

경쟁제한논란에 대한 부담없이 합병을 허용할 명분이 확보되기 때문이다.

결국 현재 은행합병심사에 있어서 사실상 합병인가의 주된 원인을 제공하고 있는 자산매각조치는, 절차의 신속과 합병승인여부의 불확실성 제거라는 은행업계와 규제당국간의 공통의 이해관계가 합치된 결과라고 할 수 있다. 다만 합병은행측이 자산매각에 대해 경쟁당국인 미 법무부이 가지는 입장은 다소 회의적이어서, FRB 등 은행규제당국이 합병은행측의 자산매각의향을 받아들여서 당초 경쟁제한적인 성격의 합병안을 승인한 후에도 법무부가 자산매각조치를 적절하지 못하다거나 불충분하다는 이유로 용인하지 않는 문제가 노정되어 왔다.[336] 본 고에서는 자산매각을 통한 제재수단이 어떻게 발전되어 왔는지를 살펴보고, 연방준비제도이사회와 법무부가 자산매각조치에 대해 가지고 있는 시각을 비교분석함으로써 경쟁제한적 은행합병안에 대한 제재수단으로서의 자산매각의 유효성을 살펴보고자 한다.

------

336) 사실 폐쇄되는 점포들은 예금고의 측면에서 볼 때 합병은행의 예금고 가운데에서 차지하는 비율이 비교적 적은 경우가 많은 것이 사실이지만, 최근의 일부 초대형 합병에서는 실질적인 자산매각이 이루어지기도 하였다. 예를 들어서 1992년에 있었던 Society -AmeriTrust 합병건에서는 자산매각을 통해 처분된 예금고가 당초 합병으로 인해 취득되기로 되었던 예금고 가운데 정확히 13%를 차지하였다. 또한 1992년의 BankAmerica와 Security Pacific 합병에서는 캘리포니아, 네바다, 애리조나, 워싱턴 주에서 합병은행들간에 점포중복이 발생함에 따라, 당초 취득키로 되어 있는 예금고의 12%인 총 90억 달러의 예금고가 자신매각방식을 통해 처분된 바가 있다. 한편 1996년 Wells Fargo가 First Interstate를 인수할 당시에 자산매각토록 요구된 예금고의 양은 총 25억 달러로서 취득예정 예금고의 5%를 차지하였다. 또한 1997년에 NationsBank가 Barnett Banks를 인수할 당시에는 규제기관으로부터 취득예정 예금고의 9%나 차지하는 31억 달러의 자산을 처분하라는 요구를 받기도 하였다. *Ibid..*

2. 자산매각에 대한 경쟁당국과 은행규제당국의 접근방식
- 미국의 경우-

(1) 연방준비제도이사회의 입장과 자산매각절차

1) 자산매각조치에 대한 기본 입장

연방준비제도이사회(이하, FRB)는 자산매각조치에 대해 매우 적극적인 입장을 견지하여 왔다. 특히 FRB는 합병은행측이 자산매각과 같은 자구조치를 강구하려면 가급적 합병이전이나 적어도 합병과 동시에 이루어지도록 해야 한다는 점을 천명하였다. 자산매각에 대한 FRB의 이러한 방침은 1982년 Barnett Banks of Florida가 First Marine Banks, Inc.를 인수하기 위하여 제출한 합병안을 승인하는 과정에서 구체적으로 표명되었다.337) 또한 후속 사건에서도, 고도로 집중된 시장에 소재하는 은행점포들을 합병전이나 합병과 동시에 폐쇄하는 조치가 곧 경쟁에 심각한 부정적 효과를 제거하기 위한 효과적인 수단이라는 점을 FRB는 거듭 확인하였다.338) 하지만 자산매각의 구체적인 조건에 대해서는 비교적 소극적인 입장이었다. 즉 FRB는 자산매각과 관련하여 구체적인 조건을 합병은행측에 지시하지 않으며 매각되어야 할 특정 시설이나 자원을 선별하지

---

337) 이 사건에서 Barnett 측은 Marine의 자산 가운데 40%를 차지하던 9개 지점들을 매각처분하기 하기 위해 합병이 완료된 이후에도 9개월을 소요해야 했는데, 이에 대해 FRB는, "이사회는, 비록 짧은 기간동안이라도 심각한 반경쟁적 효과가 존재하지 않도록 하기 위해서는 자산매각이 합병의 이전 혹은 동시에 이루어져야 한다는 점을 특히 강조하고 싶다. 이 사회는 향후 합병을 신청하는 은행지주회사들이 이러한 방침에 부합하여 합병안을 조정하는 노력을 기울여 주기를 기대한다"고 하였다. Federal Reserve Bulletin, vol. 68, p.190 (March 1982).
338) 그 예로서, Pennbancorp가 First Seneca Corporation을 인수한 경우를 들 수 있다. Federal Reserve Bulletin, vol. 69, p.548 (July, 1983) 참조.

도 않는다. 다만 가급적 모든 금융서비스를 취급하는 점포의 자산이나 부채339)를 매각하는 것으로 충분하다는 입장이었다. 매각되는 지점은 향후 인근지역의 모든 고객들에게 전범위에 걸친 은행서비스를 제공하게 될 독립적인 개체로서 생각되었던 것이다.

2) 자산매각의 절차

자산매각의 의사는 합병은행측이 FRB에 대한 합병인가 신청서류의 목록에 "지점제공"의향서를 포함시킴으로써 제시된다. 이를 통해 매도인인 합병은행은 불특정의 매수인에게 인도될 예정인 자산이나 채무가 어떤 것인지를 특정하게 된다. 여기서 당사자들에 의해 교섭되는 매매가격은 주로 매수인에게 넘겨질 "순 예금고"의 평가액을 토대로 산정된다.

한편 매매계약에는 매도인들이 매각되는 점포의 예금이나 대출업무를 되팔도록 요구하지 못하도록 강제하거나 특정기간동안 매각된 지점 근처에 지점을 개설하지 않기로 하는 양해각서를 포함시킬 수 있다. 아울러 지점의 인적자원을 유지하거나 장래에 고용하기로 하는 규정 또한 매도인과 매수인간에 합의될 수 있다.

3) 기존 고객들의 보호문제

자산매각조치는 경쟁제한의 잠재적 위험을 경감시키는 중요한 수단임에는 틀림없지만 고객의 이익보호 측면에서 볼 때는 또 다른 문제를 낳을 수가 있다. 합병하는 은행들이 일부 지점을 다른 은행에게 매각시킨다는 것은, 기존의 고객들의 입장에서 보면 자신의 의사와는 관계없이 거래하던 점포가 다른 이름의 은행으로 바뀌게 된다는 의미이다. 이로

---

339) 여기서의 債務(liabilities)는 단순한 부채를 의미한다기 보다는 당해 점포가 예금고객들에게 지고 있는 예금채무를 포함한 개념으로 보아야 할 것이다.

인해 경우에 따라서는 고객에게 불리하거나 이익을 침해하는 결과를 초래할 수도 있다. 가령, 합병은행이 우량은행이었고 고객들 가운데 일부는 그 때문에 합병추진 은행과 종래 거래를 해왔는데, 만일 일부 지역의 지점을 소규모 혹은 덜 우량인 은행에게 매각해 버린다면 고객들로서는 거래의 안전이나 편의 면에서 자신의 이익이 침해되었다는 인식을 할 수가 있다. 물론 매각대상 지점의 예금과 대출이 그대로 매수은행측에 인도되어야 하는 것은 아니기 때문에 고객들이 자기가 거래해 오던 은행과 계속하여 거래하기를 원한다면 다른 지점을 찾을 수도 있다. 하지만 불가피 계좌전체를 이전해야 한다면 이는 분명 고객의 편의에 반하는 것임에 분명하다. 결과적으로 이는 은행시장의 경쟁을 보호하기 위해 지역사회의 고객의 편의를 희생하는 결과가 된다. 일면 경쟁제한적 은행합병을 용인하면서 까지 지역사회의 편의 필요항변을 존중하려 했던 미국 은행합병 규범의 취지와 모순되는 측면이 아닐 수 없다. 그렇다고 할 때 자산매각방식이 미국에서 종래에 특히 최근 들어서 경쟁제한 요소의 교정수단으로서 절대적으로 활용되고 있는 현실은 어떻게 설명되어야 할 것인지가 문제된다.

일견 FRB 역시 이러한 점을 충분히 인식하고 있는 것으로 보인다. 즉 자산매각을 한다고 하여 예금과 대출이 물리적인 시설이나 지점의 직원들과 함께 고스란히 새로운 매수인에게로 이전되지 않고 다른 곳으로 이탈해 나갈 가능성을 전혀 배제하지는 않는다.[340] 그러나 FRB는 매각되는 지점들이 시장내에서 독립적으로 생존가능한 하나의 경쟁자가 되기에 충분한 사업을 그대로 보유하게 될 것으로 판단하였다. 즉 일부 예금이 탈이 있을지도 모르지만 전체적으로 볼 때 매각된 지점이 시장내에서 하나의 신규경쟁자로서 살아남는데 문제를 초래할 정도는 아니라는 것이다. 이러한 판단은 기본적으로 경험적 증거들에 토대하고 있다. 즉 미국에서

---

340) Jim Burke, *op.cit.* p.7.

의 여러 경험적 증거들에 따르면, 개인고객들이나 소기업들은 은행서비스의 공급자들을 선별함에 있어서 점포가 어느 은행에 소속되어 있는가 하는 점보다는 점포의 위치를 가장 중요한 고려요소로 삼고 있다는 것이다[341]. 따라서 은행점포의 소속이 바뀌더라도 고객들은 편의상 종래 이용해 오던 거래은행점포를 바꾸지는 않을 것으로 판단하였다.

FRB는 일단 합병당사자들이 매각하기로 제안한 총 예금고의 액수가 합병은행의 잠재적인 경쟁제한성을 감소시키기에 충분하다고 판단하면, 가급적 매각제안서의 세부적인 사항 가령 어느 지점을 매각할 지 등에 대해서는 더 이상 관여하지 않는다는 입장이다[342]. 경우에 따라서는 FRB가 관련시장 외의 매수인에 대한 선호를 표명한 적도 있으나, 주로 관심의 초점을 둔 부분은 자산매각의 크기와 자산매각이 구조지표에 미치는 효과, 그리고 그 결과 나타나는 경쟁조건 등이었다. 매각될 특정 점포를 포함한 매각의 조건은 매도인과 매수인의 재량에 따라 결정된다[343]. 대개의 경우, 매각대상 점포는 피취득 은행의 점포들이지만, 취득

---

341) 이러한 경험적 증거들을 제시한 문헌들로는 Gregory Elliehausen & John Wolken, Banking Markets and the Use of Financial Services by Small and Medium-Sized Businesses, Staff Studies No. 160, Federal Reserve Board, 1990; Timothy Hannan & Stephen A. Rhoades, Future U.S. Banking Structure:1990 to 2010, *The Antitrust Bulletin*, Fall 1992; Myron L. Kwast, Martha Starr-McCluer, and John D. Wolken, Market Definition and the Analysis of Antitrust in Banking," *The Antitrust Bulletin*, Winter 1997 등 참조.

342) David S. Neill, *Antitrust Divestiture Policies Can Impact Bank Merger Planning, Banking Policy Report* (December 4, 1995), p.13 (1995).

343) 한편 비교적 최근에 있었던 Wells Fargo-First Interstate 간의 합병사건에서는 이러한 방침에 대한 한 가지 주목할 만한 예외가 목격된다. 연방준비제도이사회는 동 사건에 대해 공식적인 입장표명을 하면서, 매각예정 자산의 규모와 특질에 특별한 주의를 기울였다는 점을 밝혔다. (*Federal Reserve Bulletin*, vol. 82, p. 445 (May 1996)).

은행의 점포가 매각되는 경우도 종종 있다.

(2) 연방 법무부의 입장

FRB와는 달리 자산매각에 관한 법무부의 기본적 입장은, 만일 매각되는 개체로부터 독립적으로 생존가능한 경쟁자가 출현할 수 있다면, 자산매각협정속에 편입되는 각종 조건들을 전적으로 합병당사자의 자유재량에만 맡겨둘 수는 없다는 것이다[344]. 이에 따라 법무부는 합병에 의해 얻어지게 될 상승효과에 결정적인 영향을 미칠 수 있는 지점들을 선별하기 위한 몇 가지의 기준들을 채택하여 왔다. 즉 i) 매각 또는 처분할 자산 즉 예금고가 얼마인가 하는 점과 ii) 그것을 누구에게 팔 것인가 하는 점을 자산매각의 핵심으로 보았다.

법무부의 이 같은 입장은 FRB가 1991년에 있었던 First Hawaiian Inc. 의 First Interstate of Hawaii 인수를 승인하면서 명확히 표출되었다[345]. 이 사건에서 FRB는 합병당사자들의 자산매각조치를 통한 자구노력을 받아들여 합병안을 승인하였으나, 법무부는 이러한 자산매각조치가 기업대출시장에 대한 경쟁적 우려를 완화시키기에 충분하지 못하다고 보았다. 이에 따라 법무부는 동 합병안에 대해 소송을 제기하였으며 이후 당사자들이 호놀룰루 은행시장에서 추가적으로 한군데의 지점을 더 처분할 것을 요구하도록 하는데 합의함으로써 동 사건을 둘러싼 분쟁을 해결한 바가 있었다[346]. 여기서는 아울러 매각되는 지점의 특정 인원들을 그대로 유지시키도록 하는 조건도 명문화되었으며, 매각될 자산을 매수할 은행들도 특정되었다.

---

344) David S. Neill, *op.cit.*, p.16.
345) Federal Reserve Bulletin, vol. 77, p. 52 (January 1991).
346) United States v. First Hawaiian Inc., Civil No. 90-00904 DAE (D. Ha. filed March 7, 1991).

두번째 경우로는, 1991년 Fleet/Norstar와 Bank of New England 간의 합병을 들 수 있다. 동 사건은 앞의 경우와는 달리 FRB가 특별한 자산매각조치 없이도 합병안을 승인하였다[347]. 이에 대해 법무부는 당해 합병안을 독점금지법 위반으로 법원에 제소를 하였다. 그러나 사건은 결국 합병은행측이 법무부의 요구를 받아들여서 법무부가 선별한 특정 자산과 지점을 매각키로 함에 따라 동의명령(consent decree) 형식으로 해결이 되었다[348].

한편 1992년 Society-AmeriTrust 합병건에서도, 법무부는 FRB가 합병은행측의 자산매각조치를 받아들였음에도 불구하고[349] 이를 경쟁적인 우려를 불식시키기에 충분한 것으로 판단하고 소송을 제기하였다. 법무부는 합병은행들이 제시한 매각조치는 범위면에서 충분하지 않으며, 매각조치로 인해 당해 시장의 기업들에 대한 은행서비스의 공급자로서 독립적으로 생존가능한 경쟁자가 탄생해야 한다는 심사기준에도 미치지 못한다고 주장하였다[350].

오늘날, 특히 대규모 은행합병사건에 있어서, 합병은행이 FRB에 합병신청서를 접수하기에 앞서 법무부가 미리 합병은행과의 자산매각협정에 이르는 경우가 드물지 않게 발생하고 있다. 일례로 법무부는, BankAmerica가 Security Pacific을 인수키로 하면서 제출한 합병인가신청서를 접수시키기에 앞서서 BankAmerica와 이러한 협정을 체결한 바가

---

347) *Federal Reserve Bulletin*, vol. 77, p. 750 (September 1991).

348) Janusz A. Ordover and Margaret E. Guerin-Calvert, Bank Merger Analysis and the New Merger Guidelines: The View from the Department of Justice, in Proceedings of a Conference on Bank Structure and Competition (Federal Reserve Bank of Chicago, p. 5, (1992).

349) *Federal Reserve Bulletin*, vol. 78, p. 302 (April 1992).

350) *American Banker* (1992) p.1, (Mar. 16, 1992).

있다. Wells Fargo-First Interstate 간의 합병건에서도 법무부는 당초 합병은행측이 제시한 액수를 초과하는 수준의 자산매각조치를 요구하기도 하였다. 자산매각과 관련한 법무부의 입장은 주로 매각되는 점포가 은행 서비스 특히 소기업에 대한 대출 서비스를 공급할 능력이 있는지에 대한 우려에서 비롯되었다.

3. 자산매각에 있어서 고려해야 할 사항

미국의 은행합병 규제당국이 자산매각조치를 즐겨 활용해 오고 있는 이유는 무엇보다 은행합병안의 경쟁제한성을 교정하는 수단으로서의 실효성이 매우 크다고 보기 때문이다. 그러한 믿음은 대체로 두 가지의 기대에 기초하고 있다. 하나는 점포매각을 통하여 자산 특히 예금고를 처분하게 되면 합병은행의 시장지배력이 그만큼 줄어들 것이라는 것이고, 다른 하나는 매각한 자산이 합병은행으로부터 분리된 이후에 합병은행과 경쟁을 벌이게 됨으로써 시장경쟁이 제고될 것이라는 기대이다. 그런데 만일 기대와 달리, 실제에 있어서 합병이 된 후에도 합병은행이 여전히 종전과 비슷한 수준의 예금고를 가지고 있거나 매각은행이 매각이후 얼마지 않아 폐쇄된다고 하면 자산매각조치의 필요성 내지는 정당성이 상실될 수밖에 없다. 따라서 경쟁제한성의 교정수단으로서 자산매각조치를 주장하기에 앞서 그것이 현실적으로 실효성을 갖추기 위해서는 어떠한 조건이 갖추어져야 하는지를 검토할 필요가 있다.

이와 관련해서 우선 고려되어야 할 점이 매각지점으로부터의 예금이탈 문제이다. 은행합병 규제당국은 자산매각조치에 따라 매물로 나온 점포를 특정 은행이 매입하면 매입은행으로 예금의 상당부분이 이전될 것으로 기대하게 된다. 그러나 과연 매각된 점포의 예금이 매도은행 쪽으로 환원되지 않고 매수인에게 그대로 남아 있을 지에 대해서는 의문이 생길 수밖에 없다. 규제당국들이 가지는 기대는, 각 은행들이 제공하는 상품간에 차별성(product differentiation)이 거의 없어서 고객들이 점포의 위치와 편의만을 기준으로 금융거래상대방을 선택한다는 전제위에서만이 가능하다. 그러나 은행업이 가지는 상품차별성은 시장상황에 따라 다를 것이며, 비록 제품차별성이 거의 없다고 하더라도 여러 이유에서 일부 고객들은 자신의 금융거래를 종전에 이용해 오던 은행에서 지속적으로 유지할 인센티브를 갖게 될 것이다. 더욱이 합병은행들은 일반적으로 매각한 지점 인근지역에 소재하는 점포를 그대로 유지시킬 것이기 때문에 상당수의 고객들은 매각지점에 예치해 두었던 자금을 인근의 매도은행 지점으로 이전시킬 가능성을 배제할 수 없다.[351] 관련당국은 따라서 자산매각에도 불구하고 합병은행치 당초의 시장점유율 대부분을 회복하는 상황에 대비할 필요가 있다.[352]

한편 은행시장의 경쟁이라는 관점에서 보자면, 단기적인 예금이탈율보다 더 중요한 문제가 매각점포의 장기적인 생존가능성이라 할 수도 있다. 이와 관련해서 고려되어야 할 점은 i) 매각된 점포가 기존의 시장에서 계속하여 경쟁하는지 여부와 ii) 이들 점포가 시장점유율을 계속하여 유지하는지 여부라고 할 수 있다. 다만 은행고객들의 입장에서 은행선택의 가장 중요한 고려사항의 하나가 便宜라고 한다면, 점포를 매각한다고 하더라도 기존의 고객들 대부분을 계속하여 거래계정을 보유할 가능성이

---

351) 실제로 매도은행과 매수은행들은 이러한 현상을 감안하여 매각협상을 하는 것으로 알려진다. 예를 들어서 자산매각후 매각지점에서 상당액의 예금인출이 있을 것이라는 점이 잘 알려져 있기 때문에 매도인과 매수인 측은 일종의 보상조치를 통해 합의에 이르게 되고 그 결과 매수은행측은 훨씬 인하된 가격에 매각대상 점포를 매입하게 된다는 것이다. John J. Mingo and Willam F. Spinard, Branch Divestitures: Valuation and Sales Strategies, *Banking Expansion Reporter*, vol. 3, No. 2 (January 16, 1984).

352) Jim Burke, *op.cit.*, p.14.

있고 이를 토대로 새로운 고객들을 확보할 수 있을 것으로 예상할 수 있으므로, 비은행업계의 경우보다 생존가능성을 높게 볼 여지도 존재한다.

아울러서 사업자나 규제당국의 입장에서는 매각지점들이 지속적으로 영업을 하고 있다는 사실만으로는 부족하고 실제 시장에서 어떠한 성과를 벌이는지도 중요한 관건이 된다. 매각자산의 매수인들이 시장에서 계속하여 경쟁을 벌이는지, 그리고 이들이 자신들의 시장점유율을 유지하는 경향이 있는지의 문제라고 할 수 있다.

4. 매각점포의 선별

FRB는 일단 합병당사자들이 매각하기로 제안한 총 예금고의 액수가 합병은행의 잠재적인 경쟁제한성을 감소시키기에 충분하다고 판단하면, 가급적 매각제안서의 세부적인 사항 가령 어느 지점을 매각할 지 등에 대해서는 더 이상 관여하지 않는다는 입장이다. 반면 미 법무부의 입장은, 매각되는 개체로부터 독립적으로 생존가능한 경쟁자가 출현할 수 있다면, 자산매각협정속에 편입되는 각종 조건들을 전적으로 합병당사자의 자유재량에만 맡겨둘 수는 없다는 것이다. 법무부는 이러한 입장을 실행하기 위해 관련시장내의 합병당사자들의 모든 지점에 대한 각종의 정보를 합병신청인들에게 요청하게 된다.

(1) 법무부의 정보요청

절차적인 지연을 최소화하기 위해 합병당사자들은 법무부가 요청할 것으로 보이는 정보들을 가능한한 미리부터 수집할 필요가 있다. 법무부가 각 지점에 요청하는 자료는 기본적으로 다음의 세 가지 유형으로 분류된다[353].

1) 물리적 시설 관련 정보

정보요청에서는 각 은행지점에 관한 여러 종류의 설비관련 정보를 상세히 요구하게 되는데 그 세부적인 항목은 다음과 같다.

- 지점건물상태에 대한 설명: 지점의 창구개수 및 상업창구(commercial windows)개수: 지점의 ATM(현금인출기)의 개수와 Drive-in 창구 개수: 지점 외관에 관한 사진: 인접 지역에 대한 설명(거주민들의 경제적 특성, 도시화정도, 쇼핑센터의 존재 등): 영업시간: 지점의 임대 혹은 소유상태: 합병상대방의 지점소재지와 경쟁은행점포들의 위치를 나타내주는 지도.

2) 거래활동 관련 정보

정보요청에서는 아울러 각 지점의 거래활동을 파악할 수 있는 다음과 같은 각종 지표들을 요구하게 된다.

-한달 동안의 일일 평균 지점의 총 창구거래량 및 상업창구(commercial teller)거래량: 한달 동안의 일일 평균 ATM(현금인출기)거래량: 특정 기간동안의 각 지점의 심야 예금거래의 수

3) 거래액수 관련 정보

요청되는 가장 중요한 정보가운데는 다음 사항과 관련된 현재 그리고 역사적인 자료들도 있다.

- 각 지점의 총예금고 및 상업예금고(commercial deposits): 각 지점에 배정된 상업대출담당직원의 수: 각 지점의 상업대출액 한도: 각 지점

---

353) David S. Neill, A Guide to The Policies and Procedures Affecting Antitrust Divestitures in Bank Mergers, *Banking Law Journal* (July/August, 2001) pp. 605-606, (2001)

에 기재된 총대출액 및 규모별로 분류한 상업대출액(commercial loans)
(예를 들어 0-$100,000, $100,000-$250,000, $250,000-$500,000,
$500,000-1백만불, 1백만불-5백만불, 5백만불-천만불 등); 은행본점 등
에서 취합 기재되는 기업대출과 기업저축을 할당하는 데 사용되는 기법
에 대한 설명354)

이러한 자료들은 기본적으로는 매각대상여부에 관계없이 모든 지점들
에 대해 요구된다. 다만 은행측에서 매각지점과 잔존지점들간의 개인고
객대출관계 분산을 방지하기 위해 특별한 주의가 기울여지기도 한다.

(2) 피취득은행의 지점 매각을 보다 선호하는 법무부의 논거

미 법무부는 위와 같은 정보를 미리 확보하여, 합병은행측이 제시한
매각안이 법무부의 지점선별 기준과 부합하는지를 평가하게 된다. 그런
데 법무부의 기준은 몇가지 점에서 일관된 특징이 있다.

첫째, 법무부는 취득은행의 지점보다 피취득은행의 지점들이 매각되는
것을 훨씬 더 선호한다. 그 이유는, 합병이후 사라지는 은행의 고객들보
다 합병이후 잔존하는 은행의 고객들이 기존의 거래은행에 대해 더 큰
집착을 보이기 때문이라는 것이다. 고객들이 이러한 성향에 따를 때 만
일 취득은행 지점을 매각하게 되면 기존의 고객들은 자신들이 종전에 거
래해 오던 은행이 합병이후에도 존속하기 때문에 종전에 거래하던 은행
의 다른 지점을 찾을 가능성이 크다고 할 수 있다. 따라서 매각지점을
인수하는 사업자가 지점의 기존 고객들과 예금을 보다 잘 유지할 수 있
도록 하기 위해서는 합병으로 인해 상호와 실체가 사라지는 피취득 은행

---

354) 대개의 은행들은 상업대출을 지점차원에서 보다는 본점차원에서 취급하
　　 는 경향이 많다. 이에 따라 법무부가 상업대출을 본점으로부터 각 지점
　　 으로 배정하는 기법 등을 파악하기 위해 이러한 자료를 추가적으로 요청
　　 받게 된다.

의 점포를 매각하는 것이 바람직하다는 것이 법무부의 판단이다. 만일 잔존은행의 지점들만 매각되는 경우에는, 법무부는 합병당사자들이 좀더 많은 예금고를 처분할 것을 요구할 가능성이 높다.

그러나 법무부의 이와 같은 선호도는 합병이 대등한 규모와 위치의 은행들 간에 이루어져서 피취득은행과 취득은행의 구별이 곤란하거나, 은행의 명칭이 제3의 명칭으로 변경되는 경우를 설명하지 못하고 있다. 이에 따라 법무부의 이른바 예금이탈론(Run-off theory)은 대등한 은행들 간의 합병에 대해서는 설득력이 부족하다는 지적이 제기된다[355]. 법무부의 피취득은행 자산매각에 대한 선호는 합병계획과 합병의 상승효과에 중대한 영향을 미칠 수 있다. 가령 예를 들어 피취득은행의 지점들이 취득은행 지점들에 비해 평균적으로 규모가 크고 현재 운용에 있다고 하면, 인근 점포들의 폐쇄나 통합이 있을 경우에 고객들을 추가적으로 수용하기에는 이들 피취득은행들이 더 적절할 수도 있다. 따라서 이런 경우에까지 법무부가 자신들이 선호를 고집하게 되면 합병당사자들에게 전적으로 유익한 지점을 폐쇄하는 결과가 되며, 그로 인해 합병은행들의 비용절감효과나 당초 합병의 유인이 되었던 기대효과가 박탈될 수가 있다.

논리적으로 볼 때도, 법무부의 매각지점 선별에 대한 우려는 타당성이 적다. 법무부의 전제 즉 매각이후 예금이탈현상이 취득은행의 지점을 매각할 때 더욱 심각하게 나타난다는 주장이 실제로 그렇다고 가정해 보자. 이 경우 매각지점에 대한 민감한 이해관계를 가지고 있는 매수인 역시 그러한 문제를 잘 인식하고 있을 가능성이 매우 높으며, 매수인들은 따라서 가급적 그러한 의심이 있는 지점들은 인수하려 하지 않으려 할 것이다. 그 결과 취득은행 소유였던 매각지점들의 가격은 낮게 형성될 것이다. 그렇다면 매각지점에 대한 가격을 극대화하려는 유인을 가지고 있

---

355) David S. Neill, Antitrust Divestiture Policies Can Impact Bank Merger Planning, *Banking Policy Report* (December 4, 1995), pp. 13 (1995).

는 합병은행들은 낮은 가격에 팔릴 수밖에 없는 취득은행지점을 매각대상으로 선정할 이유가 없기 때문에 높은 가격에 지점을 매각하기 위해서라도 피취득은행들의 지점을 매각대상으로 정하게 될 것이다. 따라서 매각지점을 정부규제기관이 나서서 조정하지 않고 그냥 시장에 맡겨 두더라도 법무부가 추구하는 기대효과와 동일한 결과가 나타나게 된다.

그럼에도 불구하고 합병당사자들이 피취득은행보다 취득은행 지점들을 처분하기로 한다면 이는, 매각의 초과이윤을 상실하게 되는 부분을 보전하고도 남는 비용상의 이익이 있기 때문에 합병은행측이 자산매각 대가를 적게 받는 것을 기꺼이 감수하겠다는 의미이거나, 아니면 합병은행측과 매각지점의 매수인측이 법무부의 예금이탈논리(run-off theory)가 타당하지 않아서, 자산매각으로 인한 추가이윤이 합병당사자들 가운데 어느 쪽의 지점을 매각하는 지와는 아무런 관련이 없다는 의미가 된다. 따라서 어떠한 경우이든, 논리상으로 볼 때 시장이 매각될 지점을 선별하도록 허용하는 것이 바람직하다고 하겠다.

(3) 소기업지역 소재의 지점

미 법무부는 또한, 기업금융활동의 비중이 높고 특히 소기업 집중지역에 소재한 지점을 중심으로 이루어지는 자산매각을 선호한다. 법무부는 소기업활동 지역을 영업기반으로 하는 지점들을 자산매각의 범위 내로 포함시키기 위해 지리적 관련시장보다 넓은 지역을 활용하기도 한다. 소기업활동 지역 전체를 포섭하려는 법무부의 의도는 예금고를 기준으로 하여 계산된 매각자산보다 더 많은 수의 지점을 매각토록 하는 결과를 낳기도 한다. 그런데 미 법무부의 취지는 지리적 시장내의 모든 소기업 활동 지역을 감안하기 위한다는 것이지만, 이는 지리적 관련시장이 합병안의 경쟁적 효과를 평가하는데 필요한 최소한의 지역으로 한정되어야 하며 가격경쟁이 시장을 통해 이루어지는 경제적 현실을 반영하여야 한다는 독점금지법의 기초이론과 일치되지 않는 측면이 있다. 지리적 관련 시장이 경제적 현실과 반트러스트 이론의 문제로서 정확히 획정되었다면, 이론상으로 볼 때 획정된 시장내의 보다 작은 지역내에서 경쟁을 분석해야 할 이유가 없다. 그런 점에서 미 법무부는 자산매각안을 평가함에 있어서 시장획정의 기본전제를 간과한 것이 아닌가 생각된다.

한편 법무부가 선호하는 매각대상 유형에 속하는 지점들이라도 그것이 저축금융기관들로부터 인수된 것들이면 법무부는 예외적으로 이들 지점을 매각대상으로 선별하기를 꺼리는 경향이 있다. 비록 그러한 지점들이 앞에서 언급한 기준들 즉, 피취득은행의 지점들이면서 또 소기업지역에 소재한 지점들에 속하더라도 저축기관들로부터 인수한 지점이면 법무부는 이들 지점을 거의 매각대상으로 채용하는 일이 없다.

5. 매각자산의 매수인 선별

FRB와 법무부는, 매각지점의 잠재적 매수인들이 과연 합병은행의 대체인으로서 합병은행과 적절히 경쟁할 수 있는지를 평가하게 된다. 이 과정에서 FRB나 법무부가 중요한 사항으로 판단하는 문제들은, 매수인이 시장외의 사업자인지 아니면 시장내 경쟁자인지, 주어진 시장내의 매각지점들이 단독 매수인에게 매각되는지 아니면 복수의 매수인들에게 나뉘어 매각되는지, 매수인이 상업은행, 저축은행, 저축 및 대출기관 혹은 창업회사인지 등이다.

(1) 시장외 사업자 대 시장내 경쟁자

단순히 HHI의 수학적 계산에만 의존할 때, 매각자산을 관련시장 외의 은행이나 신설은행에게 매각하게 되면 합병이후의 시장집중도는 낮아지게 될 것으로 예상할 수 있다. 반면 매각자산을 시장내의 경쟁자에게 매도하게 되면 적어도 그렇지 않을 경우보다는 HHI의 증가율이 증가하게 될 것으로 예상해 볼 수 있다.

그럼에도 불구하고, 미국의 법무부나 FRB 모두 매각지점들이 시장 외 사업자들에게 매각되어야 한다는 점에 대한 명확한 입장을 취하고 있지는 않다. 예를 들어 FRB가 주로 우려한 부분은 합병이후의 시장구조가 합병은행쪽으로 지나치게 편중되지 않을까 하는 점이었다. 그와 같은 시장구조의 예로서 어느 시장의 선도기업이 자신의 뒤를 잇는 제2위의 경쟁자보다도 두배 혹은 그 이상의 시장점유율을 가지고 있는 경우를 들 수 있다. 그와 같은 시장상황에서 FRB는, 시장 내에 보다 강력한 2인자를 탄생시키고 또한 시장구조의 편중을 완화시키기 위해서 시장 내의 경쟁자에게 매각지점을 매각하는 것을 묵인하거나 오히려 선호할 수도 있다. 법무부 역시 모든 경우에 있어서 시장 외 매수인들을 선택해야 한다는 입장을 명확히 취하고 있지는 않다. FRB와 마찬가지로 시장 내에 강력한 제2인자를 양성할 필요성에 대해 많은 관심을 보였다. 이에 더하여 법무부는 문제가 된 지리적 시장에 대해 잘 알고 있는 금융기관이 매각지점의 매수인으로 선정되어야 한다는 점을 밝혀왔다.

(2) 단독의 매수인 혹은 복수의 매수인들(일괄매각과 분산매각)

위에서처럼 순수하게 HHI의 수학적 계산에만 근거하여 판단하였을 때, 단일의 매수인에게 동일 매각자산들을 매각시키는 것 보다 수개의 매수인들에게 분산하여 매각하는 것이 집중도를 줄이게 될 것이다. 하지만 이러한 점에도 불구하고 실제에 있어서 FRB나 법무부는 매각자산을 복수의 매수인들에게로 분산하여 매각하는 방안을 활용하지 않고 있다. 그 이유는 지점을 분산하여 매각할 경우 여러 소규모 경쟁자들이 시장에 비효율적으로 난립하게 되고 시장구조가, 소수의 대규모 은행과 비효율적인 다수의 소규모은행들로 재편되지 않을까 우려하기 때문이다. 법무부나 은행규제기관들이 원하는 방식은 오히려 자산매각을 통해서 시장에 경쟁적인 영향력을 발휘하기에 충분한 규모를 가진 은행을 탄생시키는 것이라고 할 수 있다.

구체적인 예를 들어서, 합병이 이른바 "중기업시장 middle-market"(즉 연간수익이 1,000만불에서 1억불 사이의 기업들에 대한 상업대출)과 관련하여 경쟁제한문제를 야기하게 되면, 이들 시장에서 적당한 경쟁을 벌일 수 있는 규모로서 예금고 10억불 이상을 보유한 은행을 고려해 볼 수 있을 것이다.

특정시장내의 지점들을 분산하여 매각하는 것이 바람직하지 않다는 입장은 법무부가 FRB보다 확고하다. 법무부의 이와 같은 일괄매각에 대한 선호는 종종 법무부의 매각자산 선별과정에 영향을 주게 되며, 아울러 법무부가 선정한 지점이 해당지역내의 단일의 은행망을 구축할 수 있도록 지리적 범위를 조정하기도 한다. 법무부의 이러한 정책은 개별지리적 시장을 넘어서 인근의 여러 지역시장으로 확장될 수도 있다. 이 경우 법무부는 그와 같은 몇 개의 인근시장에서 매각지점들이 단일의 매수인에게 일괄하여 매각되도록 요구하게 될 것이다. 그러나 이러한 요구는 지역적으로 그 범위가 한정된 지리적시장의 개념과도 일치하지 않을 뿐 아니라, 위에서 언급한 바와 같은 소기업집중의 소규모하부시장지역을 분석하려는 법무부의 경향과도 모순된다는 문제가 있다.

(3) 매수인으로서 상업은행, 저축기관 및 투자회사

매각자산의 매수인을 받아들일 지 여부에 영향을 주는 또 다른 요소는 매수인이 상업은행인가 아니면 저축은행, 저축 및 대부기관, 혹은 투자자그룹(investor group)인가 하는 문제이다. 결론적으로 미 법무부와 FRB는 매수인으로서 상업은행들을 선호한다고 할 수 있다. 특히 법무부는 기업에 대한 상업대출을 하지 않는 저축기관에 대해서는, 저축기관 스스로 비부동산 상업대출(non-real estate commercial lending)을 취급할 만한 능력과 의향이 있음을 증명할 수 있지 않는 한, 매수인으로 선별하지 않으려는 경향을 보이고 있다. 법무부가 가장 큰 비중을 두는 부분이 은행합병이 중소기업대출시장에 미치는 영향이기 때문이다.

민간투자자 그룹도 법무부나 FRB에 대해 특별한 문제를 야기한다. 이들 그룹이 매각자산을 인수할 만한지를 검토하기 위해서는 우선, 관련자들의 은행경영 경험의 유무, 투자자그룹이 이용할 수 있는 자본, 투자자그룹의 사업계획 (특히 상업대출과 관련된 사업계획), 그리고 투자자그룹이 획득하려고 하는 면허의 형태 등에 관한 증거들을 조사해야 하는데 이는 많은 시간과 관련 서류들을 필요로 하는 일이다. 또한 투자자그룹 내의 개별투자자들에 대해서도 몇 가지 문제가 제기될 수 있다. 첫째로, 이들 투자자들 가운데 이미 시장 내에서 영업을 하는 은행들이 포함되어 있는 경우에는 반트러스트 위반이 문제될 수 있다. 둘째로, 이들 투자자들 가운데 누가 그룹의 소유권을 가지게 될지에 따라서 은행지주회사법 하에서의 "지배권"의 문제가 야기될 수도 있다.

제5장 우리나라의 은행합병규제에 대한 해석론과 개선을 위한 제안

제1절 총설

이상에서 은행합병에 관한 주요국의 심사절차와 미국의 합병심사기준에 대해 상세히 살펴보았다. 본 장에서는 이를 토대로 하여 우리나라의 현행법상 은행합병의 규제체계를 어떻게 해석해야 하며, 그 문제점을 어떻게 개선할 것인지를 모색해 보고자 한다.

우리나라에서 은행합병에 관한 근거규정이 되는 금융산업구조개선법은, 두 가지 형태의 은행합병에 대해 규정하고 있다. 하나는 은행들의 경영적 판단에 따른 자율적 합병이고, 다른 하나는 재무상태가 부실한 은행에 대해 부실화를 예방하고 건전한 경영을 유도하기 위하여 금융감독위원회가 권고·요구 또는 명령하는 경우에 이루어지는 합병이다. 이 가운데 후자의 경우는 금융감독위원회가 은행 등 금융기관의 재무상태가 부실하거나 혹은 부실해질 것이 명백하다고 보는지가 관건이며, 일단 그렇게 판단하여 합병을 추진한 이상 경쟁법적인 검토의 대상이 되지 않는다. 금융산업구조개선법상으로 아무런 경쟁법적 기준이 마련되어 있지 않고 독점규제법도 적용되지 않기 때문이다.[1] 따라서 금융감독위원회가 합병안의 경쟁제한성을 포함한 제반 적법성의 심사를 하게 되는 경우는 첫번째라고 할 수 있으므로, 이하에서는 자율적인 합병에 대한 심사절차

---

[1] 이에 해당하는 실제 사례가 1998년의 5개 은행 퇴출에 이은 흡수합병의 경우였는데, 당시 이들 합병에 대해서 독점규제법 제58조에 따라 법적용이 배제되었다.

및 기준에 국한하여 해석론과 개선방안을 논해 보기로 한다.

제2절   현행법상 심사절차에 대한 해석론 및 개선방안

I. 은행합병의 인가에 대한 해석

1. 합병의 효력발생요건으로서의 인가

현행법상 금융기관은 같은 종류 또는 다른 종류의 금융기관과 자유롭게 합병할 수 있다.[2] 하지만 그 전제로서 금융산업구조개선법에 따라 금융감독위원회[3]의 인가를 받아야 한다.[4] 일반적으로 상법상의 회사 합병절차는, 합병의 주체들이 합병계약서를 작성하고 나서(상법 제522조 1항), 주주총회의 결의(제522조)와 채권자에 대한 통지(제527조의5)를 거친 다음, 보고총회, 창립총회(제526조, 제527조)를 개최한 후에 합병등기(제528조)를 마치면 합병의 모든 절차가 완료된다. 하지만, 은행합병에 있어서는 사전에 금융감독위원회에 인가신청을 해서 적법한 심사절차를 거친 후 인가[5]를 받아야 하는 추가적인 절차가 요구되는 것이다.

여기서 인가란 제3자의 법률행위를 보충하여 그 법률상 효력을 완성시

2) 동법 제3조.
3) 금융감독위원회는 행정위원회적인 성격을 가져서 금융정책에 관한 준입법적 행위인 각종의 규정, 명령, 지시 등을 발할 수 있으며 아울러, 행정적 권한으로서 구체적인 사실에 대한 인가 등 처분을 내릴 수 있다.
4) 동법 제4조 1항.
5) 이때 합병등기라는 것이 특별히 존재하는 것은 아니고, 존속회사로서는 변경등기, 소멸회사에 있어서는 해산등기, 신설회사에 있어서는 설립등기를 하면 된다. 상법 제528조 1항, 제317조.

키는 행정행위로서, 일종의 효력발생요건이라고 할 수 있다.[6] 따라서 금융감독위원회의 인가가 존재하지 않을 경우에는 사법상의 효력을 발생하지 않으며, 당해 인가를 받지 않은 합병결의에 기초한 행위는 당연무효가 될 것이다.[7] 이는 합병등기로서 효력이 발생하는 상법상의 합병과 다른 점인바, 은행합병을 비롯한 금융기관간의 합병에 있어서는 합병등기 외에 금융감독위원회의 인가가 합병의 효력발생요건이 된다고 볼 수 있다.

한편, 인가를 받아야 하는 시점이 법률상 규정되어 있지는 않으나, 금융감독위원회의 인가를 받지 않은 은행합병안에 대해 현실적으로 등기가 허용될 수 없을 것이므로, 적어도 합병등기 이전에는 인가를 받아야 하며, 특히 합병결의를 위한 주주총회시 까지 인가를 받지 못한 경우에는 그 주주총회에서는 정부인가를 합병승인의 조건으로 해야 할 것이다.[8]

---

6) 인가와 유사한 개념으로서 허가가 있으나, 허가는 금지의 해제를 의미하며 대상행위 자체의 효력에는 관계없이 그 적법요건에 불과하다는 점에서 효력요건인 인가와 차이가 있다고 얘기된다.

7) 일본에서도 大藏大臣에 의한 인가를 은행합병의 효력발생요건으로 보고 있다. 氏兼裕之, 仲浩史, 「銀行法の解說」, 金融財政事情研究會, 137頁, 平成 6年(1994) 참조.

8) 한국은행 은행감독원, 전게서, 제82면. 그런데 회사간의 합병에 있어서는 합병등기의 법적성질을 합병의 효력발생요건이자 성립요건으로서 파악하기도 하는데(권기범, 「회사의 합병 및 영업 양수·도」, 한국상장회사협의회, 1992, 193면), 만일 은행합병이 성립되는 시점도 합병등기로 보게 되면 합병의 효력발생요건으로서 등기이전에 존재하는 인가의 효력발생요건으로서의 의미를 설명할 수 없는 문제가 있다. 따라서 은행합병의 성립시점을 단순히 일반적인 회사간의 합병에서처럼 합병등기로 파악해서는 안 될 것으로 생각된다. 다만 엄격한 요식행위인 은행합병절차에 있어서 합병의 성립시점과 효력발생시점을 나누어 볼 실익은 크지 않다고 하겠다.

2. 인가 및 심사의 주체로서의 금융감독위원회

(1) 은행합병의 인가주체는, 앞서 살펴본 바와 같이, 한국은행 산하의 금융통화운영위원회에서 재무부장관으로 변천되었다가, 정부조직개편에 따라 다시 재정경제원장관과 재정경제부장관로 명칭이 변경되는 과정을 거쳐서, 1999년 5월 이후로는 모든 금융기관간 합병인가의 주체가 금융감독위원회로 일원화되어 현재에 이르고 있다. 금융감독위원회는 독립적인 규제위원회로서 금융정책에 관한 준입법적 행위인 각종의 규정, 명령, 지시 등을 발할 수 있는 한편, 행정적 권한으로서 구체적인 사실에 대한 인가 등 처분을 내릴 수 있는 권한을 가진 합의제 기구라고 할 수 있다. 일반적인 기업결합은 경쟁당국인 공정거래위원회가 허용여부를 결정하게 되지만, 은행을 포함한 금융기관간의 합병에서는 금융규제당국이 금융감독위원회가 인가권한을 가진다는 점에 차이가 있다. 여기서 주목할 것은 금융감독위원회가 합의제 기구라는 점이다. 의사결정방식과 관련해서 볼 때 인가주체는 그 동안 합의기구(금융통화운영위원회)에서 행정부처의 장관(재정경제부장관 등)으로 변경되었다가 현재는 다시 합의기구로 환원된 상태인데, 은행합병에 대하여 경쟁법적인 고려를 충실히 하기 위해서는 합의기구를 통한 결정방식이 보다 바람직하다고 할 수 있다. 정부의 단기적인 정책기조로부터 자유로울 수 없는 행정부처의 장관이 합병인가를 단독으로 결정하는 것보다는 합의기구에서 의사를 수렴하여 결정하는 방식이 경쟁에 대한 고려가 반영되기에 용이하다고 보기 때문이다.

한편, 현행법은 금융감독위원회로 하여금 합병의 인가와 함께 합병의 적합성을 심사토록 하고 있다.9) 합병의 최종인가는 합의기구인 위원회에서 내리지만, 합병의 적합성에 대한 실질적인 심사는 금융감독위원회의 은행감독과가 담당하고 있다. 이처럼 은행합병을 포함한 금융기관의 합

---

9) 금융산업구조개선법 제4조 3항.

병에 대하여 금융당국인 금융감독위원회가 일차적인 심사와 인가권한을 가지는 것은 단순히 일반 기업결합사건에서 처럼 경쟁제한성만을 가지고 합병인가 여부를 판단하지 않고 금융산업의 특수성에 따라 금융고객의 안정성과 금융기관의 건전성도 고려토록 하려는 취지라고 할 수 있다.

(2) 그런데 이러한 취지가 달성되기 위해서는 금융감독위원회가 이들 요소를 제대로 심사할 만한 역량을 갖추고 있을 것이 전제되어야 한다. 이 중 금융감독위원회가 금융산업 및 고객의 안정성이나 금융기관의 건전성을 심사하기에 적합한 기관이라는 점에는 의문이 없지만, 금융시장의 경쟁제한성에 대해서도 정확하게 평가할 만한 능력을 갖추고 있는지는 의문이다. 실제로 현재 은행합병을 포함한 금융기관 합병의 경쟁제한성을 금융감독위원회가 심사하도록 되어 있음에도 불구하고, 사실상 공정거래위원회 사전협의절차를 이용하여 공정거래위원회에 일임시키고 있는 것으로 알려져 있다. 이는 비단 우리나라에서만 노정되는 현상은 아니며, 많은 나라에서 제기되는 문제이다. 이점에서 원론적으로 은행합병을 포함한 금융기관간의 합병의 심사에 있어서 경쟁제한성을 금융당국이 담당토록 하는 것이 바람직한가 하는 점과, 만일 금융당국이 담당하는 것이 바람직하다고 하더라도 현실적으로 우리 금융당국이 그만한 심사기법과 노하우를 갖추고 있는가 하는 점이 문제된다. 따라서 이점을 어떻게 개선하는 것이 좋을 지를 검토할 필요가 있다.

Ⅱ. 은행합병의 인가절차에 대한 해석

1. 금융감독위원회에의 합병인가신청

(1) 합병을 하고자 하는 은행들은 합병안의 인가를 받기 위하여 금융감독위원회에 인가신청을 하여야 한다. 그런데 독점규제법에서는 합병을 기업결합의 한 유형으로 규정[10]하고 있기 때문에, 일차적으로 공정거래위원회의 신고대상에도 해당된다.[11] 특히 회사의 합병에 의한 기업결합으로서 결합당사자 중 하나 이상의 회사가 대규모회사인 경우에는 합병계약 체결일로부터 30일 이내에 공정거래위원회에 신고해야 하는 사전신고 의무를 부담하고 있다.[12] 그러나 은행합병의 경우에는 실무상 공정거래위원회에 별도의 기업결합신고를 할 필요가 없이 금융감독위원회에 합병인가절차를 밟는 것으로 족하다. 이와 같은 신고대상의 변경 내지 일원화는 미국의 관련 법체계 속에서도 찾아 볼 수 있다. 미국의 경우, 일반 기업결합사건들은 결합의 규모가 일정 기준을 충족시키게 되면 클레이톤법 제7조a에 따라 결합당사자들이 법무부 독점금지국과 연방거래위원회에 사전신고하도록 되어 있으나, 은행합병이나 은행지주회사에 의한 은행인수에 대해서는 사전신고의무가 적용되지 않는다는 점을 명문으로 규정하고 있다.[13]

(2) 그런데 우리나라의 경우는 공정거래위원회에의 신고의무를 면제해 주는 이유가 명확하지 않아서 이를 어떻게 해석할 것인지가 문제될 수 있다. 환언하면 금융감독위원회에 합병인가절차를 밟으면 자동적으로 공

---

10) 독점규제및공정거래에관한법률 제7조 제1항 3호.
11) 동법 제12조 1항 3호.
12) 동법 제12조 4항 단서.
13) 15 U.S.C. §18a(c)(7) (1994).

정거래위원회에 기업결합신고를 한 것으로 의제된다는 것인지, 아니면 처음부터 공정거래위원회에 대한 신고의무 자체가 발생하지 않는다는 것인지의 문제라고 할 수 있다. 전자로 볼 경우에는 독점규제법 제12조 3항이 그 근거가 될 것이다. 동 항에서는, 관계중앙행정기관의 장이 다른 법률의 규정에 의하여 미리 당해기업결합에 관하여 공정거래위원회와 협의한 경우에는 기업결합신고의무를 적용하지 아니한다고 규정하고 있다. 즉 은행합병에 대해서도 원칙적으로 독점규제법이 적용되고 공정거래위원회에 의한 심사가 진행되지만 금융감독위원회가 금융산업구조개선법에 따라 은행합병에 대해 공정거래위원회와 협의를 하게 되므로 합병당사자의 절차적 편의를 제고하기 위해 공정거래위원회에의 신고의무만을 면제한다는 것이다.

반면에 굳이 독점규제법 제12조 3항을 들지 않더라도 은행합병사건에 대해 본래부터 독점규제법이 적용이 되지 않기 때문에 독점규제법상의 신고를 할 필요가 없다는 해석도 가능하다. 현행 법체계의 해석으로 은행합병에 대해 독점규제법에 따라 공정거래위원회에 심사권이 있다고 볼 수 있는 근거가 명확하지 않기 때문이다. 따라서 신고의무면제의 근거가 무엇인지는, 은행합병사건에 독점규제법이 적용되며 공정거래위원회가 독자적인 절차를 개시할 수 있는 것인지 여부에 따라 달라질 것이다.

2. 공정거래위원회와의 사전협의

(1) 금융감독위원회는 금융기관의 합병을 인가하고자 하는 경우, 금융기관 상호간의 경쟁을 실질적으로 제한하지 아니하는지의 여부에 대하여 미리 공정거래위원회와 협의하여야 한다.[14] 사전협의 의무규정은 합병심사과정에서 경쟁정책집행의 전문기관인 공정거래위원회의 의견이 개진될

---

14) 금융산업구조개선법 제4조 4항.

기회를 부여함으로써 경쟁제한성판단의 정확성을 높이고자 하는 데 그 취지가 있다고 하겠다. 그런데 금융감독위원회의 사전협의의무는 금융감독위원회가 합병안을 인가하고자 하는 경우에 한하여 발생하는 것으로 규정되어 있다. 즉 합병안이 모든 심사기준에 적합한지를 금융감독위원회가 일차적으로 검토하여 합병안을 인가할 수 있다는 잠정적인 결정을 내린 후에 비로소 공정거래위원회의 의견을 들을 기회를 갖게 된다는 것이다. 금융감독위원회가 인가할 수 없다고 판단한 합병안에 대해서 경쟁제한성을 검토할 필요성 자체가 없기 때문에 이러한 제한을 둔 것으로 이해된다.

(2) 한편 독점규제법에서도 일종의 사전협의 규정을 두고 있다. 즉 동법 제63조에서도, "관계행정기관의 장은... 사업자 또는 사업자단체에 대하여 경쟁제한사항을 내용으로 하는 승인 기타의 처분을 하고자 하는 때에는 미리 공정거래위원회와 협의하여야 한다"고 규정하고 있다. 여기서 독점규제법에도 사전협의의무가 규정되어 있음에도 불구하고 금융산업구조개선법 제4조에서 별도의 규정을 둔 취지가 무엇인지를 살펴볼 필요가 있다. 먼저 독점규제법상 사전협의의무는 관계행정기관의 장이 경쟁제한사항을 내용으로 하는 승인 기타 처분을 하고자 하는 때에 발생하는 것으로 규정되어 있다. 반면 금융산업구조개선법 제4조 4항의 사전협의의무는 금융감독위원회가 비록 합병안이 경쟁제한적이라고 판단하지 않더라도 합병안을 인가하고자 하는 때 발생한다는 점에 차이가 있다. 환언하면, 독점규제법 제63조 소정의, 관계행정기관의 長의 처분에 대한 경쟁제한성 여부를 관계행정기관의 長이 스스로 판단한다는 의미로 볼 수 있는데, 그 결과 만일 관계행정기관의 長이 자신의 처분이 경쟁제한적이지 않다고 판단하면 공정거래위원회와 사전협의를 할 필요가 없게 된다. 결국 경쟁제한적인 처분을 사전에 방지하고자 하는 것이 입법의 취지라고

한다면, 독점규제법 제63조는 다소 미흡한 것으로 지적될 수 있다. 따라서 사전협의의 요건을 더욱 강화하기 위해서는, 처분의 경쟁제한여부가 문제될 수 있는 경우 처분주체의 판단여하에 관계없이 공정거래위원회와 사전협의를 하도록 할 필요가 있는바, 바로 이와 같은 문제점을 보완하기 위하여 금융산업구조개선법 제4조 4항에서 별도로 규정을 둔 것이라고 해석된다.

(3) 하지만 이 보다 중요한 문제는 공정거래위원회와의 사전협의의 결과에 대해 금융감독위원회가 구속을 받게 되는가 하는 점이다.[15] 법의 해석상으로는 사전협의 결과에 구속력이 있다고 볼 만한 명확한 근거는 발견되지 않으나, 공정거래위원회가 경쟁제한적인 것이라는 의견을 제시하더라도 금융감독위원회가 여기에 반드시 구속될 필요는 없다고 해석된다. 금융감독위원회가 사전협의의 결과에 구속되어 합병안을 금지시켜야 한다고 보면, 굳이 금융감독위원회가 다른 심사기준을 종합적으로 고려하도록 한 법의 취지가 상실될 수 있으므로,[16] 공정거래위원회의 경쟁영향평가를 참조할 수 있을 뿐이라고 보는 것이 좀더 논리적으로 일관되기 때문이다.

하지만 이렇게 해석하기 위해서는, 경쟁제한적이라는 의견제시에도 불구하고 금융감독위원회가 합병안을 인가한 경우에 대해 공정거래위원회가 독자적으로 은행시장의 경쟁 보호를 위한 조치를 강구할 수 있다는

---

15) 1997년 외환위기 이후 2003년 하나-서울은행간의 합병에 이르기 까지 총 6건(1998년의 5개 부실은행의 강제흡수합병건은 제외)의 합병사례들 가운데 실제로 공정거래위원회가 경쟁제한적이라고 판단한 경우가 한건도 존재하지 않아서 사전협의의 구속여부가 문제된 적이 없었다.
16) 금융감독위원회가 다른 기준들을 모두 고려했을 때 합병이 인가되어야 한다고 판단했더라도 공정거래위원회가 최종적으로 인가여부를 결정할 수 있다고 한다면, 금융감독위원회의 심사기능은 아무런 의미가 없기 때문이다.

전제가 갖추어져야 한다. 그렇지 않을 경우, 금융감독위원회가 내린 판단에 대해 경쟁제한성을 이유로 다툴 수 있는 길이 원천적으로 봉쇄되기 때문이다. 그런데 현행법상으로 공정거래위원회의 판단에 경쟁제한성이 명백한 합병안을 금융감독위원회가 인가한 경우에 공정거래위원회가 어떠한 조치를 취할 수 있는지가 명확하지 않다. 물론 금융감독위원회의 실무에서는, 만일 공정거래위원회의 부정적 판단이 내려질 경우에는 합병은행측으로 하여금 경쟁제한요인을 사전에 제거하도록 하는 방식으로 이 문제를 해결할 수 있다는 입장이어서, 현실적으로 사전협의과정에서 양 기관이 의견충돌과 그로 인한 은행합병안의 인가자체가 문제될 가능성은 크지 않을 것으로는 생각된다. 더욱이 한국에서의 많은 은행합병사례가 정부가 투자자금을 회수하는 과정에서 발생해 왔으며, 비록 자발적인 성격의 합병이라도 그 이면에는 사실상 정부의 권유나 행정지도의 방식으로 합병이 추진된 경우가 대부분이어서 공정거래위원회가 경쟁제한성을 이유로 은행합병을 저지할 가능성은 극히 적다고 보여진다.

그러나 문제의 현실성 여부와 관계없이, 법이 양 기관의 견해충돌의 발생가능성을 배제하고 이 문제에 대한 아무런 대비책을 강구하지 않은 점 만큼은 중대한 입법상의 불비라고 생각된다. 공정거래위원회가 사전협의를 통해서만 은행합병심사에 개입할 수 있다고 보면, 경쟁제한성 판단이 사실상 금융감독위원회에 의해 결정되는데 경쟁제한성 문제를 다툴 수 있는 방법은 어떻게 모색되어야 할지가 제시되어야 한다. 공정거래위원회가 심사를 개시할 수 있다면 그 시기는 어느 단계부터이며, 금융감독위원회의 인가를 받은 합병안의 효력관계는 어떻게 되는지도 좀더 명확히 할 필요가 있다.

3. 조건을 붙인 인가

금융산업구조개선법 제4조 제5항에서는 금융감독위원회로 하여금 동조 제3항 소정의 각 심사기준에 비추어 금융산업의 건전한 발전을 위하여 필요하다고 인정하는 때에는 합병인가에 조건을 붙일 수 있다고 규정하고 있다. 인가는 본래 보충적 의사표시로서 인가될 내용은 당사자의 신청에 의하여 결정되어야 하는 것이지만, 동항과 같이 법률상의 근거를 두어서 조건을 붙임으로써 그 내용을 수정하여 인가할 수 있도록 한 것이다. 그런데 이 규정에서 인가에 조건을 붙일 수 있다는 의미가 무엇인지가 문제될 수 있는데 보는 관점에 따라서 그 해석이 달라질 수 있다. 환언하면, 이미 심사기준을 충족하는 합병안이지만 금융산업의 건전한 발전을 위하여 필요한 경우에 추가적으로 조건을 붙일 수 있다는 의미로 볼 수도 있고, 제3항의 심사기준상에 비추어 볼 때 인가받을 수 없는 합병안이지만 문제의 소재를 시정하는 것을 조건으로 인가할 수 있다는 의미로 해석될 여지도 있다.

그런데 만일 전자로 해석할 경우에는 각 심사기준들 가운데 하나라도 충족되지 못하면 합병이 허용될 수 없고, 비록 모든 심사기준을 충족하더라도 합병안에 새로운 조건을 부과할 수 있다는 의미가 된다. 문제는 각 심사기준들, 특히 은행의 건전성과 시장의 경쟁보호는 본질상 상호충돌할 가능성이 있어서 합병안이 모든 기준을 충족시키지 못하는 경우가 종종 발생한다는 점이다. 때문에 전자로 해석하게 되면, 은행합병을 인가받기가 매우 어려워지며 반면 금감위에는 추가적으로 강력한 규제권한을 부여하는 결과가 된다. 이러한 해석은 금융산업의 특성을 감안하지 못하는데다 현실적으로 가급적 합병을 허용하는 국제적인 경향과도 반대되는 문제가 있다. 뿐만 아니라, 합병을 지원한다는 법제정의 취지에도 반하게 된다. 따라서 제5항은 후자와 같이 해석하여, 결함이 있는 합병안이라도 무조건 거부하지 않고 금융산업의 건전한 발전을 위해 필요하다고 판단되는 경우에는 조건을 부과하여 인가할 수 있다는 의미로 보는 것이 타당하다고 생각한다.

그러나 이러한 해석에 의하면, "금융산업의 건전한 발전"이라는 가치가 각 심사기준보다 상위에 위치하게 되어서 비록 3항 각호의 기준을 충족하지 못하더라도 합병을 허용할 수 있게 된다. 더욱이 금융산업의 건전한 발전이라는 기준이 매우 추상적이어서 금감위의 재량을 지나치게 확장시키는 결과가 될 수 있으며, 특히 합병의 허용을 위해 경쟁제한성이 간과될 위험성이 크다. 따라서 금융감독위원회가 부과할 수 있는 조건에도 일정한 제한이 있다고 보아야 할 것이다. 이를테면, 조건이 법령에 위배되거나 당해 행위가 추구하는 목적의 범위를 벗어나서는 곤란하며, 필요한 범위를 넘어서는 등 비례의 원칙에 반하는 것이어서도 안 될 것이다.

Ⅲ. 공정거래위원회의 권한과 역할에 대한 해석

1. 서설

이상에서 은행합병안을 공정거래위원회에 신고해야 할 의무가 면제되는 근거가 무엇인지, 그리고 사전협의의 성격이 무엇인지를 검토하는 과정에서 은행합병에 대해 공정거래위원회가 사전협의채널 이외에 독자적인 심사관할권을 보유한다고 볼 수 있는지가 문제됨을 살펴보았다.

경쟁당국인 공정거래위원회가 은행들의 경쟁제한적 행태에 대해 조사하고 시정조치를 취할 수 있다는 점에 대해서는 이론이 없다. 실제로 1996년 독점규제법 개정시에 금융·보험업이 적용제외영역에서 해제됨에 따라 이후 공정거래위원회에 의한 은행업에 대한 시정조치실적도 상당히 축적되어 있다. 하지만 이것이 은행합병에 대해서도 공정거래위원회가 심사관할권을 가진다는 직접적인 근거로 보기에는 곤란하다. 은행들의 경쟁제한적 행태는 일반 사업자들의 그것과 구별하여 볼 필요성이 적지만, 은행의 건전성이나 시장의 구조변화와 직결되는 사안인 은행합병은 일반적인 사업자들간의 기업결합과는 다른 의미를 가지기 때문이다.

따라서 독점규제법이 은행합병사건에 대해서도 적용되며 따라서 공정거래위원회가 심사권한을 가지는지는 별개의 문제로 분석되어야 한다. 이하에서는 현행법상 공정거래위원회의 심사권한에 대해 어떠한 해석이 가능한지를 분석해 보고 공정거래위원회가 내린 유권해석과 그 문제점을 지적한 후, 공정거래위원회의 적절한 역할을 모색해 보기로 한다.

2. 공정거래위원회의 심사관할권에 대한 해석론

(1) 공정거래위원회에 독자적인 심사권한이 인정된다고 보는 근거

1) 이론적 근거

먼저 정부규제가 가해지는 산업분야일지라도 시장과 경쟁의 원칙이 배제되는 것은 아니며 독점규제법에서 명시적으로 적용제외로 규정하고 있지 않는 한 원칙적으로 적용된다고 해석할 수 있다. 특히 금융업의 경우는 다른 규제산업과는 달리 시장의 성질상 규제 보다는 경쟁이 여전히 원칙으로서 보호되어야 하는 산업분야이고, 금융산업구조개선법에 경쟁조항만 있는 것이 아니기 때문에 독점규제법과 개별산업규제법의 관계를 일반법과 특별법으로 보기에 곤란하다. 이점은 일찍이 미국의 1963년 Philadelphia 판결을 통해서도 확인된 바가 있다.[17] 동 판결에서는 은행규제법이 은행합병을 독점금지법의 적용에서 완전히 면제시킬 의도였다

---

17) United States v. Philadelphia National Bank, et al., 374 U.S. 321 (1963).

398

고 한다면 그 의도가 동법에 명백히 표명되었을 것이라고 하였다.[18) 법에 독점금지법의 적용을 배제한다는 명시적인 규정이 없는 만큼 동 사건에 대한 경쟁당국의 독점금지법 위반 주장은 충분히 가능하다는 것이다.[19)

2) 법적 근거

은행합병에 대해 공정거래위원회가 심사권을 가진다는 법적 근거는 독점규제법에서는 물론이고 금융산업구조개선법에서도 발견된다. 먼저 독점규제법은 과거에 금융업의 기업결합에 대해 독점규제법을 적용제외시켰다가 1996년 12월 법을 개정하면서(법률 제5235호), 금융 및 보험업에 대해 독점규제법상 기업결합금지규정을 적용받지 않는다고 한 종전의 규정을 삭제한 바가 있다. 따라서 은행합병에 대해서도 1996년법 이후에는 공정거래위원회의 관할권이 인정된다고 볼 수 있다.[20)

---

18) *Id.* at 321, 349-51 (1963).

19) 이에 대하여, 클레이톤법 제7조의 개정법안을 제출했던 당사자인 Celler의원은, 클레이톤법 제7조에 대한 1950년 개정법이 은행에는 적용되지 않는다는 근거를 들어 1959년 은행합병 법령을 지지하는 증언을 했었다. 그는 Philadelphia판결이 나온 뒤, 자신이나 Kefauver상원의원 모두 자신들의 개정법이 은행합병을 포섭하게 될 것이라는 점을 인식하지 못했다고 밝혔다. (Amend the Bank Merger Act of 1960: Hearings on Senate 1698 Before a Subcommittee of the Senate Committee on Banking and Currency, 89th Cong., 1st Sess., at 327-328 (1965))

20) 종전에는 금융 및 보험업자들은 기업결합금지규정 이외에 시장지배적지위 남용행위규제(제3조), 출자총액제한(구법 제10조), 계열회사에 대한 채무보증(제10조의2 제1항), 기업결합신고(제12조) 및 재판매가격유지행위(제29조)에 대해서도 독점규제법의 적용이 면제되었다. 한편 금융·보험업은 법 제정당시에는 사업자의 범위에 포함되지 않았었으나, 1984년 7월 21일 동법 시행령 개정(대통령령 제11475호)에서 구법 제2조 1항의 "대통령령이 정하는 사업"의 범위에 포함되었다. 이후 1986년 12월 31일 제1차 법개정시(법률 제4198호)에 제2조 1항의 사업자의 하나로 열거되었다.(제2조 1

또한 독점규제법 제58조에서는 "사업자 또는 사업자단체가 다른 법률 또는 그 법률에 의한 명령에 따라 행하는 정당한 행위에 대하여는 동법을 적용하지 않는다"고 규정하고 있는데, 이 규정을 넓게 해석하면 일견 독점규제법이 금지하고 있는 행위들 중에서 다른 법령에 근거가 있는 행위는 모두 독점규제법이 적용범위에서 벗어나는 것으로 볼 수도 있다. 하지만 동 규정에서 정당한 행위일 것을 적용제외의 전제로서 규정하고 있는 만큼, 타 법령에 의거하여 행해지는 행위들이라도 합리적인 근거가 있는 행위만 독점규제법의 적용이 면제된다고 좁게 해석하는 것이 바람직하다.[21] 다른 법령에 근거가 있는 행위라고 하여 이를 모두 법령에 따른 정당한 행위로 보아 독점규제법의 적용을 제외하게 되면, 독점규제법의 실효성은 저하될 수밖에 없을 것이기 때문이다. 특히 독점규제법이 제정될 당시의 사정 등을 종합적으로 고찰해 볼 때 다른 법령에 근거가 있는 행위라고 하여 모두 독점규제법상 법령에 의한 정당한 행위로 볼 것이 무조건 독점규제법의 적용을 제외할 것이 아니라, 그 중에서 특히 합리적인 근거가 있는 행위에 대해서만 독점규제법의 적용을 제외하는 것이 바람직하다고 하겠다. 따라서 금융산업구조개선법에 따라 합병을 인가받은 행위라 할지라도 정당한 행위인지 여하에 따라 공정거래위원회의 심사권한은 여전히 유효하다고 할 수 있다.

아울러 전술한 바와 같이 금융감독위원회에 합병인가를 위한 절차를 밟으면 독점규제법에 의한 기업결합신고의무가 면제되는데 이 근거를 독점규제법 제12조 3항으로 보면, 은행합병이 독점규제법이 적용되지만 신고만 면제해 준 것이라고 해석될 수 있다. 뿐만 아니라 금융산업구조개선법상의 기업결합관련 규제조항들은 그 위반에 대한 제재조치가 충분하

항 4호)
21) 권오승, 「경제법」, 법문사, 2002, 152-153면. 同旨 대법원 1997.5.16 선고 96누150.

지 못하여 그 실효성이 의문시된다. 이렇게 볼 때 은행업분야의 기업결합에 특별한 배려는 필요하지 않고, 독점규제법이 전면적으로 적용되어도 무방하다고 해석된다.[22]

한편 금융산업구조개선법은 은행합병에 대해서만 규정하고 있는 것이 아니라 금융기관 전체에 대해 규정하고 있다는 점도 은행합병이 독점규제법의 적용을 받는다는 논리의 근거가 될 수 있다. 금융기관들간이라도 경제전체에서 차지하는 역할과 기능은 조금씩 다른데 앞서 살펴본 바와 같이 은행이 수행하는 기능 가운데 특히 지급결제기능은 다른 금융기관에서는 취약한 부분이다. 따라서 은행이 지급결제기능을 수행하기 때문에 특별히 시장의 안정성과 기관의 건전성을 고려해야 한다는 주장은 다른 금융기관에서는 동일한 수준으로 적용시킬수 없다. 그런점에서 보면 은행이외의 여타 금융기관들에 대해서는 경쟁법리가 축소 내지 수정될 필요성이 그만큼 적다고 하겠며 가급적 일반적인 경쟁법리에 따른 기준을 적용해도 무방하다. 그런데 현행법에서는 이와 같은 금융기관간의 차별성을 세부적으로 반영하지 않고 모두 하나의 법제에서 규제하는 방식을 취하고 있기 때문에, 설령 은행에 대해서는 경쟁법의 적용이나 경쟁당국의 역할이 축소될 필요가 있다고 하더라도 다른 금융기관과 함께 규율되도록 되어 있는 법체계에 비추어 독점규제법과 공정거래위원회의 역할이 동일하게 행사된다고 보아야 한다는 것이다.

(2) 공정거래위원회에게 독자적인 심사권한이 없다고 보는 근거

1) 이론적 근거

독점규제법과 금융산업구조개선법의 관계는 일반법-특별법의 관계로

---

22) 양명조, "금융업과 독점규제법", 「한국금융법연구」(제4집), 한국경제법학회, 1991, 215면.

보아야 한다는 주장도 가능하다. 규제산업분야는 경쟁법의 적용영역에서 배제되는 것이 일반적이며, 독점규제법이 시장과 관련된 모든 영역에 걸쳐 적용될 수 있다고 볼만한 명확한 근거가 없기 때문이다.

시장경제를 채택하고 있는 시스템에서도 정부가 규제하는 산업분야에 대해서는 일반적인 경쟁원칙이 그대로 적용될 수가 없다. 이런 분야에 대해서는 시장경쟁시스템으로는 포섭할 수 없는 또다른 보호법익들이 존재하며, 따라서 정부와 규제가 시장과 경쟁을 일정정도 대신하게 된다. 그런 점에서 비록 규제산업법에서도 경쟁이 주요한 보호가치이며 개별산업규제법에서 경쟁관련 규정을 두고 있다고 하더라도, 여기서의 경쟁은 일반적인 시장시스템하에서의 경쟁과 동일한 역할을 수행하는 것은 아니라고 할 수 있다. 독점금지법이 미치지 못하는 경쟁규범이라는 것이다. 이러한 견해는 광의의 경쟁법을 일반적인 산업분야에서 적용되는 독점금지법과 개별규제산업법에 내재한 경쟁법으로 나누려는 시각에 기초한다.

또 한가지 이유로는 독점규제법이 기초하고 있는 경쟁관념은 주로 제조업 중심으로 되어 있어서 다른 시장에서 적절하지 않다는 점을 들 수 있다.[23] 특히 금융산업에 대해서는 일반적인 산업분야에서 요구되는 시장경쟁만으로는 포섭할 수 없는 여러가지 고려요소가 존재하므로 이러한 측면을 반영하기 위해서는 기술적 전문성이 요구된다고 할 수 있다.

2) 법적 근거

금융산업구조개선법 제4조 3항에서는 은행합병을 비롯한 금융기관의 합병에 대해 금융감독위원회가 인가 및 심사권한을 가진다는 점을 명확히 하고 있다. 또한 동법 제24조의2는 금융기관의 합병 및 전환, 부실금융기관에 대한 조치, 금융기관의 청산 및 파산 등에 관하여 이 법에서

---

23) 이상은/이명호/전영섭/조신, 정보통신산업의 공정경쟁과 규제정책, 서울대 출판부 1999.8. 348-353면 참조.

정하는 것을 제외하고는 당해 금융기관의 영업의 인가·허가 등의 근거가 되는 법률과 상법·비송사건절차법 기타 관계법령의 규정에 따른다고 규정하고 있다. 따라서 금융산업구조개선법이 적용되는 합병행위에 관해서는 동법이 배타적으로 적용되는 것으로 해석할 수 있다.

독점규제법에서 금융업에 대한 기업결합규제규정의 적용면제 조항(61조)을 삭제한 것을 들어 은행합병사건에 대해 독점규제법이 적용될 수 있다고 주장할 수 있으나, 원칙적으로 기업결합규제 규정이 은행합병사건에 대해 적용될 수 있으나, 합병에 관해서 만큼은 금융산업구조개선법이 적용되며, 나머지 임원겸임이라든지, 신설회사 설립 등은 독점규제법이 적용된다고 해석될 수도 있다.

한편 전술한 바와 같이 공정거래위원회에의 기업결합 신고의무 면제의 근거를 독점규제법 제12조 3항이 아니라고 보거나, 공정거래위원회와의 사전협의에 대한 근거규정인 동법 제63조의 취지를 보면, 오히려 독점규제법이 적용되지 않는 영역에서도 시장경제의 원칙을 최대한 반영하기 위해 경쟁전문당국인 공정거래위원회의 의견을 반영하도록 한 것이기 때문에, 규제산업에서 독점규제법이 적용되지 않는다는 반대해석도 가능하다.

한편 은행법상 규제조항을 근거로 금융업분야에서는 경쟁제한적이거나 불공정한 방법에 의한 기업결합이 나타날 가능성이 적고, 재벌 등의 은행지배는 동일인의 은행주식소유제한으로 금지되고 있으므로, 독점규제법의 기업결합규제 규정을 은행업분야에 적용할 여지가 없다는 주장도 제기된 바 있다.[24]

3. 공정거래위원회의 입장

---

24) 이준근, "독점규제법과 은행업", 「경제법연구」 제2호, 53-54면.

 이처럼 은행합병사안에 대한 공정거래위원회의 역할에 대해 두가지 상반된 해석이 가능함에도 불구하고, 현재로서는 합의된 견해는 물론 적절한 의견개진이 없었다. 결국 어느 쪽으로도 명쾌한 해결이 되지 않기 때문에 이 문제는 입법적으로나 유권해석으로 해결되는 것이 바람직하다고 할 수 있다.

 그런데 금융기관의 합병에 관한 공정거래위원회의 역할에 대하여 공정거래위원회는 1999년 OECD 경쟁법/정책위원회에 제출한 보고서를 통해 입장을 제시한 바가 있다. 당시 정부가 OECD에 제출한 보고서[25]는 은행합병에 대해서 기업결합사건과 동일하게 독점규제법이 적용된다고 밝히고 있다. 따라서 금융감독위원회가 공정거래위원회의 견해를 고려하지 않는 경우에는, 공정거래위원회가 자체적으로 심사절차를 개시할 수 있다고 보고 있다. 다만 1998년 5개은행 퇴출에 이은 흡수합병의 경우에 독점규제법에 따라 공정거래위원회의 심사가 이루어지지 않았던 것은 독점규제법 58조에 기한 적용제외에 해당하는 사안이었기 때문이라는 것이다.[26] 이와 같은 공정거래위원회의 해석은 현행규제체계에서 가능한 여러 가지 해석론 가운데 공정거래위원회의 역할을 가장 극대화한 해석이라고 할 수 있다. 특히 공정거래위원회의 입장은 규제산업에 대해서도 경쟁법이나 경쟁당국의 역할이 배제 내지 제한되지 않는다는 원칙을 제시한 것으로 매우 중요한 의미를 가지는 유권해석이라고 할 수 있다.

 따라서 공정거래위원회의 해석대로라면 공정위가 심사권한을 잃지 않기 때문에 독점규제법 제12조 3항에 따라 은행합병을 공정거래위원회에 사전신고해야 할 의무가 면제되는 것으로 해석된다. 또한 금융감독위원회가 공정거래위원회와의 사전협의토록 한 것은 금융감독위원회의 경쟁

---

25) OECD Competition Committee, Mergers in Financial Services (DAFFE/CLP(2000)17), p.189 (2000).
26) *Ibid.*

제한성심사에서 공정거래위원회와의 의견조율을 위한 것이고 그것이 곧 바로 공정거래위원회의 역할을 배제한 것으로 해석해서는 안될 것이다. 여기서 공정위가 사전협의 외에도 심사권한을 갖는다고 해서 사전협의조항의 의미가 퇴색되는 것으로 볼 필요는 없다. 왜냐하면 경쟁제한성심사에서 공정거래위원회의 의견을 반영하고 절충하는 과정이 양 기관의 견해차이를 조정하고 합병안이 인가이후에 공정거래위원회로부터 제소당할 가능성을 줄이는 역할을 하기 때문이다.

4. 공정거래위원회의 적정한 역할을 위한 제안

(1) 그런데 이와 같은 공정거래위원회의 유권해석은 몇가지 점에서 무리한 해석으로 지적될 수 있다. 왜냐하면 현행체계상으로는 합병당사자들이 공정거래위원회에 신고할 필요가 없기 때문에 논리상 금융감독위원회가 사전협의단계에서 의견개진을 의뢰한 이후에 심사를 할 수 밖에 없는데 이처럼 공정거래위원회가 처음부터 심사하지 않고 금융감독위원회의 인가결정 이후에 절차를 개시할 수 있다는 근거가 명확치 않기 때문이다.

또한 비록 공정거래위원회가 독자적으로 심사를 개시할 수 있다고 하더라도, 이는 금융산업구조개선법을 통해 신속화, 일원화하려는 입법취지를 부인하는 결과가 되된다. 비록 금융감독위원회로부터 인가를 받았더라도 은행합병이 완료된 것으로 볼 수 없고 다시 공정거래위원회의 승인을 받아야 하는 불완전한 상태에 놓이게 되기 때문이다. 이것은 합병주체에게 이중적 규제를 받도록 함으로써 절차적 편이와 법적안정성을 크게 훼손하는 것일 뿐만 아니라 행정력의 낭비이기도 하다.

그런데 주요국의 법집행사례를 볼 때, 은행합병문제에 대해 경쟁당국에 적극적인 역할을 부여하게 되면 경쟁당국에 의한 경쟁법의 엄격한 집행이 보장되기 보다는 오히려 대형합병의 현실적 필요성으로 인해 경쟁당국이 경쟁법을 편법적으로 적용해서 합병을 승인하는 방향으로 운용하기 때문에 오히려 경쟁법의 법리를 훼손하는 결과를 낳을 수도 있다. 일본이나 EU의 은행합병에 대한 경쟁법 집행사례가 그러한 양상을 잘 보여주고 있다.

따라서 은행산업과 같은 규제산업에서도 경쟁법의 적용과 경쟁당국의 심사권한을 인정해야 한다는 전제하에, 그 행사는 현실적합하게 이루어지도록 조정할 필요가 있다. 공정거래위원회의 역할을 적극적으로 부여하는 것이 최선이 아니라 현실적으로 경쟁제한성을 정확하게 그리고 적절하게 규제할 수 있도록 하는 것이 더욱 중요한 문제라고 보기 때문이다. 이를 위해서는 만일 금융감독위원회의 인가여부의 결정과정에서 공정거래위원회의 의견이 반영되지 않았을 경우에는, 공정거래위원회가 처음부터 다시 합병안의 경쟁제한성을 심사를 개시하기 보다는, 독점규제법 제12조에 의거하여 합병은행을 상대로 법원에 합병무효의 소를 제기할 수 있도록 하는 것이 보다 현실적일 것으로 생각된다. 가령 금융산업구조개선법에 "금융감독위원회의 결정은 공정거래위원회의 합병무효의 소를 제한하지 아니한다"는 규정을 신설, 삽입하면 될 것이다. 다만 우리나라의 법원이 경쟁법리와 규제산업법리가 충돌하는 상황에 대해 최종적인 판단을 할 만한 충분한 역량을 갖추고 있으며 그렇지 않다고 할 때 이를 어떻게 담보할 것인지는 향후 새로운 문제로서 고려되어야 한다.

(2) 한편 금융감독위원회의 사전협의의무는 금융감독위원회가 합병안을 인가하고자 하는 경우에 한하여 발생한다. 그런데 이 경우에는 사실상 최종단계에서 잠정결정이 내려진 상태에서 공정거래위원회와 사전협의를 하도록 되어 있기 때문에 공정거래위원회가 실무상 경쟁제한성을 제대로 분석, 파악할 만한 충분한 시간을 확보할 수 없다는 문제가 있다.

금융감독위원회의 입장에서도 일차적으로 인가하기로 잠정결정한 상태에서 공정거래위원회와 사전협의를 한다고 하더라도 이를 번복하기가 쉽지 않을 것이다. 따라서 사전협의조항을 두려면, 인가하기로 한 결정상태에서가 아니라 공정거래위원회가 충분한 분석을 할 수 있는 시간적 여유를 갖도록 초기의 심사단계에서 사전협의할 수 있게 조정할 필요가 있다.[27]

3) 또한 현재 은행합병의 심사는 공정거래위원회 독점국의 기업결합과가 아닌 독점정책과에서 담당하고 있다. 독점정책과는 은행산업과 아울러 일부 산업분야의 합병행위를 관장하고 있는데, 이는 공정거래위원회 내에서 기업결합사건에 관한 업무를 분장하려는 의도와 아울러 담당부서로 하여금 은행합병문제를 전담하토록 하기 위한 취지이다. 따라서 은행합병심사업무의 전문성을 도모한다는 점에서는 긍정적으로 평가할 수 있겠다. 하지만 이러한 취지를 보다 장기관점에서 운영하기 위해서는 현재와 같이 상호관련성이 없는 일부 산업을 획일적으로 분리하는 것보다는 점진적으로 공정거래위원회 내부에 개별산업분야의 특수성에 대한 전문성을 제고할 수 있도록 제도적 뒷받침을 강구할 필요가 있다고 본다.

Ⅳ. 은행합병의 심사주체의 개선

우리나라의 현행 규제체계상 은행합병이 심사는 금융규제당국인 금융감독위원회가 일차적인 심사와 인가권한을 가지며 경쟁제한성에 관한 심사에 한해서만 공정거래위원회와 사전협의하도록 하고 있다. 이것은 은

---

[27] 미국의 경우도 은행합병법에 따라 합병신청서의 접수단계에서 곧 바로 심사기관이 법무부와 여타 은행규제기관들에게 경쟁제한성에 대한 검토를 요청하도록 되어 있다. 12 U.S.C. §1828(c)(4).

행합병을 일반 기업결합사건에서 처럼 경쟁제한성만을 가지고 합병인가여부를 판단하지 않고 금융산업의 특수성에 따라 금융고객의 안정성이나 금융기관의 건전성을 경쟁제한성과 함께 고려하도록 하려는 취지라고 할 수 있다. 하지만 엄연히 경쟁제한성을 심사하도록 되어 있는 만큼 이러한 취지가 달성되기 위해서는 금융감독위원회가 이들 요소를 제대로 심사할 만한 역량을 갖추고 있을 것이 전제되어야 한다. 그러나 은행합병을 포함한 금융기관 합병의 경쟁제한성을 금융감독위원회가 심사하도록 되어 있음에도 불구하고, 사실상 공정거래위원회 사전협의절차를 이용하여 공정거래위원회에 일임시키고 있는 것으로 알려져 있다. 이점에서 원론적으로 은행합병을 포함한 금융기관간의 합병의 심사에 있어서 경쟁제한성을 금융당국이 담당토록 하는 것이 바람직한가 하는 점과, 만일 금융당국이 담당하는 것이 바람직하다고 하더라도 현실적으로 우리 금융당국이 그만한 심사기법과 노하우를 갖추고 있는가 하는 점이 문제로 제기된다.

실제로 현재 EU나 독일, 영국에서는 은행합병이 일반 기업결합사건과 동일하게 경쟁당국에 의해 심사되고 있다. 결국 이 문제는 은행의 특수성에 더 비중을 두고 은행규제당국에게 심사권한을 위임할 것인지, 아니면 경쟁제한성에 더 비중을 두고 경쟁당국에게 모든 심사권한을 위임할 것인지의 선택의 문제라고 할 수 있다. 이 선택은 결국 금융고려요소와 경쟁고려요소 중 어느 것이 비전문기관에게 이전하기에 용이한가의 문제와 직결된다.

그런데 위의 국가 중 영국의 경우는 다른 규제산업의 결합행위에 대해서는 규제당국이 합병심사와 승인을 담당하도록 하고 있는데 반해, 은행합병에 대해서 만큼은 규제당국이 아닌 경쟁당국이 은행의 건전성과 합병의 경쟁제한성을 포함한 모든 심사를 수행토록 하고 있다.[28] 은행규제

---

28) OECD, *op.cit.*, p.36.

당국이 경쟁제한성 심사기법을 전수받아서 경쟁법을 집행하는 것 보다 경쟁당국이 은행 건전성심사기법을 전수받아서 은행규제법을 집행하는 것이 더 용이하다고 판단한다는 의미라고 하겠다.[29]

이런 점에서 보면 현행 독점규제법에서도 은행합병이 경쟁제한적이더라도 예외적으로 인정할 만한 사유가 충분한가 하는 점이 관건이라고 할 수 있다. 만일 독일의 경우처럼 경쟁법내에 산업정책적 고려를 할 여지를 둔 경우에는 은행합병을 경쟁법에서 다루어도 별 무리가 없을 것이다. 그러나 우리 독점규제법이 은행합병에 대한 전반적인 심사를 담당할 수 있을 지는 다소 의문이다. 특히 은행합병에 있어서는 예외인정이 중요한 항목의 하나인데 종전의 법과 같이 산업합리화나 국제경쟁력강화차원에서 기업결합의 예외를 인정했던 경우에는 비교적 은행합병에 대한 예외를 인정하기 쉬웠던 것으로 생각되지만, 현재의 효율성이나 회생불가기업항변만으로는 정부의 은행산업정책에 따른 합병에 대한 예외를 인정하기에 어려움이 있을 것으로 보인다. 반면 금융감독위원회로 하여금 경쟁제한성을 포함한 모든 심사를 담당하도록 하는 것은 현재로서도 그 실효성에 의문이 제기되고 있는 실정이다.

따라서 우리나라의 현실에서는 사실상 사문화되어 있는 금융감독위원회의 경쟁제한성 심사기능을 삭제해서 경쟁제한성 부분은 공정거래위원회가 심사하도록 하되 이를 건전성 심사와 종합적으로 고려하여 합병의 인가를 금융감독위원회가 내리도록 하는 것이 보다 현실적일 것으로 생각된다.

---

29) *Ibid.*

제3절 현행법상 심사기준에 대한 해석론과 개선방안

I. 합병안의 적합성 심사기준

금융감독위원회는 합병을 인가여부를 결정함에 있어서 합병당사자들에게 요구되는 몇가지 기준들이 충족되었는지를 심사하게 된다. 그 기준들은, i) 합병 또는 전환의 목적이 타당하고, 금융거래의 위축이나 기존 거래자에 대한 불이익을 초래할 우려가 없는 등 금융의 효율화와 건전한 신용질서를 저해하지 않고, ii) 합병 또는 전환이 금융기관 상호간의 경쟁을 실질적으로 제한하지 않으며, iii) 합병 또는 전환후에 행하고자 하는 업무의 범위가 적정하고, 조직 및 인력이 업무를 수행할 체제와 능력을 갖추고 있는지, iv) 상법·증권거래법 기타 관계법령에 따른 절차의 이행에 하자가 없는지, v) 기타 1호 내지 제4호의 기준에 준하는 것으로서 금융감독위원회가 정하는 기준을 충족하는지 등이다. 이 가운데 i), iii)은 금융산업의 특성을 고려한 심사기준이며, ii)는 경쟁과 관련된 심사기준이다. 또한 iv)는 다른 법률에 규정된 절차의 이행 준수에 대한 요건이라고 할 수 있으며, 아울러 이상의 기준에 준하는 것으로 금융감독위원회가 구체적인 기준을 정하는 경우에는 이 또한 기준이 될 수 있다.

II. 금융산업구조개선법상 경쟁제한성 심사기준의 해석

1. 제4조 3항의 '금융기관 상호간의 경쟁'에 대한 해석

금융산업구조개선법 제4조 3항 각호의 심사기준 가운데 두 번째의 경쟁관련심사기준에 대해 살펴보면 몇 가지 점에서 일반 기업결합사건의 위법성 심사기준과 동일하게 볼 수 있는지에 관한 의문이 제기된다. 먼저 동 규정에서는 관련시장을 의미하는 '일정한 거래분야'라는 표현을 사용하지 않고, 그 대신에 "금융기관 상호간"이라고 하는 경쟁의 주체에 관해서만 언급하고 있다. 일반적으로 관련시장의 획정은 상품이나 지리적 영역 등 '경쟁의 대상이나 범위'를 획정하기 위한 취지라고 한다면, 동 규정에서 일정한 거래분야라는 표현이 생략된 취지를 관련시장의 획정과정을 배제한 것으로 해석할 여지가 있다. 일견, 일반 기업결합사건과는 달리 관련시장이 금융업으로 어느 정도 국한되어 있기 때문에, '일정한 거래분야'라는 표현을 사용하지 않은 것으로 추측해 볼 수 있지만, 금융업에 대한 관련시장획정이 단순하지 않고 경쟁제한성의 판단에 있어서 매우 중대한 변수가 될 수 있기 때문에, 일정한 거래분야라는 표현이 생략되어 있다고 해서 관련시장의 획정이 필요하지 않다고 할 수는 없을 것이다.[30] 따라서 동 규정상 "금융기관 상호간"의 의미여하에 관계없이 심사주체인 금융감독위원회는 당해 합병건에 관한 관련시장을 획정하여야 한다.

한편 동법 제4조 3항이 가진 또다른 문제로서 동 규정이 시장의 경쟁자를 금융기관으로 한정하고 있기 때문에, 동일한 관련시장에서 사업활동을 영위하는 사업자들이라도 비금융기관이면 시장점유율산정에 반영되지 않는다는 의미가 된다. 은행업이 고객들의 거래고착성이 두드러진 산업분야라는 점에서 은행이 아닌 비금융기관의 경쟁요소를 배제한다고 하

---

30) 한편, 종전의 금융기관의합병및전환에관한법률에서는 보호가치를 "적정한 경쟁관계"로 규정하였으나 금융산업구조개선법에서는 단순히 경쟁으로 규정하고 있다. 일반 은행규제에서 보호되는 적정경쟁의 관념과는 달리, 은행합병에서 보호되어야 할 경쟁은 사실상 독점금지법의 보편적인 보호가치로서의 경쟁과 차이가 없기 때문에 적정한 이라는 표현을 굳이 넣을 필요가 없었다고 할 수 있으며, 따라서 타당한 개정이라고 생각된다.

더라도 경쟁제한성 판단에 큰 영향을 미치지는 않는다고 볼 수도 있으나, 법문에서 시장 경쟁자를 원천적으로 금융기관으로 국한한 것이 적절한지에 대해 의문이 있다. 더욱이 최근에는 기술발달에 힘입어서 통신사업자를 비롯한 비금융기관들도 새로운 방식의 금융업을 취급하면서 그 활동영역을 점차 확대해 가는 추세에 있다. 따라서, 경쟁의 보호범위를 금융기관 상호간으로 국한시킴으로써 새로운 형태의 경쟁자들을 원천적으로 포섭할 수 없도록 한 점은 바람직하지 않다고 본다.

2. 제4조 2항의 '경쟁의 실질적 제한'에 대한 해석

우선 "경쟁을 실질적으로 제한하지 않아야 한다"는 규정은 독점규제법상 기업결합사건의 위법성 판단기준과 동일함을 알 수 있다. 따라서 동법에서의 '경쟁의 실질적 제한'이 가지는 의미는 독점규제법이 규정하고 있는 바, 즉 "경쟁이 감소하여 특정 사업자 또는 사업자단체의 의사에 따라 어느 정도 자유로이 가격, 수량, 품질, 기타 거래조건 등의 결정에 영향을 미치거나 미칠 우려가 있는 상태"[31]와 크게 다르지 않다고 할 수 있다.

그런데 공정거래위원회가 자체적인 기업결합심사기준을 제정하여 적용하고 있는 일반 기업결합사건과는 달리, 금융감독위원회는 은행합병의 실질적 경쟁제한성을 어떠한 심사기준과 기법을 통해 판단할 것인지가 현행규제체계에서는 명확히 나타나 있지 않다. 은행시장의 경쟁제한이 문제되는 과정이나 상황이 일반 기업결합사건과 같은 방식으로 도출된다고 보면 기업결합사건과 동일한 시장점유율 기준을 적용할 수 있겠으나, 만일 다른 양상으로 전개된다면 은행을 포함한 금융산업에 적합한 별도의 심사기준이 필요할 것이다. 이하에서는 앞서 자세히 살펴 본 미국의

---

31) 독점규제및공정거래에관한법률 제2조 8호의2.

은행합병심사기준을 염두에 두고 우리 법에 시사점을 찾아보기로 한다.

III. 심사기준의 개선방안

1. 관련시장의 획정

(1) 상품시장획정

은행업의 상품시장 획정방식은 미국 연방대법원에 의해 채택되어 현재 FRB 등이 적용하고 있는 일괄시장획정법과 DOJ가 채용하고 있는 개별 하부시장획정법이 주목할 만하다는 점은 제4장 제2절에서 살펴보았다. 앞서도 언급한 바와 같이 은행상품시장의 획정에 관한 두 가지 접근방식 가운데 어느 하나가 적절한 지는 시장과 거래상황에 따라 좌우되는 문제로서, 고객들의 묶음현상이 존재하는 거래현실에서는 일괄시장획정법을 적용하는 것이 바람직할 것이고, 그렇지 않고 개별적으로 거래되는 현실이 존재할 때에는 개별하부시장획정법이 타당하다고 할 것이다.

문제는 현재의 은행시장현실, 특히 한국의 시장현실에 비추어 어느 방법이 적절한 것인가 하는 점이다. 한국의 경우 미국에 비해 금융거래에서 고객들이 은행에 의존하는 비율이 좀더 높은 것으로 나타나고 있다. 즉 비은행기관들이 은행상품을 놓고 경쟁하는 정도는 미미한 것으로 판단된다. 그렇다면 은행들 가운데 어느 한 점포를 중심으로 일괄적으로 금융거래를 하는 관행이 존재하는지가 문제된다. 그런데 한국은 미국의 경우와는 달리 당좌예금계좌를 중심으로 한 가계수표발행은 활발하지 않다. 수표발행한도가 개인은 100만원으로 제한되어 있는 규제가 많기 때문이다. 즉 어느 특정 상품을 기점으로 다른 상품이 연계되는 현상이 적어도 당좌예금에 대해서는 나타나고 있지 않다. 다만 급여계좌를 중심으로 가급적 한 은행을 중심으로 금융거래를 집중시키는 성향이 있으나, 이점만을 가지고 일괄시장획정을 해야 한다는 논리로 삼기에는 부족해 보인다. 예금부분보장제도의 시행으로 어느 한 은행에 집중하는 것이 경우에 따라서는 위험할 수도 있으며, 예금부분보장 등 고객들로 하여금 은행거래를 분산하게 하는 제도적 환경이 존재한다.

따라서 일괄시장획정법은 미국에서의 비판여하에 관계없이 한국의 현실에서는 적용하기에 다소 무리가 있을 것으로 생각된다. 공정거래위원회 역시 현시점에서는 일괄시장획정법에 대한 고려를 하지 않고 은행상품을 크게 수신상품과 여신상품으로 구분한 후 각각 예금시장과 주택청약상품시장, 기업금융시장과 가계금융시장으로 구분하고 있다.[32]

다만, 일괄시장획정법은 은행상품에 대해서 뿐만 아니라 일괄구매가 나타나는 시장상황에서 보편적으로 적용될 수 있는 이론이라고 할 때, 한국의 시장현실에서도 많은 시사점을 제시하고 있으며, 따라서 이러한 이론에 따라 일괄시장획정법의 적용을 검토해 볼 필요가 있다. 사견으로는 여기서 일괄시장획정법을 적용하는 기준으로는 범위의 경제 보다는 거래적 상보성을 기준으로 하는 것이 타당하다고 생각된다.

(2) 지리적 시장획정

은행고객들은 가급적 거주지나 근무지에서 지리적으로 인접한 은행과 거래하려는 성향은 종래은행업의 지리적 시장을 가급적 좁게 획정하는데 영향을 주어 왔다. 이는 특히 미국에서 두드러지게 나타났는바, 대다수의 은행들이 소지역을 기반으로 소수의 점포를 운영하고 있는 미국의 제도하에서는 의미있는 접근방식이라고 할 수 있다. 그러나 한국의 경우처럼

---

32) 공정거래위원회 보도자료, (주)국민은행과 (주)한국주택은행 합병심사 결과, 공정거래위원회 독점정책과 (2001.7.25).

소수의 대규모 은행들이 전국을 영업범위로 하는 상황에서는 이 점이 현실적으로 의미는 없다고 보여진다. 비록 고객들이 좁은 지역내에서 은행거래를 유지하는 행태를 보이더라도 점포망을 전국적으로 보유하고 있는 상황에서는 개별 지역단위 하나 하나를 별도의 지리적 시장으로 획정할 수는 없기 때문이다. 미국의 지리적 시장획정에 있어서 주목해야 할 부분은 오히려 획정의 기준이라고 할 수 있다. 미 연방대법원은 Philadelphia 판결 이래 은행업에 대한 지리적 시장획정 기준으로서 합병의 직접적 즉각적 효과라는 기준을 채용해 왔다. 이에 따라 합병은행들이 공통으로 점포를 두고 있는 지역들 가운데 다시 합병의 효과가 직접적, 즉각적인 지역이 시장으로 획정되어 왔다.

한국의 경우 은행합병심사에 있어서 지리적 시장을 예외없이 전국으로 파악하고 있다. 전국을 영업범위로 하는 시중은행들간의 합병이 전국을 시장영역으로 한다는 점에는 이견이 없으나, 가령 시중은행과 지방은행간의 합병에서와 같이 경쟁이 겹쳐지는 부분이 특정지역으로 국한되는 경우에까지 전국을 지리적 시장으로 획정하는 데에는 문제가 있다고 생각된다.[33] 일차적으로 지방은행의 영업지역으로 국한하고 그 중 합병의 효과가 직접적, 즉각적인 지역으로 다시 시장이 획정되어야 할 것이다. 한국의 지방은행들은 설립시부터 이른바 '1도 1지방은행' 정책에 따라 당해 행정구역을 된 영업범위로 하고 지점설치는 서울과 5대 광역시에 제한적으로만 허용되어 왔으며, 지역 중소기업에 대한 일정비율의 대출도 강제되어 왔다. 지방은행의 지역의존적 성향은 1998년 11월 지방은행에 대한 규제가 폐지된 이후에도 강하게 유지되었으며 현재도 지방은행이 당해 지역에서의 점유율이 상당히 높은 수준으로 형성되어 있다. 따라서 조흥은행이 충북은행과 합병할 시점에는 적어도 충북지역을, 강원은행과

---

33) 조흥은행과 강원은행, 충북은행간의 합병에 대해서도 전국을 영업범위로 하는 조흥은행을 고려하여 은행시장을 전국으로 획정한 바가 있다.

합병할 시점에는 강원지역을 지리적 시장으로 획정하였어야 했다고 본다. 두 지방은행이 지점을 개설했던 서울 등 일부지역의 경우는 비록 경쟁이 겹쳐지기는 하지만 그 효과가 직접적, 즉각적이라고 볼 수는 없으므로 지리적 시장에서 제외시켜도 무방했을 것이다. 이런 점에 비추어 시중은행이 지방은행을 합병하는 경우에는 당해 지방으로 지리적 시장을 국한해야 할 것이다.

한편 미국의 FRB는 은행합병사건을 대비하여 전국의 은행시장을 일정한 통계자료에 따라 사전에 획정하는 방식을 취하고 있으나, 이 역시 대다수의 은행이 지역을 기반으로 하는 소규모 은행들로 구성되어 있으며, 영업범위도 대도시지역을 벗어나지 않는 미국적 현실을 감안한 것이라고 할 수 있다. 따라서 한국의 경우와 같이 현존하는 시중은행들이 거의 전국을 영업기반으로 하고 있고, 그 수도 매우 제한적일 뿐만 아니라 은행합병의 빈도도 미국에 비해 현저히 적은 상황에서는 사전에 획정할 필요는 없을 것이다.

2. 경쟁에 미치는 효과 분석

(1) 시장집중도 분석

미국에서는 은행합병에 대해 이른바 브룩헤이븐심사기법(Brookhaven Test)을 개발하여 HHI 1800/200이상의 합병만 금지시키고 있다. 일반 기업결합사건에 비해 상당히 완화된 기준이라고 할 수 있다. 일견, 금융시스템의 안정을 고려하여 은행시장에서 경쟁제한성을 인정할 수 있는 영역 축소하려는 의도가 아닌가 생각해 볼 수 있겠으나, 실제로는 은행합병사건에 대해 브룩헤이븐심사기준을 적용하는 것은, 비은행기관들을 시장획정단계에서 배제 내지 부분반영함으로 인해 자칫 포착되지 않는 경쟁의 여지를 감안하려는 기술적인 이유일 뿐, 은행시장의 특성을 고려하

416

여 합병의 경쟁제한성 판단기준 자체를 완화한 것은 아니라고 하겠다. 또한 비은행금융기관들의 점유율을 상당히 제한적으로 반영해 왔는데 이 또한 상품시장의 획정에서 일괄시장획정법을 채택하고 비은행금융기관을 반영하지 않는 점을 감안한 것이라고 할 수 있다. 따라서 우리 현실에서 상품시장을 어떻게 획정하고 비은행금융기관을 시장점유율산정에 반영할 것인지 여부에 따라 이 문제의 해석이 달라지게 된다.

그런데 여기서 한가지 유의할 것은 미국은 비은행금융기관들이 상당한 시장점유율을 보유하고 있는데 비해 우리나라는 그렇지 않다는 점이다. 따라서 현실적으로 이를 반영하든 하지 않든 은행시장의 점유율과 경쟁제한성 판단에 결정적인 영향을 미치지는 않는다. 그렇지만 만일 비은행금융기관의 점유율을 반영하지 않을 경우에는 미국의 경우에서 보듯이 집중도를 근거로 한 경쟁제한성 판단에서 다른 기준을 적용해야 할 것인지를 추가적으로 고려해야 하며, 그렇지 않을 경우에는 이에 대한 반론이 제기될 여지가 있다. 따라서 규제의 명확성을 위해서는 사실상 큰 의미가 없는 비은행금융기관의 점유율을 반영하지 않는 방안 보다는 오히려 반영해서 점유율을 산정하는 것이 바람직하다고 생각된다. 더욱이 비은행금융기관의 역할이 점차 확대되고 있는 상황에서 향후의 경쟁법 집행의 효율성을 위해서도 비은행기관들을 반영하는 것이 타당할 것이다. 공정거래위원회의 경우는 지난 2001년에 있었던 국민-주택은행간의 합병에 대한 경쟁제한성 심사에서 공정위가 점유율을 산정한 것을 보면 비은행기관들의 점유율도 반영하고 있는 것으로 나타난다.[34]

한편 시장점유율 산정의 기준에 있어서 미국의 경우는 예금고를 기준으로 하는데 비해 우리 공정거래위원회는 예금고(일반예금, 주택청약)와 대출고(기업대출, 가계대출)을 함께 고려하고 있다. 은행의 시장점유율산정에 있어서도 다른 산업분야에서와 마찬가지로, 산출량을 기준(output

---

34) 공정거래위원회, 전게 보도자료 참조,

based measures)으로 산정할 필요가 있다는 점에서 예금고와 대출고를 모두 고려하는 것은 바람직하다고 생각된다.

(2) 진입장벽

1) 법적 진입장벽

우리나라의 경우, 은행법에서는 은행의 설립을 원칙적으로 금융감독위원회의 인가사항으로 하고 있으며,[35] 또한 금융감독위원회는 은행설립의 인가시에 주주구성, 경영진의 경영능력, 성실성 등을 확인하도록 되어 있다.[36] 그런데 이러한 설립시의 인가조건 보다도 실제로 은행시장의 진입장벽으로 작용하는 것은 최저자본금 규정이라고 할 수 있다. 현행 규정상 금융기관의 최저자본금 기준을 보면 일반은행은 1000억원, 지방은행의 경우는 250억원으로 되어 있다.[37] 그런데 이들 최저자본금의 수준은 경제규모에 비추어 보거나 선진국의 수준과 비교해도 여전히 높은 수준으로 알려져 있다. 가령 미국의 은행설립시 최저자본금은 1백만 달러, 일본은 20억엔에 불과하다.[38] 우리나라의 경우 은행시장의 신규진입은

---

35) 은행법 제8조 1항.
36) 은행법 제8조 2항.
37) 은행법 제9조. 기타 증권업의 경우는 500억원, 자기매매 및 위탁매매업 300억원, 위탁매매업 100억원, 보험업 300억원, 부동산 신탁업 100억원, 상호신용금고 20억원에서 60억원, 종금사 300억원, 증권투자신탁업 100억원, 선물거래업 100억원 등이다.
38) 이런 문제는 특히 증권투자신탁업법에 의해 운영되는 투자신탁운용회사의 경우 두드러진데, 펀드에 대량환매가 발생금지되어 있어서 회사의 정상적인 운영에 필요한 자금만 자본금으로 조달하면 됨에도 불구하고 그 설립에 높은 자본금을 요구하고 있다. 투자신탁운용회사는 고객으로부터 조달한 자금을 고객을 위해 운영하기만 하면 되기 때문에 회사의 경쟁력 또한 자본금 규모보다 주로 자산운용능력에 의해 좌우된다. 가령 미국이나 영국 같은 금융 선진국에서는 투자신탁 운용회사를 설립하기 위해서 필요한 자본금은 최저수준(예를 들면 3개월 운영비)에 그치고 있으며, 일본도 최저

1992년의 평화은행 설립 이후 한 건도 없었는데, 은행설립시의 최저자본금이 상당히 높다는 점이 이러한 결과에 대한 한 원인으로 작용한 것으로 분석되기도 한다.[39]

2) 경제적 장벽

이와 같은 법적 진입장벽에 더하여 우리나라의 은행산업에는 그 성질상 경제적 혹은 사실상의 진입장벽이 여러 형태로 내재하는 것으로 분석되고 있어서, 전반적인 진입장벽은 매우 높다고 할 수 있다. 일부에서는 전자금융의 발달 역시 조만간 지역은행시장으로의 진입을 일면 낮추게 될 것으로 주장되기도 하지만,[40] 현 단계로서는 은행고객들 가운데 일부가 전자금융을 활용하고 있는 상태인데다, 은행고객들이 실제 은행점포에서 제공받는 모든 은행서비스가 전자금융에서 이용가능한 것도 아니어서 전자금융의 역할을 창구거래와 동일한 것으로 평가하기에는 무리가 있다. 특히 전자금융의 발달이 진입장벽을 낮추는 결과가 기대되는 반면, 오히려 고객들의 전환비용을 높임으로써 신규 진입을 더욱 어렵게 만들게 될 가능성이 있다는 점에도 유의할 필요가 있다.

따라서 현 상태로는 은행합병으로 인해 시장의 집중도가 기준을 넘어서는 정도까지 증가하는 경우에 신규진입을 고려하여 합병안의 경쟁제한

자본금 수준이 5억원에 불과하다고 한다.(오규택, 국가경쟁력과 규제개혁, 1998년도 규제개혁백서, 규제개혁위원회, 1999.5, 674면)

39) 한편 이와 같은 법적 진입장벽으로 인해 한국의 은행들은 영업전략 수립시 잠재적 경쟁자의 신규진입참여를 크게 의식하지 않는 것으로 알려지고 있다 (김욱중, 우리나라 은행산업의 집중도 변화 분석, 금융시스템리뷰 (2002. 1월호), 34면).

40) Stephen A. Rhoades, *op.cit.*, p.1004. 우리나라도 은행권 거래유형별 비중이 2001년을 기준으로 할 때 창구거래의 경우 33.3%에 불과한데 비해, CD나 ATM은 37.9%, 텔레뱅킹은 14.6%를 그리고 인터넷뱅킹은 14.2%를 각각 점하고 있으며, 창구거래의 비중은 점차 감소해 가는 추세에 있다.

성을 완화, 축소평가하는 것은 타당하지 않다고 생각된다.

3. 은행합병을 위한 정당성항변

우리나라의 은행합병사건에서 은행측이 정당성을 주장할 수 있는 사유로는 일반적인 기업결합사건에서 인정되는 효율성항변과 도산기업(도산은행)항변 이외에 은행합병사건에 특유한 항변사유로서 미국법상 인정되어 온 편의·필요항변과 부실은행항변을 고려해 볼 수 있다. 이 가운데 먼저 일반 기업결합사건의 항변에 관해서 보면 효율성항변은 은행합병사건에서 받아들여지기가 더 어렵다고 할 수 있다. 또 도산기업항변의 경우에도 이론상으로는 은행시장의 시스템위험통제 차원에서 일반 기업결합사건에 비해 쉽고 폭넓게 인정될 수 있을 것으로 보이나, 도산기업항변자체가 가진 입증상의 어려움으로 실제 주장된 사례는 많지 않으며, 더욱이 대다수의 나라에서는 은행의 도산을 금융규제차원에서 사전에 차단할 수 있는 강제조치를 강구하고 있기 때문에 현실적으로 도산은행상태가 항변단계에서 고려될 가능성은 매우 낮다. 따라서 은행합병사건에 관한 고유한 항변사유를 인정할 필요성이 적지 않다고 본다.

먼저 미국에서 주된 항변사유로서 활용되고 있는 편의·필요항변의 경우는, 과연 은행거래의 특수성을 감안하더라도 지역사회의 편의와 필요라는 경쟁감소로 인해 소비자들이 입게 될 잠재적 손실을 상쇄할 수 있을 만큼 중대한 것인지에 대해 신중히 접근할 필요가 있으며 실제로 이에 관해 미국 내에서도 적잖은 논란이 제기되었다. 더욱이 편의-필요항변의 기원은 당초 미국에 특유한 사회적 문제를 해결하기 위한 차원에서 발단되었다는 점에서 보면 일응 이러한 항변을 은행합병사건에서 보편적으로 인정하기에는 무리가 있다고 생각된다. 하지만 한가지 편의·필요항변이 다른 항변사유들과는 성격면에서 차이가 있다는 점에 유의할 필요가 있다. 다시 말해서 효율성항변, 도산기업항변, 부실은행항변은 모두가 항변을 주장하는 은행측에 내재하는 사유로 인한 것들인데 비해, 편의·필요항변은 은행고객 입장에서 기대되는 편의와 필요를 이유로 합병은행이 주장하는 사유이기 때문이다. 이는 곧 합병당사자들의 경영상의 이유가 아닌 고객의 이익을 이유로 하여 경쟁제한적인 은행합병을 허용할 수 있다는 의미이다. 따라서 소비자들이 은행거래에서 보이는 지리적 인접성 선호와 동일은행에 대한 고착현상을 반영한 점에서 편의·필요항변은 고려해 볼 가치가 크다. 이를 테면, 은행합병이 중소기업들 대출의 편의나 필요를 충족시키는 경우나 합병으로 인해서 은행서비스취약지역에 서비스개선의 기대효과가 큰 경우에는 합병을 예외적으로 허용해 줄 수 있도록 하는 방안을 고려할 필요가 있다.

다음으로 부실-침체은행항변의 경우도, 은행이 도산되는 단계에 이르지 않고 단순히 부실이나 침체상태인 은행도 충분히 금융시스템의 안전을 위협할 수 있기 때문에 이러한 항변을 고려해 볼 가치는 매우 큰 것으로 보인다. 하지만 우리나라에서는 이러한 상황도 금융산업구조개선법상 적기시정조치의 대상에 포섭되는 부분이어서 역시 항변요소로서 활용될 가능성은 적을 것으로 보인다.

4. 자산매각제도의 활용가능성

은행합병으로 경쟁제한의 우려가 있기는 하지만, 국제경쟁력강화나 국민경제전체적인 차원에서 합병이 불가피하다는 일반적인 인식이 있는 경우에는 금융당국이나 경쟁당국으로서도 경쟁제한성을 이유로 합병을 무산시킨다는 것이 쉽지가 않다. 그러한 이유에서 오늘날 각국에서는 여러 가지 근거를 동원하여 가급적 은행합병을 허용하는 추세에 있다. 이러한 현실에서 우리나라에서도 은행합병이 금융산업의 구조조정과 경쟁력 강화 차원에서 일반적인 기업결합사건에 비해 합병의 당위성을 상대적으로 높게 평가하는 것이 사실이다. 따라서 이러한 현실과 경쟁법적인 고려를 조화하기 위해서는 우리나라에서도 경쟁제한적인 은행합병에 대하여 자산매각조치를 적극 활용하여 경쟁제한성을 완화시킬 필요가 있다.

문제는 어떠한 법적 근거를 들어서 자산매각을 활용할 것인가 하는 점인데, 현행법상으로는 근거규정을 찾기가 어렵지 않다. 우선 독점규제법 제16조 1항 8호에서는 공정거래위원회로 하여금 기업결합규정에 위반하거나 위반할 우려가 있는 사업자에게 "기타 법위반상태를 시정하기 위하여 필요한 조치"를 취할 수 있도록 하고 있는바, 시정조치의 형태로 자산매각을 부과할 수 있다.

또한 금융산업구조개선법 제4조 5항은 금융감독위원회로 하여금 "금융산업의 건전한 발전을 위하여 필요하다고 인정하는 때에는... 인가에 조건을 붙일 수 있다"고 규정하고 있는데 이 규정의 의미를 제3항 소정의 심사기준을 충족하지 못하더라도 조건을 붙여 인가할 수 있다는 것으로 해석한다면, 동조가 충분히 자산매각조치의 근거조항이 될 수 있다. 특히 후자를 근거로 할 경우에는 독점규제법상의 절차를 거치지 않고서도 금융감독위원회가 경쟁제한성을 완화하기 위하여 자산매각을 조건으로 합병을 인가해 줄 수가 있다고 본다.

다만 자산매각조치가 그 본질상 고객들의 거래상대방선택의 자유와 금융거래상의 편의를 훼손하는 측면이 있기 때문에, 매각점포와 매수인을 은행측이 결정하도록 하기 보다는 심사기관이 선별하는 방식이 바람직하다고 생각된다.

5. 은행합병심사기준의 제정 필요성

이상에서 제기한 기준들은 현행법과 심사기준의 범위 내에 속하는 것

들도 있지만 시장획정이나 항변사유와 같이 기업결합심사기준을 가지고
는 포섭할 수 없는 사안들도 있다. 따라서 기업결합심사기준과는 별도로
금융기관합병 혹은 은행합병심사기준을 제정할 필요가 있다.[41] 이 때 심
사기준의 제정은 경쟁당국인 공정거래위원회와 금융당국인 금융감독위원
회가 공동으로 하여 은행산업의 특수성과 경쟁보호를 조화할 수 있도록
하는 것이 바람직할 것으로 본다.

심사기준을 적용함에 있어서 경쟁당국과 은행규제당국간의 접근방식이
조화되고 시각이 일치된다면 심사주체간의 역할의 불확정성에 따른 문제
도 상당부분 해소될 것이다.

---

41) 같은 견해로서 김욱중, "우리나라 은행산업의 집중도 변화 분석", 「금융
시스템리뷰」 2002. 1월호, 43-44면 참조.

참고문헌

1. 국내문헌

(1) 단행본

강병호, 「금융기관론」(제9개정판), 박영사, 2003.

권오승, 「경제법」, 법문사, 2005.

권오승, 「기업결합규제법론」, 법문사, 1991

김규영/양채열/이창호/조담 공역 (Charles Goodhart, Philipp Hartmann, David Llewellyn저), 「금융규제(Financial Regulation) -이유, 방법 및 방향-」, 학현사, 2002.

김병연/박경서/이소한/채희율, 「외국의 은행합병현황」, 한국금융연구원, 1996.

김성훈/김우진/안정석, 「금융소비자보호 제도의 실태조사결과 및 개선 방향」, 한국금융연구원, 2001.9.

양원근, 「은행합병의 이론과 분석」, 한국금융연구원, 1996.

윤석범/홍성찬/우대형/김동욱(연세대학교 경제연구소), 「한국근대금융사연구」, 세경사, 1996.

이석윤, 「한국의 일반은행」, 법문사, 1988.

한국개발연구원, 「시장분석기법 및 경쟁지표」, 한국개발연구원, 1999. 12.

한국은행 은행감독원, 「은행법 해설」, 한국은행, 1993.

(2) 논문

김건식, "금융지주회사의 법적규제", 공정거래법강의Ⅱ, 법문사 (2000)

김용선/차진섭, 우리나라 은행합병의 효과와 시사점, 한은 조사통계월보
        (1999. 2월호), 3-33면, (1999)

김용재, 미국의 은행합병정책 변화추세와 우리 금융시장에 대한 시사점 분석,
        상사법연구(제21권 제4호), 253-287면, (2003).

김욱중, 우리나라 은행산업의 집중도 변화 분석, 금융시스템리뷰 2002. 1월호,
        21-44면, (2002.1)

김현욱, 국내은행산업의 대형화에 따른 경쟁도 변화 분석, KDI정책연구(제25
        권 1호, 통권91호), 56-98면 (2003.1)

박광우, 은행대형화가 우리나라 은행시장에 미치는 경쟁효과에 대한 이론적
        고찰, 금융학회지(제9권 제2호), 1-25면(2004.12)

박노경, 국내은행합병의 역사적 고찰, 경영사학 제17집 제2호(통권 29호), 한
        국경영사학회, 117-139면 (2002. 6. 30).

박노경, 은행퇴출 및 합병후 국내은행의 중소기업 대출행동 변화분석: 비율변
        화접근, 산업경제연구 제15권 2호(통권 제40호), 295-279면 (2002. 4).

신영수, 미국의 은행합병 규제체계상 경쟁규범의 형성과 그 내용, 경쟁법연구
        (제8권), 491-538면 (2002.2).

신영수, 대체관계에 있지 않은 상품들에 대한 시장의 일괄획정, 경쟁법연구
        (제9권), 109-148면 (2003.4).

양명조, 금융업과 독점규제법, 한국금융법연구 (제4집), 한국경제법학회,
        (1991)

양원근, 은행합병의 동기와 은행전략, 금융연구 10권 1호 별책, 89-115면
        (1996.8).

장병익, 은행합병과 소비자이득, 산업경제연구(제18권 제4호), 1651-1675면 (2005.6)

정진호, 은행산업의 효율성과 위험구조, 금융시스템리뷰 제7호, 54-68면 (2002.7).

진태홍, 은행합병이 중소기업대출에 미치는 영향, 금융시스템리뷰 제6호, 45-57면 (2002, 1)

2. 구미문헌

(1) 단행본

ABA Section of Antitrust Law, Mergers and Acquisitions: Understanding the Antitrust Issues, (2004).

Matthew Bender & Company, Antitrust Laws and Trade Regulation (2nd. ed.), Matthew Bender & Company Inc. (2002).

Matthew Bender & Company, Banking Law Manual (2nd. ed.), Matthew Bender & Company, Inc. (2002).

Mathias Dewatripont, Jean Tirole, The Prudential Regulation of Banks, The MIT Press, (1999).

Benton E. Gup (edit.), Bank Mergers: Current Issues and Perspectives, Kluwer Academic Publishers (1989).

Bernard Shul & Gerald A. Hansweck, Bank Mergers in a Deregulated Environment -Promise and Peril-, Quorum (2001).

Charles Goodhart, Philipp Hartmann, David Llewellyn, Financial Regulation -Why, how and where, now?-, Routledge (1998).

Charles W. Calomiris, U.S. BANK DEREGULATION IN HISTORICAL PERSPECTIVE, Cambridge University Press (2000).

Christoper McGrudden, REGULATION AND DEREGULATION -Policy and Practice in the Utilities and Financial Services Industries-, Clarendon Press (1999).

Frederic S. Mishkin & Stanley G. Eakins, Financial Markets and Institutions, Addison-Wesley (2000).

George J. Benson, REGULATING FINANCIAL MARKETS -A Critique and Some Proposals, The AEI Press (1999).

John A. Goddard, Philip Molyneux, John O. S. Wilson, European Banking -Efficiency, Technology and Growth-, John Wilex & Sons, Ltd., (2001).

Nicholas A. Lash, Banking Laws and Regulations: An Economic Perspective, Prentice-Hall, Inc. (1987).

Practising Law Institute, CORPORATE LAW AND PRACTICE COURSE HANDBOOK SERIES (PLI Order No. B4-7078), (September 12-13, 1994).

Richard J. Pierce, Jr. & Ernest Gellhorn, Regulated Industries, WEST Group (1999).

Stephen K. Huber, Bank Officer's Handbook of Government Regulation, Warren, Gorham & Lamont Inc. (1984).

Stephen Valdez, AN INTRODUCTION TO GLOBAL FINANCIAL MARKETS (3rd ed.), Palgrave (2000).

Symons & White, BANKING LAW (2nd ed.), West Publishing Company (1984).

UC Davis School of Law, Financing International Transaction, University of California (2002).

Viscusi & Vernon & Harrington Jr., ECONOMICS OF REGULATION AND ANTITRUST, The MIT Press (2000).

William A. Lovett, Banking & Financial Institutions Law (4th ed.), West (1997).

(2) 논문

Adoph A. Berle, Jr., Banking Under the Antitrust Laws, 49 Columbia Law Review, pp.589-606 (1949).

Bernard Shull, The origins of antitrust in banking: an historical perspective, *The Antitrust Bulletin* (Vol. XLI, No.2), pp.255-288 (Summer 1996).

Brian W. Smith and Terence F. Browne, Fed's Divestiture Game is Important Dimension of Bank Merger Process, *Banking Policy Report* (November 6, 1995), pp.1-19 (1995).

Bruce P. Golden, Preparing the Convenience and Needs Defense under the Bank Merger Act of 1966, 96 *Banking Law Journal*, pp.100-132. (1979).

Daniel J. Mahoney, When Bank Mergers Meet Antitrust Law, There's No Competition, *Annual Review of Banking Law*, Boston University, pp.303-343 (1995).

David S. Neill, A Guide to The Policies and Procedures Affecting Antitrust Divestitures in Bank Mergers, *Banking Law Journal*

(July/August, 2001) pp.603-620, (2001).

David S. Neill, U.S. Antitrust Considerations in Mergers and Acquisitions of Bank Holding Companies, *Antitrust Report* (Feb. 1999), pp.4-49 (1999).

Dean F. Amel & Marthar Starr-McCluer, *Market Definition in Banking: Recent* Evidence, Federal Reserve Board of Governors, pp. 1-26 (Feb. 2001).

Dean F. Amel & Timothy H. Hannan, Defining banking markets according to principles recommended in the Merger Guidelines, The Antitrust Bulletin (Vol. XLV, No. 3) pp. 615-639 (Fall 2000).

Douglas V. Austin, The Evolution of Commercial Bank Merger Antitrust Law, The Business Lawyer (Vol. 36), 297-396 (Jan. 1981).

Gina M. Kilian, BANK MERGERS AND THE DEPARTMENT OF JUSTICE'S HORIZONTAL MERGER GUIDELINES: A CRITIQUE AND PROPOSAL, Notre Dame Law Review, University of Notre Dame, pp. 857-892 (1994).

Harvard Law Review Association, POTENTIAL COMPETITION IN BANK MERGERS, Harvard Law Review, pp. 251-258. (November 1974).

Ian Ayes, Rationalizing Antitrust Cluster Markets, Yale Law Journal, pp.109-125 (Nov. 1985).

Immenga: Der Einfluss der Banken bei Fusionen ist schädlich, Frankfruter llgemeine Zeitug 16, November 1972.

Immenga: Participation by banks in other branches of the economy, E.E.C. Studies, Competition No. 25, Brussels, 1975.

J. William Via, Jr., Commercial Banking as the "Line of Commerce" in Bank Amalgamations: A Reexamination, Banking Law Journal, pp.326-339.

James V. DiSalvo, Federal Reserve Geographic Banking Market Definitions, Federal Reserve Bank of Philadelphia, pp2-6. (September, 1999).

Jean-Francois PONS, Competition in the Financial Services in Europe today, 3rd annual conference on Retail Banking in Europe, p.5 (March 2002)

Jerome Shuman, The Application of the Antitrust Laws to Regulated Industries, 44 Tennessee Law Review, pp. 2-83 (1976).

Jim Burke, Divestiture as an Antitrust Remedy in Bank Mergers, Federal Reserve Board, Finance and Economic Discussion Series, 1998-14, pp.1-23 (Feb, 1998).

Joseph F. Brodley, Potential Competition Mergers: A Structural Synthesis, 87 Yale Law Journal, pp.3-88 (1977).

Kenji Suzuki, Competition Policy in the Japanese Banking Sector: Support Big Bang?, The European Institute of Japanese Studies, Working Paper No.113, pp.1-18. (Feb. 2001).

Lawrence J. White, Banking, mergers, and antitrust: historical perspectives, and the research tasks ahead, The Antitrust Bulletin (Vol. XLI, No.2), pp.323-337. (summer, 1996).

Margaret E. Guerin-Calvert, Key Issues In Antitrust Analysis of Bank Mergers in The 1990S, Practising Law Institute Corporate Law and Practice Course Handbook Series, (PLI Order No. B4-7078), pp.259-277 (September 12-13, 1994).

430

Martha Vestal Clarke, The Impact of Emerging Payment Systems and Products on Banking Competition and the Competitive Analysis of Bank Mergers and Acquisitions, Annual Review of Banking Law, pp.161-225, (1997).

Michael A. Greenspan & Jacqueline T. Colclough, The relevant product market for bank acquisitions, The Antitrust Bulletin(Vol. XLI, No.2), pp.453-464 (summer, 1996).

Michael A. GreEnspan, Geographic Markets in Bank Mergers: A Potpourri of Issues, , North Carolina Banking Institute, University of North Carolina School of Law Banking Institute pp.1-23 (April, 1998).

Myron L. Kwast, Martha Starr-McCluer, John D. Wolken, Market Definition and the Analysis of Antitrust in Banking, Federal, Reserve Board of Governors, pp.1-26 (Oct. 1997).

OECD Committee On Competition Law and Policy, Mergers In Financial Services, DAFFE/CLP(2000)17. pp.17-58.

Peter Bronsteen, Product market definition in commercial bank merger cases, The Antitrust Bulletin, pp.677-694. (Fall, 1985).

Stephen A. Rhoades, Have barriers to entry in retail commercial banking disappeared?, The Antitrust Bulletin (vol. XLII, No.4), pp.997-1013 (Winter, 1997)

Stephen C. Tausz, Bank Mergers and Acquisitions: Antitrust Implications and Environment, Practising Law Institute Corporate Law and Practice Course Handbook Series(PLI Order No. B4-6766), pp.119-140 (September 1, 1986).

The 1966 Amendment to the Bank Merger Act, Banking Law Journal (vol.

83), No 9, pp.753-789 (1996)

Thomas P. Vartanian, Potential Competition and Bank Mergers: Defense Blueprint for the 1980's, 99 Banking Law Journal, pp.882-945 (1982).

Tim Mccarthy, Refining Product Market Definition In The Antitrust Analysis Of Bank Mergers, Duke Law Journal, Pp.865-902, (Feb. 1997).

William Jay Hunter, Jr., Antitrust Aspects Of Bank Mergers And Acquisitions, Practising Law Institute Corporate Law And Practice Course Handbook Series(Pli Order No. B4-6766) pp.29-54. (Sep. 1, 1986).

3. 일본문헌

(1) 단행본

加藤俊彦, 「本邦銀行史論」, 東京大學出版會 (1957).

具塚啓明, 池尾和人, 「金融理論と制度改革」, 有斐閣 (1992).

根岸 哲, 「規制産業の經濟法硏究」, 成文堂, 昭和 59年.

丹宗曉信, 伊從 寬, 「經濟法總論」, 靑林書院 (1999).

木內宣彦, 「金融法」, 靑林書院 (1989).

三村和之, 「銀行合併の論理」, 時潮社, 平成 3年(1991).

涉谷博史, 北條裕雄, 井村進哉, 「日本經濟規制の財檢討」, 日本經濟評論社 (1995).

實方謙二, 「經濟規制の競爭政策」, 成文堂, 昭和 58年 5月

432

氏兼裕之, 仲浩史, 「銀行法の解説」, 金融財政事情研究會, (1994)

日本經濟法學會 編, 「經濟法の理論と展開」, 三省堂 (2002).

日本經濟法學會 編, 「獨禁法の理論と展開(1), (2)」, 三省堂 (2002).

佐藤一雄, 「市場經濟の競爭法」, 商事法務研究會, 平成 6年 9月 (1994).

川口恭洪, 「現代の金融法」, 中央經濟社, 平成 6年(1994).

泉田榮一 譯 (Blanche Sousi-Roubi 著), 「ヨーロツパ銀行法」, 信山社, 平成
　　　　11年(1999).

(2) 논문

宮崎邦次, 今後の金融機關の姿と金融持株會社, 國際化時代の競爭定策, 有斐閣,
　　　　101-115頁, (1997)

高田太久吉, 銀行合倂への反トラスト法適用と産業組織論, 商學論纂 (第38卷
　　　　第6号), 中央大學, 29-98頁, (1997年 5月)

堀和生, 朝鮮における普通銀行の成立と展開, 社會經濟史學 (49-1), (1985).

· 저 자 ·

신영수　▍ 약력

중앙대학교 법과대학 및 대학원 석사과정 졸업
미국 University of California – Davis, School of Law 석사과정 졸업
서울대학교 대학원 박사과정 졸업 (법학박사)

UC Berkeley, School of Law 객원연구원(visiting scholar)
중앙대, 성신여대, 성균관대 강사 역임
현재 한국법제연구원 부연구위원 재직

▍ 주요 논저

「미국의 공적자금 운용법제」
「공기업 예산회계 관련법제의 개선방안」
「혼합형 기업결합의 포트폴리오 효과에 관한 규제」
외 다수

은행합병의 규제법리

· 초판 인쇄	2005년 11월 30일
· 초판 발행	2005년 11월 30일
· 지 은 이	신영수
· 펴 낸 이	채종준
· 펴 낸 곳	한국학술정보㈜
	경기도 파주시 교하읍 문발리 526-2
	파주출판문화정보산업단지
	전화　031) 908-3181(대표)·팩스　031) 908-3189
	홈페이지　http://www.kstudy.com
	e-mail(e-Book사업부)　ebook@kstudy.com
· 등 록	제일산-115호(2000. 6. 19)
· 가 격	28,000원

ISBN　89-534-4522-1　93360 (Paper Book)
　　　　89-534-4523-X　98360 (e-Book)